本书是国家自然科学基金面上项目"中国城市群创新网络的成长机制与协同路径"(41971209)资助成果

中国城市群的创新格局与路径

马海涛 著

科学出版社

北京

内 容 简 介

本书面向中国19个城市群，系统梳理城市群创新的理论基础和研究进展，探讨国际创新领先城市群的先进经验及启示，评价并对比分析城市群的综合创新能力，模拟城市群内部创新网络格局及其演化，揭示城市群知识多中心性的演化规律及其与创新产出的关系，测度城市群的创新韧性能力和网络韧性水平，剖析典型城市群在科技创新规划实践方面的探索，给出城市群科技创新规划的框架思路，并提出中国城市群科技创新应持续关注的重要问题。

本书可作为各级经济发展部门、城市发展与规划部门、科技管理部门等人员的参考书，也可作为高等院校和科研机构相关专业的研究生参考书。

审图号：GS 京（2023）1022 号

图书在版编目（CIP）数据

中国城市群的创新格局与路径／马海涛著. —北京：科学出版社，2023.7
ISBN 978-7-03-073320-7

Ⅰ. ①中… Ⅱ. ①马… Ⅲ. ①城市群–发展–研究–中国 Ⅳ. ①F299.21

中国版本图书馆 CIP 数据核字（2022）第 182657 号

责任编辑：杨逢渤／责任校对：彭珍珍
责任印制：吴兆东／封面设计：无极书装

科 学 出 版 社 出版
北京东黄城根北街 16 号
邮政编码：100717
http://www.sciencep.com

北京建宏印刷有限公司 印刷
科学出版社发行 各地新华书店经销

*

2023 年 7 月第 一 版　开本：787×1092　1/16
2024 年 1 月第二次印刷　印张：18
字数：420 000

定价：218.00 元
（如有印装质量问题，我社负责调换）

序

　　城市群是国家新型城镇化的主体区与国家高质量发展的战略核心区。在新发展格局下如何依靠科技创新驱动、通过"科技同兴"实现中国城市群高质量发展，建成世界级城市群，是摆在我们面前亟待解决的现实问题。我曾在《2010中国城市群发展报告》一书中将"发展创新共同体、实现科技同兴"的设想纳入了城市群的十个"协同"内涵之一，提出要"充分发挥城市群各城市科技教育资源创新优势，整合城市群内部科技创新资源，构建面向城市群的区域创新系统，建立不同等级的创新网络和创新高地，建设创新型城市和创新型城市群，形成研发共同体、教育共同体、科技服务共同体、自主创新共同体和科技成果转化共同体"。2021年在中国科学院地理科学与资源研究所举办的"第23届中国科协年会区域协同发展论坛暨第二届中国城市群发展论坛"就将主题定为"科技创新驱动世界级城市群发展与中国城市群高质量崛起"与会专家提出了"中国城市群的高质量发展必须依靠科技创新驱动""建设创新驱动的智慧型城市群是中国城市群高质量发展主方向""建立城市群高质量发展的协同创新共同体"等观点和建议，这充分表明城市群协同科技创新的重要性和紧迫性。

　　在中国实施创新驱动发展战略的大背景下，如何定量测度中国城市群科技创新水平？如何构建城市群创新发展的空间格局？如何选择城市群创新发展路径？为了回答上述科学问题，该书以国家"十四五"规划提出的19个城市群为研究对象，通过近10年的系统研究，定量测度了中国城市群科技创新水平与发展趋势，总结了城市群创新空间结构发展的规律性，梳理了中国城市群科技创新应持续关注的重大问题，提出了编制城市群科技创新专项规划的框架思路，给出了城市群提升科技创新能力的举措。该书创新性地将协同创新纳入城市群创新评价指标体系，有效体现了城市群科技同兴的内涵；提出了城市群创新韧性的概念并进行定量测度；揭示了城市群技术知识的形态多中心性与创新产出呈现以0.438为拐点的倒U形关系，发现了功能多中心性对创新产出呈现显著正效应。这些研究对深入认知中国城市群的创新水平、创新格局以及制定城市群创新发展战略规划都具有重要的参考价值，作出了杰出的贡献。

　　我所在的中国科学院地理科学与资源研究所城市地理与城市发展研究室长期关注并系统开展了中国城市群可持续发展的综合研究。马海涛博士作为我们团队的重要骨干，先后参加了我主持的国家自然科学基金重大项目"特大城市群地区城镇化与生态环境耦合机理及交互胁迫效应"、国家重点研发计划课题"京津冀城市群区域联动与生态安全保障决策支持系统"、"新疆天山北坡城市群发展规划（2017—2030）"等近10项城市群相关科研项目；参与出版了《2016中国城市群发展报告》《城市群地区国土空间利用质量提升理论与技术方法》《中国城市群选择与培育的新探索》《中国城市群地图集》等著作或图集；参与发表了"中国城市群形成发育规律的理论认知与地理学贡献（地理学报2018年第4

期）"等城市群相关论文，在合作研究过程中展现出非常出色的研究能力和潜质，非常注重将城市群网络与城市群创新有机结合。他结合专业特长成功申请到了国家自然科学基金面上项目"中国城市群创新网络的成长机制与协同路径"，并对城市群创新空间的过程、格局和机制进行了系统性研究，做了大量的创新性研究工作，取得了卓越成绩，现在他把研究成果进行凝练并出版，是对城市群理论研究的重要拓展，非常契合当前城市群科技创新发展的现实需要。

非常欣喜地看到这本专著及时出版，期待马海涛博士继续努力，在城市群创新研究领域取得更高水平的研究成果，以创新促创新，为中国城市群创新发展作出更大贡献！

2023年6月26日于中国科学院奥运村科技园区

前　言

早在 20 世纪六七十年代著名地理学家戈特曼（Jean Gottmann）提出城市群这一概念时，就特别强调其创新特征，将城市群称为知识和创新的孵化器。进入知识经济时代，城市群从经济中心向创新高地转变，城市群的创新内涵在新的时代再次得到关注。随着交通通信技术的革新和应用，城市群的"轮轴"和"门户"功能得到加强，城市群对创新资源的凝聚力和创新外部性得到增强，这使得城市群成为全球创新要素的凝聚地，也成为国家科技创新发展的高地。我国创新驱动发展战略和城市群战略的同步实施，要求城市群应肩负起国家创新发展的使命。开展城市群创新研究的重要意义在于：其一，城市群既强调内部所有城市间的紧密创新联系，又强调核心城市对外知识联系的门户作用，是将知识流动空间和创新地方空间有机结合探讨创新空间的绝佳平台，有助于深化认知知识经济时代背景下城市群创新内涵；其二，在经济地理领域创新网络研究的基础上，结合城市地理视角的城市网络研究，将城市纳入创新网络的行动主体，开展城市群的创新网络研究，有助于把握创新网络的城市群尺度特征，推进多学科融合解释城市群创新网络的成长机制问题；其三，中国城市群的科技创新协同发展与国家创新体制紧密关联，受城市群创新环境影响，探讨中国城市群的创新格局与路径，有助于提炼城市群创新网络的中国特色、地方特性，为我国的城市群协同创新发展提供研究支撑。

基于上述城市群创新研究的理论认知和重要意义，2020 年，我主持的第三个国家自然科学基金项目"中国城市群创新网络的成长机制与协同路径"（41971209）启动，目的是阐明中国城市群创新网络的空间格局与发展态势，揭示典型城市群创新网络的影响因素与成长机制，为中国城市群的协同创新发展提供科学路径与政策建议。这一项目也是笔者主持的国家自然科学基金青年项目"留学归国人才知识网络空间演化机理与区域创新效应——以中关村为例"（41571151）和国家自然科学基金面上项目"中国城市间知识流动网络的空间组织与格局演变"（41201128）的延续和深化，是在科技园区和国家尺度创新研究的基础上，重点面向城市群尺度开展创新空间和创新地理的探索。本书融合了上述三个国家自然科学基金项目的成果，重点开展城市群创新格局与路径研究，内容涵盖城市群创新的理论探讨、经验借鉴、综合评价、网络模拟、格局演化、韧性测度、规划实践和未来展望等多个方面，具体包括对城市群创新概念、理论和研究进展的梳理，对国际著名城市群创新发展经验的分析及对我国城市群的启示，对全国所有城市群综合创新能力的评价与空间特征分析，对城市群创新网络的模拟和分析，对城市群技术知识多中心性演化过程及效应的分析，对城市群创新韧性的测度与演化分析，对城市群科技创新规划实践和规划路径方法的探索，以及对城市群科技创新发展方向的判断和未来的展望。

本书对城市群创新研究的主要贡献有以下几点。第一，相比以往侧重发达城市群的案例研究，本书选择国家"十四五"规划提出的 19 个城市群为研究对象，进行全部城市群的综合研究和对比分析，有助于推动后进学习先进，先进带动后进，形成国内城市群全面创新发展的新格局。第二，将协同创新纳入城市群创新评价指标体系，全面展示19个城市群的综合创新水平和发展趋势，结果显示城市群综合创新水平差距显著，协同创新水平整体偏弱。第三，总结了城市群创新多中心性结构发展的规律性，发现城市群形态多中心性与创新产出呈现以0.438为拐点的倒U形关系，功能多中心性对创新产出呈现显著正效应，认为这一效应的实现与知识传播的双向累积递增的特征有关。第四，尝试提出城市群创新韧性的概念，设计了基于创新产出的相对韧性和基于创新过程的网络韧性测度方法，并对我国的城市群创新韧性进行了测度和对比分析。第五，梳理了我国城市群在科技创新发展中的规划设置、机构布局、园区合作、风险投资、人才引进和成果转化六个方面的探索路径，并提出了编制城市群科技创新专项规划的框架思路，可为城市群科技创新规划提供参考。第六，针对城市群科技创新发展面临的机遇挑战，提出了我国城市群科技创新应持续关注的九大问题，认为我国未来的城市群应该成为城市群起群飞的"助推器"、区域绿色发展的"引领者"、国家创新战略的"动力核"、全球科技竞争的"主战场"。

  本书在写作过程中，得到了很多专家领导、同仁和学生的帮助支持，在此表示衷心的感谢。我的领导方创琳研究员是城市群研究领域的著名专家，也是我城市群创新研究的引路人，非常支持我开展城市群创新研究，并欣然为本书写序，也提出了殷切希望。我的硕士研究生导师苗长虹教授和博士研究生导师周春山教授分别指导我从经济地理和城市地理的角度理解探索创新空间，并长期支持我开展城市区域创新的相关研究工作。我的硕士研究生徐楦钫、王柯文、胡夏青，与河南大学联合培养的硕士研究生张芳芳、黄晓东、李晓珍、曹志敏，科研助理刘梦航等，都参与了部分章节的数据处理、图表制作、初步分析和讨论；自然资源部国土整治中心黎明博士参与了国际城市群创新经验资料的收集分析；我指导的中国科学院大学生创新实践项目成员江凯乐、丁田田、覃小菲、侯雨蓉、廖莹等同学也为本书提供了部分数据和资料支持。还要感谢我的诸多同事、学术界同行朋友，以及科技部成果转化与区域创新司领导，本书中的许多灵感思路都是源自多次交流碰撞中。

  城市群创新研究非常深奥，本书仅是对部分问题进行了非常浅显的探索，有些观点和结论或许失之偏颇，加之作者能力水平有限，书中不妥之处在所难免，恳请广大同仁批评指正！本书成文过程中，参考引用了许多专家学者的科研成果，这些成果一一列在参考文献中，但仍恐有挂一漏万之处，诚请多加包涵。竭诚希望阅读本书的同仁提出宝贵意见，并期望本书能够为我国的城市群科技创新发展和国家创新驱动发展战略实施提供有益参考。

2022年10月于奥运村科技园区

目 录

序
前言

第一章 城市群创新研究的理论基础与主要进展 1
 第一节 城市群创新的内涵界定与理论基础 1
 第二节 城市群创新研究的文献计量学分析 6
 第三节 城市群创新研究的几个重要进展 15
 第四节 中国城市群创新研究的现实需要 23
 参考文献 29

第二章 国际创新型城市群的空间识别与经验借鉴 36
 第一节 国际创新型城市群的空间识别与分布特征 36
 第二节 城市群创新发展的国际经验案例分析 41
 第三节 国际经验对中国城市群创新发展的启示 54
 参考文献 58

第三章 中国城市群综合创新能力评价与空间分异 59
 第一节 城市群综合创新能力评价指标体系与方法设计 59
 第二节 中国城市群综合创新指数及空间分异 73
 第三节 中国城市群创新分维指数及空间分异 77
 参考文献 102

第四章 中国城市群创新网络模拟与特征分析 104
 第一节 中国城市群技术合作网络格局及特征 104
 第二节 中国城市群创新企业关联格局及特征 153
 参考文献 163

第五章 中国城市群技术知识多中心演化过程及效应 164
 第一节 城市群技术知识多中心性概念模式与研究方法 164
 第二节 中国城市群技术知识多中心性演化过程 170
 第三节 中国城市群技术知识多中心性类型演替 175
 第四节 中国城市群技术知识多中心性对创新产出的影响 182
 第五节 中国城市群创新多中心发展的规律性与对策建议 188
 参考文献 193

第六章 中国城市群创新韧性测度与演化特征 ·················· 197
- 第一节 城市群创新韧性的内涵界定与测度方法 ············ 197
- 第二节 中国城市群创新韧性演化过程 ···················· 201
- 第三节 五大国家级城市群创新网络韧性演化特征 ·········· 215
- 第四节 中国城市群创新韧性的提升路径 ·················· 225
- 参考文献 ·· 227

第七章 中国城市群科技创新规划实践与路径探索 ·············· 229
- 第一节 中国城市群科技创新规划的实践 ·················· 229
- 第二节 中国城市群科技创新规划路径探索 ················ 247
- 第三节 城市群科技创新规划的框架思路 ·················· 260
- 参考文献 ·· 263

第八章 中国城市群科技创新的发展方向与未来展望 ············ 264
- 第一节 中国城市群科技创新面临的机遇与挑战 ············ 264
- 第二节 中国城市群科技创新应持续关注的九大问题 ········ 267
- 第三节 展望中国城市群科技创新的未来 ·················· 272
- 参考文献 ·· 275

第一章 城市群创新研究的理论基础与主要进展

创新是城市群的基本功能，是城市群充满活力和增强竞争力的关键，也是城市群最初概念的重要内涵。相比区域创新和城市创新，城市群创新更加强调城市间的分工协作与协同互动，进而在城市群尺度上强化创新要素的集聚与扩散效应，最终实现城市的群体创新功能。经典的区域创新系统理论、创新环境（或创新氛围）理论、蜂鸣管道理论，以及对城市群创新能力评价、创新网络、多中心格局、创新韧性的已有研究，都为开展城市群创新研究提供了坚实的基础；但目前对城市群创新的研究还未形成针对性理论体系，也缺少系统性研究梳理和理论成果总结。开展中国城市群的创新格局与路径研究非常必要，有助于通过城市群创新功能的打造和提升，发挥城市群对国家高质量发展和绿色发展的引领作用，也有利于提升区域创新系统的能力和水平，进而实现国内创新体系的"内循环"与全球合作创新的"外循环"良性互动，为建设世界科技创新强国提供研究支撑。

第一节 城市群创新的内涵界定与理论基础

城市群创新内涵源自戈特曼提出的城市群概念，是城市群的本质特征之一，伴随着城市群及其研究的发展受到不同程度的关注。创新是城市群概念内涵的重要组成部分，合理的创新空间组织体系成为增强城市群竞争力的关键。本节梳理了城市群创新概念内涵发展，探讨了与城市群创新相关的理论支撑。

一、城市群创新概念梳理与界定

（一）城市群创新最早提出时间及内涵

伴随着全球范围内城市化进程的加速推进，社会经济活动的空间组织形式不再局限于单一的城市个体，而更多地通过城市间的要素流动和资源配置实现更大规模的分工协作，以大城市为核心的城市群已经成为一种具有全球性意义的城市-区域发展模式和空间组合模式。城市群是城市化高度发展到成熟阶段的地区，是城市地域体系组织形式演进的趋向（Gottmann，1978）。作为城市化发展到高级阶段的必然产物，城市群已经成为经济发展格局中最具活力和潜力的多中心城市区域，不仅在国家战略层面上居于核心地位，而且日渐成为参与全球竞争和国际分工的基本地域单元（方创琳，2014）。

城市群的早期界定就特别强调其创新特征，Gottmann（1978）提出城市群具有新趋势、新知识和创新的孵化器功能，这种功能是对惯习与稳定性的一种挑战，促使城市群充满活力、增强其全球竞争力。现代区域核心竞争力的来源已由传统的资源禀赋转变为创新能力的提升，新增长理论认为，知识正逐步成为推动区域创新和经济发展的关键因子（Romer，1990）。创新驱动是城市群维持竞争优势、实现可持续发展的关键，城市群创新可以理解为一种动态复杂的社会化知识的创造过程，社会联系对技术溢出、知识共享等十分重要。早在1953年，Hagerstrand就提出了创新空间的三阶段扩散理论，认为地区对新技术的吸收利用能力和面对面交流促使的隐性知识传播是导致新技术由"核心"地区扩散到"边缘"地区的主要动力（Hagerstrand，1953）。隐性知识是包含多年试验和生产的经验，具有经验性、认知性和情境性等特点（Polanyi，1997），须通过人员之间的交流、现场示范和言传身教才能传播，其外溢受到时间、空间的限制（Keller，2002）。地理邻近性是隐性知识外溢的重要条件（Amin and Cohendet，2000），集群创新的大量研究就是对这一问题的探讨（王缉慈等，2009）。城市群作为多个空间相邻、联系紧密的城市组成的有机系统，能够在区域范围内整合创新资源，通过协同发展弥补单个城市创新竞争力的不足（魏丽华，2018；方创琳，2017；顾朝林，2011）。

（二）城市群创新概念的发展与内容变化

随着交通及通信技术的革新和突破，要素流动日益加快，集群的创新正突破城市行政区、在城市群内部扩展（Andersson et al.，2014）。对空间的认知由"地方空间"（space of place）向"流空间"（space of flows）转变（Castells，1996），由众多创新要素流动形成的创新网络成为扩散溢出过程发生的重要结构性条件，流动空间与城市网络成为探索城市区域的重要视角（蔡莉丽等，2013）。网络范式的兴起赋予城市群创新模式新的内涵，创新成为一种复杂且开放式的系统性活动，在此过程中创新主体之间需要进行充分的知识交互，并与外部主体发生一系列复杂交互作用（Chesbrough，2003）。全球生产网络学者和新区域主义学者均强调网络在知识流动和创新中所起的关键作用，城市地理和经济地理学者开始关注不同空间尺度知识流动和创新联系（Bathelt et al.，2004；周灿等，2017）。

创新研究的重点从传统资源（资本、土地、劳动力等）的空间配置逐渐转向知识资源（知识、人才、信息等）的空间配置（甄峰，2001），从内容上看大致表现出从关注城市自身属性开始转向基于流数据的城市间关系变化的趋势（马海涛，2016）。城市间关系的建构从人流、物流等实体流逐渐转向资本流、信息流、知识流等非实体流，研究关注的网络属性由基础设施为代表的"硬网络"向社会、经济、政治等内涵更丰富的"软网络"不断拓展和延伸（Gregory et al.，2009；Malecki，2002；Camagni and Salone，1993）。城市间知识和技术流动反映了城市创新辐射能力和城市间信息流动强度（范斐等，2015；孙瑜康和李国平，2017），基于要素集聚与扩散形成的创新网络成为衡量区域创新竞争力、探讨区域协同度的重要途径（Bathelt et al.，2004；Huggins and Prokop，2017；王秋玉等，2016）。

（三）城市群创新概念的界定

城市群创新与城市创新存在一定区别，城市创新重点强调城市本身的创新能力，城市群创新则侧重于创新活动在城市层面上有序分工，在城市群层面上实现协同。方创琳

（2011）将创新共同体纳入城市群"十同"内涵，提出应整合城市群各城市的科技创新资源，形成研发共同体、教育共同体、科技服务共同体、自主创新共同体和科技成果转化共同体。协同创新的关键在于创新要素配置的协同优化，主要包括要素的空间优化配置、城际知识扩散过程的整合、创新主体的行为协同等相互联系、有机互动的过程（高丽娜等，2018）。创新要素空间分布的非均质性意味着多主体合作将比独立创新效率更高，区域创新要素的有机配合尤其是知识的互补有助于提升城市群协同创新整体效益（周密和孙泓阳，2016）。

创新主体在进行综合集成创新的过程中并不是孤立封闭的，往往需要同具有异质性知识的其他城市创新主体开展合作。城市的发展水平与质量取决于自身创新能力水平的高低和整合创新资源能力的强弱，城市群的竞争力则主要取决于其内部能否形成合理的创新空间组织体系和"多中心、多节点、多子群"的复杂创新网络（许培源和吴贵华，2019）。城市群内部各城市具有不同的创新资源和创新环境，但整体上拥有统一的区域政策与市场环境。这种情况下，地理邻近和集聚效应会使不同城市之间的创新联动成为可能。核心城市吸收周边城市的创新资源，同时周边城市也能够分享核心城市溢出效应带来的收益。在城市群系统自组织发展过程中，城市间要素流动和联系不断强化，创新要素的集聚与扩散带来技术知识的外向溢出与内向吸收，城市间通过创新联系产生空间相互作用，构成城市群系统创新发展的内源动力。

综合相关研究，我们认为城市群创新是指在某一城市群区域范围内，以企业、高校和科研机构等为创新主体，在城市群区域政策影响下和城市政府协同治理下，在各类科技服务机构和创新平台的支撑下，相同城市和不同城市的创新主体间通过各种创新要素的联系与整合，经过复杂的非线性相互作用，实现城市群内部不同创新主体的协同创新。相比城市创新而言，城市群创新的创新资源更加丰富和多样化，各城市之间的创新分工和联系更强；相比区域创新而言，城市群创新强调城市在区域创新中的组织和协调作用，重视城市关系网络对城市区域创新的重要作用。

二、城市群创新的理论基础

（一）区域创新系统/体系与城市群创新

美籍奥地利经济学家熊彼特首先在其著作《经济发展理论》中提出"创新"一词，将创新界定为"执行新的组合"或"建立新的生产函数"，认为创新是一种"创造性的破坏"（creative destruction）（Schumpeter，1939）。20世纪50年代以来，以Ashein为代表的北欧学派尤为强调创新，认为创新是企业、产业乃至国家竞争优势的基础。近年来，有关创新的理论得到了广泛的接受和不断的演绎发展。学者逐渐开始采用空间范畴的研究视角，从国家和区域的视角来研究创新系统。随着全球化与信息化的迅速发展，资源要素的全球流动正日益突破国家边界或行政界限的限制，呈现出向区域集聚的强劲态势，区域正逐步取代国家成为世界经济舞台上最为重要的空间单元。Cooke（1992）最早提出区域技术创新系统的概念，认为一定地理范围内的创新主体（研究机构、高等院校、行业协会、企业组织等）的密切联系能够促进知识扩散和创新活动，不同创新主体生产的技术知识在系统不断扩散流动，加速知识型生产要素在产业间渗透，驱使原有产业向知识集约化方向发展，并带动新兴产业的形成。区域创新体系概念有三大核心要素：行为主体、网络和制度。在区域创新系统内，各个节点融入区域的创新环境中，在协同作用中结网而创新，创新主体能够受益于互补的其他主体，依靠创新环境适应、产生和拓展知识，提升自身创新能力（Cooke et al., 1997）。区域创新系统的本质在于区域整体形成有利于知识创造与流动的一个相对稳定的体系（巨文忠等，2022），因而也更强调创新过程中的地方根植性强度（胡明铭，2004），因此各种正式的机构与制度也是区域创新环境中重要的构成部分（Delgado et al., 2010）。

在城市群内部，创新活动的溢出效应和集聚外部性日益突破城市边界，城市群本身构成一个复杂完整的区域创新系统。城市群协同创新系统是指在相对独立而又联系紧密的城市集合内部，多元创新主体以城市为载体通过城际关系互动，针对城市间以及城市内知识与技术的再创造和再利用，形成的知识流、技术流、信息流和物质流的循环创新型网络（李琳和戴姣兰，2016）。创新要素的流动、知识与创新的集聚扩散是关键机制，要素之间的共生和协同、要素与网络机制之间的互动和关联对区域协同创新至关重要。与一般区域创新系统一样，城市群创新系统具有整体性、层次性、开放性、复杂性等特征，网络化更是城市群协同创新最为显著的基本特点，剖析其结构特征对于揭示城市群协同创新系统运行规律和内在关系具有重要的作用。

（二）创新环境与城市群创新

创新不是孤立发生的事件，也并非随机地均匀分布在整个区域系统中，而是有着在某种空间上集聚的趋势（Schumpeter, 1942）。在传统经济时代，学者们更多地关注产业集聚所产生的规模经济效应。近年来随着知识经济时代的到来，创新的重要性日益受到重视，更多的地理学家和经济学家开始关注集聚产生的"知识溢出"在推动创新中的巨大作用。在人口密集的城市环境中，集聚过程使具有多样性、独立性、分散性特征的知识因分工与合作深化而逐渐连接成网络，这种相互依存、相互学习的交互式网络关系的形成，突破了传统的基于产业链前后向关联的线性互动，建立了一种辐射式的创新网络，面对面接触有利于多种创造性活动的展开，因接触机会的增多和速度的提高，学习机会更多、范围更广、频率更高，有更多的知识存量得以积累，从而极大地提高了创新的效率。

创新的产生既是区域创新网络中各个节点（企业、高校、科研机构、中介机构、金融机构、政府等）协同互动的结果，同时由于其必然依托于空间载体的特性而又受到特定区域创新环境的约束。由于企业研究与试验发展（R&D）部门、高校与科研机构和各类人力资本、风险资本等为代表的创新要素往往具有较明显的城市化偏好，城市群往往是创新活动所需的金融服务、科技服务配套条件优良的空间，同时产业集聚创造的产业基础亦构成技术市场环境的重要部分，因而城市群成为创新集聚空间载体具有内在必然性。从本质上来说，城市群是集聚经济作用下专业化分工与合作的产物，表现为要素、产业等的空间集中，尤其是在工业化经济阶段规模经济机制的内在驱动下，形成城市规模等级的差异化，并基于城市间要素流动的关联网络形成城市群系统。产业结构优化升级与空间结构演化的耦合，不断重塑专业化与空间格局异质性特征明显的城市群系统，从而建构了创新活动的系统环境。从某种程度上来说，聚集为结网创造了条件，但对于创新活动来说，更为关键的环节在于协同创新网络的形成，通过网络效应真正发挥规模效应（高丽娜和华冬芳，2020）。

（三）城市群相关理论与城市群创新

城市群作为一个复杂巨系统，并非是各类主体与活动的简单加总，而是呈现出网络化进程下日益显著的整体性和系统性特征，由网络化进程带来的整体性、系统性特征日益显现，强调不同主体间相互作用过程及其空间依赖形成的系统自组织机制，表现为城市群系统内部、城市群系统间异质性集聚效应与溢出效应的交互过程，具有明显的自我强化特征，从而形成循环累积因果效应。要素的空间集聚为创新过程提供了专业化部门与多样化知识源，成为触发创新活动的先决有利条件，同时正反馈机制的存在不断驱动集聚的自我强化。

突出城市主体的作用是城市群创新的主要特征。城市群既强调内部所有城市间的紧密创新联系，又强调核心城市对外知识联系的门户作用，是将知识流动空间和创新地方空间有机结合的绝佳平台。城市在知识网络中的空间集中类型不同（Liefner and Hennemann，2011），城市群创新研究一方面重视城市群内部创新主体间的紧密联系，另一方面又强调核心城市在更大尺度上的"轮轴"和"枢纽/门户"功能。依据城市在城市群创新网络中的地位可将城市划分成"协调员""守门人""代理人""顾问""联络人"等不同类型（胡艳和时浩楠，2017）。城市群内部城市间的紧密联系加快了创新要素的流动，门户城市的对外知识联系对城市群创新发挥着至关重要的作用（Li and Phelps，2017）。门户城市充当了类似"知识守门员"（knowledge gatekeepers）的角色，该类型的城市往往是城市群与外部维持密切连接的桥梁，在自身知识生产和吸收外部知识的作用下形成强大的知识库，并通过密集的本地网络向其他城市不断地进行知识溢出和扩散，从而实现本地和跨界创新网络的桥接（Morrison et al.，2013），其对于避免区域锁定风险、促进外部知识扩散具有重要意义。

（四）"本地蜂鸣-全球管道"模型与城市群创新

知识流动在地理空间上呈现高度选择性和不均衡性（Giuliani and Bell，2005），也并非必然溢出到城市群内的每一个创新主体。因此，单一空间尺度的网络分析存在局限性，需要从"本地-跨界"网络的综合视角来研究知识流动和城市群创新。关系经济地理学者指出，区域中微观创新主体的知识流动可分为"本地蜂鸣"（local buzz）和"全球管道"（global pipeline）两种不同模式的互动类型（Bathelt et al.，2004）。"本地蜂鸣"指同一区域内的创新主体在地理邻近的前提下通过日常接触和面对面交流形成正式与非正式的合作关系，这种持续频繁的知识交互过程就如同嗡嗡作响的蜂鸣声一样；而"全球管道"则指的是跨界联系，不同创新主体之间跨越长距离建立某种相互关系，能够为不同地区异质性知识的交流融合创造有效渠道（图1.1）。

随着全球化和区域一体化进程不断深化，资本、人才、信息、知识、技术等创新要素

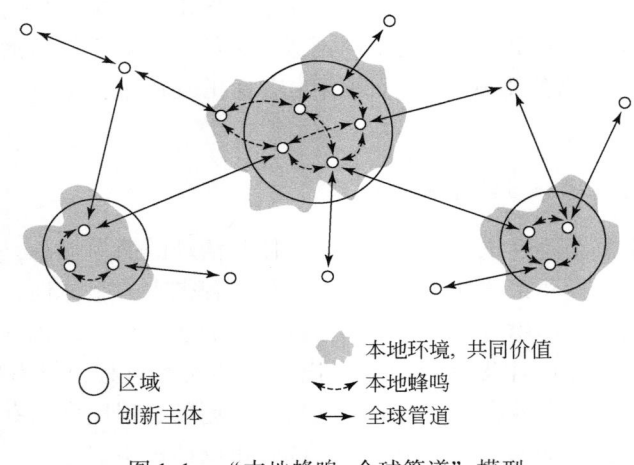

图 1.1　"本地蜂鸣-全球管道"模型

资料来源：Bathelt，2007

实现跨界流动和重新配置，使得创新活动的空间尺度加速重构（Martin and Simmie，2008），"本地蜂鸣-全球管道"模型的空间内涵得以拓展。作为创新要素的集聚地和创新活动的空间载体，城市群可以成为应用"本地蜂鸣-全球管道"效应基本逻辑的地域单元。以城市群为主体构建的"本地蜂鸣-全球管道"模型着重阐释单个城市群内部及其在更高空间尺度上的对外创新联系。

对于单个城市群而言，系统内部有限的知识存量和知识价值随着时间推移呈现衰减趋势，过度依赖"本地蜂鸣"容易使地区陷入技术封锁的风险中；"全球管道"则为区域提供了更多接触新知识、新技术的机会。相比于系统内部，不同系统之间无论在知识结构还是技术背景等方面均存在较大差异，外部知识源往往能为本地创新提供新鲜的活力，但如果"全球管道"过强而缺乏"本地蜂鸣"，则可能导致外界知识难以得到有效的本地化吸收，内外知识势差会对本地的产业生态和创新环境造成一定的破坏（Bathelt et al.，2004；Bathelt，2007；Morrison and Rabellotti，2009）。城市群的创新发展既需要系统内部高强度的"本地蜂鸣"声，也离不开对外联系"全球管道"的通畅，强调地方和全球不同空间尺度创新知识的互动。也就是说，创新过程可以看作近距离和远距离知识交互的结合，对外部知识吸收利用的强度取决于城市群内部创新网络组织的高效性，外来知识的输入也是内部网络不断优化的动力，二者存在相互强化的正向协同效果，在内外联动、双向强化的作用下，共同推动城市间的溢出效应与吸收能力达到最优平衡效果。

第二节　城市群创新研究的文献计量学分析

运用中英文期刊数据库，借助文献计量分析可视化软件 CiteSpace，对国内外期刊关于城市群创新的研究进行文献计量分析，包括作者合作、作者共被引、期刊共被引、关键词共现、时区分析、关键词突现性探测分析等，展示城市群创新研究的总体演变态势。

一、数据整理与研究方法

城市群创新研究的文献计量分析，是通过主题词检索的方式确定数据源，数据样本取自中国知网（CNKI）和 Web of Science（WOS）核心合集文献。在 CNKI 中，检索式为 SU =（'城市群' + '都市圈'）*（'创新' + '知识' + '技术'），期刊选取 CSSCI 来源中"人文经济地理""自然资源与环境""管理学""经济学"类别的相关期刊；在 WOS 中，检索式为 TS =（（city cluster OR city agglomeration OR urban cluster OR urban agglomeration OR megalopolis OR metropolitan OR megalopolitan OR city region OR urban region）AND（innovation OR patent OR knowledge OR technology OR R&D OR talent））），期刊选取 SSCI 收录的人文地理学相关期刊。中英文文献检索时间都限定为"1990-01-01"至"2021-12-31"。在对检索结果进行整理，删除无作者的期刊文献后，最终筛选获得 CNKI 文献 850 篇，WOS 核心数据集文献 1485 篇。

基于 CNKI 和 WOS 核心合集数据库中所筛选的数据源，采用定量分析为主的科学知识图谱绘制方法，并借助陈超美博士开发的信息可视化软件 CiteSpace 进行分析。绘制的科学知识图谱包括关键词共现图谱、时区图、时间线图、作者合作网络图谱、作者共被引分析图谱、期刊共被引分析图谱，旨在通过可视化的图像对城市群创新相关文献在近 31 年（1990~2021 年）的发展趋势和研究前沿进行定量可视化分析。

二、文献统计及特征分析

（一）发文量的时间分析

1990~2021 年在 CNKI 和 WOS 上关于城市群创新研究的发文数量整体上都呈现出波动增长的趋势，英文文献的发文数量在 1995~2020 年都大于中文发文数量，但中文文献的发文数量在近十年呈现快速增加的趋势（图 1.2）。

（二）作者合作网络图谱

通过作者合作网络分析，能够识别出一个学科或领域的核心作者及其之间的合作强度。使用 CiteSpace 对发文作者进行分析得到中英文文献作者合作网络图谱。图谱中节点大小表示作者的发文量，节点间的连线反映作者合作关系的强度。中文文献作者合作网络图谱中（图 1.3），节点 $N=227$，连线 $E=112$，即共有 112 个作者之间存在合作关系。Q 值为 0.928，大于 0.3，说明该网络聚类结构显著，S 值为 0.9394，大于 0.7，意味着该聚类是令人信服的。英文文献作者合作网络图谱中（图 1.4），节点 $N=269$，连线 $E=116$。Q 值为 0.5594，大于 0.3，说明该网络聚类结构显著，S 值为 0.6567，大于 0.5，表示聚类是合理的。

在中英文文献作者合作图谱中具有一些类似的特点。即节点较多但分散，节点连线数量较少，说明大部分学者是以个人或小团体进行研究。此外，通过分析合作作者的研究机

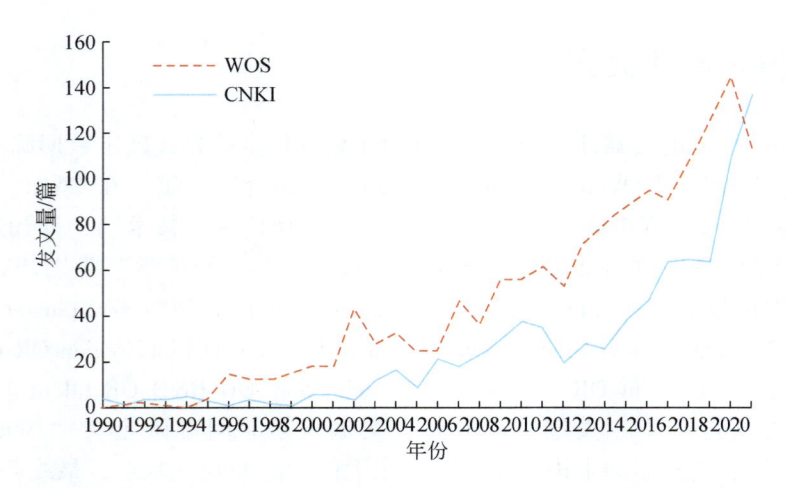

图 1.2　1990~2021年城市群创新研究领域在CNKI和WOS的发文量对比

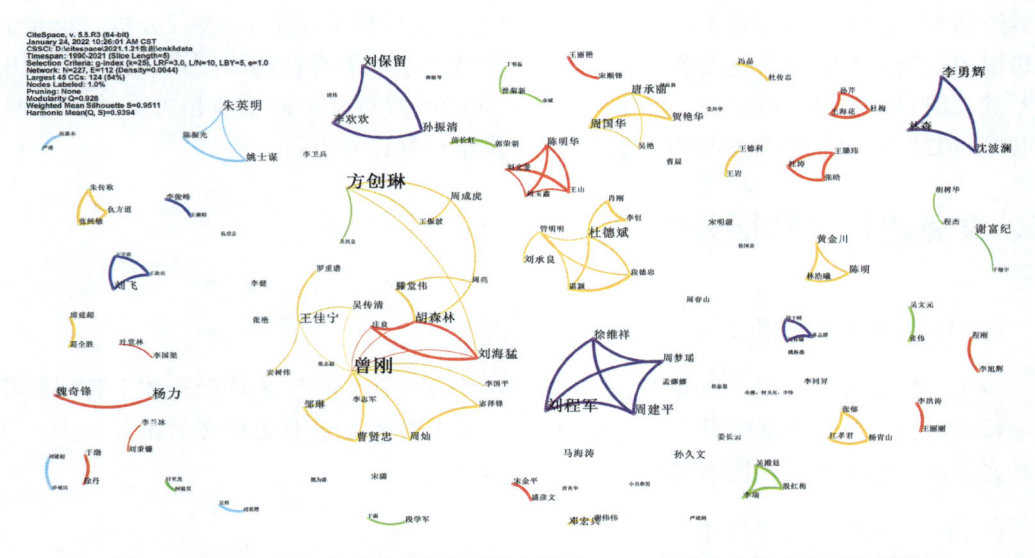

图 1.3　1990~2021年城市群创新研究领域在CNKI的发文作者合作网络图谱

构和研究领域发现，同一机构的学者合作较多，跨机构跨学科间的合作则相对较少。

从中文文献高产作者发文数量统计结果来看（表1.1），研究阶段内在城市群创新领域发文量较多的是曾刚（15篇）和方创琳（14篇）；其次是刘程军（9篇）、刘保留（6篇）、杨力（6篇）、李勇辉（6篇）等。结合图谱（图1.3）和列表（表1.1）信息可以看出，以曾刚和方创琳为中心的合作网络影响力较大，合作网络节点最多，发文量排名靠前的王佳宁、胡森林等均在该合作网络中，且该团队好多个年份的颜色均有体现，说明该团队连续多年均有关于城市群创新的研究，研究具有延续性。

从英文文献高产作者发文数量统计数据（表1.1）来看，研究阶段内在城市群创新领

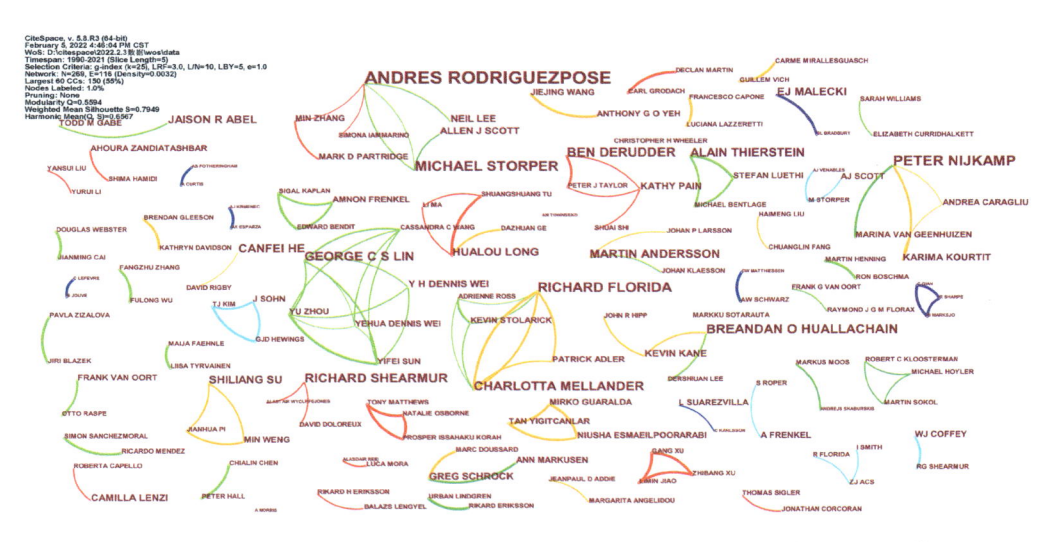

图 1.4　1990~2021 年城市群创新研究领域在 WOS 的发文作者合作网络图谱

域发文量最多的是 Andres Rodriguezpose（18 篇）；其次是 Peter Nijkamp（10 篇）、Michael Storper（9 篇）、Richard Florida（8 篇）等。结合图谱（图 1.4）和列表（表 1.1）信息可以看出，以 Andres Rodriguezpose 和 Michael Storper 为中心的合作网络、以 Richard Shearmur 和 Charlotta Mellander 为中心的合作网络及以 George C S Lin 为中心的合作网络影响力较大，合作网络节点多。其中，以 Andres Rodriguezpose 和 Michael Storper 为中心的团队多个年份的颜色均有体现，说明该团队连续多年均有关于城市群创新的研究，研究具有延续性。

表 1.1　1990~2021 年城市群创新研究文献发文量高频作者　　（单位：篇）

中文文献			英文文献		
排名	作者	发文量	排名	作者	发文量
1	曾刚	15	1	Andres Rodriguezpose	18
2	方创琳	14	2	Peter Nijkamp	10
3	刘程军	9	3	Michael Storper	9
4	刘保留	6	4	Richard Florida	8
5	杨力	6	5	Richard Shearmur	7
6	李勇辉	6	6	George C S Lin	7
7	周建平	5	7	Charlotta Mellander	7
8	王佳宁	5	8	Breandan O Huallachain	7
9	杜德斌	5	9	Ben Derudder	7
10	胡森林	5	10	Canfei He	6

（三）作者共被引图谱

比较英文文献作者共被引图谱（图 1.5）与作者合作网络图谱（图 1.4）可以发现，作者发文量的多少与共被引量并没有直接的关系。在英文文献发文作者共被引图谱中（图 1.5），节点 $N=757$，连线 $E=1337$，表明本次研究的共被引作者有 757 个。结合作者共被引图谱和作者共被引详细数据图表（表 1.2）发现，在研究时间段内 Storper M（331 次）的共被引次数是最多的，其次是 Florida R（318 次）、Glaeser E L（308 次）、Scott A J（274 次）。由此我们可知，这些作者是城市群创新领域发展的重要贡献者。

图 1.5 1990～2021 年城市群创新研究领域在 WOS 的发文作者共被引图谱

表 1.2 1990～2021 年城市群创新研究文献作者共被引 （单位：次）

序号	作者	被引频次	序号	作者	被引频次
1	Storper M	331	6	Marshall A	210
2	Florida R	318	7	Jacobs Jane	187
3	Glaeser E L	308	8	Bathelt H	177
4	Scott A J	274	9	Audretsch D B	173
5	Duranton G	212	10	Amin A	169

（四）期刊共被引图谱

通过 CiteSpace 对 WOS 数据集引文文献来源期刊进行梳理与可视化分析，期刊共被引图谱（图 1.6）可视化结果中一共有 850 个节点、1608 条连线。结合期刊共被引图谱和期刊共被引详细数据表（表 1.3）发现，在研究阶段内 *Urban Studies*（762 次）的被引次数是最高的；其次为 *Regional Studies*（730 次）、*Environment Planning A*（654 次）、*Journal*

Economic Geography（532 次）等，由此可见，这些期刊上所发表的有关城市群创新的文章比较多。

从中国知网（CNKI）有关城市群创新领域的文献检索结果中发现，很多文献来源于《经济地理》《科技进步与对策》《城市发展研究》《城市问题》等期刊，也表明这些期刊对城市群创新领域的发展贡献比较大。

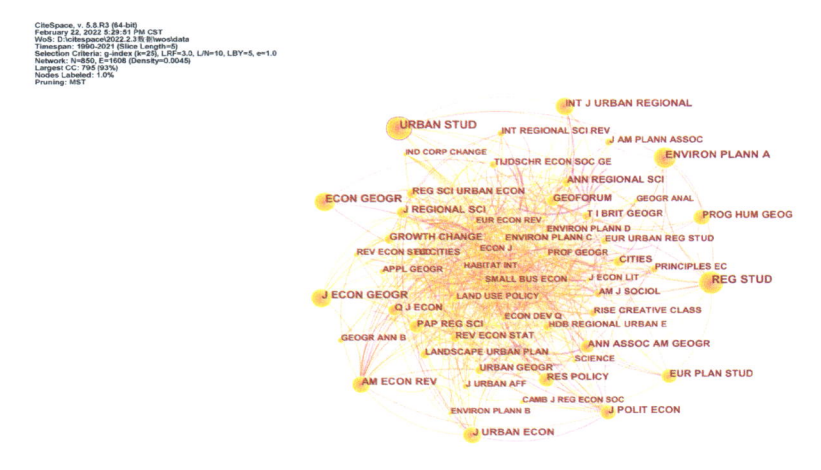

图 1.6　1990~2021 年城市群创新研究领域在 WOS 的发文期刊共被引图谱

期刊名称为软件出图，未修订

表 1.3　1990~2021 年城市群创新研究文献期刊共被引　　　　（单位：次）

排名	期刊	被引频次	排名	期刊	被引频次
1	Urban Studies	762	6	Journal of Urban Economics	385
2	Regional Studies	730	7	International Journal of Urban and Regional Research	385
3	Environment Planning A	654	8	American Economic Review	378
4	Journal Economic Geography	532	9	Research Policy	357
5	Economic Geography	447	10	European Planning Studies	355

三、研究热点演化

（一）关键词共现图谱

关键词在一篇文章中所占的篇幅虽然不多，往往只有 3~5 个，却是一篇论文的核心观点及论文主题的高度概括；对文章的关键词进行分析，有助于挖掘一个研究领域的热点问题。使用 CiteSpaceV 对城市群创新研究的关键词进行分析，设置时间跨度为 1990~2021 年，单个时间分区长度为 5 年；节点类型为关键词（keyword），提取每个时区中被引频次最高的 50 个关键词，生成的中文和英文文献关键词图谱分别如图 1.7、图 1.8 所示。每一个节点代表一个关键词，节点向外延伸的不同颜色与该关键词所在年份的颜色相对应；圆圈的大小与关键词出现的频次成正比；其中出现次数较高的关键词在图中显示为较大的节点。

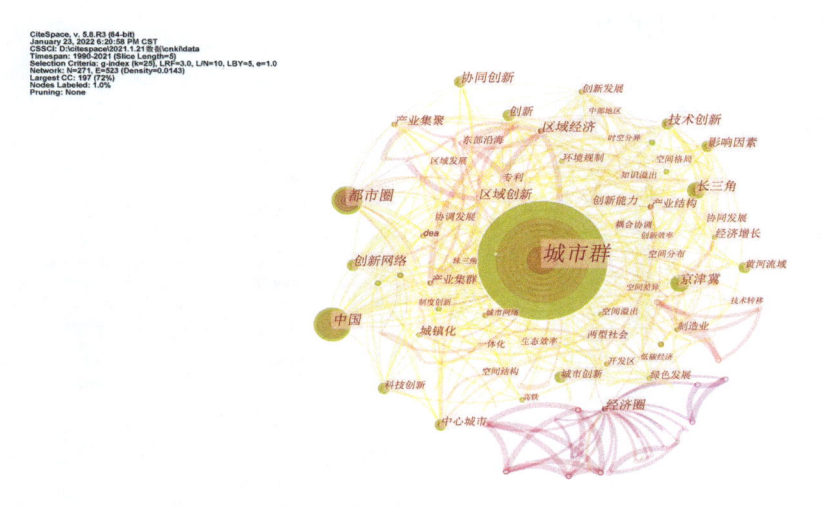

图 1.7　1990~2021 年城市群创新研究领域在 CNKI 的发文关键词共现图谱

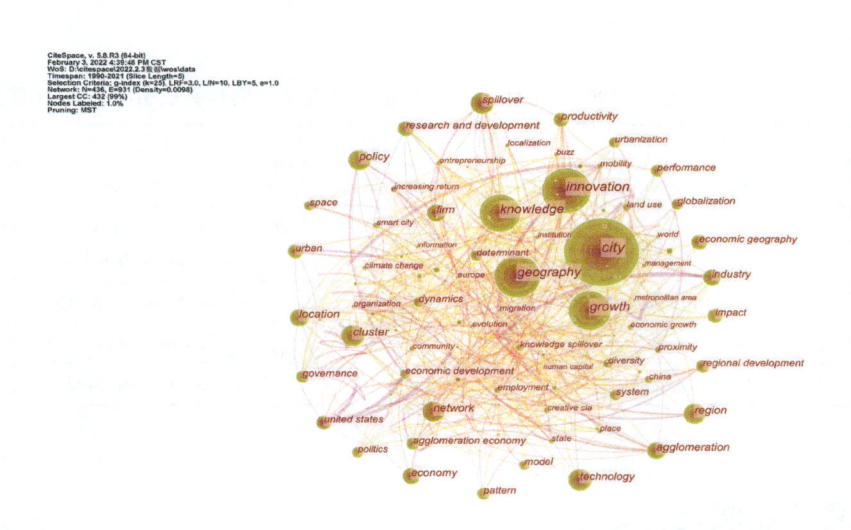

图 1.8　1990~2021 年城市群创新研究领域在 WOS 的发文关键词共现图谱

中文文献关键词共现图谱中有 271 个网络节点，523 条连线，网络密度为 0.0143（图 1.7）。结合表 1.4 被引频次的数据可以确定城市群创新领域的研究热点。词频体现研究热度，中心性测度关键词在网络结构中的重要程度。由表中数据可见，"城市群"的频次和中心度都最高（频次 151、中心性 0.67），说明学术界对该主题有较高的关注度且研究成果较多；同时该主题也较为重要，在本学科领域具有一定的延续性，是学术界一直关注的焦点。此外,"经济圈"的中心性较高,但频次较少,表明该主题在城市群创新研究领域内较为重要但关注度较低。"都市圈""中国""技术创新""协同创新"已然成为学者们研究的热点和重点。

英文文献关键词共现图谱中包含436个网络节点,931条连线,网络密度为0.0098(图1.8)。结合表1.4被引频次的数据发现"city"的被引频次最高,但中心性并不是最高的(频次438,中心性0.02);而"innovation"的被引频次和中心性都相对较高(频次296,中心性0.05);"policy"的中心性最高,但被引频次不高(频次106,中心性0.08)。除此之外,该领域的学者对"knowledge""geography""cluster""network"等关键词的关注度也很高。

表1.4 1990~2021年城市群创新研究文献的高频关键词

中文文献				英文文献			
序号	关键词	被引频次/次	中心性	序号	关键词	被引频次/次	中心性
1	城市群	151	0.67	1	city	438	0.02
2	都市圈	28	0.08	2	innovation	296	0.05
3	中国	22	0.07	3	growth	222	0.02
4	技术创新	20	0.08	4	knowledge	210	0.03
5	协同创新	19	0.01	5	geography	208	0.01
6	经济圈	18	0.22	6	cluster	123	0.02
7	京津冀	18	0.06	7	network	109	0.03
8	长三角	18	0.01	8	policy	106	0.08
9	区域经济	18	0.01	9	agglomeration	102	0.05
10	区域创新	16	0.06	10	region	102	0.04

(二)时区图谱

CiteSpaceV可以生成反映某领域研究前沿的时区图谱。时区图谱由一系列按时间顺序排列的条形区块构成,显示在图谱右上角的关键词反映了该领域的最新热点和研究前沿。此外,从时区图谱中还能够看到该领域近些年的发展脉络,以及研究前沿与知识基础之间的联系。本研究以五年为时间切面,绘制城市群创新研究的时区图,直观反映了城市群创新文献研究的发展演进历程。某段时间研究主题的多少与相关研究成果的数量成正比,研究主题越多,相关研究成果也就越多,该研究领域处于繁荣时期。连线表示主题词在时间段之间的传承关系,多少表示强弱关系。

从中文文献时区图谱中(图1.9),发现1999年之前研究者关注"协同创新""区域创新""技术创新""创新网络",对城市群创新类型的研究比较多;2000~2014年,大多学者选择从具体区域展开创新研究,如选择从"长三角""京津冀""中心城市"等入手进行创新研究;2015年之后学者开始关注城市群创新的影响因素,如"环境规制""中介效应""空间关联""时空演化"等。

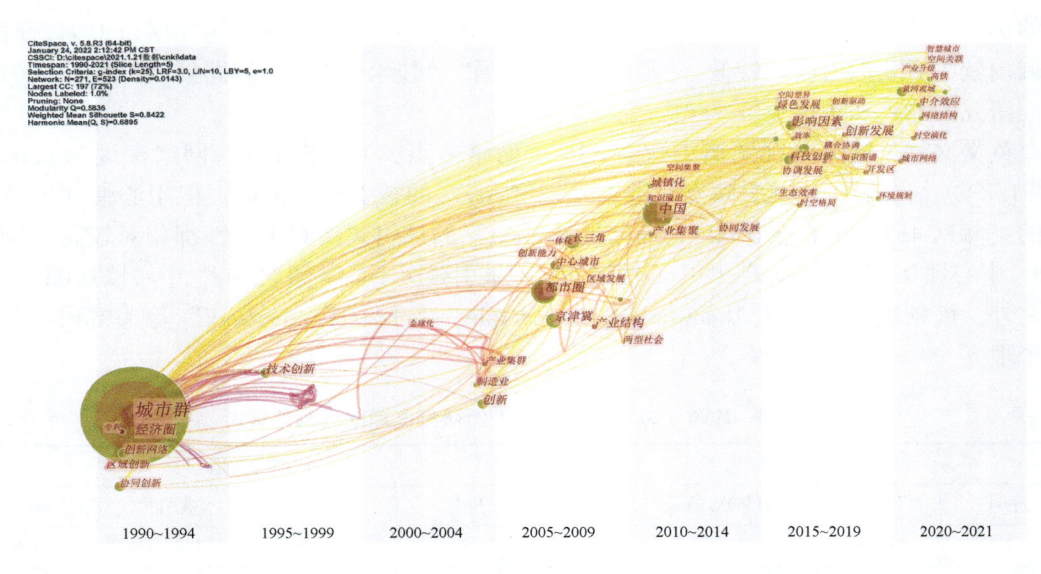

图 1.9　1990~2021 年城市群创新研究领域在 CNKI 的发文时区图

在英文文献时区图谱中（图 1.10），发现 1999 年之前学者们大多研究比较宏观的概念，如"city""innovation""knowledge""network""technology"等；而在 2000~2014 年，学者对"economy""productivity""cluster""agglomeration""land use""impact"等研究得比较多；2015 年之后，学者们开始对"big data""empirical evidence""mode choice""central place"等进行研究。

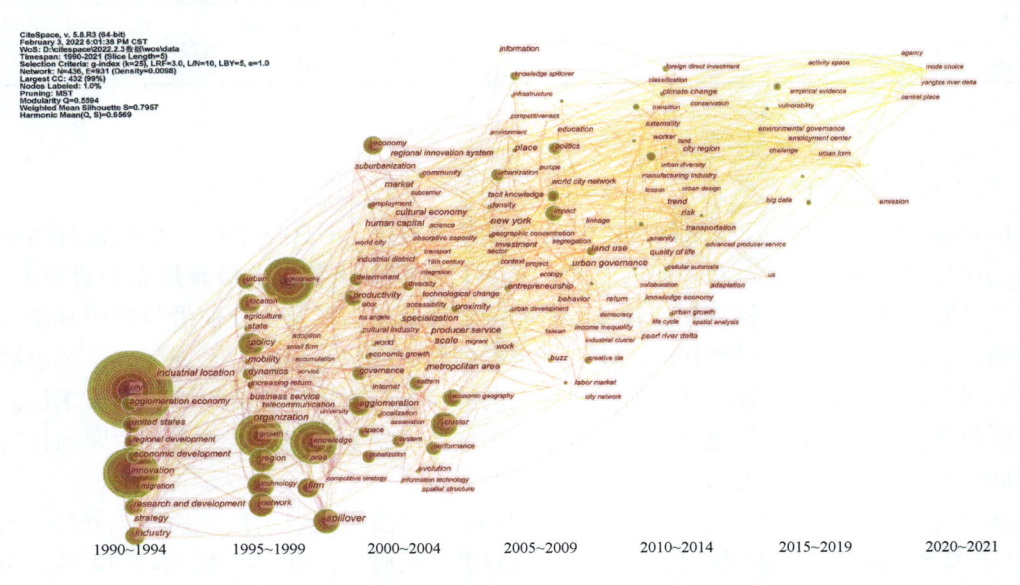

图 1.10　1990~2021 年城市群创新研究领域在 WOS 的发文时区图

（三）关键词突现性探测分析

新主题的突现代表了领域的研究前沿，因此通过对关键词进行突现性探测分析，可以找出某个时间段内变化较大的关键词，从而实现对该领域研究新趋势的探索分析。使用 CiteSpaceV 软件的"burstness"功能可以得到城市群创新研究的关键词、突现词图谱（图1.11），图中红色区域代表关键词突变性所处的时间段。在英文文献关键词突现图谱中（图 1.11），发现 25 个突现性关键词。根据关键词突现性的集中程度发现，城市群创新研究的前沿主题主要分布在智慧城市（smart city）、基础设施（infrastructure）、效应（impact）、结构（framework）、可持续性（sustainability）等方面。而对中文文献进行关键词突现性探测分析，只发现 2 个突现性关键词，分别为经济圈和都市圈，表明中文期刊城市群创新研究的前沿主题主要分布在这两个方向。

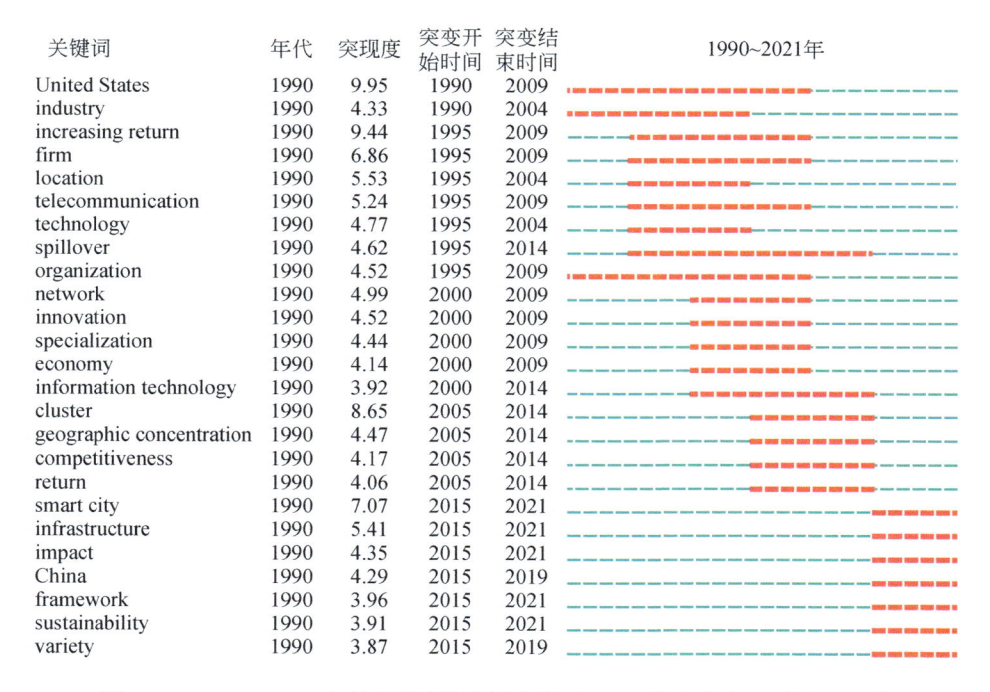

关键词	年代	突现度	突变开始时间	突变结束时间	1990~2021年
United States	1990	9.95	1990	2009	
industry	1990	4.33	1990	2004	
increasing return	1990	9.44	1995	2009	
firm	1990	6.86	1995	2009	
location	1990	5.53	1995	2004	
telecommunication	1990	5.24	1995	2009	
technology	1990	4.77	1995	2004	
spillover	1990	4.62	1995	2014	
organization	1990	4.52	1995	2009	
network	1990	4.99	2000	2009	
innovation	1990	4.52	2000	2009	
specialization	1990	4.44	2000	2009	
economy	1990	4.14	2000	2009	
information technology	1990	3.92	2000	2014	
cluster	1990	8.65	2005	2014	
geographic concentration	1990	4.47	2005	2014	
competitiveness	1990	4.17	2005	2014	
return	1990	4.06	2005	2014	
smart city	1990	7.07	2015	2021	
infrastructure	1990	5.41	2015	2021	
impact	1990	4.35	2015	2021	
China	1990	4.29	2015	2019	
framework	1990	3.96	2015	2021	
sustainability	1990	3.91	2015	2021	
variety	1990	3.87	2015	2019	

图 1.11　1990~2021 年城市群创新研究领域在 WOS 的发文突现关键词图谱

第三节　城市群创新研究的几个重要进展

城市群创新研究是在区域创新研究基础之上，围绕城市群这一特定区域开展的研究。区域创新的研究非常广泛，但针对城市群这一特定区域的创新研究并不成体系。结合文献计量分析，围绕城市群创新的几个重要问题，分别从能力评价、关系网络、空间格局、韧性特征几个方面对相关研究进行梳理。这些研究为开展城市群创新研究奠定了良好基础。

一、城市群创新评价研究

　　知识经济时代，创新已成为区域经济持续增长的第一驱动力（王缉慈，1999）。区域经济增长相关理论表明，作为创新的一种重要表现形式，技术变革能够转变区域产业进入衰落阶段的经济下行趋势（陈栋生，1993），使之摆脱缺乏经济活力的"锁定"状态并实现路径突破，迎来新的发展前景（周沂和贺灿飞，2019）。而在重大的技术变革之外，知识生产（Rigby，2015）、文化更新（黄宁燕和王培德，2013）、体制机制改革（王俊，2016）等较为温和的创新活动也对经济发展具有正向促进作用，全方位、多领域的创新在驱动社会经济各领域的发展中扮演着越来越关键的角色（甄峰等，2000）。作为一类人文现象和经济活动，创新首先受到经济、管理学领域的研究与关注，其内涵得到了较为全面的界定，其系统性和复杂性也被充分揭示（黄鲁成，2000；李炜等，2018）。地理学者倾向于将创新理解为一种空间现象，从空间视角理解创新活动的产生与发展（牛方曲和刘卫东，2012；Zhang and Rigby，2021）。创新地理的许多研究成果表明，在交通通信技术发达的全球化、信息化时代，创新仍然在很大程度上受到地理环境的影响和地理距离的约束（赵海军，1992；Ma et al.，2015）。在不同的经济水平、资源禀赋、社会文化环境影响下，创新表现出一定的区域模式，针对不同地区的创新评价则成为描述与分析创新活动异质性的有力手段。结合我国建设创新型国家的战略需求，创新评价研究能帮助从全局把握中国科技创新的总体格局和区域差异，为创新驱动发展战略的实施提供科学依据（柳卸林和胡志坚，2002）。

　　创新评价建立在创新内涵界定的基础上，不同领域对于创新的内涵有着不同的解读，但其中涉及的要素大致可以划分为三类，它们涵盖了创新这一系统性活动在各环节的组分和内外部影响因素，是开展创新评价时所应考虑的内容。

　　第一类是创新主体。从创新的根本语义出发，人是创新活动的最小单位，也是创新最本质的主体。年龄、文化水平、受教育程度等微观属性是影响个人创新能力的重要因素，高端科技创新人才对于区域自主创新具有重要意义（黄茹等，2014）。在一些研究中，也将人才等同于人力资本，作为创新投入要素的一种纳入评价（王亚刚等，1999；田新民和王少斌，2013）。城市或城市群创新是多个创新主体各种创新行为的综合体现，这一语境下的创新主体则指的是企业、高校、科研院所等承担一定规模知识生产和技术创新功能的单位（李正梅，2017）。它们往往具备专门的研发部门或科研平台，并汇聚大量科技创新人才，是整合起各类创新要素的有机综合体。

　　第二类是创新资源。创新资源也可以理解为创新客体或"生产对象"，也可以理解为创新的媒介。它是一定区域所既有的、可供人们利用与改造，以此为基础完成创新活动并产出一定成果的物质或非物质基础。例如，各类实验仪器、书籍资料、网络信息等，这些资源直接影响着区域开展创新活动的基础实力、方向与绩效（牛方曲和刘卫东，2012；邱月宝和赵立新，2020）。区域创新资源的多寡往往与宏观的调控与人为投入有关，并处于不断动态变化的过程中，可以随着创新投入的不断增加而不断积累，随着创新活动的持续开展而不断更新，也可能随着创新活动的减少衰退而逐渐老化枯竭

（甄峰等，2000）。

第三类是创新环境。城市是创新活动的主要地域载体，其物质和非物质环境等从多方面承载着创新主体的活动（李婷和董慧芹，2005）。完善的创新环境对于激发创新主体积极性与创造力、营造地方创新活力具有重要意义，间接影响着创新成果的产出、技术知识的转化乃至创新对区域社会经济发展各个方面的驱动效果。根据环境的存在形式，城市的创新环境可分为"硬环境"和"软环境"（许婷婷和吴和成，2013）。具体到支撑创新活动的不同方式，创新环境可分为保障创新平台建设运转和创新人才工作生活的基础设施环境，为创新企业提供政策咨询、合作洽谈、投资融资等服务的营商服务环境，塑造全社会"大众创业、万众创新"氛围的社会文化环境，从行政层面引导创新活动、扶助创新主体的政策支持环境等（夏维力和丁珮琪，2017）。

创新主体、创新资源和创新环境中不同创新要素之间存在错综复杂的相互作用关系，各个领域学者基于不同侧重点将这些要素进行提炼与归纳，形成影响或表征创新的一系列组织模式或机制，并将其纳入评价体系中。例如，管理学者将企业作为最核心的创新主体，将不同企业通过生产投入关系组成的产业链作为对接创新链并创造经济效益的一项重要条件，产业链的健全有助于科技企业的壮大（卢召艳等，2022）。传统经济地理学中，研究者将各类创新平台在空间中的集聚程度作为解释地域创新的一项有力指标，认为地理邻近下的知识溢出机制是激发多元主体协同创新活力的关键途径（李佳洺等，2016；Maskell and Malmberg，1999）。而近年来演化经济地理学、关系地理学的兴起则使得组织、制度、文化、认知等多维非地理邻近性受到大量关注，以宏观的城市或微观的创新主体为节点、以科技创新联系为本底的社会网络成为创新评价的新的重要方向（Ma et al.，2015；周灿等，2017）。

鉴于创新内涵的复杂性和创新要素的综合性，创新评价的定量研究通常首先定义一个用于表征创新评价结果的综合代理变量，其名称根据研究范围和评价侧重点等有所不同，如区域创新能力、城市创新能力、城市综合创新指数、城市群协同创新指数等（方创琳等，2014；任胜钢和彭建华，2017；周灿等，2017；王雅洁和张嘉颖，2022）。但就具体评价内容而言，可将创新评价归纳为两类，即对创新实力的评价与对创新潜力的评价（李正梅，2017；王纪武和刘妮娜，2020）。创新实力的评价大都从创新产出的直接客观表现出发，用论文、专利等创新成果和高技术产业增加值等创新效益表征城市利用本地和外部资源进行知识生产、技术转化等活动的本领。而创新潜力的评价则从创新活动的一系列影响因素出发，用科技创新投入、城市基础设施环境和社会文化氛围等因素衡量城市开展科技创新活动的适宜程度，或用创新实力相关指标的增长率来表征地区的创新发展动力。根据国外学者的定义，区域创新能力是区域实际的和潜在的全部创新能力的总和（李正梅，2017），因而也有许多研究依此构建由创新能力和创新潜力构成的复合或二维评价体系，使评价结果能够反映城市或区域的综合创新能力（林善泉等，2019；李正梅，2017）。

就创新评价方法而言，多因子加权综合评价方法是最常用的方法（卢召艳等，2022），它是将待评价的综合变量根据其内涵逐层分解为目标层、准则层、指标层下的不同维度和具体指标，采用相关方法确定各项指标的权重，并依此计算评价对象的总加权得分和各维度加权得分，用于后续分析和比较（游光荣和狄承锋，2001）。该方法较好地契合了科技创新活动的地域性、系统性和复杂性，能够综合全面地反映城市群创新水平，具有评价流程较为科学、评价技术较为简便、评价结果能够量化分解等优点。指标的权重确定方法可划分为主观赋权和客观赋权两类，其中主观赋权法包含德尔菲法、层次分析法、模糊综合评价法等（李燕萍等，2016）；客观赋权法包含因子分析法、主成分分析法、熵权法等（任胜钢和彭建华，2007）。

现有创新评价研究多采用统计单元的属性数据，受限于数据的可获取性，较少有研究能够获得达到城市精度且覆盖全国范围的评价结果。也有研究聚焦于较为微观的城市、城市群核心区、自主创新示范区等范围，借助兴趣点（point of interest，POI）点位数据并采用 GIS 空间分析方法考察城市创新企业或创新载体的空间集聚状况，并以此作为城市创新潜能的评价依据，对创新空间的规划布局起到了更强的指导作用（王纪武和刘妮娜，2020；邱坚坚等，2020）。总体而言，现有研究大都考察我国一组同等级的城市或一定区域范围内的全部城市，以单个城市为单位构建创新评价体系并对评价结果进行分析（杜娟和霍佳震，2014）；或聚焦于一个特定的城市区域，通过考察其在多方面的创新表现，描述区域创新水平的格局与演变，并分析背后的影响因素与机制（李世泰等，2012；张弸弛和曹阳，2022）。直接以城市群为研究区的创新评价研究则多侧重于对城市群内城市的协同创新格局、演变及机制进行探索（王雅洁和张嘉颖，2022；彭翀等，2018）。较少有研究将城市群作为一个整体，对一组城市群进行创新水平或创新能力的定量评价与横向对比（胡树华和杨洁，2010）。而兼顾城市群整体创新表现和内部协同状况的评价研究则更为少数。

总体而言，国内创新评价研究已发展出较为成熟的研究范式并具备了较为充沛的实证基础，但城市群创新评价研究还存在评价范围不够广泛、评价维度不够全面、评价内容不够深入等不足。在中国将城市群作为辐射我国区域发展的强大动力源、将城市群建设作为协调区域经济发展的重要途径的战略背景下，有必要对"十四五"规划所确定的 19 个城市群进行创新评价与比较，从而准确把握我国城市群创新能力的分布格局，科学合理指导城市群的创新驱动发展建设，为构建完备的国家创新体系，实现跻身世界科技创新强国的目标提供支撑。

二、城市群创新网络研究

交通和通信技术的革新和应用加强了城市群内部联系，降低了知识信息转移共享的成本，推进了城市间知识交流与合作创新，使创新网络在城市群空间上的凝聚开始显现。从前期国家创新网络的格局研究看，重要的知识联系和创新合作多发生在高层级的城市之间，或者在城市群的核心城市之间；但一些研究也发现城市群内部的创新联系相对全国平均密度要高（Ma et al.，2018；吕拉昌等，2015）。城市群核心城市内部创新联系和对外辐射能力同时得到增强，使城市群成为国家甚至全球创新网络的凝聚地（Li and Phelps，2017，2018）。对我国京津冀、长江三角洲和粤港澳大湾区城市群的研究发现，这些城市群对创新资源的汇聚能力越来越大（方创琳等，2013；李健，2016；王承云，2017）。城市群创新空间的关联与互动是实现创新空间一体化格局的基础，城市群创新网络构建是实现技术协同创新、衡量区域创新竞争力的重要途径（Bathelt et al.，2004；Huggins and Prokop，2017；王秋玉等，2016）。

网络作为联结不同知识载体的有效途径和关键通道，是创新过程中的关键资本投入形式，为各节点之间创新资源的流动整合提供了空间支撑。作为创新活动的重要空间载体和行动实体，城市已经从独立的封闭系统演变为"流空间"中复杂网络的节点（吕拉昌等，2015；周灿等，2017）。城市体系的空间结构也逐渐由等级化向网络化格局转变（Scott，2001），导致基于规模−等级视角的传统中心地理论对当代创新空间背景下网络发育机制的解释力有限（司月芳等，2016）。大多数前人研究都集中在经济和交通联系上，基于城市间信息流和知识流的网络研究较少涉及（方创琳等，2014），对于知识协作在推动城市网络形成中的作用更是知之甚少（Li and Phelps，2018）。区别于基于交通联系的城市间"硬网络"，城市间知识流动具有明显的"社会−空间"双重属性，属于"软网络"的一种（马海涛，2020）。相较于"硬网络"可以通过道路网络或轨迹数据反映描述，"知识流"缺乏明确的空间载体，这种无形非实体的概念无法通过明确统一的指标加以衡量，相关数据的获取难度也较大，使其分布规律和影响因素更加难以把握。

创新网络的节点可以是创新企业机构或创新人才，也可以是城市，其主体内涵具有多尺度性（或多层次性）。国内外学者通常以城市间的合作发表论文数量（Li and Phelps，2017；马海涛等，2018）、合作申请专利数量（Proff and Brenner，2011；Ma et al.，2015；牛欣和陈向东，2013；胡艳和时浩楠，2017；徐宜青等，2018）以及专利转移转让数量（周灿等，2017）等来表征城市间的知识或技术合作程度，以此构建城市群创新网络，并利用社会网络方法分析创新网络的拓扑结构、空间结构及动态演化特征。除了利用科技论文和专利数据之外，部分学者以创新能力评价为基础，并借助重构的创新引力模型间接测度城市间创新联系水平，还有学者尝试运用人才跨城流动或以创新企业机构的跨城分布等方式建构城市间创新网络（Ma et al.，2018；马海涛，2017；刘承良等，2018；黄晓东等，2021）。在知识经济和信息化时代，创新创意被视为城市和区域发展的内在动力，各类城市成为创新要素的空间载体（吕拉昌等，2015）；城市之间的空间关系和组织特征，其内在逻辑也演化为城市间的创新活动及其耦合交互关系（陆天赞等，2016），形成城市−技术共生演化生态系统（邓元慧等，2015）。

创新网络作为城市间创新交流的体现，反映了城市创新辐射能力和城市间信息流动强度，是探讨区域协同度的有效方式（范斐等，2015；孙瑜康和李国平，2017）。创新网络空间格局和拓扑结构、创新网络演化路径和邻近效应、知识溢出空间尺度及机制、网络结构与城市创新绩效间关系等成为创新网络研究的核心命题（Ma et al.，2022）。城市在创新网络中的结构地位反映了其占据的网络资本丰富度，网络资本很大程度上决定着城市吸引创新要素、获取外溢知识、参与创新协作的能力强弱（Huggins and Prokop，2017）。地理邻近性、认知邻近性、组织邻近性及制度邻近性等多维邻近性特征作为影响创新网络演化的重要因素得到广泛验证（Boschma，2005；刘承良等，2017；许培源和吴贵华，2019），网络效用对也对合作行为的发生起到了明显的推动作用（李建成等，2017）。网络空间是集聚-扩散过程发生的重要结构条件，创新要素的空间集聚与扩散形成的协同网络直接影响城市创新能力。创新能力的提升不断推动城市体系内部各城市系统功能的变迁，是城市群保持竞争优势的内源动力（邓元慧等，2015）。

城市创新网络研究有助于深入理解国家创新空间的形成，可以为城市协同创新发展提供新思路，服务于创新型国家建设实践（马海涛，2016）。城市群创新网络的空间结构和节点特性是群内各城市在区域创新链上分工的综合体现，其区域协调性及合理性与城市群整体创新能力和创新绩效的提升密切相关。在城市群系统中，不同城市拥有不同的技术创新资源优势，寻求技术合作是必要手段和有效途径，如某些城市集中了大量的高校和科研院所，人力资本和技术积累雄厚；某些城市企业创新行为活跃，具备技术创新的工程基础或产业化条件；还有一些城市投资环境良好，资本支持充足。创新资源分配的空间不均衡要求在区域层面实现资源协调整合，通过创新主体之间知识技术的合作交流，强化溢出效应，加快创新要素流动，增加创新增长极的辐射带动作用，以网络化的空间组织方式促进区域协同创新发展（Ma and Xu，2022）。

三、城市群创新格局研究

城市群作为当前区域协同发展的关键区域，对其创新能力的区域差距及其变动趋势展开研究尤显必要和紧迫。城市群作为动态复杂的网络化系统，节点之间进行着频繁的物质流动和要素交换，在集聚-分散的双重驱动下呈现出更加多中心的特征（Audirac，2005），多中心主义（polycentricism）和多中心性（polycentricity）已经成为理解城市区域空间结构的重要工具，也为城市群创新格局研究提供了新思路。Li 和 Phelps（2017）对长江三角洲城市群的知识多中心性及其演化进行了探讨，发现长江三角洲城市群的知识生产和知识合作正走向更加多中心的空间结构；李建成等（2017）研究表明长江三角洲城市群科学知识网络从"以三角结构为中心演化为多边形结构为中心格局"；陆天赞等（2016）对比发现美国东北部城市群创新网络"多中心、多节点、多层次"的复杂关联网络特征更为明显，创新合作的近域联系与跨区域联系结合更明晰；马海涛等对粤港澳大湾区知识多中心的研究证实了多中心性演化的尺度敏感性和地理邻近影响机制（Ma et al.，2021；马海涛等，2018）；戴靓等（2021）对中国 19 个城市群的知识形态多中心与功能多中心进行量化和评价，发现了空间异质性特征并分类提出城市群合作创新路径。相对于学者对大都市区域内的功能多中心性的高度重视，很少有研究关注大都市作为连接区域内外的门户功能，仅有少数学者将城市间的知识生产与协作视为与城市群基本功能密切相关的城市联系，如 Li 和 Phelps（2017）研究认为长江三角洲城市群在城市群尺度担负起了知识孵化器的作用，在国家尺度又扮演了知识合作枢纽的角色。

多中心内涵特征在多尺度上的多维度解读得到了较多学者的关注，但缺少从纵向视角探讨多中心随时间推移的演化规律（Li and Phelps，2018）。在城市群创新系统的发展过程中，形态与功能多中心之间存在一定的关联，但二者并非同步演化，形态上多中心的系统可能具有高度不平衡的功能结构，而功能平衡的城市系统未必在空间形态上均衡分布（Burger et al.，2011）。多数案例研究表明，大多数区域的形态多中心性优于功能多中心性

(Hall and Pain，2006；Burger and Meijers，2012）。理想化状态下，城市群的多中心化过程往往从孤立的无中心模式开始，通过网络联系的流动空间改变区域中核心节点和边缘节点的层级关系，使得城市区域内不同城市的中心职能在地理空间上重构重组（冯长春等，2014）。经过多个过渡阶段，城市群创新格局最终达到有机组织的多中心模式，不仅核心节点之间进行双向要素流动和交换，一般边缘节点之间也建立了紧密的合作关系（Limtanakool et al.，2007；Burger et al.，2011；Vasanen，2012），城市群内部形成了多向互动、有机联系的创新网络，在形态和功能上都逐渐向多中心结构演化。

多中心模式对社会经济发展究竟产生何种影响受到了多学科领域学者的广泛关注，许多学者采用多中心指标研究了城市空间结构的社会经济效应（孙斌栋和丁嵩，2017；Hoyler et al.，2008；Brezzi and Veneri，2015）。这些研究主要考察了多中心性对经济生产率（Meijers and Burger，2010；Wang et al.，2019）、交通拥堵（Li et al.，2019）和环境变化（Wang et al.，2017）的影响，对知识生产和创新的关注相对较少。主体节点和网络结构是城市群创新系统的两大核心特征，两者共同决定了创新网络的整体竞争力（Ter Wal and Boschma，2009；Rost，2011；Huggins et al.，2012）。要素的空间集聚与扩散形成的创新网络直接关乎整个区域创新系统的效率，创新网络结构是影响区域创新资源整合利用和创新功能优化互补的重要因素（邓元慧等，2015）。基于网络密度、节点度、中心性等社会网络分析方法，部分学者探讨了网络节点的创新绩效与创新网络空间结构的关联，并证实节点在创新网络中的地位是影响其创新能力的重要因素（殷德生等，2019）。城市在创新网络中的地位很大程度上决定着城市吸引创新要素、获取外溢知识、参与创新协作的能力强弱和机会大小，影响其所能够获得和利用的创新资源的规模和质量，进而影响其创新研发活动的资源投入和创新效率（Huggins and Prokop，2017）。

总的来说，现有研究关注的是单个城市节点在创新网络中的位置对其自身创新效率的影响，而很少考虑网络整体结构特征，如多中心性对创新产出的影响。一方面，规模优势源于高密度的环境性质，并与诸如邻近性、非正式结构、面对面接触等因素相关（Parr，2004），而多中心结构从某种程度上削减了集聚带来的正向效益；但另一方面，通过紧密的网络连接，具有不同创新优势的节点得以进行交流与合作，集聚带来的外部经济可以跨越行政边界，通过"互借规模"（borrow size）在地理邻近的多中心节点间得以共享（Alonso，1973），实现优势互补和技术的扩散溢出，促使整个城市系统拥有与同等规模的单一特大城市相同的创新功能，实现城市群协同创新。Meijers（2005）重点分析了多中心城市区域下城市之间的协同机制，发现在互补性、组织能力和关键规模三大特征的交互作用下，横向、纵向协同网络中分别产生合作（cooperation）、互补（complementarity）、外部性（externalities）三种作用机制。在现实世界中，区域内部的水平和垂直分工往往同时存在，多种机制相互作用，共同影响区域网络结构的形成和演化（Capineri and Kamann，1998）。

四、城市群创新韧性研究

当今世界面临宏观经济长期不稳定态势，加之快速更迭的技术周期和新的消费范式兴起对全球和区域政策的挑战，外部冲击的不确定性给联系日益紧密的复杂城市系统带来巨大的风险挑战，韧性已经成为理解城市区域应对外部干扰或冲击的重要工具，引发了越来越多领域学者的关注。作为城市间联系紧密的高级空间组织形式，城市群已成为承载国家创新战略的重要空间载体。在当前科技风险日益突出、科技发展外部环境趋于紧张、关键核心技术受制于人的背景下，促进城市群创新要素自由流动、发挥创新协同和联动效应，提升其抵御外部冲击的能力尤为重要，探讨城市群尺度的创新韧性问题也就十分必要。

韧性理论始于生态学，由美国学者 Holling（1973）提出，并经历了由工程韧性—生态韧性—演进韧性的演变（Modica and Reggiani，2015）。目前韧性这一概念已被应用在经济和社会多个领域（Liu et al.，2007），如灾害管理、生态学、公共健康、气候变化、土地利用、可持续性科学、经济学、工程学等。基于 CiteSpaceV 文献计量学分析发现，学者对韧性的关注点经历了由就业、经济增长到产业结构、技术进步，再到气候变化、灾害管理及区域韧性、韧性机制与路径研究的转变，从过去关注系统平衡，转向更加开放、动态、持续、共同演化和非线性的复杂社会-生态-技术系统思维（Fastenrath，2019）。现有研究对韧性含义阐述主要包含两个维度：一种观点强调抵抗或缓冲影响维持稳定性的能力（Lengnick-Hall et al.，2011；Gilly et al.，2014），属于静态的工程韧性概念；另一种观点具有动态特征，对应平衡状态的恢复能力，通过创造新的机会来改变结构和功能以应对冲击（Modica and Reggiani，2015），这意味着建立新的路径，而不是继续既定的路径依赖（Allenby and Fink，2005；Folke，2005）。韧性的概念有助于我们理解为什么有的区域在经历危机之后一蹶不振，而有的区域则能够逐渐克服不利冲击，甚至以此为契机得到更长远的发展（邵亦文和徐江，2015）。

学者们越发开始关注区域整体韧性能力的评估，以增强区域面对突发累积性风险的能力，并做好自我调适与转型的准备（魏石梅和潘竟虎，2021）。利用网络的结构特性来评估区域韧性已经被多位学者采用（Andergassen et al.，2014；Ma et al.，2015；Kurth et al.，2020），如徐维祥等（2022）构建了以网络节点韧性、网络结构韧性以及网络群落韧性为核心的城市网络韧性评价体系，发现由核心节点辐射形成的结构及交互关系较强是创新网络结构韧性形成的关键；王鹏和钟敏（2021）研究发现粤港澳大湾区"核心-边缘"结构的创新网络有利于经济韧性的提升；侯兰功和孙继平（2022）研究成渝城市群多维网络结构韧性，发现成渝城市群整体网络化程度弱，处于发展阶段，韧性能力不足。尽管网络联系通常基于企业或行业层面的微观经济行为，但这些创新实体及其行为受到其局部空间的限制。微观层面上的行动者或组织之间的知识流动可以聚合为宏观层面上的城市之间的空间流动，是反映空间知识扩散和溢出的适当措施。换句话说，城际网络结构韧性基本上可以被视为区域韧性的空间表现（Ma et al.，2015，2018）。胡甲滨和俞立平（2022）以新产品销售收入为代理变量衡量创新韧性，发现创新韧性与创新产出呈倒 U 形关系；俞国军等（2020）对产业集群韧性研究发现内部技术创新也是区域韧性的重要来源。相对于学者对交通网络、信息网络、经济、产业集群等领域韧性的重视，很少有研究关注城市群的创新韧性特征及演化规律，城市群创新韧性的研究在当前时代背景下尤为必要。

当前测度韧性的方式主要有两种，即综合指标法和核心变量法。综合指标法可通过构建指标体系进行测度，国内学者大多采用这种方式测度区域（省域-市域-县域）经济韧性（张明斗和冯晓青，2019；路兰等，2020；蔡咏梅等，2022）。然而，由于不同学者选取的指标、权重、测量方法不同，结果存在较大差异。为更加客观衡量韧性，有些学者采用核心变量法，选取一个或几个对外部冲击反应程度明显的核心变量。演化经济学主要通过观察区域内部产业结构和创新投入，依靠回归分析等计量模型来测度区域的经济韧性（刘逸等，2021）。Martin 和 Gardiner（2019）提出改进的韧性测度方法，该方法可以测度冲击出现和冲击未出现时的韧性情况。谭俊涛等（2020）用 GDP 增长率作为代理变量测度中国省级尺度的经济韧性，发现经济维持性和经济恢复性呈现一定的负相关关系；宗会明等（2021）用贸易额为代理变量测度疫情冲击下的中国对外贸易韧性格局，发现了各省份贸易韧性的时空差异特征，可见此研究范式被广泛认可。

创新在推动发展的更新和重新定位方面发挥着关键作用（Athey et al.，2008），是长期经济转型和变革的动力来源（Schumpeter，1939，1942）。探讨韧性在区域创新体系发展中的作用，有助于对区域可持续发展的动态演进的全面理解。然而，创新本质上具有高度不确定性和对冲击敏感的特征。创新韧性与其他类型的韧性有很大的不同，这源于创新活动本质的独特性，即知识是一种累积的、特殊的经济商品。知识的累积是持续创新的关键要素（Antonelli，2019），不断涌现的知识类型及其与现有知识类型的结合和互补（Wang，2007）为创新创造了无限的机会。对一个区域而言，知识的集聚与扩散会加速知识的累积效应，进而提升其创新能力；这种集聚和扩散的能力会影响到区域创新的连续性和适应环境变化的能力，也就涉及创新的韧性问题。创新韧性的概念可以分为两个维度——稳定性和适应性，为构建和衡量创新韧性提供了启示（Eisenhardt et al.，2010；Sonenshein，2016）。稳定性意味着减少脆弱性和吸收冲击（Lengnick-Hall and Beck，2005），侧重于在低变化、可预测的环境中提高创新效率；适应性意味着利用机遇，在高度变化和不可预测的环境中创建一个全新的系统。

基于文献梳理，区域韧性首先体现在一个区域的经济部门构成和增长的历史中，其次是区域内城市间沿网络（物理或抽象）的动态互动（Boschma，2015）。对于空间组织集聚、创新联系更为紧密的城市群而言，创新韧性一方面取决于创新产出的先天条件，另一方面依赖于其创新动态调整能力，这与城市间创新互动的网络结构和拓扑属性相关（Andergassen et al.，2014）。从演化经济地理学的角度出发，韧性可以从短期和长期来理解，既包括经济主体短期内应对外部冲击以及抗干扰的能力，也包括长期摆脱低端或负面锁定效应、探索新增长路径的能力，两个视角分别关注经济主体在冲击中实现组织恢复以及自我更新的潜能（苏杭，2015），这对于从不同的视角测度城市群创新韧性具有重要的启发意义。

第四节　中国城市群创新研究的现实需要

中国的城市群已经成为中国创新活动的主要承载空间，较为发达的城市群也已经成为参与全球创新竞争的主要单元。在创新型国家建设的过程中，国家对城市群寄予了厚望。

| 中国城市群的创新格局与路径 |

从推动城市群创新发展角度，非常有必要开展针对性的研究，以便能科学客观地认知我国城市群创新的发展历程与现状；研究选择的19个城市群是国家认定的最新规划范围，便于为今后城市群的创新发展提供支撑。

一、中国城市群的空间格局与发展现状

（一）19个城市群的范围及布局

选取中国现有的19个城市群作为研究对象，这些城市群的范围界定来自方创琳研究团队2020年出版的《中国城市群地图集》（方创琳，2020）。参照《中国城市群地图集》城市群的范围，原因有三个方面：第一，方创琳团队对城市群有长期的研究积累，研究成果受到国际和国内学者的广泛关注，具有较高引用度；第二，该团队参加较多城市群规划编制工作，研究成果得到国家发展和改革委员会的高度认可和较多采用；第三，该地图集是国内城市群研究的最新力作，紧密结合城市群的发展，吸纳了城市群的最新发展变化，与2021年发布的《中华人民共和国国民经济和社会发展第十四个五年规划和2035年远景目标纲要》中提及的城市群基本一致。这19个城市群的范围及布局如图1.12、图1.13和表1.5所示。

图1.12　中国19个城市群的空间范围
资料来源：《中国城市群地图集》（方创琳，2020）

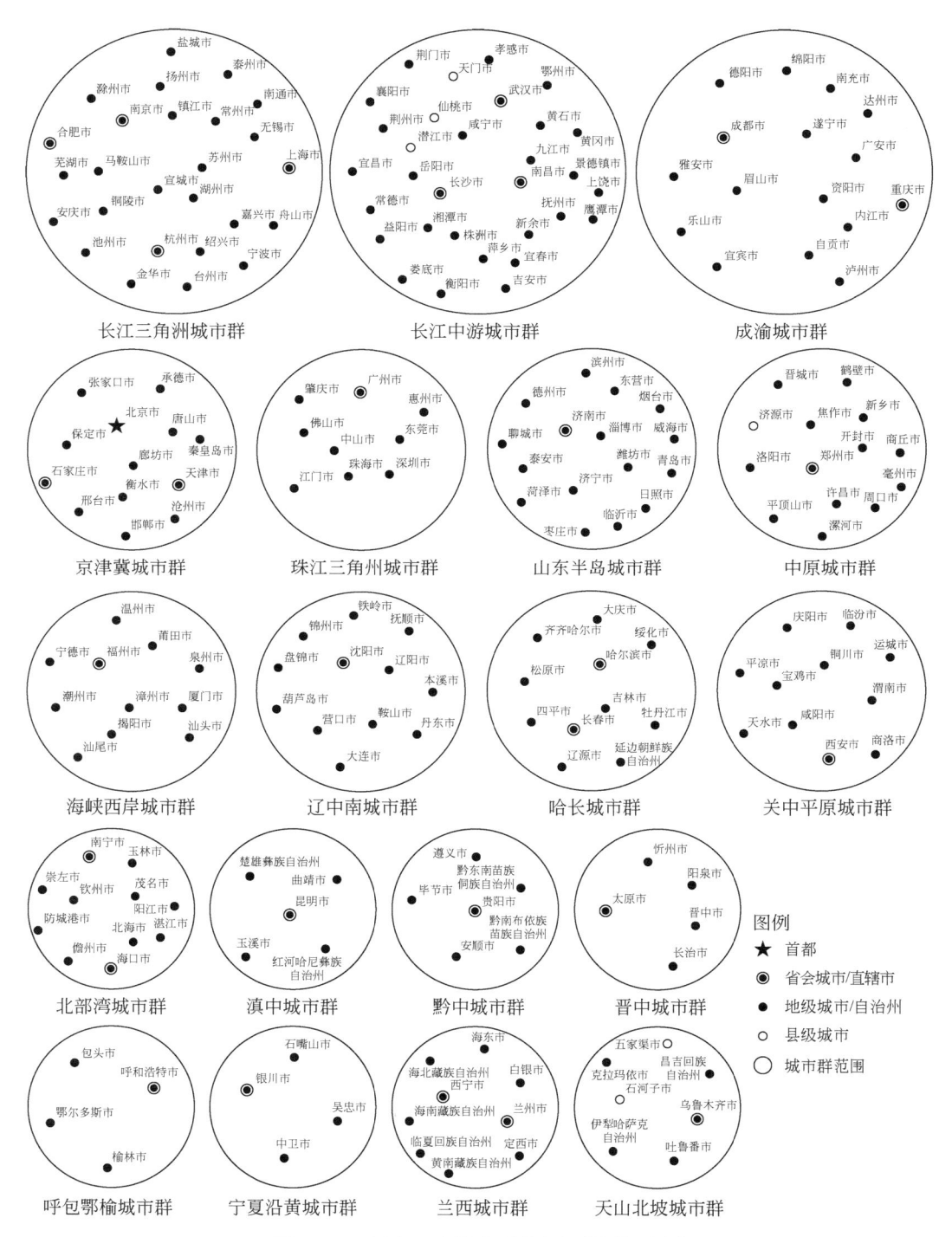

第一章 | 城市群创新研究的理论基础与主要进展

图 1.13 中国 19 个城市群的空间范围概念图

延边朝鲜族自治州简称为延边州；楚雄彝族自治州简称为楚雄州；红河哈尼族彝族自治州简称红河州；黔东南苗族侗族自治州简称黔东南州；黔南布依族苗族自治州简称黔南州；海北藏族自治州简称海北州；海南藏族自治州简称海南州；黄南藏族自治州简称黄南州；临夏回族自治州简称临夏州；伊犁哈萨克自治州简称伊犁州；昌吉回族自治州简称昌吉州

表 1.5 中国19个城市群范围一览表

城市群名称	城市数量	城市名称
京津冀城市群	13	北京市、天津市、石家庄市、保定市、沧州市、承德市、邯郸市、衡水市、廊坊市、秦皇岛市、唐山市、邢台市、张家口市
长江三角洲城市群	26	上海市、南京市、杭州市、合肥市、安庆市、常州市、池州市、滁州市、湖州市、嘉兴市、金华市、马鞍山市、南通市、宁波市、绍兴市、苏州市、台州市、泰州市、铜陵市、无锡市、芜湖市、宣城市、盐城市、扬州市、镇江市、舟山市
珠江三角洲城市群	9	广州市、深圳市、东莞市、佛山市、惠州市、江门市、肇庆市、中山市、珠海市
长江中游城市群	31	武汉市、长沙市、南昌市、常德市、鄂州市、抚州市、衡阳市、黄冈市、黄石市、吉安市、荆门市、荆州市、景德镇市、九江市、娄底市、萍乡市、潜江市、上饶市、天门市、仙桃市、咸宁市、湘潭市、襄阳市、孝感市、新余市、宜昌市、宜春市、益阳市、鹰潭市、岳阳市、株洲市
成渝城市群	16	成都市、重庆市、达州市、德阳市、广安市、乐山市、泸州市、眉山市、绵阳市、南充市、内江市、遂宁市、雅安市、宜宾市、资阳市、自贡市
北部湾城市群	11	南宁市、海口市、北海市、崇左市、儋州市、防城港市、茂名市、钦州市、阳江市、玉林市、湛江市
滇中城市群	5	昆明市、楚雄州、红河州、曲靖市、玉溪市
关中平原城市群	11	西安市、宝鸡市、临汾市、平凉市、庆阳市、商洛市、天水市、铜川市、渭南市、咸阳市、运城市
哈长城市群	11	哈尔滨市、长春市、大庆市、吉林市、辽源市、牡丹江市、齐齐哈尔市、四平市、松原市、绥化市、延边州
海峡西岸城市群	11	福州市、厦门市、潮州市、揭阳市、宁德市、莆田市、泉州市、汕头市、汕尾市、温州市、漳州市
呼包鄂榆城市群	4	呼和浩特市、包头市、鄂尔多斯市、榆林市
晋中城市群	5	太原市、晋中市、忻州市、阳泉市、长治市
兰西城市群	9	兰州市、西宁市、白银市、定西市、海东市、海北州、海南州、黄南州、临夏回族自治州
辽中南城市群	12	沈阳市、大连市、鞍山市、本溪市、丹东市、抚顺市、葫芦岛市、锦州市、辽阳市、盘锦市、铁岭市、营口市
宁夏沿黄城市群	4	银川市、石嘴山市、吴忠市、中卫市
黔中城市群	6	贵阳市、安顺市、毕节市、遵义市、黔东南州、黔南州
山东半岛城市群	16	济南市、青岛市、滨州市、德州市、东营市、菏泽市、济宁市、聊城市、临沂市、日照市、泰安市、威海市、潍坊市、烟台市、枣庄市、淄博市
天山北坡城市群	7	乌鲁木齐市、昌吉州、克拉玛依市、石河子市、吐鲁番市、五家渠市、伊犁州
中原城市群	14	郑州市、亳州市、鹤壁市、济源市、焦作市、晋城市、开封市、洛阳市、漯河市、平顶山市、商丘市、新乡市、许昌市、周口市

资料来源：方创琳，2020。

当然，选择这一范围虽然可以与国内各城市群规划的最新范围一致，但也存在规划范围偏大、较多城市群的新规划区域发育不成熟的问题，实际上规划的多数城市群并未达到城市群的一般标准，其创新的集聚扩散效应在这些城市群规划范围内并不显著，创新活动主要是在城市群的核心区域。但是，如果选择发育较为成熟的城市群及其空间范围，那么研究结果又难以支撑当前和今后城市群区域的创新发展需要。由于新的城市群规划范围基本上是较为成熟城市群范围的扩大版，对较大范围的城市群区域开展创新研究，既可展示城市群核心创新区域的状况，又可开展城市群创新核心与边缘区域的对比。综合考虑，本书还是选择城市群的最新规划范围。

（二）19个城市群的创新发展现状

中国的19个城市群，在科技创新发展方面已经成为国家创新资源的集聚地和创新成果的高产地，支撑国家整体的创新能力，推动国家创新的发展；然而，这些城市群在科技创新方面还存在明显的差异。一些科技创新水平较高的城市群，已经可以参与甚至引领国际创新，成为国际著名的科技创新中心，如京津冀、长江三角洲和珠江三角洲城市群在某些重要科技创新指标中的排名均居前三；有些城市群虽然在所在区域具有较高的创新资源集聚度和较高的创新产出水平，但总体水平偏低，某些指标甚至低于全国平均水平（表1.6）。

二、城市群创新的发展需要与研究需要

目前中国经济已由高速增长阶段向高质量发展阶段转变，创新在国民经济发展中的战略支撑地位日益凸显。国家创新驱动发展战略和城市群战略的同步实施，要求我国的城市群应肩负起国家创新发展的使命。2016年印发的《国家创新驱动发展战略纲要》提出要"跨区域整合创新资源"，以及"打造区域协同创新共同体，统筹和引领区域一体化发展"；之后陆续出台的《长江三角洲城市群发展规划》《京津冀协同发展规划纲要》《粤港澳大湾区发展规划纲要》等都极为重视创新发展，并制定了科技创新奋斗目标。《中华人民共和国国民经济和社会发展第十四个五年规划和2035年远景目标纲要》提出，"支持有条件的地方建设区域科技创新中心"，作为国家创新发展战略进入第二阶段迈向世界科技强国的重大战略部署，这也给中西部地区的城市群创新发展赋予了时代使命。创新是城市群高质量发展的核心驱动力，没有科技创新，就没有高质量和高效率。

由于现阶段市场对创新资源配置的决定性作用未能充分发挥，创新资源的共建、共享与开放不足，区域创新合作受到一定的阻碍。科技力量和创新资源与地方经济发展脱节，创新要素空间配置效应不佳。以京津冀城市群为例，区域内部科技创新能力极化特征明显，北京与天津和河北发展势差较大，城市之间未能形成分工有序的承接转移网络，尽管一批区域技术创新平台和成果转化平台相继建立，但共享范围和合作广度依然十分有限。相较而言，长江三角洲地区一定程度上克服了创新成果转化效率不高的问题，国有企业、大型中外合资企业和知名理工科院校是长江三角洲创新合作优先链接主体（周灿等，2017），形成了分工有序、联系紧密的产学研合作网络；另外，长江三角洲城市在不同空间尺度创新网络中的连接能力与辐射能力均较强，多个国家核心创新增长极，如北京、深圳、长江沿岸经济带城市均是长江三角洲跨界知识网络中的重要节点，群内多个中心城市如上海、杭州、南京等对外联系紧密的同时又能利用本地合作网络发挥创新增长极的引领

表1.6 中国19个城市群2020年主要科技创新统计指标对比

城市群名称	R&D经费支出占GDP比重 数值	排名	R&D经费内部支出/亿元 数值	排名	万人发明专利授权数/件 数值	排名	百亿GDP发明专利授权数/件 数值	排名	发明专利授权数/万件 数值	排名	城市群内部城市间发明专利合作总量/件 数值	排名	城市群内部城市间百万人发明专利合作量/件 数值	排名	百万人拥有国家级科技企业孵化器数/个 数值	排名
京津冀城市群	3.86%	1	3263.29	2	6.78	3	86.56	1	7.49	2	6548	2	59.31	3	1.01	3
珠江三角洲城市群	3.41%	2	2962.48	3	8.78	1	76.73	2	6.87	3	5228	3	66.83	2	1.29	2
长江三角洲城市群	2.94%	3	5664.74	1	7.42	2	59.73	3	12.25	1	13476	1	81.56	1	1.77	1
关中平原城市群	2.45%	4	529.00	9	2.74	6	52.86	5	1.19	8	127	13	2.92	18	0.64	11
山东半岛城市群	2.12%	5	1494.67	5	2.58	7	35.86	7	2.62	5	1418	4	13.95	5	0.82	6
辽中南城市群	2.05%	6	484.60	10	2.04	9	32.68	9	0.78	11	261	10	6.88	10	0.66	10
成渝城市群	1.92%	7	1249.77	6	2.08	8	31.34	10	2.14	6	680	6	6.62	11	0.42	15
长江中游城市群	1.78%	8	1637.84	4	4.20	4	56.37	4	5.30	4	1151	5	9.12	7	0.61	12
海峡西岸城市群	1.73%	9	843.55	7	2.98	5	35.37	8	1.78	7	492	7	8.25	8	0.27	17
中原城市群	1.57%	10	663.02	8	1.27	12	21.20	13	0.92	9	358	8	4.95	12	0.41	16
兰西城市群	1.54%	11	90.54	16	1.06	14	25.45	12	0.16	16	281	9	18.27	4	0.78	7
滇中城市群	1.27%	12	156.45	12	0.93	15	14.38	16	0.22	14	87	15	3.62	16	0.46	14
宁夏沿黄城市群	1.23%	13	42.22	18	1.14	13	19.42	14	0.07	19	62	18	10.23	6	0.66	9
哈长城市群	1.00%	14	242.13	11	1.95	10	39.27	6	0.83	10	176	11	4.13	14	0.84	4
呼包鄂榆城市群	0.98%	15	130.00	13	0.79	16	7.11	19	0.09	17	15	19	1.26	19	0.50	13
晋中城市群	0.94%	16	81.74	17	1.59	11	27.74	11	0.25	13	67	17	4.22	13	0.82	5
黔中城市群	0.89%	17	101.92	15	0.71	17	15.08	15	0.21	15	107	14	3.66	15	0.17	19
北部湾城市群	0.63%	18	125.35	14	0.69	18	14.21	17	0.29	12	145	12	3.42	17	0.19	18
天山北坡城市群	0.31%	19	23.60	19	0.65	19	8.80	18	0.08	18	86	16	7.18	9	0.67	8

资料来源："R&D经费内部支出"和"发明专利授权数"的数据主要来源于《中国城市年鉴》，部分缺失数据通过查阅地方统计年鉴、国民经济和社会发展统计公报等统计资料补全，少量数据由于无法获取采用近三年数据代替；指标"百万人拥有国家级科技企业孵化器数"的数据来源于科技部火炬高技术产业开发中心公布的国家级科技企业孵化器名单（网址 http://www.chinatorch.gov.cn/fhq/c100952/list_md.shtml）；指标"城市群内部城市间发明专利合作总量"的数据来源于IncoPat全球专利数据库（网址 https://www.incopat.com/）。

带动作用，较好地发挥了城市群技术创新的协同效应。但综合全国情况而言，多数城市群技术创新协同发展的质量整体不高，同质化、碎片化、封闭式现象严重，尚未形成城市间分工有序、优势互补的良性格局。总的来说，城市群创新资源的空间配置不合理、协同创新水平不足已成为制约我国创新驱动发展战略实施的重大瓶颈。

随着创新在推动区域高质量发展中的作用日渐受到重视，科技创新已然成为各大城市群发展规划的重要内容。然而，目前有许多创新规划的内容盲目迎合新鲜概念，雷同重合现象屡见不鲜，缺少足够的理论研究指导。我国城市群数量较多，分布范围广泛，城市群的区域背景、发展阶段、范围大小、创新基础都存在很大差别，亟须加强城市群创新理论研究，以更好地与现实需求相对接，为城市群未来协同创新提供有价值的参考借鉴。

参 考 文 献

蔡莉丽, 马学广, 陈伟劲, 等. 2013. 基于客运交通流的珠三角城市区域功能多中心特征研究. 经济地理, 33（11）: 52-57.
蔡咏梅, 李新英, 孟令伟. 2022. 基于正态云模型的区域经济韧性评价与实证. 统计与决策, 38（6）: 55-59.
陈栋生. 1993. 区域经济学. 郑州: 河南人民出版社.
戴靓, 曹湛, 朱青, 等. 2021. 中国城市群知识多中心发展评价. 资源科学, 43（4）: 1-10.
邓元慧, 欧国立, 邢虎松. 2015. 城市群形成与演化: 基于演化经济地理学的分析. 科技进步与对策, 32（6）: 45-50.
邸月宝, 赵立新. 2020. 我国主要科技创新平台分类特征及总体分布. 今日科苑, （2）: 18-24.
杜娟, 霍佳震. 2014. 基于数据包络分析的中国城市创新能力评价. 中国管理科学, 22（6）: 85-93.
范斐, 杜德斌, 游小珺, 等. 2015. 基于能力结构关系模型的区域协同创新研究. 地理科学, 35（1）: 66-74.
方创琳. 2011. 中国城市群形成发育的新格局及新趋向. 地理科学, 31（9）: 1025-1034.
方创琳. 2014. 中国城市群研究取得的重要进展与未来发展方向. 地理学报, 69（8）: 1130-1144.
方创琳. 2017. 京津冀城市群协同发展的理论基础与规律性分析. 地理科学进展, 36（1）: 15-24.
方创琳. 2020. 中国城市群地图集. 北京: 科学出版社.
方创琳, 刘毅, 林跃然. 2013. 中国创新型城市发展报告. 北京: 科学出版社.
方创琳, 马海涛, 王振波, 等. 2014. 中国创新型城市建设的综合评估与空间格局分异. 地理学报, 69（4）: 459-473.
冯长春, 谢旦杏, 马学广, 等. 2014. 基于城际轨道交通流的珠三角城市区域功能多中心研究. 地理科学, 34（6）: 648-655.
高丽娜, 华冬芳. 2020. 创新环境、网络外部性与城市群创新能力——来自长三角城市群的经验研究. 华东经济管理, 34（9）: 55-60.
高丽娜, 宋慧勇, 张惠东. 2018. 城市群协同创新形成机理及其对系统绩效的影响研究. 江苏师范大学学报（哲学社会科学版）, 44（1）: 125-132.
顾朝林. 2011. 城市群研究进展与展望. 地理研究, 30（5）: 771-784.
侯兰功, 孙继平. 2022. 复杂网络视角下的成渝城市群网络结构韧性演变. 世界地理研究, 31（3）: 561-571.
胡甲滨, 俞立平. 2022. 创新韧性对高技术产业创新的影响机制与特征研究. 科技进步与对策, 39（2）: 49-59.

胡明铭．2004．区域创新系统理论与建设研究综述．外国经济与管理，（9）：45-49．
胡树华，杨洁．2010．国内主要城市群创新能力的评价．统计与决策，（24）：53-55．
胡艳，时浩楠．2017．长三角城市群城市创新的空间关联分析．上海经济研究，（4）：87-97．
黄鲁成．2000．关于区域创新系统研究内容的探讨．科研管理，21（2）：43-48．
黄宁燕，王培德．2013．实施创新驱动发展战略的制度设计思考．中国软科学，（4）：60-68．
黄茹，梁绮君，吕拉昌．2014．城市人口结构与创新能力的关系——基于中国城市的实证分析．城市发展研究，21（9）：84-91．
黄晓东，马海涛，苗长虹．2021．基于创新企业的中国城市网络联系特征．地理学报，76（4）：835-852．
巨文忠，张淑慧，赵成伟．2022．国家创新体系与区域创新体系的区别与联系．科技中国，（3）：1-4．
李佳洺，张文忠，马仁峰，等．2016．城市创新空间潜力分析框架及应用——以杭州为例．经济地理，36（12）：224-232．
李建成，王庆喜，唐根年．2017．长三角城市群科学知识网络动态演化分析．科学学研究，35（2）：189-197．
李健．2016．创新时代的新经济空间：从全球创新地理到地方创新城区．上海：上海社会科学院出版社．
李琳，戴姣兰．2016．中三角城市群协同创新驱动因素研究．统计与决策，（23）：119-123．
李世泰，赵亚萍，张喆．2012．山东半岛城市群创新能力评价研究．地域研究与开发，31（4）：64-68．
李婷，董慧芹．2005．科技创新环境评价指标体系的探讨．中国科技论坛，（4）：30-31，36．
李炜，李子彪，康凯．2018．区域创新系统的内涵界定与研究趋势．经济研究参考，（22）：60-64．
李燕萍，罗静子，沈晨．2016．区域创新评价指标体系的构建．统计与决策，（8）：32-34．
李正梅．2017．成渝城市群创新能力评价研究．重庆：西南大学．
林善泉，刘嘉丽，刘沛．2019．区域创新能力与潜力评价——以珠三角国家自主创新示范区为例．现代城市研究，（4）：60-68．
刘承良，管明明，段德忠．2018．中国城际技术转移网络的空间格局及影响因素．地理学报，73（8）：1462-1477．
刘承良，桂钦昌，段德忠，等．2017．全球科研论文合作网络的结构异质性及其邻近性机理．地理学报，72（4）：737-752．
刘逸，纪捷韩，许汀汀，等．2021．战略耦合对区域经济韧性的影响研究——以广东省为例．地理研究，40（12）：3382-3398．
柳卸林，胡志坚．2002．中国区域创新能力的分布与成因．科学学研究，20（5）：550-556．
卢召艳，黎红梅，魏晓，等．2022．城市群核心区域科技创新潜力评价及影响因素——以长株潭城市群核心区为例．经济地理，42（4）：141-149．
陆天赞，吴志强，黄亮．2016．网络关系与空间组织：长三角与美国东北部城市群创新合作关系的比较分析．城市规划学刊，（2）：35-44．
路兰，周宏伟，许清清．2020．多维关联网络视角下城市韧性的综合评价应用研究．城市问题，（8）：42-55．
吕拉昌，梁政骥，黄茹．2015．中国主要城市间的创新联系研究．地理科学，35（1）：30-37．
马海涛．2016．基于知识流动的中国城市网络研究进展与展望．经济地理，36（11）：207-213，223．
马海涛．2017．基于人才流动的城市网络关系构建．地理研究，36（1）：161-170．
马海涛．2020．知识流动空间的城市关系建构与创新网络模拟．地理学报，75（4）：708-721．
马海涛，黄晓东，李迎成．2018．粤港澳大湾区城市群知识多中心的演化过程与机理．地理学报，73（12）：2297-2314．
牛方曲，刘卫东．2012．中国区域科技创新资源分布及其与经济发展水平协同测度．地理科学进展，

31（2）：149-155.

牛欣，陈向东．2013．城市创新跨边界合作与辐射距离探析——基于城市间合作申请专利数据的研究．地理科学，33（6）：659-667.

彭翀，张晨，王宝强，等．2018．区域协同创新系统绩效评价研究——以长江中游城市群为例．现代城市研究，（11）：33-40.

邱坚坚，刘毅华，袁利，等．2020．粤港澳大湾区科技创新潜力的微观集聚格局及其空间规划应对．热带地理，40（5）：808-820.

任胜钢，彭建华．2007．基于因子分析法的中国区域创新能力的评价及比较．系统工程，25（2）：87-92.

邵亦文，徐江．2015．城市韧性：基于国际文献综述的概念解析．国际城市规划，30（2）：48-54.

司月芳，曾刚，曹贤忠，等．2016．基于全球-地方视角的创新网络研究进展．地理科学进展，35（5）：600-609.

苏杭．2015．经济韧性问题研究进展．经济学动态，（8）：144-151.

孙斌栋，丁嵩．2017．多中心空间结构经济绩效的研究进展及启示．地理科学，37（1）：64-71.

孙瑜康，李国平．2017．京津冀协同创新水平评价及提升对策研究．地理科学进展，36（1）：78-86.

谭俊涛，赵宏波，刘文新，等．2020．中国区域经济韧性特征与影响因素分析．地理科学，40（2）：173-181.

田新民，王少斌．2013．人力资本与劳动力流动对区域创新的影响．首都经济贸易大学学报，15（4）：51-56.

王承云．2017．研发产业与城市创新空间．上海：上海社会科学院出版社．

王缉慈．1999．知识创新和区域创新环境．经济地理，19（1）：12-16.

王缉慈，王敬甯，姜冀轩．2009．深圳数字电视产业的地理集聚——研究高新技术创新集群的一个尝试．地理科学进展，28（5）：673-682.

王纪武，刘妮娜．2020．杭州市 9 区创新发展潜力评价研究．经济地理，40（11）：105-111.

王俊．2016．创新驱动和绿色发展的体制机制改革研究．经济体制改革，（6）：25-32.

王鹏，钟敏．2021．粤港澳大湾区创新网络与城市经济韧性．华南师范大学学报（社会科学版），（6）：38-55，205-206.

王秋玉，曾刚，吕国庆．2016．中国装备制造业产学研合作创新网络初探．地理学报，71（2）：251-264.

王雅洁，张嘉颖．2022．城市群协同创新动态评价．统计与决策，38（8）：168-173.

王亚刚，刘思峰，党耀国，等．1999．区域科技综合实力评价指标体系及实证分析．河南农业大学学报，33（2）：156-160.

魏丽华．2018．论城市群经济联系对区域协同发展的影响——基于京津冀与沪苏浙的比较．地理科学，38（4）：575-579.

魏石梅，潘竟虎．2021．中国地级及以上城市网络结构韧性测度．地理学报，76（6）：1394-1407.

夏维力，丁珮琪．2017．中国省域创新创业环境评价指标体系的构建研究——对全国 31 个省级单位的测评．统计与信息论坛，32（4）：63-72.

徐维祥，周建平，周梦瑶，等．2022．长三角协同创新网络韧性演化及驱动机制研究．科技进步与对策，39（3）：40-49.

徐宜青，曾刚，王秋玉．2018．长三角城市群协同创新网络格局发展演变及优化策略．经济地理，38（11）：133-140.

许培源，吴贵华．2019．粤港澳大湾区知识创新网络的空间演化——兼论深圳科技创新中心地位．中国软科学，（5）：68-79.

许婷婷，吴和成．2013．基于因子分析的江苏省区域创新环境评价与分析．科技进步与对策，30（4）：

124-128.

殷德生，吴虹仪，金桩．2019．创新网络、知识溢出与高质量一体化发展——来自长江三角洲城市群的证据．上海经济研究，（11）：30-45．

游光荣，狄承锋．2001．我国地区科技竞争力研究．中国软科学，（1）：66-70．

俞国军，贺灿飞，朱晟君．2020．产业集群韧性：技术创新、关系治理与市场多元化．地理研究，39（6）：1343-1356．

张明斗，冯晓青．2019．长三角城市群内各城市的城市韧性与经济发展水平的协调性对比研究．城市发展研究，26（1）：82-91．

张姗弛，曹阳．2022．长江经济带城市群创新能力评价研究．长江论坛，（2）：24-33，2．

赵海军．1992．论科技地理学．陕西师大学报（自然科学版），20（4）：68-71．

甄峰．2001．信息时代区域发展战略及其规划探讨．城市规划汇刊，（6）：61-64．

甄峰，黄朝永，罗守贵．2000．区域创新能力评价指标体系研究．科学管理研究，18（6）：5-8．

周灿，曾刚，曹贤忠．2017．中国城市创新网络结构与创新能力研究．地理研究，36（7）：1297-1308．

周密，孙泪阳．2016．专利权转移、空间网络与京津冀协同创新研究．科学学研究，34（11）：1736-1743，1760．

周沂，贺灿飞．2019．中国城市出口产品演化．地理学报，74（6）：1097-1111．

宗会明，张嘉敏，刘绘敏．2021．COVID-19疫情冲击下的中国对外贸易韧性格局及影响因素．地理研究，40（12）：3349-3363．

Allenby B, Fink J. 2005. Tward inherently secure and resilient societies. Science, 309（5737）: 1034-1036.

Alonso W. 1973. Urban zero population growth. Daedalus, 109（4）: 191-206.

Amin A, Cohendt P. 2000. Organizational learning and governance through embedded practices. Journal of Management and Governace, 4（1-2）: 93-116.

Andergassen R, Nardini F, Ricottilli M. 2014. Emergence and resilience in a model of innovation and network formation. Networks and Spatial Economics, 15（2）: 293-311.

Andersson D E, Gunessee S, Matthiessen C W, et al. 2014. The geography of Chinese science. Environment and Planning A, 46（12）: 2950-2971.

Athey G, Nathan M, Webber C, et al. 2008. Innovation and the city. Innovation-Organization & Management, 10（2-3）: 156-169.

Audirac I. 2005. Information technology and urban form: challenges to smart growth. International Regional Science Review, 28（2）: 119-145.

Bathelt H, Malmberg A, Maskell P. 2004. Clusters and knowledge: local buzz, global pipelines and the process of knowledge creation. Progress in Human Geography, 28（1）: 31-56.

Bathelt H. 2007. Buzz-and-Pipeline dynamics: towards a knowledge-based multiplier model of clusters. Geography Compass, 1（6）: 1282-1298.

Boschma R A. 2005. Proximity and innovation: a critical assessment. Regional Studies, 39: 61-74.

Boschma R A. 2015. Towards an evolutionary perspective on regional resilience. Regional Studies, 49（5）: 733-751.

Brezzi M, Veneri P. 2015. Assessing polycentric urban systems in the OECD: country, regional, and metropolitan perspectives. European Planning Studies, 23: 1128-1145.

Burger M J, De Goei B, van der Laan L, et al. 2011. Heterogeneous development of metropolitan spatial structure: evidence from commuting patterns in English and Welsh city-regions. Cities, 28（2）: 160-170.

Burger M, Meijers E. 2012. Form follows function? Linking functional and morphological polycentricity. Urban

Studies, 49 (5): 1127-1149.

Camagni R, Salone C. 1993. Network urban structures in Northern Italy: elements for a theoretical framework. Urban Studies, 30 (6): 1053-1064.

Capineri C, Kamann D J F. 1998. Synergy in networks: concepts//Button K, Nijkamp P, Priemus H. Transport Networks in Europe. Cheltenham: Edward Elgar: 35-56.

Castells M. 1996. The Rise of the Network Society. Cambridge: Blackwell Publishers.

Chesbrough H W. 2003. The era of open innovation. Mit Sloan Management Review, 44 (3): 35-41.

Cooke P, Uranga M G, Etxebarria G. 1997. Regional innovation systems: institutional and organizational dimensions. Resources Policy, 26 (4-5): 475-491.

Cooke P. 1992. Regional innovation systems: competitive regulation in the new Europe. Geoforum, 23 (3): 365-382.

Cristiano A. 2019. The Knowledge Growth Regime: a Schumpeterian Approach. Cham: Palgrave Macmillan.

Delgado M, Porter M E, Stern S. 2010. Clusters and entrepreneurship. Economic Geography, 10 (10): 495-518.

Eisenhardt K M, Furr N R, Bingham C B. 2010. Microfoundations of performance: balancing efficiency and flexibility in dynamic environments. Organization Science, 21 (6): 1263-1273.

Fastenrath S, Coenen L, Davidson K. 2019. Urban resilience in action: the resilient melbourne strategy as transformative urban innovation policy? Sustainability, 11 (3): 1-10.

Folke C. 2005. Resilience: The emergence of a perspective for social-ecological systems analyses. Global Environmental Change-Human and Policy Dimensions, 16 (3): 253-267.

Gilly J P, Kechidi M, Talbot D. 2014. Resilience of organisations and territories: the role of pivot firms. European Management Journal, 32 (4): 596-602.

Giuliani E, Bell M. 2005. The micro-determinants of meso-level learning and innovation: evidence from a chilean wine cluster. Research Policy, 34 (1): 47-68.

Gottmann J. 1978. Megalopolitan systems around the world//Bourne L S, Simmons J W. Systems of Cities: Readings on Structure Growth and Policy. New York: Oxford University Press: 103-111.

Gregory D, Johnston R, Pratt G, et al. 2009. The Dictionary of Human Geography. 5th Edition. Oxford: Wiley-Blackwell.

Hagerstrand. 1953. Innovationsforloppet ur Korologisk Synspunkt. Gleerup: Lund.

Hall P, Pain K. 2006. The Polycentric Metropolis: Learning from Mega-City Regions in Europe. London: Earthscan.

Holling C S. 1973. Resilience and stability of ecological systems. Annual Review of Ecology and Systematics, 4: 1-23.

Hoyler M, Kloosterman R C, Sokol M. 2008. Polycentric puzzles-emerging mega-city regions seen through the lens of advanced producer services. Regional Studies, 42 (8): 1055-1064.

Huggins R, Prokop D. 2017. Network structure and regional innovation: a study of university-industry ties. Urban Studies, 54 (4): 931-952.

Huggins R, Thompson P, Johnston A. 2012. Network capital, social capital and knowledge flow: how the nature of inter-organizational networks impacts on innovation. Industry and Innovation, 19 (3): 203-232.

Keller W. 2002. Geographical localization of international technology diffusion. American Economic Review, 92 (1): 120-142.

Kurth M, Kozlowski W, Ganin A, et al. 2020. Lack of resilience in transportation networks: economic implications. Transportation Research Part D-Transport and Environment, 86: 102419.

Lengnick-Hall C A, Beck T E. 2005. Adaptive fit versus robust transformation: how organizations respond to environmental change. Journal of Management, 31 (5): 738-757.

Lengnick-Hall C A, Beck T E, Lengnick-Hall M L. 2011. Developing a capacity for organizational resilience through strategic human resource management. Human Resource Management Review, 21 (3): 243-255.

Li Y, Phelps N A. 2017. Knowledge polycentricity and the evolving Yangtze River Delta megalopolis. Regional Studies, 51 (7): 1035-1047.

Li Y, Phelps N A. 2018. Megalopolis unbound: knowledge collaboration and functional polycentricity within and beyond the Yangtze River Delta Region in China, 2014. Urban Studies, 55 (2): 443-460.

Li Y, Xiong W, Wang X. 2019. Does polycentric and compact development alleviate urban traffic congestion? A case study of 98 Chinese cities. Cities, 88: 100-111.

Liefner I, Hennemann S. 2011. Structural holes and new dimensions of distance: the spatial configuration of the scientific knowledge network of China's optical technology sector. Environment and Planning A, 43 (4): 810-829.

Limtanakool N, Dijst M, Schwanen T. 2007. A theoretical framework and methodology for characterizing national urban systems on the basis of flows of people: empirical evidence for France and Germany. Urban Studies, 44 (11): 2123-2145.

Liu J G, Dietz T, Carpenter S R, et al. 2007. Complexity of coupled human and natural systems. Science, 317 (5844): 1513-1516.

Ma H, Fang C, Lin S, et al. 2018. Hierarchy, clusters, and spatial differences in Chinese inter-city networks constructed by scientific collaborators. Journal of Geographical Sciences, 28 (12): 1793-1809.

Ma H, Fang C, Pang B, et al. 2014. The effect of geographical proximity on scientific cooperation among Chinese cities from 1990 to 2010. PLoS One, 9 (11): e111705.

Ma H, Fang C, Pang B, et al. 2015. Structure of Chinese city network as driven by technological knowledge flows. Chinese Geographical Science, 25 (4): 498-510.

Ma H, Li Y, Huang X. 2021. Proximity and the evolving knowledge polycentricity of megalopolitan science: evidence from China's Guangdong-Hong Kong-Macao Greater Bay Area, 1990-2016. Urban Studies, 58 (12): 2405-2423.

Ma H, Wei D Y, Dai L, et al. 2022. Institutional Systems, Geographical proximity, and technology transfer across cities in the Guangdong-Hong Kong-Macau Megalopolis, China. EPA: Environment and Planning A, 1-18.

Ma H, Xu X. 2022. The knowledge polycentricity of China's urban agglomerations. Journal of Urban Planning and Development, 148 (2): 04022014.

Ma H, Zhang F, Liu Y. 2018. Transnational elites enhance the connectivity of Chinese cities in the world city network. Environment and Planning A: Economy and Space, 50 (4): 749-751.

Malecki E J. 2002. Hard and soft networks for urban competitiveness. Urban Studies, 39 (5-6): 929-945.

Martin R, Gardiner B. 2019. The resilience of cities to economic shocks: a tale of four recessions (and the challenge of Brexit). Papers in Regional Science, 98 (4): 1801-1832.

Martin R, Simmie J. 2008. Path dependence and local innovation systems in city-regions. Innovation-Management Policy & Practice, 10 (2-3): 183-196.

Maskell P, Malmberg A. 1999. Localised learning and industrial competitiveness. Cambridge Journal of Economics, 23 (2): 167-185.

Meijers E. 2005. Polycentric urban regions and the quest for synergy: is a network of cities more than the sum of the parts? Urban Studies, 42 (4): 765-781.

Meijers E, Burger M. 2010. Spatial structure and productivity in US metropolitan areas. Environment and Planning A, 42 (6): 1383-1402.

Modica M, Reggiani A. 2015. Spatial economic resilience: overview and perspectives. Networks & Spatial Economics, 15 (2): 211-233.

Morrison A, Rabellotti R. 2009. Knowledge and information networks in an Italian wine cluster. European Planning Studies, 17 (7): 983-1006.

Morrison A, Rabellotti R, Zirulia L. 2013. When do global pipelines enhance the diffusion of knowledge in clusters. Economic Geography, 89 (1): 77-96.

Parr J B. 2004. The polycentric urban region: a closer inspection. Regional Studies, 38 (3): 231-240.

Polanyi M. 1997. The tacit dimension//Prusak L. Knowledge in Organizations. Boston: Butterworth-Heinemann: 135-146.

Proff S V, Brenner T. 2011. The dynamics of interregional collaboration: an analysis of co-patenting. Annals of Regional Science, 52 (1): 41-64.

Rigby D L. 2015. Technological relatedness and knowledge space: entry and exit of us cities from patent classes. Regional Studies, 49 (11): 1-16.

Romer P M. 1990. Human capital and growth: Theory and evidence//McCallum B T, Plosser C I, Simon W E. Carnegie Rochester Conference Series on Public Policy. Amsterdam: Elsevier: 251-286.

Rost K. 2011. The strength of strong ties in the creation of innovation. Research Policy, 40 (4): 588-604.

Schumpeter J A. 1939. Business Cycles: a Theoretical, Historical and Statistical Analysis of the Capitalist Process. New York: McGraw-Hill.

Schumpeter J A. 1942. Capitalism, Socialism and Democracy. New York: McGraw-Hill.

Scott A J. 2001. Globalization and the rise of city-regions. European Planning Studies, 9 (7): 813-826.

Sonenshein S. 2016. Routines and creativity: from dualism to duality. Organization Science, 27 (3): 739-758.

Ter Wal A L J, Boschma R. 2009. Applying social network analysis in economic geography: framing some key analytic issues. Annals of Regional Science, 43 (3): 739-756.

Vasanen A. 2012. Functional polycentricity: examining metropolitan spatial structure through the connectivity of urban sub-centres. Urban Studies, 49 (16): 3627-3644.

Wang M, Derudder B, Liu X. 2019. Polycentric urban development and economic productivity in China: a multiscalar analysis. Environment and Planning A: Economy and Space, 51 (8): 1622-1643.

Wang M, Madden M, Liu X. 2017. Exploring the relationship between urban forms and CO_2 emissions in 104 Chinese cities. Journal of Urban Planning and Development, 143 (4): 04017014.

Wang Z. 2007. Technological innovation and market turbulence: the dot-com experience. Review of Economic Dynamics, 10 (1): 78-105.

Zhang Y, Rigby D L. 2022. Do capabilities reside in firms or in regions? Analysis of Related Diversification in Chinese Knowledge Production. Economic Geography, 98 (1): 1-24.

第二章 国际创新型城市群的空间识别与经验借鉴

国际上发展成熟的城市群拥有完善的创新体系，国际创新型城市群的发展经验对于中国城市群创新发展具有重要的借鉴意义。首先利用全球创新城市指数对全球创新型城市群进行了识别和趋势分析；其次选择美国旧金山湾区城市群、波士华城市群、英国中南部城市群和日本东京湾区城市群进行案例分析，剖析这些城市群能够成为国际科技创新高地的主要做法和经验；最后从创新极核带动、协同创新机制、产学研一体化、科技金融服务、人才引进培育和科技公共服务等方面，总结国际创新领先城市群推进科技创新经验对中国城市群提升科技创新水平的启示。国际创新型城市群案例分析认为，创新型城市群的建设与发展，应发挥核心城市功能，推动创新功能有序外溢；应建立协同创新机制，提高城市群体创新能力；应推进产学研一体化，重视发挥创新源头作用；应完善科技金融服务，增强科技创新支撑力度；应筑牢科技人才基础，全方位培育和引进人才；应完善科技公共服务，推动创新要素高效流动。

第一节 国际创新型城市群的空间识别与分布特征

由于缺少国际普遍认可的创新型城市群定义以及对全球城市群创新能力的评价，因此国际创新型城市群的分布难以准确识别与判定。考虑到国际上对全球创新城市具有较好的研究基础，全球创新城市往往是城市群内部的核心城市，在城市群创新的集聚扩散过程中发挥着极为重要的作用，也有很多全球创新城市就是由较多城市组成的城市区域，因此本节将使用国际社会普遍认可和使用的 2thinknow 公司连续多年发布的全球创新城市指数，对全球创新型城市群的分布进行研究，发现全球创新型城市群主要分布在欧美，但美国的增长与欧洲的缩减成鲜明对比；亚洲全球创新城市数量增多，创新型城市群的发展势头明显，但与欧美相比仍存在较大差距。

一、国际创新型城市群的空间识别

目前国际上关于创新型城市的评价指数主要有 3T 创意指数、创意城市指数及全球创新城市指数（innovation cities index）。澳大利亚墨尔本的商业数据公司 2thinknow 从 2007 年连续发布全球创新城市指数（www.innovation-cities.com），从文化资产、人力资本和市场网络化程度 3 个方面，选取了 31 个部门和 162 个三级指标，对全球城市的创新能力进行了评价，是目前关于创新城市评价认可度较高的指数（李炳超等，2019）。每年对全球 500 个城市的创新能力进行评价、排名后，将全球创新城市分为 4 个等级，分别为支配型创新城市（NEXUS）、枢纽型创新城市（HUB）、节点型创新城市（NODE）和潜力型创新城市（UPSTART）。

就2020年的数据与之前有了很大波动，因此，为了避免波动性的影响，本研究选取了2021年报告中，2015～2019年平均排名前200名的城市，来识别创新城市的空间集聚。2015～2019年平均排名前200名的城市主要分布在欧洲和美国，分别有79个和72个城市，亚洲地区（日本、中国、印度、中东、其他亚洲地区）有27个城市，非洲仅有开普敦（图2.1）。

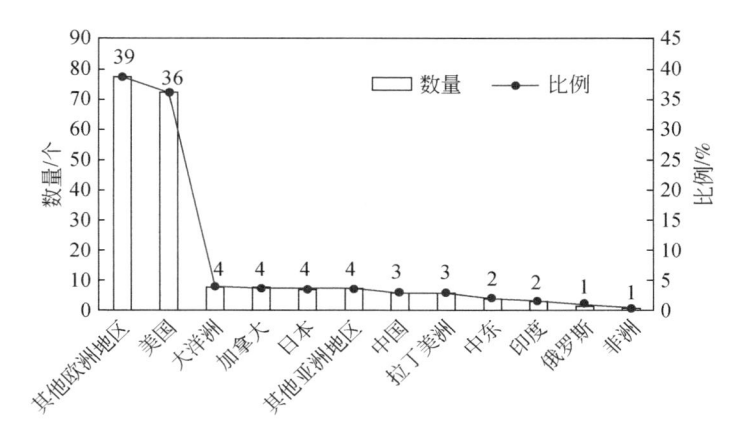

图2.1　2015～2019年平均创新城市指数排名前200城市分区统计

从地理空间集聚分布角度看，2015～2019年平均创新城市指数排名前200的城市主要分布在美国和加拿大的东西海岸、五大湖区，欧洲西部地区，东亚的日本、中国、韩国的沿海地区，多位于各大世界级城市群的空间范围内，如美国旧金山湾区城市群、美国波士华城市群、北美五大湖城市群、日本东京湾区城市群、英国中南部城市群、欧洲西北部城市群等（图2.2）。

二、国际创新型城市群的分布特征

基于2011～2021年全球创新城市前100名名单，分析欧美、亚洲的创新型城市分布特征与发展情况，总体上发现欧美依然占据主导地位，但欧洲的创新型城市数量明显缩减，亚洲则稳步增长。

（一）欧美持续占据主导地位，但北美增加显著，欧洲缩减明显

根据2011～2021年全球创新城市100强统计结果，欧美地区在世界创新版图中仍占据主导地位（表2.1）。其中，欧洲地区（欧洲其他地区、俄罗斯）的城市共有323次进入前100强，美国和加拿大分别有269次和36次；欧洲地区和美国、加拿大每年有不低于76个城市进入全球前100名，占据创新型城市空间分布的主导地位。

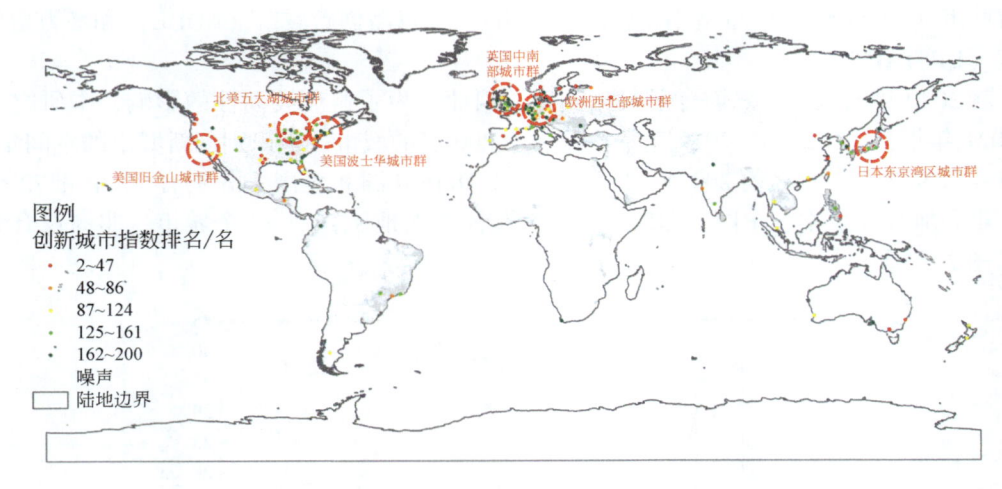

图 2.2 国际创新型城市群的空间格局示意图

2015~2019 年平均创新城市指数排名前 200 城市

资料来源：2thinknow 公司

表 2.1 2011~2021 年全球创新城市前 100 名分区统计

地区	合计/次	2011 年/个	2012~2013 年/个	2014 年/个	2015 年/个	2016~2017 年/个	2018 年/个	2019 年/个	2021 年/个
欧洲其他地区	311	53	46	44	46	35	33	33	21
俄罗斯	12	0	2	2	2	2	2	1	1
美国	269	23	28	29	26	34	37	38	54
加拿大	36	5	4	5	5	5	5	5	2
大洋洲	35	4	4	3	4	5	5	3	7
拉丁美洲	10	0	1	0	0	3	3	3	0
亚洲其他地区	48	5	6	6	7	6	6	7	5
中国	43	5	5	5	5	6	5	6	6
日本	31	5	4	5	4	3	3	3	4
印度	5	0	0	1	1	1	1	1	0

然而，欧洲地区前 100 名创新型城市数量呈下降趋势，北美地区则显著上升。欧洲国家创新城市前 100 名的数量由 2011 年的 53 个下降到 2021 年的 22 个，与以色列、韩国、北美的国家相比，欧洲国家研发投入增长缓慢是造成其前 100 名创新城市数量下降的重要原因。美国在奥巴马执政时期发布三版《美国创新战略》，加拿大于 2014 年出台《抓住契机：向科学技术和创新迈进》的科技创新战略，加大科技创新支持力度。总体来说，美国和加拿大创新型城市前 100 名的数量整体呈上升趋势，由 2011 年的 28 个上升到 2021 年的 56 个。

由全球支配型创新城市（NEXUS）统计（表 2.2）可以看出，支配型创新城市也主要为欧美地区的城市。2012~2021年，欧洲、北美的城市共有250次位列支配型创新城市，其他地区的城市仅为75次。美国的纽约、旧金山、圣何塞、波士顿、洛杉矶和加拿大的多伦多等城市排名一直稳居世界前列，良好的工业基础、创新传统，以及大量研发投入是这些城市保持高创新竞争力的重要原因。

表2.2 2012~2021年支配型创新城市分区统计

地区	合计/次	2012~2013年/个	2014年/个	2015年/个	2016~2017年/个	2018年/个	2019年/个	2021年/个
欧洲其他地区	120	15	18	19	23	18	19	8
俄罗斯	5	0	0	1	1	1	1	1
美国	106	8	9	12	16	20	23	18
加拿大	19	3	3	3	3	3	4	0
大洋洲	15	2	2	2	2	2	3	2
亚洲其他地区	22	3	3	4	3	3	3	3
中国	22	2	2	3	3	3	5	4
日本	16	2	3	3	2	2	2	2

欧洲地区的支配型创新城市数量在2017年之后呈现下降趋势，而美国却呈现上升趋势，这与全球创新城市100强的发展趋势相同，欧洲创新能力整体下降的重要原因是研发投入增长缓慢。伦敦的创新城市排名在新冠疫情之后大幅下降，巴黎、维也纳、慕尼黑等城市排名有所下降，特别是巴黎的排名近年来持续下降。

2011~2021年，全球创新城市100强主要分布在美国、德国、中国、法国、加拿大、日本、英国等国家（表2.3）。其中，美国数量最多，2011~2021年，进入创新城市前100名共计269次，并且呈现逐年增加的趋势，尤其是在2021年，上升至54个城市。说明美国在全球科技创新布局中的地位不仅没有弱化，反而不断提升，这与美国政府高度重视科技创新有关，其分别于2009年、2011年和2015年推出《美国创新战略》，并先后颁布《美国发明法案》《小企业就业法案》《创业企业扶助法》《美国创新法案》《振兴美国制造业和创新法案》等多项法律法规，加大创新创业支持力度。

表2.3 2011~2021年全球创新城市前100名分国家或地区统计

地区	合计/次	2011年/个	2012~2013年/个	2014年/个	2015年/个	2016~2017年/个	2018年/个	2019年/个	2021年/个
美国	269	23	28	29	26	34	37	38	54
德国	77	16	13	11	11	8	8	7	3
中国	43	5	5	5	5	6	5	6	6
法国	41	9	9	8	8	2	2	2	1
加拿大	36	5	4	5	5	5	5	5	2
日本	31	5	4	5	4	3	3	3	4

续表

地区	合计/次	2011年/个	2012~2013年/个	2014年/个	2015年/个	2016~2017年/个	2018年/个	2019年/个	2021年/个
英国	28	4	4	4	4	4	4	3	1
澳大利亚	27	2	3	3	3	4	3	3	6
意大利	20	4	3	3	2	2	2	2	2
荷兰	20	3	3	3	3	2	1	3	2
其他	208	24	24	24	29	30	30	28	19

而德国、法国、意大利、英国等欧洲国家进入创新城市前100名的城市数量逐年减少，尤其是2020年后呈现断崖式下降。主要原因在于这些国家在创新战略与政策方面建树较少，而且高福利、高税率政策以及近年的经济低迷也影响了其创新能力提升。

（二）亚洲稳步增长，主要分布在中日韩

亚洲国家拥有的全球创新城市前100名的数量较为稳定，而城市排名稳步上升。2011~2021年，亚洲全球创新城市前100名的数量稳定在15~17个，数量上变动不大，但总体排名稳步上升，且主要分布在中日韩。其中，中国入围的城市最多，近年来中国加快实施创新驱动发展战略，配套出台多项科技创新法规、战略和政策，加大财政投入力度；2021年上海、北京、台北、深圳、香港、广州进入创新城市前100名，且上海、北京、台北、深圳均为支配型创新城市，而2012~2013年，支配型创新城市仅有香港和上海。其次为日本，2021年东京、大阪、京都、名古屋进入创新城市前100名，且东京和大阪为支配型创新城市。2021年韩国拥有的创新城市100强为首尔和釜山，且前者同时为支配型创新城市，这主要归功于韩国政府积极制定科技发展规划，不断加大研发投入，推动国家科技创新发展，2014年其研发投入占GDP的4.29%，位居世界第一。

东京、新加坡、首尔、香港是亚洲地区位于全球创新城市指数前列的主要城市。新加坡排名上升较快，2011~2014年居20名之后，而2015年以来均位于前10名，这是因为新加坡政府高度重视创新发展，其2016年发布实施第六个科技创新发展战略《研究、创新与创业2020规划：用科技赢未来》，预算投入190亿新元支持创新创业，是第一个科技创新规划的近10倍；此外，新加坡特别重视引进与培养创新创业人才，《2017年全球人才竞争力指数》显示，新加坡人才竞争能力连续四年排名世界第2。香港的创新城市排名下降明显，2013年之前位居亚洲首位，之后逐年下降，由亚洲第1名下降到2021年的第9名。2015年香港R&D支出占GDP的比重仅为0.76%，远低于同等发展水平地区，也远低于内地（研发经费投入强度达2.07%）。上海的创新城市排名相对稳定，北京、深圳、台北、广州排名总体处于上升趋势。

第二节　城市群创新发展的国际经验案例分析

美国旧金山湾区城市群、波士华城市群，英国中南部城市群和日本东京湾区城市群是国际领先的创新型城市群，本节梳理了这些城市群在区域分工、产学研合作、人才吸引和培养、基础设施建设等方面的主要做法，以期为中国创新型城市群发展提供经验。

一、美国旧金山湾区城市群

旧金山湾区（San Francisco Bay Area）是世界上最重要的高新技术研发中心之一，位于美国西海岸的加利福尼亚州（简称加州）北部，共有9个县、101个城镇，包括旧金山市（San Francisco）、索诺玛县（Sonoma County）、纳帕县（Napa County）、马林县（Marin County）、索拉诺县（Solano County）、康特拉科斯塔县（Contra Costa County）、阿拉米达县（Alameda County）、圣克拉拉县（Santa Clara County）、圣马特奥县（San Mateo County）等，主要城市包括旧金山半岛上的旧金山、东部的奥克兰（Oakland）和南部的圣何塞（San Jose）等。旧金山湾区包括旧金山半岛、北湾、南湾和东湾四大板块，其中，世界著名的高科技研发基地硅谷（Silicon Valley）位于南湾；旧金山市重点发展金融、旅游等现代服务业；东湾的奥克兰市以港口经济为主；其他地区以农业旅游为主，形成以高新技术产业为主导，科技与金融紧密结合，其他服务业配套发展的产业体系。在旧金山湾区，产学研之间的交流与碰撞，知识和技术在区域范围的扩散与外溢，创新资源在城市之间的流动与优化配置，高新技术产业与专业服务业的密切配合，都得到充分、集中体现，由此形成以硅谷为核心的全球最具影响力的创新型城市群。截至2018年，共有33家世界500强企业总部设立于此（位列美国第三，仅次于纽约、芝加哥）。2020年，旧金山湾区城市群总GDP达到9250亿美元，相当于GDP世界排名第17名的经济体。

（一）创新极核（硅谷）的辐射带动作用显著

硅谷最早是研究和生产以硅为基础的半导体芯片的地方，因此得名"硅谷"。硅谷并没有明确的行政边界，而是随着高科技企业的扩散并不断扩展。硅谷起源于斯坦福研究园（Stanford Research Park）。1951年，斯坦福大学为满足财务需求和给毕业生提供就业机会，在帕洛阿尔托（Palo Alto）设立了世界上第一个研究园区，1956年园区入驻企业只有惠普、洛克希德、通用电气等10多家公司（黄少坚，2013）。随后越来越多的高科技企业在斯坦福研究园及其周边城市落户，并形成高科技产业带，1971年得名"硅谷"。20世纪80年代初，硅谷的范围限于旧金山南湾地区的圣克拉拉县，北起帕洛阿尔托，南至圣何塞，集聚了174家高科技企业（唐俊德，1983）。按照《2021硅谷指数》的统计范围，硅谷已从南湾地区延伸拓展到半岛、东湾地区的部分城市，硅谷地区包括圣克拉拉县全域、圣马特奥县全域、阿拉米达县以及圣克鲁斯县的部分地区，面积约4800km²（表2.4）。

表 2.4　硅谷地区城市统计

县级行政区	城市
圣克拉拉县（Santa Clara County）全域	坎贝尔（Campbell）、库比蒂诺（Cupertino）、吉尔罗伊（Gilroy）、洛斯阿尔托斯（Los Altos）、洛斯阿尔托斯希尔斯（Los Altos Hills）、洛斯加托斯（Los Gatos）、米尔皮塔斯（Milpitas）、蒙特塞雷诺（Monte Sereno）、摩根希尔（Morgan Hill）、芒廷维尤（Mountain View）、帕洛阿尔托（Palo Alto）、圣荷塞（San Jose）、圣克拉拉（Santa Clara）、萨拉托加（Saratoga）、森尼韦尔（Sunnyvale）
圣马特奥县（San Mateo County）全域	阿瑟顿（Atherton）、贝尔蒙特（Belmont）、布里斯班（Brisbane）、伯灵格姆（Burlingame）、科尔马（Colma）、戴利城（Daly City）、东帕洛阿尔托（East Palo Alto）、福斯特城（Foster City）、半月湾（Half Moon Bay）、希尔斯伯勒（Hillsborough）、门洛帕克（Menlo Park）、米尔布雷（Millbrae）、帕西菲卡（Pacifica）、波托拉瓦利（Portola Valley）、雷德伍德城（Redwood City）、圣布鲁诺（San Bruno）、圣卡洛斯（San Carlos）、圣马特奥（San Mateo）、南圣弗朗西斯科（South San Francisco）、伍德赛德（Woodside）
阿拉米达县（Alameda County）部分区域	弗里蒙特（Fremont）、纽瓦克（Newark）、尤宁城（Union City）
圣克鲁斯县（Santa Cruz County）部分区域	斯科茨瓦利（Scotts Valley）

注：美国的行政区划由州级行政区、县级行政区、市级行政区、镇级行政区组成，这里的县级行政区相当于中国的地级行政区，下面包含很多城市。

硅谷是全球科技创新中心和高新技术产业发源地，集聚了谷歌、英特尔、惠普、甲骨文、Facebook等一大批全球领先的科技企业总部。全球十大科技公司中，有5家为硅谷企业。麻省理工学院评选的2016年度"全球最佳50家创新公司"中，有14家为硅谷企业。2015年，硅谷科技企业150强入选门槛为年销售收入1.5亿美元以上；排名前两位的苹果、惠普销售收入达到1000亿美元以上；150强销售额达8330亿美元、利润总额达1330亿美元。硅谷每年新创办的软件类高科技企业达1.9万家，并集聚了上千家风险投资公司和2000多家中介机构，为高科技企业提供各种科技中介服务。美国专利最多的前15个城市中有7个在硅谷，专利授权数量占美国的比重从1993年的4%提高至2014年的13.4%。

位于旧金山半岛北端的旧金山市是美国西部重要的文化、金融中心。由于硅谷写字楼供不应求，办公空间空置率持续下降，租金连续上涨，中小型科技企业、初创期企业很难找到理想的办公场所，于是将目光转向办公空间供应较充足、租金较低的旧金山。2012年以来，旧金山实行给高科技企业减免1.5%工资税等优惠政策，硅谷企业向旧金山的转移趋势更加明显。据不完全统计，2012~2013年有24家公司从硅谷搬到了旧金山。更多硅谷企业选择以开设分支机构或新办公室的方式进驻旧金山。硅谷的知名企业如谷歌、苹果、Facebook等都在旧金山设有办公室。2010年以来，旧金山有超过20万m²的办公空间为硅谷转移过来的企业所占据。2014年，旧金山新设立的高科技企业达到2000多家。2015年，旧金山办公室租赁合同中有60%的需求来自高科技企业。国际金融危机之后，旧金山凭借专业服务、技术人才与成本优势，不断提升对创新资源、高科技企业的吸引力，与硅谷形成了紧密互动与竞合关系。目前，旧金山已集聚了推特、优步、空中食宿等一批国际知名高科技企业，并打响了"创业之城"的品牌，正在成为新兴的全球科技创新城市。

虽然旧金山湾区的经济增长主要依靠高科技行业，但其经济发展仍呈现出多元化趋势。高新技术产业作为湾区内率先发展的主要产业，也带动了湾区内的服务业、金融业、保险业和制造业等辅助产业发展，这些产业可以将高科技研发技术带来的优势率先运用到其产品和服务中。湾区三大主要城市各自形成不同定位的产业结构，旧金山市将第三产业作为支柱产业，注重发展金融业、旅游业和生物制药产业；奥克兰市发展装备制造和临港经济；圣何塞市因处于硅谷，重点发展信息通信和电子制造、航天航空装备等高技术产业。主要城市之间功能的划分较为明确，且金融服务业、科技创新业、港口工商业互相带动，多元化的产业结构提升了区域整体的创新发展效率和可持续性。

（二）产学研协同发展的典范

1. 大学成为高新技术产业的孵化器和催化剂

旧金山湾区是全球最重要的科教文化中心之一，拥有斯坦福大学、加州大学伯克利分校、加州大学旧金山分校、加州大学戴维斯分校、加州大学圣克鲁兹分校、西北理工大学、旧金山州立大学等多所世界著名高校。例如，斯坦福大学在硅谷的发展初期起到了重要的孵化器与催化剂作用，而且对其他大学的产学研一体化发展产生了重要影响。斯坦福大学不仅为硅谷提供人才，还在建校初期直接参与硅谷的布局与发展，与硅谷共同成长。1906年斯坦福大学工程学院毕业的西里尔·埃尔维，在学院支持下研究新型的电波发射仪器，并于1909年在斯坦福大学所在的帕罗奥图（Palo Alto）成立美国西部第一家电话电报公司——联邦电报公司（Federal Telegraph），1909年斯坦福大学校长戴维·乔丹（David Jordan）给李·德福雷斯特（Lee de Forest）的真空电子管投资500美元，是大学教师直接参与企业运营的首例。此外，斯坦福大学的众多毕业生和教授均在硅谷开展创业活动，如雅虎创始人杨致远和大卫·菲罗，惠普创始人惠利特和普卡德。斯坦福大学的副校长、电子工程学院的院长弗雷德·特曼教授担任惠普公司的董事10多年，积极推动科学研究产业化发展。

2. 产学研合作互动孕育原创性高新技术产业

斯坦福直线加速器中心（Stanford Linear Accelerator Center）、集成系统研究中心（Center for Integrated Facility Engineering，CIFE）斯坦福工业园、斯坦福大学与硅谷产业界合作的斯坦福研究院（Stanford Research Institute）等实验室和平台的建立，一方面吸引资金和人才在斯坦福大学和硅谷集聚，另一方面产生了大量可以产业化的科技成果。例如，理查德·泰勒在斯坦福直线加速器中心发现了比原子核更小的夸克粒子，伯顿·里克特（Burton Richter）发现了J粒子而获诺贝尔奖；斯坦福大学医学院利用直线加速实验室发明了核磁共振仪等，为硅谷的生命科技产业打下基础；系统集成中心为高科技企业培养了大量直接相关的技术人才，还将其先进的实验设备、仪器租借给小企业使用。斯坦福研究院，也就是斯坦福国际咨询研究所（SRI International）的前身，集合大学与产业界之力进行应用科学研究，如1955年发明的磁性印刷字母识别器、1961年发明的喷墨印刷术、1963年发明的光盘记录仪、1964年发明的鼠标输入器和计算机用户界面等均直接转化为相关的原创性高新技术产业。

3. 科技企业和产业反哺科研的正反馈机制

一方面，斯坦福大学支持了硅谷高科技产业的发展，如斯坦福大学技术许可办公室协助将专利成果转让给企业，促进企业发展，并利用专利报酬进一步投入科研。另一方面，斯坦福大学毕业的学生在创业成功后反哺学校科研资金，如惠普公司捐资给斯坦福大学作为研究基金；还有企业将与斯坦福研究机构联合研究获得的专利酬金与学校分享，而斯坦福大学则利用部分资金支持小企业的建立与发展。另外，斯坦福大学经常与产业界共同举办学术研究活动，相关学术会议在企业和大学间轮流举办，进一步加强了产业与研究机构、学校之间的联络，形成了斯坦福大学和硅谷之间科技企业和产业反哺科研的正反馈机制，促进了硅谷创新集群的演化与发展。

（三）高水平的科技创新服务体系

1. 专业的中介服务体系为创新提供保障

律师和会计等专业的中介服务机构为旧金山湾区的高新技术产业创新体系提供了强有力的支撑和保障。旧金山湾区的律师与传统律师有一定差别，其不仅负责日常工作中相关法律文件的起草和制定，而且会与初创公司进行合作，为法律和商业经验有限的客户提供合理的商业建议、发展规划和创办公司的技巧。同时，商业律师也会为创业者提供有价值的人脉联系网络，通过有经验和充足人脉的商业律师的帮助和引荐，企业家可以更加顺利地与其他企业家、投资者建立联系。旧金山湾区高新技术企业开辟了新的法律和会计领域。标准的会计准则对于初创公司并不适用，而且由于高新技术公司的创新步伐太快，官方制定的相关章程和规则与企业新的商业模式相比通常会存在一定的滞后性。会计师需要帮助初创企业建立较为完善的商业模式和组织交易模式，尽可能降低新上市高新技术公司的内部风险。

2. 完善的交通网络提高创新要素流动效率

旧金山湾区拥有较为完善的交通网络体系，使得湾区内的城市连接更加紧密，便于各种生产要素在湾区内自由流动，促进了湾区高新技术产业的发展。旧金山湾区的交通网络主要由公路、轨道和机场三个部分组成。通过构建旧金山湾区的交通网络体系，将湾区内的高科技企业、大学和实验室等创新主体紧密联系，为创新人才、知识和技术的流动提供了便利条件，促进了湾区高新技术产业创新体系的形成和完善。

公路方面。20世纪初开始，旧金山湾区建设了海湾大桥和金门大桥等7座跨海大桥，跨海大桥的建设极大提高了跨市出行的便捷性，使湾区内部城市间的联系变得更加密切，增强了城市间的凝聚力。旧金山湾区在拥有80号州际公路、101美国国道等基础上修建了地区性的中央高速公路和南部高速公路等，将旧金山及圣何塞等城市连接起来，进一步促进了创新要素在湾区内部的流动。

轨道交通。旧金山湾区的轨道交通网络包括湾区捷运系统（BART）、旧金山市政铁路（Muni）、半岛通勤列车（Caltrain）、圣何塞地区的轻轨列车（Valley Transportation Authority）和通勤列车（ACE）等。其中，BART、Muni和Caltrain三家运输公司构成了旧金山湾区主要的轨道交通。BART是美国第五大快速轨道运输系统，运营线路全长共计175km，连接旧金山半岛与伯克利、奥克兰和东湾的城市。2018年，BART乘坐旅客总数共计1.206亿人次。Caltrain是连接旧金山半岛和圣何塞的加州通勤铁路线，运营线路全长共计124.6km，共有32个车站。2017年，Caltrain年总客运量为1857万人次，工作日的平均载客量为62 416人次。Muni于1912年12月正式开始运行，主要满足旧金山市区内的交通需求，包括有轨电车和公车电缆车等运输工具（刘欣博，2020）。

机场方面。旧金山湾区三个重要的机场分别是旧金山国际机场（SFO）、奥克兰国家机场（OAK）和圣何塞国际机场（SJC）。其中圣何塞国际机场位于硅谷的中心，主要为硅谷地区的高科技企业和科技创新人才服务，在2000年硅谷高新技术产业快速发展时期，该机场的年客运量高达1420万人次（刘欣博，2020）。

旧金山湾区各县市的联系日益紧密，跨县通勤占比较高。根据《2016硅谷指数》，2014年有13%的圣克拉拉居民、43%的圣马特奥居民、23%的旧金山居民及29%的湾区居民在跨县通勤。跨县通勤的首选目的地为旧金山市，硅谷核心地带圣克拉拉县与周边县市的人员往来也很频繁。

3. 政府在硅谷成长中不可忽视的作用

在硅谷的发展过程中，离不开政府部门对研究中心的支持作用。1933年美国政府在帕洛阿尔托（Palo Alto）建立空军基地，又设立第二航空航天基地阿莫斯（Ames）中心，阿莫斯中心既培养了人才，又开创了美国航空航天产业新局面，在测量仪器、空间站、航天飞机、宇宙飞船等领域始终站在前沿。

（四）合理的高新技术产业人才培养引进机制

1. 创新创业人才的培养是内在动力源泉

旧金山湾区高新技术产业快速发展和科学技术不断突破的主要原因之一是创新人才提供的科技创新动力，大学源源不断地为湾区科技创新提供充足的科技人才和智慧动力。旧金山湾区的大学形成了一套以创新创业教育为主的人才培养体系，其中最有代表性的是斯坦福大学和加州大学。

斯坦福大学的很多毕业生及教师创办了高科技公司，如思科公司、谷歌公司、惠普公司等。能诞生出众多科技创新创业型人才，与斯坦福大学的人才培养体系密不可分。斯坦福大学的创新创业人才培养体系可以分为以下三个方面：

以设置创新创业课程为人才培养体系的核心。1996年斯坦福商学院成立了创业研究中心，其创新创业课程分为四类：案例导向型、产品导向型、单点聚焦型和讲座型（姚小玲和张雅婷，2018）。案例导向型课程是对创业案例和成果进行分享和探讨，总结成功和失败的经验；产品导向型课程由工学院负责进行授课，主要内容是要求学生在学期内设计一个完整的产品；单点聚焦型是对创业过程中的某一方面进行详细的讲解；讲座型课程则会定期聘请有创业经验或者企业管理经验的客座教授以讲座形式分享经验。

以实践和学术研讨类的创业教育活动来激发学生的创新意识和热情，培养其实践创新技能。斯坦福大学各级学生会、各类社团和俱乐部的建立，促进了学生之间的学术交流和沟通；同时，每年都会由学生举办不同的创业竞赛活动，在竞赛中获胜的学生可以获得机构资助，进而推动创业。这些课外创业活动便于学生将课堂学到的创业理论知识运用于实践中，提高未来创业的成功率。

为教师、科研人员和学生提供完善的创新创业政策。斯坦福大学为教师和科研人员提供了较为宽松的管理制度，鼓励其参与创业，或开办公司，教师在教学过程中也会将亲身经历的宝贵创业经验和创业资源与学生分享。斯坦福大学专门为这些教师和科研人员制定了相关的创业政策，如教师和科研人员每周可以拥有一天的时间去公司进行经营和研发工作，同时可以暂时脱离工作岗位，去硅谷进行创业，或者去高科技公司兼职，并在一定的期限内保留其岗位职位等。

加州大学是知名的研究型大学，拥有旧金山、伯克利和戴维斯等10个分校。加州大学在人才培养上以学校企业合作机制为主要方式，学校与企业之间积极开展各类活动，共同建立科技研发平台、设立创新资金以激发学生创新的积极性。例如，戴维斯分校的食品化学和农业水资源领域世界领先；旧金山分校则专注于健康和生命科学领域，与当地的生物医药企业开展科研项目合作，形成了生物技术和制药产业集群。

2. 创新人才的吸收引进是强劲动力

高科技创新人才是湾区经济发展壮大的强劲动力。旧金山湾区不仅十分重视对高素质人才的培养，同时还积极吸引优秀的海外创新人才，促进了湾区创新人才的多元化发展。旧金山湾区对海外创新人才的引进政策主要包括以下两个方面。

政府的税收减免政策。旧金山湾区不仅积极实施美国政府制定的一系列税收减免政策，同时还为湾区内科技创新企业和创新人才提供地方税收减免政策，为吸引高科技创新人才创造了优越的条件。旧金山市出台了一系列工资税减免政策，如对免税区域的企业员工工资税实行免征优惠，对生物技术和清洁技术等技术产业员工的工资税实行减免优惠等。加州政府出台了一系列商业税减免政策，鼓励企业招聘新的员工。联邦政府规定如果商业性公司和机构从事研发活动的经费与往年相比有所增加，就可获得退税，个人从事研发活动也同样获得退税。三个层次的税收减免政策不仅为新兴技术企业的扩张提供了便利的条件，同时也为旧金山市吸引了更多的科技人才（刘欣博，2020）。

多元化的技术移民。硅谷吸引了来自世界各地的技术移民。据统计，在硅谷地区工作的外籍高级工程师和科研人员比例达到三分之一以上。外籍科技人才的引入不仅节省了大量的教育经费和开支，同时又为硅谷地区带来了创新动力，许多硅谷技术移民都成功创办了自己的企业。硅谷为科技人才发展也提供了一个适合创新创业的生态系统，推动企业之间、企业与大学和研究机构之间相互沟通、相互合作，交流技术研发的经验也同样成为吸引各国的科技人才来此创业的重要原因。

（五）高效的企业联盟机制激励

旧金山湾区高科技企业形成了集群内的企业联盟机制，将不同分工的高科技企业整合形成企业联盟，各个企业在联盟内找到各自定位，向联盟内的核心竞争力企业提供各自的优势技术及市场等专业化服务，同时核心企业将自身的资源、市场份额以及产业技术分享给外围企业，实现企业间的相互促进发展。

企业联盟内的企业之间可以共享资源，分散企业开发技术的成本，共同承担风险与收益，降低产品研发的时间成本。产品的复杂性导致一个企业难以独立完成所有零件的生产工作，无法保证每种技术均处于行业领先水平。联盟内的企业采取横向合作方式，分享生产技术，加强专业化分工，提高企业生产效率；核心科技企业专心研发科学技术，同时也将企业内部资金更加有效与合理利用，集中投资于科学技术研发和创新方面，将生产、营销等产业链上其他环节交由辅助企业完成，充分发挥联盟内各个企业的特点和优势，从而实现对产品市场变化的更强适应性。例如，美国 Sun 微系统公司由于缺少足够的资金开发计算机系统，便对外公开了公司的计算机微处理器产品 SPARC 的核心技术，由此为公司吸引外界资金，与其他公司联合共同制造，因此，其他公司帮助改进 SPARC 设计，很快便将最新的产品推向市场。

联盟内发挥协作效应，促进企业科技的不断创新。联盟内核心企业的技术创新需要由联盟内所有企业共同完成，而且将会带动其他企业技术升级。联盟内的辅助型企业为核心企业提供生产设备、专业工作人员以及相关科学技术等专业化服务，从而协助核心科技企业专心于技术研发与创新，极大缩短科学技术研发周期。例如，惠普公司在 20 世纪 80 年代与提供互补技术的企业建立了联盟，与 Octel 通信公司建立合作关系，共同发展声数合并技术；与 Informix 公司交流数据库软件；同时将塑料制品、薄金属板的制作以及计算机系统的操作处理交由联盟内的企业负责生产。

二、美国波士华城市群

美国波士顿—华盛顿城市群简称为波士华（Boswah）城市群，分布于美国东北部大西洋沿岸平原，北起波士顿，南至华盛顿，以波士顿（Boston）、纽约（New York）、费城（Philadelphia）、巴尔的摩（Baltimore）、华盛顿（Washington D. C.）等大城市为中心，其间分布萨默维尔（Somerville）、伍斯特（Worcester）、普罗维登斯（Providence）、新贝德福德（New Bedford）、哈特福特（Hartford）、纽黑文（New Haven）、帕特森（Paterson）、托伦顿（Trenton）、威明尔顿（Wilmington）等，在沿海岸 600 多公里长、100 多公里宽的地区上形成一个由 5 个大都市和 40 多个中小城市组成的超大型城市群，区域总面积约 13.8 万 km^2，占美国的 1.5%，是美国人口密度最高的地区，也是美国的教育中心、经济中心、商业贸易中心、国际金融中心和制造业中心。2013 年《美国新闻与世界报道》发布的美国大学排行榜中，名列前十的大学中有七所位于波士华城市群。其中，普林斯顿大学、哈佛大学、耶鲁大学、哥伦比亚大学位列前四，麻省理工学院、宾夕法尼亚大学和达特茅斯学院分列第六、第八和第十位（刘敏，2016）。

（一）城市间合理的科技创新分工合作

科技和金融的结合是当代科技和经济发展的强大动力。金融支持对高新技术产业的发展非常重要，它可以吸引企业、研究机构、人才等创新要素不断流入。纽约是世界金融中心，资本市场较为成熟，波士华城市群中各城市高新技术产业的形成和发展离不开纽约的金融支持，强大的金融支持促进周边城市结合自身特点发展独具特色的创新产业，逐渐形成分工合理、多元协调的创新产业集群。例如，波士顿发展高等教育、地方金融、微电子工业和生物工程等产业，沿波士顿附近 128 号公路形成了与硅谷齐名的高科技聚集地，成为美国和世界重要的电子、生物、宇航和国防等高科技创新中心；费城在传统工业的基础上，利用进口原材料发展了钢铁、石油化工与有色金属冶炼业，建立起重型机器制造、造船、铁路机车制造与汽车制造工业群，为美国东海岸主要的炼油中心和钢铁、造船基地；巴尔的摩则为以有色金属、冶炼工业、矿产业、造船、航空运输业为主的港口城市；华盛顿是美国的政治中心，拥有众多全球性金融机构，如世界银行、国际货币银行和美洲发展银行的总部均位于华盛顿。波士华城市群的职能分工合理，每个主要城市均有一个主要职能，这使得各主要城市既可以发展优势产业，又不受多种职能限制而导致产业繁杂，同时还促进各城市之间联系紧密，产业互补。

美国波士华城市群的各港口发展较为均衡，分工也比较明确，形成了完善的港运网络，为城市群的错位发展提供了有力支持。兼有渔港职能的波士顿以转运地方商品为主；具有商务港口职能的纽约以大型集装箱货物运输为主；费城主要负责城市群中的近海运输；巴尔的摩主要负责谷物、煤炭和矿石的转运。波士顿、巴尔的摩、费城等城市都有各自的优势产业，若从单个城市来看，每个城市主导产业都是单一的，产业集群的集聚特征并不突出，但通过区域内的产业调整和协作，在城市群尺度上形成了多元化产业群落。

（二）统筹规划优化区域创新环境

纽约市政府和纽约区域规划协会、纽约大都市区委员会等组织紧密合作，通过制定规划来统筹规划区域城市发展结构，在波士华城市群形成和发展中发挥了重要作用。1929年纽约市发布了《纽约及其周边地区的区域规划》，着力解决城市蔓延式发展问题；1968年第二版规划重点是建立多中心城市；1996年美国对波士华城市群整个区域进行规划，确立了拯救纽约都市圈的理念。这些规划的实施使波士华城市群形成了良好的创新环境，吸引了大批创新型企业和人才聚集，巩固了纽约作为区域创新核心的地位，在区域各城市的产业结构调整和科技创新中发挥了引导作用。

（三）重视创新思维的人才培养导向

波士华城市群是人才最密集的地区之一。哈佛大学特色的"通识教育"+"案例教学"，教学过程中以企业面临的现实问题为研究内容，训练学生的创新思维和解决实际问题的能力，为波士华城市群的可持续发展提供了大量的创新人才。

（四）产学研协同发展的创新机制

波士华城市群的许多研究机构和高科技企业的创新孵化器通常并不单独设置，而是同周边著名大学形成合作关系，形成产学研协同发展的模式，这不仅有利于科技成果的转化，同时也促进了研究机构和高新技术企业的发展。风险投资、大学和政府共同推动了128号公路地区产学研密切互动网络的形成，其中麻省理工学院的影响最大，该校允许教师接受校外公司的技术咨询，还鼓励教师开办公司，由此，大批高新企业从麻省理工学院的实验室孵化出来，使大学科研成果与企业紧密结合，大大促进了科研成果迅速转化为产品。

三、英国中南部城市群

英国中南部城市群以伦敦-利物浦为轴线,包括伦敦、伯明翰、谢菲尔德、曼彻斯特、利物浦5个大城市和众多中小城市,面积4.5万 km²(表2.5),占英国国土面积的18.4%,人口约占总人口一半,是英国主要的产业密集带和经济中心(贾儒楠,2014)。在英国中南部城市群,核心城市伦敦不断提升创新能力、发挥创新辐射带动作用,曼彻斯特、谢菲尔德、利物浦等次级中心城市和牛津、剑桥等中小城市依托各自科教资源、产业基础等,融入区域创新体系发展各具特色的创新型产业,同时相互协作、紧密联系,共同构建具有全球影响力的创新型产业集群,共同促进英国中南部城市群形成世界级创新型城市群。

表2.5 以伦敦为核心的都市圈、城市群范围

名称	范围	面积/km²
伦敦市	伦敦金融城和内伦敦12个自治市、外伦敦20个自治市	1 580
伦敦大都市区	伦敦市和周边11个郡	11 427
英国中南部城市群	以伦敦-利物浦为轴线,包括伦敦、伯明翰、谢菲尔德、曼彻斯特、利物浦5个大城市和众多中小城市	45 000

(一)核心城市伦敦创新功能的提升与辐射

英国中南部城市群是典型的核心城市带动型城市群。伦敦是核心城市,其地区生产总值占整个城市群的近40%,曼彻斯特、伯明翰、利物浦等次级中心城市也各具发展特色与优势。英国中南部城市群的协同创新特征显著,伦敦辐射带动周边城市提升创新能力,共同构建了生命科学、数字经济等科技产业集群。

伦敦是欧洲及全球科技创新中心。伦敦拥有伦敦大学、帝国理工学院、格林尼治大学等数量众多的大学和科研机构,周边更有牛津大学、剑桥大学两所世界著名高等学府,是基础研究的重镇和创新人才的摇篮。2013年,伦敦科技产业(包括数字技术、生命科学和卫生保健、出版和广播、其他科学/技术制造、其他科学/技术服务5类)就业人员为90.2万人,约为伦敦就业人数的20.6%。2005~2014年共有1000多个跨国技术投资项目落户伦敦,位列欧洲榜首,远高于排名第二的巴黎(381个),甚至超过全法国吸引的跨国技术投资项目(853个)。

从空间分布看,伦敦近年来最具创新创业活力的区域在市中心北部和东部地区。从国王十字火车站到老街环岛沿线,分布着英国政府力推的知识园区、生物医药科研城、东伦敦科技城,这些区域正逐渐成为英国、欧洲乃至世界的创业引擎。其中,东伦敦科技城是欧洲成长最快的创新极,2013~2014年的高科技企业数量达到15 620家,如思科、英特尔、亚马逊、推特、高通、Facebook、谷歌等世界知名科技公司,创造就业岗位近20万个,带动了伦敦至整个大都市区的科技产业发展。

伴随创新中心建设，伦敦的经济结构、就业结构发生转变。伦敦学术研究、专业技术服务与房地产的就业比重显著上升，超过15.5%；与科技创新相关的租赁与商务服务业也实现了较明显的增长，就业比重超过9.5%；制造业与批发业的就业比重则明显下降。

伦敦在汇聚创新资源的同时，也发挥辐射效应，推动创新资源向周边地区扩散。周边城市吸引了许多伦敦的科技型企业与年轻创业者。2012年6月至2013年6月，6万名年龄在30~39岁的人士搬离伦敦，大多迁入伦敦周边的伯明翰、曼彻斯特、利物浦等次级中心城市，带动了当地的创新创业活动。伯明翰成为伦敦人口与机构外迁的首选之地。2014年伯明翰新增1.9万个就业岗位，占比超过了英国全年新增就业岗位的20%。伯明翰已经由一个传统的老工业城市转型为以金融、会展、商务、商业等现代服务业为主的新型城市，德意志银行伯明翰分行的员工从2007年的90人增长到目前的2000人。伯明翰大学是英国十大科研基地之一，拥有大批优秀科研人员，平均每年科研成果转化收入可达2亿英镑。

（二）校企共建全球领先生命科学产业集群

伦敦与剑桥、牛津紧密协作，组成了英格兰东南部生命科学研究"金三角"。2014年，英国推出"生物医药科研城"（Med City）计划，旨在整合伦敦、牛津、剑桥的大学、企业和科学家，将伦敦和英国东南部打造为全球生命科学之都。2018年该地区拥有约1895家生命科学公司，年均销售额约250亿美元，是世界顶级的生物科技研发集群。

伦敦生物医药研发水平全球领先，汇集了伦敦国王学院、伦敦帝国理工学院、伦敦大学学院、英国医学研究理事会、英国癌症研究会、维康信托基金会（Wellcome Trust）（世界最大的生物医学研究基金之一）、英国弗朗西斯·科瑞克研究所等国际知名研究机构，以及葛兰素史克、阿斯利康等全球领先的跨国制药企业总部。

剑桥地区以剑桥大学为中心，拥有众多的生物技术研究机构、大型制药公司、医院等，是欧洲最大的生物技术产业园区。医学和化学诺贝尔奖得主中有20%以上来自剑桥地区。剑桥桑格研究院是全球最重要的生物技术研发中心之一，承担了约1/3的人类基因测序项目，在克隆技术、基因治疗等方面处于领先地位。

牛津大学在生物医学领域处于全球前沿。根据泰晤士高等教育公布的"2015~2016生命科学专业世界百强大学"排行榜，牛津大学位居榜首，剑桥大学紧随其后。牛津大学致力于将分子生物学应用于临床，在人体的免疫系统和基因工程技术方面也处于引领地位。

利物浦等城市在生命科学领域也实现了较好的发展，吸引了诺华制药、礼来、阿斯利康、阿特维斯等众多跨国药企及一批充满活力的小型公司，拥有生物医药从业人员1万余名，每年创造17亿英镑的收入，利物浦大学生物创新园成为生命科学企业的孵化器。

（三）打造具有国际竞争力的数字经济产业集群

数字产业每年为英国经济贡献690亿英镑的产值，占英国经济总增值（GVA）的7.4%。英国中南部城市群成为英国发展数字经济的主阵地，各城市依托产业基础与比较优势，瞄准不同的数字科技领域，形成分工合理、竞争力强劲的数字经济产业集群。

伦敦成为数字技术研发中心与金融科技孵化中心。2010~2015年，伦敦对数字技术的投资超过30亿英镑，数字技术公司增加了1.2万家，2015年达到4万家；从业人员达到20万人，占伦敦全部劳动力的3.5%；2015年数字技术贡献180亿英镑，占伦敦经济总增加值的5%（郑焕斌，2015）。伦敦数字经济的发展得益于金融业等传统优势产业。伦敦有外资银行251家，外资金融服务公司588家（王晓阳，2014），对金融科技（Fintech）产生了巨大需求，使伦敦成为全球金融科技创业的首选地，在转账换汇、信用贷款移动支付等各领域都衍生了一批创业企业，出现Transferwise等独角兽企业。伦敦金融城从事金融科技类服务的人数超过4万人（王才，2017）。欧洲地区对金融科技企业的投资中，有半数流向了伦敦。

曼彻斯特重点发展媒体科技，对工业废弃区索尔福德码头区进行重新规划，打造英国媒体城（Media City UK）。媒体城提供世界上最先进的信息技术与媒体沟通网络，以及丰富的柔性办公空间与工作室，吸引了200多家主流媒体和创意科技企业入驻。英国广播公司（BBC）有26个部门、约3200名员工在媒体城工作。英国独立电视台、索尔福德大学艺术与传媒学院、欧洲领先的数字化媒体服务供应商Dock10等也落户于此。曼彻斯特已成为高端内容制作与复杂内容管理中心，约7万人活跃于创意数字化媒体技术行业。谢菲尔德大力发展体育科技产业，拥有完整的体育产业链，成为斯诺克世锦赛、国际田联大奖赛和世界橄榄球联赛等国际顶级赛事的定点举办地，全市2.5%的市民直接在体育产业就业，是"国家体育产业城"。利物浦以游戏科技著名，通过老旧厂房改造建设了英国最大的游戏产业园之一，约有2.3万人从事与游戏、音乐、多媒体和设计相关的工作。

四、日本东京湾区城市群

东京湾区城市群位于日本本州岛关东平原南部，以东京都为中心，主要地区还包括神奈川县、琦玉县和千叶县（"一都三县"），陆地面积1.36万 km²，约占日本陆地总面积的9.73%。2017年东京湾区人口规模约3644万，占日本总人口的28.8%；人口密度为2686人/km²，远远高于日本全国平均水平（340人/km²）。其中，东京都人口规模为1372万人，占东京湾区总人口的37.7%；人口密度约为6255人/km²，是人口最为稠密的世界级大都市区之一（廖明中，2020）。东京湾沿岸有6个港口，吞吐量超5亿 t。在京滨工业带上，不仅集聚了NEC、佳能、三菱电机、三菱重工、三菱化学、丰田、索尼、东芝和富士通等世界著名的企业，而且拥有东京大学、武藏工业大学、横滨国立大学、早稻田大学等著名高等学府。

（一）积极发挥政府在创新扩散与分工中的作用

1. 政府通过宏观引导优化湾区发展和创新扩散

为优化东京湾区发展，从1959年开始，日本制定了5次规划并出台了系列法律，明确各地区职能定位和空间布局，通过立法将权力下放到各地区，逐步推动制造业的产业转移和高端服务业的集聚发展，不断优化城市配套建设，加快错位、联动、衔接的东京湾区都市圈形成。同时，为了加强跨区域的协作性，从东京湾区大局出发实施一系列交通、环境、信息共享平台建立、产业一体化和行政体系改革等方面的政策措施，引领东京湾区发展。

1958年，日本制定了《第一次首都圈建设规划》，并于1968年、1976年、1986年和1999年进行了修编。5次规划始终延续促进东京都市圈发展格局从"一极集中"向"多核多圈"转变的规划目标，推动建设了东京的池袋、新宿、涩谷等7个副都心，东急多摩田园都市（东京）、多摩新城（东京）、港北新城（横滨）、千叶新城（千叶）等新城，横滨港未来、幕张、琦玉3个外部新都心，以及八王子、川越、千叶、筑波、横滨等22个业务核都市（表2.6），有效疏解了东京的工业、商务、行政、科研、教育等功能（何仲禹和翟国方，2016）。1989~1994年，东京区部共有106家企业、约33 000名员工转移到业务核都市。其中，茨城县的筑波和东京多摩地区的八王子、立川等业务核都市主要承接了东京的科教、研发等创新功能，实现了东京的产业结构优化和创新功能在城市群的扩散与重新配置。

表2.6　东京湾区城市群"业务核都市"基本情况

城市	所在都县	距离东京区部/km	城市	所在都县	距离东京区部/km
熊谷、深谷	琦玉	62	木更津	千叶	36
川越	琦玉	36	川崎	神奈川	18
浦和、大宫	琦玉	22	横滨	神奈川	29
春日部、越谷	琦玉	29	厚木	神奈川	46
土浦、筑波、牛久	茨城	51	町田、相模原	神奈川	35
成田	千叶	50	青梅	东京	45
千叶	千叶	32	八王子、立川、多摩	东京	34

日本筑波科学城没有依托任何原有城市，其筹建过程由日本政府直接介入，从规划、审批、选址到建设的整个过程完全由政府主导，入驻科学城的大学、科研机构都是在政府规划下从东京迁入或新建，科学城在土地供应与利用、投融资、企业税收等方面都得到特殊政策支持。

2. 政府积极推动合理分工、规避同质竞争

城市功能分配合理、产业优势互补是东京湾区的重要发展经验。从20世纪90年代开始，东京都市圈在空间结构上经历了从"一极集中"向"多极多圈"结构的转变，在产业结构上实现了由垂直分工向水平分工转变，避免了城市功能集聚和产业同质竞争的状况。其发展分为两个阶段：一是利用60年代东京都产业结构升级契机，将原有的重化工和制造业等劳动、资本密集型产业向横滨县与千叶县迁移，形成京滨、京叶工业带。东京市集中发展金融服务、对外贸易、高端技术等高附加值产业。二是随着东京都人口集聚和城市规模扩张以及京滨、京叶工业带产业升级的需要，从90年代开始日本政府利用立法和规划手段再次对东京都市圈产业结构进行调整，此次调整更重视城市区域间产业优势互补与合作。以交通规划、新城规划和产业规划同步的形式，在东京都周围布局中心商务区、特色功能型新城、城市副中心新城和居住新城等。在强化以交通引导人口流动的同时，也划定了东京都市圈地域产业分布的基本结构，即以东京为政治、金融、科技中心，重点发展创新与服务经济；多摩地区发展商业、科技产业；神奈川县发展港口贸易、科技研发；商业；埼玉县成为居住生活和商务职能集聚区；千叶县发展空港经济和国际物流；茨城县重点集聚大学及科研机构。

东京的产业结构由传统工业化时期的一般制造业重化工产业转变为对外贸易、金融业、精密机器制造、高新技术研发的产品制造业。石油、化学工业、钢铁冶炼等重化工产业彻底迁移出东京市都。日本30%以上的银行总部，以及营业额超100亿日元的公司总部都设立在东京。东京成为日本的金融、商业、管理、政治和文化中心。京滨工业区聚集了较多具有技术研发能力的大型企业和研究机构，如NEC、佳能、三菱电机、三菱重工、三菱化学、丰田研究所、索尼、东芝和富士通等。

3. 政策与产业同步推动科技创新与产业升级

以十年为一个政策周期，政策与产业同步升级。20世纪中叶实行产业振兴扶持政策，旨在摒弃湾区原有资源消耗型产业，通过贷款和财税减免来扶持新兴产业和高潜力成长产业，同时打破技术引进和出口的限制；20世纪中后期，东京湾区又开始执行重化学产业政策，同时采用官民协调方式形成新产业体制，推进海运业、钢铁、汽车等行业的合并重组，给湾区经济带来了前所未有的高速增长契机；20世纪末期，东京湾区开始了石油危机后的产业政策，这一阶段湾区的产业结构从发展严重依赖石油进口、能耗大、资本密集程度高的初级重化学工业，调整为发展能耗小、技术和知识密集型的中高级重化学工业，在日本经济大衰退的背景下，湾区经济仍旧保持适度增长，贸易收支仍然保持顺差，出口商品结构进一步改善，劳动生产率进一步提高；21世纪，东京湾开始探索"产业+资本"的发展政策，政府控股的银行开始扶持湾区内部科技型中小企业发展，中小企业可通过政府指定机构提供的追加信用担保，在一般银行贷款，产生的信用保证费用由政府支付一半，针对有计划进军海外地区的中小企业，政府还为它们提供免费的信息和技术服务，直接促进了东京湾区创新水平和工业化率的提高。日本政府将科研主要力量放在了企业，企业的研发经费每年约占日本R&D经费的80%。

（二）大力发展轨道交通网络推动创新要素流动

轨道交通网络可以提高创新要素流动效率。东京都与周边城市主要依靠轨道交通网络的不断延伸来实现地区一体化目标。在日本城镇化高速发展期，日本政府通过交通规划与城市规划一体化，在不断扩张轨道交通体系的同时，在东京都周边30km和50~80km范围内规划建设新城。新城建设和交通网络的发展促进了东京都人口向周边新城疏散，同时也围绕东京都核心形成更为合理高效的人流、物流、信息流通道。在东京市区之间及与周边城市之间的客运网络体系以轨道交通为主、高速公路为辅，交通等基础设施建设网络化促进了区域和周边城市之间的人口流动与都市产业布局调整。轨道交通类型有公交型普通铁路、地铁、微型地铁、独轨铁路、定向人群运输（GMT）和有轨电车。东京都市圈轨道交通网络总长度为2246.4km，密度为222m/km^2；东京23区的网络长度为584.8km，密度高达947.8m/km^2。东京大都市圈的主要旅客运输方式是轨道交通。轨道交通的承担的客运比例已经达到 86%，在高峰时段，这一比例更是高达 91%，居全球首位（甄小燕，2008）。

（三）企业与高校合作极大促进了科技成果转化

优势产业成为教育发展动力并引导研究发展方向。东京湾区内的京滨工业区集聚了 NEC、佳能、三菱集团、丰田集团、索尼、东芝、富士通等国际知名企业与东京大学、庆应大学、武藏工业大学、横滨国立大学等大批日本著名高等学府，企业与高校开展联合办学，使湾区的优秀人才按功能定位聚在一起并产生群聚效应，表现在 3 个方面：一是企业科研主体地位明显，每年企业研发经费的投入超过东京湾区研究与试验发展经费的 80%；二是企业积极促进科研成果转化，与湾区内大学开展稳定的合作，主动建立专业的产、学、研协作平台；三是由于湾区内大学与产业发展联系紧密，将原隶属于多个省厅的大学和研究所调整为独立法人机构，赋予大学和科研机构更大的行政权力。京滨工业区还包括庆应义塾大学、东京工业大学和横滨国立大学等众多知名大学。京滨工业区十分重视产学研的结合，积极促进各高校与企业间的科技合作和协同发展，致力推进高校科研成果产业化的转变和实践。为建立一个更具竞争力的创新体系，将属于省厅的大学和研究所独立法人化，赋予了大学和科研机构更大的行政自主权力。

（四）全方位引才与人才横向培养相结合

实施全方位引才机制，多渠道引进科技人才。一是实施更宽松的移民政策，放宽在日生活和工作年限等移民条件限制，允许其保留原有国籍。二是启动实施"30 万留学生政策"，通过改善入学考试条件、简化入境手续等方式创造宽松的留学环境，增加科技后备人员的储备量。三是海外引援机制和"就地取才"机制相结合，充分利用海外科技人才资源，一方面通过资金资助吸引海外科技人才来日本从事科研活动，另一方面通过收购、入资国外实验室或企业，设立海外研发机构或奖学金等方式柔性引进和利用当地科技人才及科技成果。

企业积极参与科技人才培养，建立以企业为主导的横向培养式产学研合作机制。日本企业从多个方面深度参与高校科技人才培养，包括投资建设工业实验室作为高校理工科研究生教育科研基地；为科技人才培养投入大量科研经费，规模相当于政府科技投入的一半；鼓励兼职来支持高校科技人才加强科研实践，并以"师徒制"培育机制加强高校科技人才与企业交流、提供就业机会等。

第三节　国际经验对中国城市群创新发展的启示

在梳理美国旧金山湾区城市群、波士华城市群，英国中南部城市群和日本东京湾区城市群对提高城市群创新能力的主要做法的基础上，总结了发挥核心城市功能、加强产学研合作、实现错位发展、完善金融支撑、打造人才高地、完善公共服务等启示，以期为中国城市群创新发展提供参考与借鉴。

一、发挥核心城市功能，推动创新功能有序外溢

　　核心城市能够带动整个区域的创新能力提升。核心城市与周边区域形成"创新源−创新腹地"关系：核心城市人才、知识、资本密集，主要承担研发、设计的业务；周边城市有发展空间，推动创新成果的孵化、转化与产业化，共同降低创新成本，放大创新效能。核心城市一方面强化自身创新功能，另一方面通过各种途径加强与周边区域的创新协作，辐射带动整个区域提升创新能力及其在全国、全球创新中的地位。美国旧金山湾区城市群、波士华城市群，英国中南部城市群和日本东京湾区城市群都是具有全球影响力的科技创新战略高地，其发展均呈现由单个创新城市向以中心城市（帕洛阿尔托、纽约、伦敦、东京）为核心的创新城市群演进。日本的筑波科学城、英国的东伦敦科技城、韩国的大德科学城和板桥新城等，其形成都得益于核心城市或中心城区创新资源向这些区域的定向集中疏解，进而快速崛起成为城市群新的创新高地，在区域创新体系中发挥重要作用。

　　核心城市发展到一定阶段，创新功能需要扩散或外溢，但如果扩散与承接过于分散化，也会制约创新带动效应的发挥。因此需要通过区域层面的战略引导，推动核心城市的创新功能集中向某些区域扩散，便于在较短时间内形成创新生态环境，从而疏解创新功能、提升整体创新能力。此外，核心城市可以是集政治、经济与文化中心于一体的单个城市，如纽约、伦敦、东京，也可以是优势互补的多中心城市联动。多中心城市联动与协同发展，从而使区域围绕着核心城市和次核心城市谋求产业与功能的错位发展，形成各具特色的城市或区域，共同提升整个城市群的创新竞争力。

二、建立协同创新机制，提高城市群体创新能力

　　城市功能分配合理、优势互补是世界主要创新型城市群的重要发展经验。城市群发展一般涉及多个行政区域，需要考虑不同层次目标需求、不同部门及各地方政府之间的统筹协调关系，形成区域协调机制。东京湾城市群区域内的统筹规划，明确了各城市的定位，促进了区域内良性竞争与互动的展开，值得借鉴。

　　一是设立区域性机构。通过构建专门的城市群联盟，为城市群的公共治理提供科学、合理、专业的理论指导和政策参考，如区域发展和改革委员会主任联席会、市长联席会等。各区域通过领导层面的交流、合作，将区域合作落实在执行层面上，促进区域协调统筹发展。成立专门的城市群内部联盟主要在于为区域合作提供一个讨论的平台，通过相互交流当前区域内的科技创新信息，研究当前和近期区域合作中需要解决的问题，并相应提出专业、科学的对策措施。

　　二是设立区域协商机制。各城市受限于行政体制，为了保证整合、协作的效率，需要建立一个常规、长期的区域协商机制。一方面，可以采用成员制，建立责任共担与利益共享的权利义务关系，就重大问题进行协商与谈判，并就相关问题进行讨论与表决；另一方面，也可以成立类似于美国的联合规划局、港务局这样的常设机构，统一负责城市群内的基础设施、产业布局、资源分配、环境保护与治理工作。

三是编制区域科技创新规划。规划协调可规避创新同质竞争。要进一步增强城市群发展规划的总体性和引导性，通过明确各城市功能定位，设置具有引导性的指标规避城市之间产业同质竞争，通过规划一体化的做法，逐步建立区域城市扁平化发展协作机制，推动城市群协同创新。

以产业集群、产业链为纽带，加强城市之间产业链与价值链的对接协作，促进城市群中各城市间的交流互动与分工合作。通过产业链和价值链的引导，促进中心城市创新成果更多地在周边区域落地转化，共同打造技术领先、链条完善的城市群产业集群，提高城市群的创新竞争能力。

三、推进产学研一体化，重视发挥创新源头作用

高校和科研机构是城市群实现创新驱动的源泉地。世界级的创新型城市群均拥有大量高水平的高校和科研机构，如波士华城市群拥有哈佛大学、耶鲁大学、麻省理工学院、贝尔实验室等一大批著名高校和研究院所。高校和科研机构是重要的创新主体，承担着知识创造、基础研究、技术开发、人才培养等多重功能。这些高校和科研机构大部分与产业集聚区相邻，通过技术成果转移、研发-产业化功能链构建、创新人才输出等方式推动区域创新合作，也可以通过搬迁、设立分支机构等方式实现创新资源在区域内的重新配置，是城市群产业链和知识链的始发端口，对推动高技术产业链形成和促进传统制造业转型升级起到重要的引领及支撑作用。同时，高校和科研机构的存在，使城市群核心地带形成"虹吸效应"，形成人才、资金、技术等创新要素集聚核心区，并推动技术项目从实验室走向技术孵化器进而实现产业化，引导企业在科技革命中把握前沿技术动态、抢占发展先机。

吸引高校和科研机构与城市群内各地市联合共建新型研发机构等合作平台，打造科研网络体系。加强产学研合作，逐步畅通高校、科研机构技术成果到企业转化的通道，引导企业强化与高校和科研机构的联合技术攻关，提升高校和科研机构对企业创新发展的支撑能力。加强高校和科研机构与孵化器的合作，将与高校和科研机构紧密合作纳入孵化器建设发展的制度范畴，畅通科研项目从实验室走向孵化器进而实现产业化的通道，推动高校和科研机构成为孵化器可持续发展的原动力。

四、完善科技金融服务，增强科技创新支撑力度

金融中心是创新型城市群快速发展的驱动轮。高科技创新研发的成本越来越高，在新技术发明与引入的创新前期需要大量风险资本或天使基金的投入，后续的发展壮大更需要巨额的融资，高效的资源配置能力、强大的集聚外溢功能是形成创新产业集群的基础。因此，美国波士华城市群、旧金山湾区城市群、英国中南部城市群和日本东京湾区城市群均拥有世界级的金融中心，并对资本产生虹吸效应，吸引资金流入城市群，构建金融机构集群，这些金融机构围绕城市群产业发展需求，实施投融资模式创新，并不断开发新型服务模式，为推动城市群产业发展提供了强有力支撑。随着科技的发展，城市群涌现了大量科技金融公司，并与高新技术产业发展相依相存，致力于运用新技术和金融知识为中小型科

技公司量身解决投融资难题并进行资金管理环节设计,成为加快城市群经济发展的驱动轮。

加强金融对科技发展的支撑力度。完善科技金融政策保障,引进、发展风险投资和信用担保机构,加强金融产品创新、融资培训和服务,健全科技金融服务体系。积极引导金融资本与创新企业对接,以多元化的科技融资模式创新带动创新企业发展。加强科技金融商业模式创新,扶持建设一批金融科技企业,推动其运用新一代信息化技术为中小微科技企业量身打造投融资方案和进行资金管理流程设计,满足中小微企业科技创新与发展需求。探索风险投资机制创新,逐步扩大风险补偿范围,激发风险资金的积极性,形成良好的风险投资发展环境。

五、筑牢科技人才基础,全方位培育和引进人才

人才是创新产业发展的基础。世界级的创新型城市群均汇集了全球各地的人才,是世界级的创新人才高地。通过广揽国际优秀人才,链接全球创新资源,形成全球化的创新网络。世界级的创新型城市群均建立了成熟的人才引进制度,出台技术移民、居留优待、科研支持、提高待遇水平、给予特殊优惠等政策(刘佐菁等,2020)。

实施普惠的科技人才激励政策,调动人才积极性。一是针对城市群内科技企业和科研人员实施普惠的人才激励政策,通过所得税税收减免和奖补、提高科技人员薪酬待遇、企业实施员工持股激励计划等措施,增强科技企业和科技人员的获得感。二是针对现有人才,破除科技人才在企业和事业单位之间双向流动的制度障碍,通过增量津贴的方式鼓励科研人员从事更多的创新活动,调动其积极性和自主性。

拓宽人才招揽渠道,精准引进急需人才。一是建立猎头制度,加强猎头与各类人才组织和企业合作,寻求、关注、吸纳关键人才和高端人才,重点吸纳城市群发展所需的、具有战略意义和产业领军作用的高端科技人才。二是围绕城市群重点发展产业需求,发布重点产业紧缺人才清单,精准引进拔尖人才及团队。

改善海外人才生活保障条件,提高对国际人才的吸引力。一是探索建立海外科技人才身份转换制度,允许海外科技人才在符合一定条件后可申请变更其身份,如临时入境人员、留学生转雇员、雇员转永久居民、永久居民转公民等,身份转换后可享受出入境便利、社会福利等对应身份待遇。二是为海外优秀科技人才提供优厚的医疗保障、子女入学教育等服务,探索建立高端国际人才社区,建立与国际接轨的人才生活保障服务新范式,建设完善社区内国际学校、国际医疗机构等生活配套。三是探索建立科技人才资格国际互认制度和国际养老金互补制度,加强国际科技人才的人才资格和生活保障衔接。

六、完善科技公共服务,推动创新要素高效流动

要素是否高效流动决定城市群的创新水平和创新成效,对城市群科技创新有着决定性影响。一方面要重视交通通信等基础设施,增强城市群内外部的连通能力。世界级创新型城市群一般都拥有完善的内部交通和基础设施体系,城市群内部各城市间和城市内部的交

通成本均较低。成熟快捷的陆路运输网和其他相关基础设施建设，可以降低生产资料运输的物流成本，也会扩展城市外部形态并改善交通区位，为科技研发与高新技术发展创造优越空间。美国主要是以高速公路网络实现互联互通，2020 年波士华城市群的高速公路线网密度达到 0.13km/km^2，而京津冀城市群仅有 0.05km/km^2；日本东京湾区城市群依托发达的城际铁路网络，平均轨道交通线网密度达到 0.17km/km^2，是京津冀城市群的 4 倍多，城市群大空间联结轨道交通密度是京津冀城市群的 2 倍多。可见，中国的城市群还需进一步完善交通基础设施；另外，还要完善科技中介服务体系，增强城市群科技创新服务能力。建设以科学技术和网络技术为依托的社会中介服务体系，调整服务模式，强化对服务效能的监察。建立中介服务行业协会，使其成为加强各中介服务机构交流、增加创新服务机构合作的桥梁和纽带。协会应在推动产业发展和技术创新产业方面具有权威性和代表性。

参 考 文 献

何仲禹，翟国方. 2016. 业务核都市与东京都市圈空间结构优化. 国际城市规划，（1）：46-52.

黄少坚. 2013. 创新集群的演化路径：产学研互动机制研究——以硅谷创新集群的演化机制为例. 管理观察，（35）：108-110.

贾儒楠. 2014. 都市圈：城市发展的方向. 生态经济，30（8）：2-5.

李炳超，袁永，王子丹. 2019. 欧美和亚洲创新型城市发展及对我国的启示——全球创新城市 100 强分析. 科技进步与对策，36（15）：43-48.

廖明中. 2020. 世界四大湾区要素资源流动现状特征分析. 深圳社会科学，（6）：21-35.

刘敏. 2016. 浅析近 50 年来美国"波士华"城市群区域经济变迁. 城市观察，（4）：155-164.

刘欣博. 2020. 美国旧金山湾区高新技术产业创新体系研究. 长春：吉林大学博士学位论文.

刘佐菁，陈杰，余赵，等. 2020. 创新型经济体系建设的湾区经验与启示. 中国科技论坛，（1）：126-133.

唐俊德. 1983. 美国"硅谷"的由来和发展. 科学学与科学技术管理，（8）：44-46.

王才. 2017. 各国金融科技的"监管沙盒"有何不同？中国战略新兴产业，（10）：66-69.

王晓阳. 2014. 伦敦金融中心发展机制对上海的启示——一个关系地理学的视角. 战略决策研究，6（5）：70-79.

姚小玲，张雅婷. 2018. 美国斯坦福大学创新创业教育生态系统探究. 山西大学学报（哲学社会科学版），41（5）：122-127.

甄小燕. 2008. 东京巴黎城市圈城际轨道交通比较及启示. 综合运输，（10）：74-77.

郑焕斌. 2015-06-15. 伦敦雄踞欧洲数字技术中心. 科技日报，第 7 版.

第三章 中国城市群综合创新能力评价与空间分异

　　城市群创新评价是揭示我国城市群创新水平空间格局、把握城市群创新能力发展态势的重要途径。以我国城市群综合创新能力的评价为目标，在回顾和梳理城市群创新评价的相关研究基础上，提出城市群综合创新能力的内涵意义和评价思路，并从城市群创新空间、创新投入、创新产出和创新协同四个维度构建综合评价指标体系，采用熵技术支撑下的层次分析法计算得到城市群创新指数。评价结果较为详尽地展示了19个城市群综合创新的能力水平和发展趋势，并给出了城市群在不同创新维度的得分、排名及变化情况。结果表明，2010~2020年，我国19个城市群的综合创新能力和分维度创新能力均有所提升，创新驱动发展战略的实施取得显著成效。长江三角洲城市群、珠江三角洲城市群、京津冀城市群在自主创新建设和创新引领发展上的主导地位得到进一步巩固；长江中游城市群、成渝城市群等中西部城市群的创新活力被有效激发，表现出较为迅猛的创新发展态势。评价结果也反映出目前我国城市群创新能力存在的问题，如创新资源分配严重不均、协同创新水平整体偏弱、部分城市群创新动力匮乏等。研究结果能够为各城市群在创新领域的路径选择与政策制定提供参考，帮助城市群根据自身实际情况更加有针对性地贯彻落实创新驱动发展战略。

第一节 城市群综合创新能力评价指标体系与方法设计

　　开展城市群综合创新能力评价，需要构建全面系统的指标体系，选择科学合理的评价方法，使评价结果既能充分体现城市群创新能力的内涵与重点，又能切实反映不同城市群创新水平的差异与格局。在系统梳理不同领域学者对创新型城市、城市创新评价等问题的研究思路与研究方法的基础上，围绕城市群创新的内涵构建了涵盖城市群创新空间、创新投入、创新产出和创新协同四个维度的综合评价体系，其下包含国家重点实验室数量、城市群内部专利合作总量等15个具体指标。进一步地，设计了一套以专家评价为基础、以层次分析为途径、以熵技术为支撑的评价方法，用于计算城市群综合创新能力指数。相比于以往的区域创新评价研究，本研究更加强调协同创新在塑造城市群综合创新能力、促进区域高质量、可持续发展中的作用，评价体系与城市群作为有机系统的区域特性和发展规律更为契合，所采用的技术方法也为得到兼具客观性和应用性的评价结果提供了有力支撑。

一、评价指标体系构建思路

城市是创新活动的主要地域载体,通过汇聚各类科创资源、组织各类科创要素,产出承载新知识或新技术的各类科创成果,并将其应用至生产实践、区域治理等方面,进而驱动区域高质量发展(杨冬梅等,2006)。关于城市创新能力评价的文献众多,相关研究大都基于一定的理论来梳理和界定城市创新能力的内涵,而后通过构建系统的评价指标体系并采用合适的定量方法对城市创新能力进行评价,得到表征城市创新能力的相关指数或得分(邹燕,2012)。其中,指标体系的构建应既能充分体现城市创新能力的内涵与重点,又能客观切实地反映不同城市创新水平的差异与格局,同时具备充分的可操作性和应用价值,因此是研究中的重点与难点。由于城市创新是一种综合性、系统性的空间活动,其影响因素众多、中间过程复杂、结果形式多样,因而现有文献大都将城市创新能力分解为多个不同维度,在各维度下选取若干具体指标,构建起城市创新能力的综合评价指标体系(范柏乃等,2002)。

在学术研究领域,专利数量等表征创新产出的指标常被作为城市创新水平的代理变量,被应用于区域知识生产机制、创新网络模拟等方面的建模分析(郝均等,2020;Ye and Xu,2021)。专门对城市创新能力进行评价的研究则围绕创新活动的多个方面构建完整的指标体系。其中,地理学界的相关研究大都注重指标体系构建与区域创新理论的融合,通过评价结果计算、影响因素分析等过程印证指标体系的合理性,并进一步深化对城市创新能力构成与创新要素相互作用的理解(朱海就,2004;任胜钢和彭建华,2007)。

在管理应用领域,城市创新近年来亦受到国家层面的大量关注,"创新型城市"成为创新禀赋充足、创新能力强劲、创新影响广泛的城市的代名词,全球涌现出多种创新型城市的评价标准与体系。国际层面,国家创新能力指数、欧盟创新记分牌、创新指数、创新能力指数、全球创新指数是较有影响力的指数(方创琳等,2014)。国内层面,在全国尺度开展城市创新能力评价,依据评价结果进行区域间比较并提出相关政策建议,是推动创新驱动区域发展战略的一项重要工作。创新型城市或城市创新能力的评价往往紧密结合国家需求和发展目标,以实现创新驱动发展为导向,以提升自主创新能力为主线,以体制机制创新为动力,以营造创新友好环境为突破口,为创新型国家的建设提供指导。其中,《国家创新型城市创新能力评价报告》《中国区域创新能力报告》具有较高的权威性。严格来说,《国家创新型城市创新能力评价报告》构建的评价指标体系并非以单纯评价城市创新能力为目标,而是从"创新型城市"的内涵出发,在关注科技发展领域的自主创新之外,还强调将创新理念、创新机制融入城市经济发展、产业转型、环境改善、体制改革等城市生产生活的方方面面,突出指标的综合性。

针对不同尺度地域范围开展创新能力评价,评价体系的侧重点也存在不同。例如,纪宝成和赵彦云(2008)在《中国走向创新型国家的要素:来自创新指数的依据》一书中构建了国家创新指数体系的理论框架,将创新能力的内涵划分为资源能力、攻关能力、技术实现能力、价值实现能力、人才实现能力、辐射能力、持续创新能力和网络能力8个要素,并依据各项能力的内涵选取具有一定解释力的指标,形成中国创新指数研究的指标体系。而针对区域、省级行政区、城市尺度的创新评价研究则更多地聚焦于创新所处的领域范畴、创新链条本身的特点以及与其关系密切的外部环境。具体而言，针对城市创新能力评价的指标体系的构建大致可分为以下几种方式：一是根据创新活动本身的链条结构和影响创新活动的外部因素，从创新投入、创新产出、创新环境等维度构建指标体系（刘永久等，2010）；二是根据创新活动的类型和其他相关因素构建指标体系，如吕拉昌和李勇（2010）将城市创新能力分解为知识创新能力、技术创新能力、政府行为能力、宏观社会环境；三是根据创新活动涉及的各类行为主体，围绕企业、机构、政府等在创新领域的相关行动进行评价（胡树华和杨洁，2010）。在实际研究中，根据研究背景、研究目的等的不同，指标体系的构建可能同时包含上述方式中的多个方面，呈现出评价维度的不同组合形式（杨华峰等，2007）。但在多元的评价体系框架背后，部分核心指标的出现具有一定的普遍性，它们大都反映了空间对象在创新活动某一方面的规模、效率或潜力。例如，表征创新人力、资金投入的R&D人员与经费支出规模（甄峰等，2000），表征创新成果产出水平的专利授权数量、科技论文数量（陶雪飞，2013），表征宏观社会经济环境的人均GDP、人均客运量等（李婷和董慧芹，2005）。

相比于针对城市创新能力评价的广泛研究，以城市群这一更为广阔的地域范围作为研究对象，对城市群创新能力进行评价的研究较少。由于城市群可视作多个在空间上邻近的城市组成的地域集合体，城市群的科技创新水平由它所包含的各个城市的资源禀赋、发展条件等因素决定，因此对于城市群创新能力的评价可以沿用城市创新能力评价"构建指标体系—计算得分—得到评估结果"的研究范式；又由于城市群的一大特征在于其内部城市的一体化与相互作用关系，可通过资源的整合与共享、要素的流动与交换实现作为"点"的城市间协同发展和作为"面"的区域整体进步，达到"1+1>2"的效用（柴攀峰和黄中伟，2014），因此针对城市群创新能力的评价有必要将城市群内部的城市间联系在频率、方向、类型、质量等方面的表现纳入考虑，通过构建贴合城市群这一有机系统的区域特性和发展规律的指标体系，对城市群创新能力进行科学合理的评价。此外，本章聚焦于城市群综合创新能力的评价，意在针对性地考察城市群在创新领域的基础条件、既有实力和发展潜力。因而在指标体系的构建中，围绕创新空间、创新投入、创新产出、创新协同等反映城市群创新活动特征的主要维度，主要选取能够直接影响城市群创新能力（如R&D经费支出）或能够有力表征城市群创新绩效（如发明专利授权数）的核心指标，而暂不将人均GDP、城市污水处理率这类受多种因素广泛影响、反映城市社会、经济或环境总体状况的宏观指标纳入考虑。

基于城市协同创新的理论基础和城市群带动区域发展的现实背景，构建城市群综合创新能力指数，从属性和关系的综合视角评价城市群创新的外在表现与内在潜力。进一步地，根据考察侧重点的不同，将城市群综合创新能力指数分解为城市群创新空间指数、城市群创新投入指数、城市群创新产出指数、城市群创新协同指数四个分维度指数，以便对各城市群的创新活动与创新路径进行更为具体的横向比较。其中，城市群创新空间指数反映城市群在创新平台建设与创新环境营造上的表现；城市群创新投入指数反映城市群对科技创新的人力、资金投入水平；城市群创新产出指数反映城市群的创新成果与创新推动区域社会经济发展的绩效；城市群创新协同指数反映城市群内部城市间相互协作、共建地域创新系统的进程状况。在各维度下分别选取相应指标，构成由 4 个维度、15 个指标构成的城市群综合创新能力评价完整指标体系（表 3.1）。

表 3.1 城市群综合创新能力评价指标体系

目标层	准则层	指标层
中国城市群综合创新能力	创新空间	国家重点实验室数量（个）
		国家级高新技术产业开发区数量（个）
		百万人拥有博士后科研流动站数量（个）
		百万人拥有国家级科技企业孵化器数量（个）
		获评"国家创新型城市试点"等称号的城市数量（个）
		万人拥有公共图书馆藏书量（册）
	创新投入	R&D 人员占全社会就业人数比重（%）
		万人在校大学生数（人）
		全社会 R&D 投入占 GDP 比重（%）
		教育支出占地方一般公共预算支出比重（%）
		科技支出占地方一般公共预算支出比重（%）
	创新产出	百万人发明专利授权数（件）
		百万人商标注册量（件）
	创新协同	城市群内部专利合作总量（件）
		城市群功能多中心指数

二、评价指标体系选择与解释

（一）城市群创新空间指数（B1）

随着交通通信技术的日益发达，虽然跨区域的科技创新活动已相当普遍，但科技创新本质上仍是一类空间现象，受到地理距离和地理环境的影响。已有学者研究发现，我国省域创新活动差异很大，体现出明显的空间集中性和空间相关性（王庆喜和张朱益，2013）。而城市和城市群作为创新的主要载体，其自身的科技资源禀赋、创新条件设施、社会文化氛围等环境因素对吸引各类科创资源、容纳各类科创要素并高质量地开展各类科创活动具有重要影响，同时也能在一定程度上代表城市和城市群固有的科技创新实力。《国家创新驱动发展战略纲要》指出，"建设一批支撑高水平创新的基础设施和平台。适应大科学时代创新活动的特点，针对国家重大战略需求，建设一批具有国际水平、突出学科交叉和协同创新的国家实验室。"《"十三五"国家科技创新基地与条件保障能力建设专项规划》指出，"把国家科技创新基地、重大科技基础设施和科技基础条件保障能力建设作为提升国家创新能力的重要载体。"《中华人民共和国国民经济和社会发展第十四个五年规划和2035 年远景目标纲要》中继续强调了科技创新基础设施与平台的重要性，并进一步指出要"加快构建以国家实验室为引领的战略科技力量","优化提升国家工程研究中心、国家技术创新中心等创新基地",可见各类国家科技基础条件平台是支撑城市群创新发展的关键力量,在城市群原始创新、集成创新和引进消化吸收再创新能力的提升中扮演重要角色。同时,《中华人民共和国国民经济和社会发展第十四个五年规划和2035年远景目标纲要》也提出了"完善企业创新服务体系""优化创新创业创造生态"等要求,突出了城市创新服务、创新政策、创新氛围等外部因素对于激发城市群创新活力、优化城市群创新质量的重要意义。

综上所述,围绕城市群创新平台建设和创新环境营造两个方面进行城市群创新空间指数构建,包含国家重点实验室数量、国家级高新技术产业开发区数量、百万人拥有博士后科研流动站数量、百万人拥有国家级科技企业孵化器数量、获评"国家创新型城市"等称号的城市数量、万人拥有公共图书馆藏书量6个指标。

1. 国家重点实验室数量（C1）

根据科技部、财政部、国家发展和改革委员会于2017年制定的《国家科技创新基地优化整合方案》,国家重点实验室属于科学与工程研究类国家科技创新基地,是面向前沿科学、基础科学、工程科学等,开展基础研究、应用基础研究等,推动学科发展,促进技术进步,发挥原始创新能力的引领带动作用的重要载体。作为我国自然科学领域研究的排头兵,国家重点实验室往往瞄准国家战略需求,聚焦重大科学目标,在创新驱动区域发展战略实施的过程中具有重要的引领作用,其数量能反映城市群于创新链起始位置的实力基础,是城市群创新平台建设水平的核心指标。截至2020年末,我国正在运行的国家重点实验室共计522个,分布在我国27个省（自治区、直辖市）。由于国家重点实验室的平台级别较高,且平台数量较少、专业性强,因此采用其绝对数量而非人均数量作为计算创新空间指数的具体指标。

2. 国家级高新技术产业开发区数量（C2）

国家级高新技术产业开发区（简称国家级高新区）是由国务院批准成立的国家级科技工业园区,以"发展高科技、培育新产业"为方向,是我国高新技术产业发展和城市创新发展的一面旗帜。作为高新技术产业的培育区和高新技术企业的集聚区,国家级高新区以智力密集和开放环境条件为依托,主要依靠国内的科技和经济实力,充分吸收和借鉴国外先进科技资源、资金和管理手段,通过实施高新技术产业的优惠政策和各项改革措施,最大限度地将科技成果转化为现实生产力。相比于国家重点实验室,国家级高新区在更大程度上将科技创新、产业创新与体制创新综合起来,既是汇聚城市群高水平创新资源的"创新高地",也是引领城市群社会经济发展和产业优化升级的重要创新平台。由于国家级高新区是以发展高新技术为目的而设置的特定区域,集中有大量科技资源并拥有科研、教育和生产结合的综合开放环境,国务院批复一般城市设立的国家级高新技术产业开发区数量大都不超过1个。因此,对于国家级高新技术产业开发区这一创新空间类型,取其绝对数量作为计算创新空间指数的具体指标。又由于不同开发区的资源禀赋、建设规模、产出效益等存在差异,在分析城市指数时,应当结合开发区产值等辅助指标对城市在高新技术产业领域的发展状况及高新区的创新引领作用进行全面评价。

3. 百万人拥有博士后科研流动站数量（C3）

博士后科研流动站（简称博士后流动站）是指在高等学校或科研院所的某个一级学科

范围内，经批准设立的可以招收博士后研究人员的组织。博士后流动站按照一级学科申报，是各类专业领域博士后开展技术科学研究的重要阵地。博士后流动站的申报评选制度决定了博士后流动站所依托的高等院校或科研机构具有较高的学术水平、科研实力和后勤条件，能够吸引、培养和使用高层次创新人才。因此，博士后流动站数量能较好地体现城市群高校和科研院所的创新平台建设水平。截至2020年末，我国共设立3318个博士后科研流动站，累计招收博士后25万余人。由于博士后流动站的数量与其所依托的平台数量与规模相关，因此采用百万人拥有的博士后科研流动站数量作为构成城市群创新空间指数的具体指标。

4. 百万人拥有国家级科技企业孵化器数量（C4）

国家级科技企业孵化器是指符合《科技企业孵化器管理办法》规定的，以促进科技成果转化、培育科技企业和企业家精神为宗旨，提供物理空间、共享设施和专业化服务且经过科技部批准确定的科技创业服务机构。作为国家创新体系的重要组成部分和区域创新体系的重要内容，科技企业孵化器对各类社会主体投身创新创业起到了重要的引导作用，并通过培养创新创业人才、服务科技型创业企业成长，进而助力新兴产业发展和区域转型升级。在"大众创业、万众创新"的浪潮下，城市群国家级科技企业孵化器的数量能充分体现城市群提供创新服务的能力和整体创新活力。基于孵化器面向社会各类创新主体提供服务的特点，采用百万人拥有国家级科技企业孵化器数量作为构建城市群创新空间指数的具体指标，表征城市群创新服务平台的供给水平。截至2020年末，我国共有国家级科技企业孵化器1173家。

5. 获评"国家创新型城市试点"等称号的城市数量（C5）

各类试点城市的设立是我国在全面深化改革背景下贯彻落实重大区域战略的重要途径，通过对少数发展条件较好的城市给予资金上的扶持、政策上的倾斜并发挥这些地区作为先试先行的改革试验田作用，逐步优化相关战略实施的顶层设计并将其广泛推行，实现"以点带面"的发展模式。通过梳理城市创新相关的试点称号，根据城市是否被列为"国家创新型城市试点"、是否被列为"国家知识产权试点城市"来衡量城市在国家创新驱动发展中的战略地位。其中，"国家创新型城市试点"由国家发展和改革委员会创建，旨在以实现创新驱动发展为导向，以提升自主创新能力为主线，以体制机制创新为动力，以营造创新友好环境为突破口，健全创新体系、聚集创新资源、突出效益效率、着眼引领示范，探索区域创新发展模式，培育一批特色鲜明、优势互补的国家创新型城市。"国家知识产权试点城市"由国家知识产权局评定，其设立目的是使知识产权制度在促进城市的自主创新与区域经济发展中发挥更大的作用，通过提高知识产权创造、运用、保护和管理能力，促进区域社会经济发展，提高城市竞争力。可见以上两个试点称号能够较为充分地反映支持城市自主创新的政策环境。在具体指标的计算中，采用城市群中获评上述任意一个称号的城市数量来表征城市群的创新政策环境并纳入创新空间指数的计算。

6. 万人拥有公共图书馆藏书量（C6）

公共图书馆是城市文化建设的重要载体，作为一类重要的城市公共服务设施和社会主义公共文化服务体系的重要组成部分，在面向社会公众传播文化知识、营造城市创新文化氛围上扮演着重要角色。公共图书馆藏书量则是衡量图书馆馆藏资源，进而反映城市文化建设水平的重要指标。因此，采用万人拥有公共图书馆藏书量作为计算城市群创新空间指数的具体指标。

（二）城市群创新投入指数（B2）

科技创新本质上是一种经济活动，因此全社会的创新链条可简单分解为投入和产出两个基本环节（王仁祥和邓平，2008）。其中，创新投入直接受到人为调控的影响，同时也是决定创新产出的第一因素。一项发明创造背后，是微观个体或团队科研所耗费的时间、精力和相关开支，而上升到整个区域或全社会亦是如此，依托一定规模和强度的要素投入，为城市或区域创新提供重要的基础和保障。城市或区域的创新投入是相应地域范围内全社会创新主体开展科学研究、研发试验、技术改造等创新活动所投入的人力、物力、财力的总和。宏观的创新投入在很大程度上由政府和市场所主导，人才、资金等核心的创新投入要素在其配置下有目的、有方向地进入区域创新链条的各个环节。人是创新链组织与运转的基本要素，城市或区域创新的人力投入通常以提供就业岗位的直接形式和人才培养的间接形式表现。通过开办高校或科研机构、建设创新平台，培育与汇聚高水平人才，为地区科技发展和创新转型积累人力资本；通过在企业内部设置研发部门，吸纳各类技术人才，为技术成果的应用与创新效益的产出提供不竭动力。创新物力和财力投入可以经费支出的形式概括，用于研究人员劳务发放、原材料购买、固定资产购置等事项中，也是区域创新活动规模化开展与创新系统构建的必要条件。政府的科技拨款、企业的内部研发支出等都是这类创新投入的重要来源。在知识经济时代，持续加大全社会创新投入，是提升我国自主创新能力的源头动力，也是驱动我国产业分工从价值链中低端向价值链中高端转变的必然要求。《国家创新驱动发展战略纲要》指出各类资源的配置应由以研发环节为主转向产业链、创新链、资金链统筹配置，对研发试验、成果转化、生产应用等部门中创新投入的协调与优化调配提出了更高要求。此处构建的城市群创新投入指数因而考虑了政府、企业、高校等主体在R&D活动、教育与科技事业等方面的人力与资金投入，以综合表征城市群为创新活动提供的资源保障与物质支撑。

综上所述，围绕人力投入和经费投入两个方面进行城市群创新投入指数构建，包含R&D人员占全社会就业人数比重、万人在校大学生数、全社会R&D投入占GDP比重、教育支出占地方一般公共预算支出比重、科技支出占地方一般公共预算支出比重五个指标。

1. R&D人员占全社会就业人数比重（C7）

根据国家统计局印发的《研究与试验发展（R&D）投入统计规范（试行）》，R&D人员是指报告期R&D活动单位中从事基础研究、应用研究和试验发展活动的人员，包括直接参加上述三类R&D活动的人员以及与上述三类R&D活动相关的管理人员和直接服务人员，即直接为R&D活动提供资料文献、材料供应、设备维护等服务的人员。R&D人员在新知识、新产品、新工业、新方法、新系统的构想或创造中扮演着重要角色，其中专业的研究人员往往具备中级及以上职称或博士学位，属于科技创新的高端人才。依托各类R&D项目（课题），研究人员将其投入的工作时间与精力转化为各种形式的科技成果，并服务于国家或地区重大科学问题的探索、技术难题的攻关和实际生产实践的进步；同属R&D人员的技术人员和辅助人员则通过技术工作或其他协助工作保障R&D活动顺利、高效开展。因此，R&D 人员是城市群创新人力投入最重要的组成成分，是高校、科研院所、企业等创新主体发挥其职能的核心所在，在城市群的创新转型与高质量发展中发挥着主力作用。据统计，2020 年我国共有 R&D 人员 7 552 986 人，占全社会就业人数的比重为 1%。采用 R&D 人员占全社会就业人数比重作为计算城市群创新投入指数的具体指标，能够反映 R&D 人员在城市群实际社会生产活动中的参与情况，体现科技人力投入对创新要素投入的贡献程度。

2. 万人在校大学生数（C8）

在校大学生即普通本专科在校学生，是高级专门人才和职业人员的后备军，其数量能够代表城市群高等教育的人才培养规模，并间接反映了城市群高等教育的办学实力和发展水平。作为高校这一重要创新平台中的主要人群，大学生群体具有精力充沛、学习速度快、创造力强等特质，其在接受教育培养的过程中同时也通过科研训练、社会实践等活动为高校乃至地区的发展建设积累有益经验、注入新鲜活力，使得大学成为知识生产的高地和新思想、新理念的源头。此外，由于大学生往往对高校所在地的环境较为熟悉，多数高校在当地具备较强的影响力，因而高校所在城市是众多大学毕业生的首选就业地，同时也是许多大学生自主创业的目标城市。在某种意义上，在校大学生群体是高校所在城市的高水平人才储备与潜在劳动力资源，影响着城市的就业活力、创新创业水平与发展前景。据统计，2020 年我国共有在校大学生 3285.3 万人，占全国人口的 2.32%。采用万人在校大学生数作为城市群创新投入指数计算的一项具体指标，在一定程度上体现了教育人力投入对创新要素投入的贡献程度，同时表征了城市群创新活力与发展潜力。

3. 全社会 R&D 投入占 GDP 比重（C9）

全社会 R&D 投入具体指全社会 R&D 经费支出。根据《研究与试验发展（R&D）投入统计规范（试行）》，R&D 经费支出是指报告期为实施 R&D 活动而实际发生的全部经费支出，包括 R&D 人员劳务费，实施 R&D 活动所需的原材料费、燃料动力费、管理服务费等日常性支出；以及实施 R&D 活动所需的土地与建筑物支出、仪器与设备支出、专利支出等资产性支出。全社会 R&D 经费支出为调查单位 R&D 经费内部支出的合计，即调查单位内部为实施 R&D 活动而实际发生的全部经费的总和，其资金来源包括政府财政支出、企业支出等。由此可知，全社会 R&D 经费支出较为全面地涵盖了城市群用于基础研究、应用研究、试验发展等创新活动的各项资金投入，能够反映城市群在科技发展及自主创新上的财力和物力支撑条件。而全社会 R&D 经费支出占 GDP 比重又被称为 R&D 经费投入强度，它能够衡量一个国家或地区对科技创新的投入力度，是国际社会广泛使用的科技指标，并被世界各国普遍作为创新战略规划的核心指标。据统计，2020 年我国全年 R&D 经费支出达到 24 426 亿元，R&D 经费投入强度为 2.40%。此处将全社会 R&D 投入占 GDP 比重，即城市群的 R&D 投入强度作为构成城市群创新投入指数的具体指标。

4. 教育支出占地方一般公共预算支出比重（C10）

教育支出是地方财政用于教育的基本建设经费和教育事业费，是地区教育环境改善、教育条件优化与教育事业发展的重要资金来源。作为地方一般公共预算支出中的重要一项，教育支出既受到地方财政收入总量的制约，又受到人们对发展教育重要性的认识的影响，并与地方的国民经济发展密切相关。国民经济发展水平既对教育的发展提出需求，也是教育发展的根本财源。随着社会经济发展水平的逐渐上升，教育经费的投入力度也应当逐步加大，并从源头上为城市群创新积累更高质量的人力资本、注入更充沛的发展活力。此外，由于教育属于个人需求的一种，城市群人口的数量、密度、地区分布与年龄结构的变动也会导致教育支出的变动，并折射出城市群创新发展动力的消长。据统计，2020年我国中央和地方教育支出达 36 359.94 亿元，占一般公共预算支出的 14.80%。采用城市群教育支出占地方一般公共预算支出比重作为计算城市群创新投入指数的一项具体指标，能够体现教育经费投入对创新要素投入的贡献程度。

5. 科技支出占地方一般公共预算支出比重（C11）

科技支出是地方财政用于支持科技活动的经费支出，包括科学事业费、科技三项费、科研基建费及其他科研事业费，R&D 支出也是科技支出中的一种。科技支出是实施中央和地方各级重点科技计划项目、开展高新技术研究及成果转化、建设维护科学仪器设备和科技基础条件等科技活动的重要资金来源，是政府这一宏观调控者支持国家或区域科技创新发展的直接体现，也是筑牢科技自立自强这一战略支撑的必要条件。科技支出的流向既包括科研单位，通过国家科技重大专项、国家自然科学基金等服务于国家战略或学科发展；也包括企业，通过各种形式的资金支持鼓励企业加大研发投入、牵头组建创新联合体、承担国家科研任务，促进创新链产业链相互融合。对于一些高新技术产业的发展和关键核心技术的攻关而言，政府划拨的科技经费是极为重要的扶持力量，在某种程度上能够决定国家或地区科技进步和产业升级的方向与速度。据统计，2020年我国中央和地方科技支出达 9018.34 亿元，占一般公共预算支出的 3.67%。采用城市群科技支出占地方一般公共预算支出的比重作为计算城市群创新投入指数的一项具体指标，能够体现科技经费投入对创新要素投入的贡献程度。

（三）城市群创新产出指数（B3）

科技投入只有真正转化为创新能力、产出创新成果，才能促进经济发展与社会进步。一个城市群的创新能力最直接地体现在其创新产出水平上。不同形式的产出成果可通过转让交易等方式为区域带来直接经济效益，也能够通过投入生产应用、提升全社会劳动生产率，进而促进区域社会经济水平的提升。创新产出由不同类别的创新成果组成，包括论文、著作、报告等知识成果，它们凝练了行为主体通过大量努力形成的新的思想、新的科学发现、新的理论方法等，是提升人类认识世界的广度和深度、指导人类进行客观世界改造实践的基础；创新产出也包括专利等技术成果，它们是专利所有者将新知识应用至新工具发明、新技术创造、新工艺研制或原有技术成果改造升级所获得的成果，这类成果往往能够直接投入社会生产的特定环节并创造经济效益，因而处于创新链中更接近生产应用的位置，也更能反映一个经济体通过开展创新活动促进区域社会经济发展的成效。由于创新的知识成果包含的种类丰富、形式多样而不便于量化统计，又由于科技知识成果只有走出实验室、经过转化并投入实际应用才能发挥其应有价值，因此认为技术成果相比于知识成果更能表征区域创新驱动发展的实际效益，是更适用于城市群创新评价的指标维度。此外，创新产出还包括商标等商业成果，它们代表了商业领域中新的品类、业态、运营模式的产生，属于广义的创新产出，能够反映经济体在科技领域之外开展创新活动的活力以及整个社会的创新创业水平。

综上所述，围绕创新的技术成果和商业成果两方面进行城市群创新产出指数构建，包含百万人发明专利授权数和百万人商标注册量两个指标。

1. 百万人发明专利授权数（C12）

专利指受到专利法保护的发明创造，即专利技术，是受国家认可并在公开的基础上进行法律保护的专有技术，也是技术创新成果的重要表现形式。专利数据承载了专利在时间、空间、技术类别等方面的大量信息，且往往容易获取，因此被国内外学者广泛应用于知识产出和创新绩效的衡量。在我国，专利分为发明、实用新型和外观设计三类。其中，发明是指对产品、方法或者其改进所提出的新的技术方案，具有新颖性、创造性和实用性等特征，且在三种专利类别中具有最高的技术水平和原创性，能够充分体现行为主体的自主创新能力。专利工作由国家知识产权局主管，并受到完善的法律保护，因此专利授权信息具有较高权威性，专利授权量的多少能够在很大程度上代表城市群自主创新的原创性科技产出水平的高低。此外，由于专利代表了法律给予首创者的受保护的独享权益，一种发明创造若受到专利制度的保护，则只有经专利权人许可才能予以实施，因此专利申请和授权活动在某种意义上也能反映企业主体的知识产权意识和整个城市群知识产权制度的完善程度。据统计，2020年我国发明专利授权量为53.0万件，其中境内发明专利43.4万件。采用百万人发明专利授权数作为计算城市群创新产出指数的一项具体指标，能够反映城市群技术创新成果产出效益的整体水平。

2. 百万人商标注册量（C13）

商标是用以识别和区分商品或者服务来源的标志，它是品牌或品牌的一部分，在政府有关部门依法注册后即受到法律的保护，由注册者享有专用权。商标承载着商品生产者或服务提供者对商品或服务的专有权利，通过文字、图形、三维标志等表现形式，帮助消费者识别和购买符合其需求的商品或服务。作为一种知识产权，商标能够代表品牌信誉和质量，是企业的无形资产，并通过对商标注册人加以奖励，使其获得承认和经济效益，从而对全社会的进取和创新精神起到促进作用。因此，商标注册量能够在一定程度上体现城市群整体的知识产权意识和创新创业水平。据统计，2020年全年我国商标注册共计576.1万件。采用百万人商标注册量作为计算城市群创新产出指数的一项具体指标，能够综合反映城市群内部企业的品牌意识和对外宣传创新水平，进而体现城市群在商业领域的创新绩效及企业间良性竞争、利于创新的营商环境。

（四）城市群创新协同指数（B4）

当今世界的城市空间已经历由"地方空间"向"流空间"（space of flow）的转变（Castells，1989），在城市系统的视角下，城市群内各个城市并非孤立存在的点，而是存在频繁的相互作用，并由这种相互作用关系组织起一定区域范围内保持平衡的静态等级体系和动态网络结构，进而作用于城市群的发展演变（张闯，2009）。作为一个包含众多要素极其复杂联系的有机整体，城市群所具备的创新能力并不是其内部各城市创新能力的简单加总，还包含了协同创新这一重要部分。城市群发挥其创新功能的一个重要机制便在于内部城市相互交流、协作，进而驱动各类创新要素在地域系统内高效流动并得到优化配置。

由于地理上的邻近，同一城市群内部的城市之间更容易通过知识溢出等途径共享与交换创新资源，实现不同城市在完整创新链中的差异互补。而随着交通通信技术的迅猛发展、城市群内基础设施的互联互通以及更大范围内的资源共享与交换，打破城市行政界限的创新活动正日益普遍化，城际科创合作、企业跨城布局、平台多地共建等空间现象加速了城市群的一体化进程，也通过协同创新实现了地域创新系统的结构调整与层次提升，从而促使城市群整体创新能力得到强化。在创新驱动的新常态下，协同创新已成为提升城市群国际竞争力的重要动力，关于城市群协同创新的理论研究、测度方法等近年来也不断涌现。创新网络作为城市间创新联系的体现，能够反映城市创新辐射水平和城市间要素流动强度，是探讨城市群创新协同的有效方式。常见的创新网络形式包括专利合作网络、论文合作网络、创新企业网络等，各类发展成熟的网络指标也因计算简便、含义鲜明而成为评价城市群创新协同水平的优质选项。

综上所述，基于城市间专利合作关系构建城市创新网络，用于探讨不同城市群内部的创新协同情况。将城际专利合作视作城市间开展协同创新的具体表现，围绕城市群创新协同活动的规模和创新协同分布的均匀性两方面进行城市群创新协同指数构建，包含城市群内部专利合作总量和城市群功能多中心指数共两个指标。

1. 城市群内部专利合作总量（C14）

城市群内部专利合作总量是城市群内部任意两城市共同申请发明专利数量的总和，在由专利合作关系构建的全国城市创新网络下，这一指标即城市群所在子网络的内部总联系强度，它代表了城市群内部不同城市间开展专利合作的频率，能够反映城市群的协同创新活动规模。城市群内部专利合作总量越大，说明城市群的协同创新活动越活跃，各类创新要素越能够在城市间自由流动和高效配置，知识和技术也越能够得到有效的传播与广泛应用，进而促进城市群创新产出的社会经济效益实现最大化，带动整个区域发展进步。据统计，2019年我国19个城市群内部的专利合作总量为30765件，群内城市的专利合作在很大程度上推动了城市群创新地域系统的构建与完善。采用城市群内部专利合作总量作为计算城市群创新协同指数的一项具体指标，能够反映城市群创新协同的总体规模与大致水平。

2. 城市群功能多中心指数（C15）

城市群功能多中心指数是城市群专利合作网络的结构性指标，用于衡量城市对外技术知识合作参与的分布均衡程度。在不同的城市群创新协同阶段，城市群内部城市对外合作水平的整体表现存在较大差异，跨越行政边界的创新联系可能仅由一两个核心城市主导，也可能普遍发生在多数城市之间，而群内联系与群外联系的分布亦在不同城市间存在显著的异质性，由此形成的专利合作网络也因而呈现出轴辐式或均质型等多种结构特征。功能多中心指数即可对城市群创新网络的空间格局进行简要刻画，并通常与区域内城市的网络资本、知识溢出效应、借用规模能力等挂钩。较高的功能多中心指数意味着发生在城市群内城市中的知识流动是多向、均匀分布的，各城市参与区域创新协作的程度较高。根据计算，2019年我国19个城市群的功能多中心指数均值为0.103。采用城市群功能多中心指数作为计算城市群创新协同指数的一项具体指标，能够反映城市群协同创新的区域均衡性。结合城市群专利合作规模分析，能够进一步推知城市群所在区域创新系统的完善程度。

三、数据来源说明与评价方法

（一）数据来源与说明

城市群综合创新评价体系中，除城市群功能多中心指数、城市群内部专利合作总量两项指标是经专利数据的信息提取统计或较为复杂的计算得到，其余指标均为较为常见的社会经济统计指标或容易获取的科技统计指标，其数据来源大都是区域性或专题性统计年鉴和统计公报，部分数据源于科技部、教育部等官方部门公布的名录清单、年度报告等资料。其中，国家重点实验室数据源于科技部发布的相应年份《国家重点实验室年度报告》；国家级高新区和国家级孵化器数据源于科技部火炬中心公布的名单；博士后科研流动站数据源于博士后招聘网站和各大高校、科研院所官方网站公布的站点名录与信息，以及人力资源社会保障部、全国博士后管委会下发的批准设立博士后科研流动站的相关通知；"国家创新型城市试点""国家知识产权试点城市"等称号数据源于国家发展和改革委员会、国家知识产权局等相关部门公布的相关试点工作通知；公共图书馆藏书量、R&D人员、R&D经费、普通本专科在校学生数、教育支出、科技支出、发明专利授权数等表征科技创新要素绝对规模的核心指标，以及常住人口数、从业人员数、地区生产总值、地方一般公共预算支出等用于计算相对量的背景指标的数据来源均为相应年份的《中国城市统计年鉴》。需要指出，诸如"百万人拥有博士后科研流动站数量""万人在校大学生数"等人均相对量指标均以地区当年常住人口数为背景值。将以城市为基本单位的原始统计数据根据各个城市群的地域范围汇总至城市群尺度，即得到以城市群为单位的原始指标数据，并可纳入后续的标准化和得分计算中。

城市群功能多中心指数和城市群内部专利合作总量的指标数据均以incoPat全球专利数据库中的专利信息为数据源，依照专利项中的申请人所在城市信息提取城际专利合作数据，并基于此构建城市专利合作网络，进行城市群尺度的网络指标计算，得到用于表征城市群创新协同水平的指标值。其中，城市群内部专利合作总量是城市群所包含的任意两两城市之间的发明专利合作申请数量的总和；用于计算城市群功能多中心指数的基本要素包括城市群内城市间合作专利申请数量的标准差、最大值和城市群专利合作网络的密度，其具体计算公式和计算说明见第五章第一节。

需要说明的是，为得到城市群的"综合创新指数2010"和"综合创新指数2020"，大部分指标数据所属年度为2010年和2020年，少部分指标由于其在2020年度的数据尚未更新或难以获取，如各类创新平台数据、R&D投入数据、商标数据，因而采用2018年或2019年的数据进行替代。此外，由于部分城市群中的个别城市不在《中国城市统计年鉴》的统计范围内或目标年份某项指标的数据缺失，因而从这些城市所在省份或城市当地统计年鉴、统计公报中获取相关数据。若多源统计资料中均难以查询，则根据城市经济发展水平、依照具有相似发展条件的城市的数据对指标进行估算。数据本身误差和统计口径的差异是城市群创新指数的主要误差来源，在进行城市群数值的解释与比较时应结合具体情况进行具体分析。

(二) 评价方法与技术路线

依照全方位、多维度的城市群创新评价总体思路，采用多因子加权综合评价法进行城市群综合创新指数的计算与综合创新能力的评价。评价的技术路线如图3.1所示。在原始数据处理方面，采用极差标准化法对原始指标数据进行标准化，消除各项指标不同量纲的影响，并将标准化所得数据用于后续最终得分的计算，使各项指标复合而得的综合分数具有一定意义。在指标权重确定方面，综合主观赋权法和客观赋权法各自的优点，采用熵技术支撑下的层次分析法进行各项指标权重的确定。首先基于前一小节构建的中国城市群综合创新能力评价指标体系，结合专家打分法和层次分析法定性确定各项指标的初始权重，使指标权重具备较强的权威性并贴近实际应用需求。随后采用熵权法对原始数据自身包含的信息进行挖掘，计算各项指标客观权重，并基于此对前一步得到的初始权重进行修正，消除初始权重确定中的主观因素影响，使得用于计算综合得分的最终指标权重兼具科学合理性与应用导向性。在得分结果的计算中，依照上述指标权重对标准化指标数据进行加权计算，可得到城市群综合创新指数的最终得分，并可进一步将其分解，得到城市群在四个不同创新维度下的得分用于具体分析。

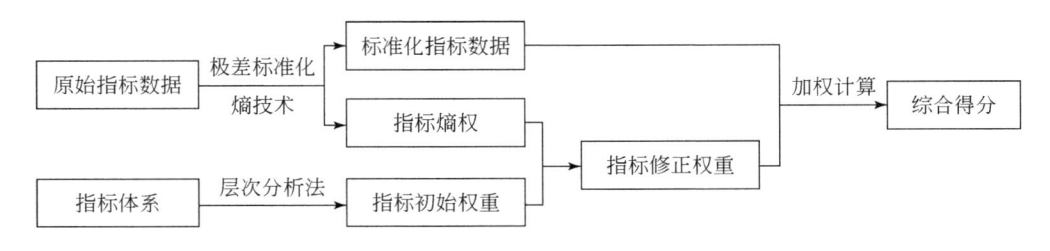

图3.1 城市群综合创新评价的技术路线图

1. 原始指标数据标准化

为使众多参与分析、评价与决策但具有不同量纲单位的各指标具有可比性，从而获得最终的单一评价指数，必须对各指标进行无量纲化处理。无量纲化是指通过一定的数学变换来消除原始变量不同量纲的影响，包含数据标准化、相对处理法等多种方法，此处采用极值标准化方法对城市群综合创新能力评价体系中的指标进行无量纲化处理，其公式为

$$s_{i,j} = \frac{x_{i,j} - m_j}{M_j - m_j} \tag{3.1}$$

式中，$s_{i,j}$为城市群i第j项指标的标准化数据；$x_{i,j}$为原始数据；M_j为19个城市群中第j项指标的最大值；m_j为19个城市群中第j项指标的最小值。经极值标准化后的指标值介于0~1，在消除量纲影响的同时较为明晰地表征了城市群某项数据在全部数据值中的位置状况。此处构建的城市群综合创新能力评价体系中，所有指标均为正向指标，某项数据的标准化值$s_{i,j}$越大，说明其实际值接近最大值M_j的程度越高，而标准化值与指标权重的乘积越大，表明该指标的数值对总目标的贡献就越大。

2. 指标初始权重确定

将专家打分法与层次分析法（AHP）相结合，进行各维度下指标初始权重的确定。具体而言即采用专家打分法对各项指标重要性进行判定，从而构造层次分析法中的判别矩阵，以此计算得到指标权重。研究共邀请到15位城市群创新研究领域的知名专家参与指标重要性判别的问卷调查，分别对城市群创新空间、创新投入、创新产出和创新协同4个维度下各项指标两两之间的重要性进行比较，建立同一创新维度下各指标两两比较矩阵 $A = (a_{jk})_{n \times n}$，其中矩阵元素

$$a_{jk} = \begin{cases} 0, & \text{指标} j \text{不如指标} k \text{重要} \\ 1, & \text{指标} j \text{与指标} k \text{同等重要} \\ 2, & \text{指标} j \text{比指标} k \text{重要} \end{cases} \quad (3.2)$$

指标A相比于指标B的重要性程度共包含"不重要""同等重要""更重要"3个选项，分别对应三标度层次分析法中元素间的3种重要关系，即比较矩阵中的0、1、2。相比于九标度法将因素间关系划分为重要、稍重要、明显重要、强烈重要、极端重要等级别的方式，三标度法在因素重要性的比较上更为简洁明了，且能够自然满足判别矩阵的一致性要求（肖云和郭群虎，2011）。

随后，采用极差法构造层次分析法的一致性判别矩阵 $G = (g_{jk})_{n \times n}$，矩阵中元素的计算公式为

$$g_{jk} = C_b^{(r_j - r_k)/R} \quad (3.3)$$

式中，r_j 为指标 j 的重要性排序指数，$r_j = \sum_{k=1}^{n} a_{jk}$；$R$ 为所有指标的重要性排序指数的极差，即 $R = r_{\max} - r_{\min}$；C_b 为预先给出的极差元素的相对重要程度，一般取 $C_b = 9$。

最后，根据判别矩阵计算各项指标的归一化权重 $\widetilde{\lambda}_j$，其公式为

$$\widetilde{\lambda}_j = \frac{\lambda_j}{\sum_{j=1}^{n} \lambda_j} \quad (3.4)$$

式中，λ_j 为依据判别矩阵采用和积法计算得到的指标权重，即

$$\lambda_j = \sqrt[n]{\prod_{k=1}^{n} g_{jk}} \quad (3.5)$$

采取上述步骤对15位专家的指标重要性判定结果逐一构造判别矩阵，采用层次分析法计算指标权重，最后得到大小为15×15的指标权重集，城市群创新综合评价体系中的每项指标均对应有依照不同专家意见确定的15种权重，取其平均值作为各指标的最终主观权重，为城市群综合创新评价提供具有一定权威性和导向性的定性依据。

3. 熵技术下的指标权重修正

采用专家打分法和层次分析法确定的指标权重考虑了专家意见和应用需求，但也存在主观性较强、脱离指标自身实际情况等不足。因此，采用熵技术对上述初始权重进行修正，将熵权法这一客观赋权方法计算得到的指标权重与初始主观权重相结合，使城市群综合创新能力的最终加权评价结果更加科学合理。熵权法的基本思路是根据指标变异性的大小来确定客观权重。一般来说，某个指标的信息熵 E_j 越小，表明指标值的变异程度越大，

提供的信息量越多，在综合评价中所起的作用越大，其权重也越大。相反，某个指标的信息熵E_j越大，表明指标值的变异程度越小，提供的信息量越少，在综合评价中所起的作用越小，其权重也越小。根据信息论，对于包含m个城市群、n个指标的多因子评价而言，首先依据以下公式计算第j项指标的信息熵E_j。

$$E_j = -K \sum_{i=1}^{m} P_{i,j} \ln P_{i,j} \quad (3.6)$$

$$P_{i,j} = \frac{x_{i,j}}{\sum_{i=1}^{m} x_{i,j}} \quad (3.7)$$

式中，$x_{i,j}$为第i个城市群第j个指标的原始数值；$K = (\ln m)^{-1}$被称为信息总熵，是一个与度量单位有关的正常数。

随后，依照信息熵E_j计算指标的信息偏差度$d_j = 1 - E_j$，并基于此计算对各指标在无偏好情况下的客观权重w_j，其公式为

$$w_j = \frac{d_j}{\sum_{j=1}^{n} d_j} \quad (3.8)$$

最后，将层次分析法确定的初始权重λ_j作为决策者对各项指标的主观偏好，并采用反映数据原始信息的客观熵权w_j对其进行修正，得到兼具主观导向性和客观科学性的最终指标权重W_j，其公式为

$$W_j = \frac{\widetilde{\lambda}_j w_j}{\sum_{j=1}^{n} \widetilde{\lambda}_j w_j} \quad (3.9)$$

4. 加权综合得分计算

以熵技术支持下的层次分析法所得权重为准，对城市群指标的标准化数据进行加权计算，得到城市群综合创新指数的得分C_i，其公式为

$$C_i = \sum_{j=1}^{n} W_j s_{i,j} \times 100 \quad (3.10)$$

由此可知，城市群综合创新指数C_i介于0~100，当城市群的各项创新指标均处于19个城市群的首位时，其得分为100；反之，当城市群的各项创新指标均处于19个城市群的末位时，其得分为0。当计算分维度指数得分时，则在各维度下对所含各项指标权重进行归一化，使分维度指数的满分为100，并依此对各维度下的标准化指标数据进行加权计算，即可得到城市群在不同维度下的创新指数，为更为细致深入的比较分析提供参考。

第二节　中国城市群综合创新指数及空间分异

本节展示了19个城市群在2010年和2020年综合创新指数和排名情况，并基于此进行横向对比与演变分析。结果表明，19个城市群的综合创新指数的平均分值由2010年的7.96上升至2020年的21.65，绝大多数城市群的综合创新指数得分增幅超过100%，我国城市群的综合创新水平在10年间有了较大的整体提升。但与此同时，我国城市群的综合

创新能力分布还表现出明显的不均衡态势，创新水平的两极分化和分层现象显著。长江三角洲城市群、珠江三角洲城市群和京津冀城市群始终占据全国创新资源调配和创新要素汇聚中的支配地位，表现出强劲的综合创新能力。其余城市群的综合创新水平与上述三大东部城市群存在较大差距，且大致呈现出由东部沿海向西部内陆逐步衰减的空间规律。总体来看，城市群综合创新能力受到所在区域既有条件和人为调控因素的共同影响，经济实力和创新基础较强的城市群综合创新能力提升较快，中原城市群、成渝城市群、呼包鄂榆城市群等中西部城市群在政府的积极举措下也表现出较为突出的创新发展态势。

一、城市群综合创新能力指数排名

将标准化后的15项指标数据与最终权重相乘并求和，得到中国19个城市群于2010和2020年两个年度的综合创新指数和排名状况（表3.2）。通过对两个年度的综合创新指数进行对比分析可知，我国城市群的综合创新水平在近10年有了较大的整体提升，19个城市群综合创新指数的平均值由2010年的7.96上升至2020年的21.65。2010年，城市群综合创新指数最高的城市群为长江三角洲城市群，但其指数仅为37.91，绝大多数城市群的综合创新指数低于10，城市群综合创新能力整体处于较低的水平。2020年，位列第一的长江三角洲城市群的综合创新指数值已达87.56，排名位于其后的珠江三角洲城市群和京津冀城市群的综合创新指数值也接近60，超过半数城市群的综合创新指数值在10以上。考察各城市群的创新指数在十年间的增长情况，可知几乎所有城市群的创新指数均经历了增幅超过100%的较大提升。综上可得，中国城市群的综合创新能力在创新驱动发展战略的推进过程中普遍得到了显著强化，依托城市群不断提升的自主创新水平与不断显现的规模效应，我国正朝建成世界科技创新型强国的目标稳步迈进。

表3.2 中国19个城市群2010年和2020年的综合创新指数及排名状况

排名（2020年）	城市群	城市群综合创新指数2010	城市群综合创新指数2020	排名变化
1	长江三角洲城市群	37.91	87.56	—
2	珠江三角洲城市群	22.76	59.19	—
3	京津冀城市群	21.43	59.07	—
4	长江中游城市群	8.80	26.13	—
5	山东半岛城市群	7.57	22.61	—
6	海峡西岸城市群	4.75	19.58	↑4
7	成渝城市群	5.77	17.08	↑2
8	关中平原城市群	6.35	14.64	↓1
9	辽中南城市群	7.25	13.99	↓3
10	哈长城市群	5.98	12.96	↓2
11	中原城市群	3.34	11.95	↑2
12	晋中城市群	3.96	10.11	↓1

续表

排名 (2020年)	城市群	城市群综合创新 指数 2010	城市群综合 创新指数 2020	排名变化
13	滇中城市群	3.39	9.94	↓1
14	呼包鄂榆城市群	1.92	9.20	↑3
15	兰西城市群	2.79	8.93	↓2
16	宁夏沿黄城市群	2.12	8.41	—
17	黔中城市群	1.86	7.34	↑1
18	天山北坡城市群	2.26	6.53	↓3
19	北部湾城市群	1.01	6.12	—

注：↑表示上升；↓表示下降，下同。

通过对各个城市群的综合创新指数进行横向对比分析可知（图3.2），我国城市群的综合创新水平存在较为明显的两极分化和空间差异。根据各城市群在2020年的综合创新指数及2010~2020年的综合创新指数增量，可大致将我国19个城市群根据创新能力和创新动力划分为四个层级。位于第一层级的城市群为长江三角洲城市群、珠江三角洲城市群和京津冀城市群，这三个城市群是我国发展最早、发育最为成熟且社会经济水平最高的三个城市群，具备较为坚实的科技基础和现代化的城市创新环境，其2020年的综合创新指数均在50以上，且10年间的创新指数增长值也在30以上，与我国其余16个城市群拉开了较大差距，其中长江三角洲城市群在全国城市群创新发展中处于领跑位置。位于第二个层级的城市群为长江中游城市群、山东半岛城市群、海峡西岸城市群和成渝城市群，其2020年的综合创新指数均在15以上，且10年间的创新指数增长值在10以上，这些城市群大都拥有社会经济水平较高、充满创新活力的核心城市（如武汉、青岛、厦门、重庆）作为带动城市群科技创新的增长极，近年来综合创新能力得到了较为迅猛的提升。位于第三个层级的城市群为关中平原城市群、辽中南城市群、哈长城市群、中原城市群和晋中城市群，其2020年的综合创新指数均在10以上，是以创新带动我国东北和中西部区域发展的重要阵地。位于第四个层级的城市群为滇中城市群、呼包鄂榆城市群、兰西城市群、宁夏沿黄城市群、黔中城市群、天山北坡城市群和北部湾城市群，其2020年的综合创新指数低于10，受制于相对薄弱的自然条件和社会经济基础，这些西部城市群大都处于创新型城市建设的初级阶段，其综合创新能力整体水平较低。

考察城市群综合创新指数的排名变化情况，从2010年到2020年，共有12个城市群的综合创新指数排名发生了变动，并集中在第二到第四层级的城市群中。其中5个城市群的排名有所上升，7个城市群的排名有所下降。具体而言，长江三角洲城市群、珠江三角洲城市群和京津冀城市群在全国城市群的科技创新发展中处于较为稳固的主导地位，其在2010~2020年综合创新指数的增长值均在35以上；长江中游城市群和山东半岛城市群的综合创新能力亦保持稳步上升，两者排名始终紧随京津冀城市群之后。其余14个城市群中，海峡西岸城市群的排名提升4位，其在10年间的创新水平取得较大进步，并凭借较好的创新基础上升至综合创新指数排名的第6位；成渝城市群、中原城市群、呼包鄂榆城市群的排名均有了2~3位的提升，反映出西部重点城市群良好的科技创新发展态势；而

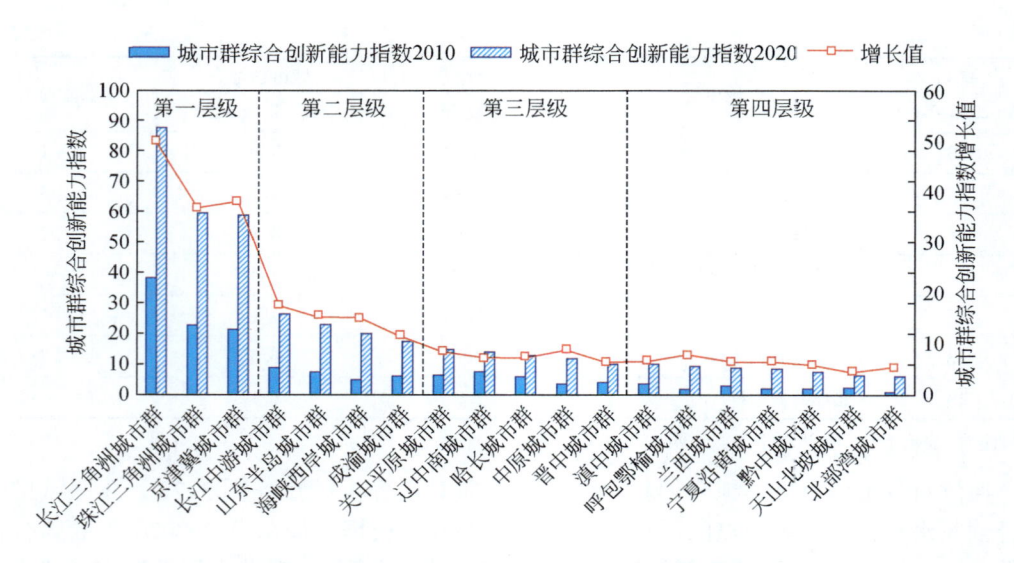

图 3.2　中国 19 个城市群在 2010 年和 2020 年的综合创新指数及增长值

辽中南城市群、哈长城市群和天山北坡城市群的排名均存在 2～3 位的下降，说明其创新发展动力相比其他区域而言不够充足。上述城市群综合创新指数的得分与排名变化在一定程度上反映了城市群近年创新能力的发展与演变情况，能够为区域科技创新领域的工作方向确定和政策制定推行提供参考。

二、城市群综合创新指数空间分异特征及规律

随着社会经济的发展，城市群间创新能力的差异逐渐显现，创新水平差距不断拉大。2010 年 19 个城市群的综合创新指数极差为 36.9，标准差为 9.16；2020 年 19 个城市群的综合创新指数极差为 81.44，标准差为 21.66。由此可知，随着不同区域创新能力的发展演变，我国的创新要素和创新资源不断向优势明显的城市群集中，城市群间综合创新水平相较于 10 年前异质性更加明显，且呈现出更为显著的两极分化态势。结合不同城市群所处的空间位置与地理环境，可将我国城市群创新指数的空间分异特征和演变规律归纳如下：

第一，我国城市群综合创新水平的分布表现出显著的头部效应，三大东部城市群稳居对科技创新资源的全局支配地位。考察 19 个城市群在 2010 年和 2020 的综合创新指数，长江三角洲城市群、珠江三角洲城市群和京津冀三大城市群始终稳居前列，且得分在排名第三的京津冀城市群和排名第四的长江中游城市群间存在明显断层，排名位于 4 名及以后的城市群整体创新指数得分较低，且相互之间无明显差距。就城市群创新发展的实际情况而言，自我国提出创新驱动发展战略以来，全国科技要素和科技资源加速向北、上、广、深等国家级大都市汇聚，三大东部城市群在承接国家科技创新战略、建设重大科创平台、推动产业链和创新链深度融合、发挥企业创新主体作用等方面取得了显著成效。除科技创

新与城市经济建设和社会治理的结合程度较高之外，创新的管理理念和模式也融入城市发展的方方面面，创新驱动在全社会中的作用得到较好凸显，创新事业得到较为全面的发展，创新指标体系的各个维度也领跑全国。相比之下，其余16城市群的创新优势更不显著，不同分维度的创新能力也大都不够均衡。

第二，我国城市群综合创新水平整体呈现出由东部沿海向西部内陆衰减的空间规律。把19个城市群2020年的综合创新指数作为参考，除了作为我国创新驱动发展领头羊的长江三角洲城市群、珠江三角洲城市群、京津冀城市群均位于东部沿海地区外，山东半岛城市群、海峡西岸城市群、辽中南城市群这三个东部沿海城市群在其余城市群中的综合创新能力也较为突出，整体居于19个城市群上游。哈长城市群位于我国东北地区，但不具备临海优势，其综合创新能力排名为10名。而在中西部城市群中，除长江中游城市群、成渝城市群、关中平原城市群这三个获得较大国家建设力度、具备较高中心城市地位的城市群有较好的创新表现外，其余9个城市群共同构成了综合创新指数排名的下游部分，其中位于中部地区的中原城市群、晋中城市群排名相对靠前，而深居内陆的天山北坡城市群处于倒数第二的位置。我国城市群综合创新水平的上述分布规律与人口、经济水平等的分布规律是相互一致的。

第三，城市群综合创新能力受到所在区域既有条件和人为调控因素的共同影响。在自然条件、资源禀赋、经济基础等多种固有环境因素的限制下，城市群在科技创新领域的综合水平提升和能力发展方面表现出一定的路径依赖。就19个城市群的综合创新指数得分及其增长值而言，在2010年得分较高的城市群，其在随后10年间的综合创新指数增加值一般也较高，反之亦然。较好的创新基础能够为城市群新知识的生产、新技术的创造、新产业的培育等提供较为充足的发展动力。当创新要素的集聚达到一定程度，创新活动的规模效应充分显露，城市群创新能力也将持续提升，创新发展态势一路向好。这也在一定程度上解释了长江三角洲、珠江三角洲、京津冀地区的创新主导地位为何在短时间内难以撼动。不过，由于创新本质上属于一类受到人为调控的经济活动，城市群政府加强平台建设、增加创新投入、引导对外协作等举措都能够在很大程度上调动区域各类主体的创新积极性，激发区域创新活力并为创新驱动发展蓄力赋能。这也是中原城市群、成渝城市群、呼包鄂榆城市群等中西部城市群近年来创新发展势头相比于周边城市群更为迅猛的原因所在。

第三节 中国城市群创新分维指数及空间分异

本节展示了19个城市群在2010年和2020年的分维度创新指数，围绕城市群创新空间指数、创新投入指数、创新产出指数和创新协同指数对城市群得分、排名及变化情况开展横向对比；结合城市群在创新条件、创新举措、创新发展进程等方面的实际表现，对城市群分维度创新能力的空间分异特征进行刻画与分析。结果表明，10年间，所有城市群在四个维度的创新指数均有所提升，城市群创新事业全面向好。不同分维度创新能力的总体水平和增长态势不一，创新投入指数的提升程度最大，创新产出指数与创新投入指数呈现出显著的正相关关系，创新协同指数的现有水平最低，说明我国近年来在加强城市群创新人力、资金投入方面卓有成效，而大多数城市群在协同创新发展上尚处于初步阶段。随着综合创新能力的整体提升，城市群各维度创新水平的内部差异均更加明显。总体来看，东部沿海城市群在创新环境营造、创新产出效率和创新协同发展方面均要优于西部内陆城市群。但长江中游城市群、成渝城市群、中原城市群等中西部城市群在加大创新平台建设或创新投入力度等方面的积极举措为其发挥创新驱动作用提供了良好条件。

一、城市群创新空间指数排名及空间分异

通过计算以国家重点实验室、高新区数量等指标综合表征的城市群创新空间指数，可以对19个城市群在创新平台建设和创新环境营造上的现实表现进行演变分析和横向对比。创新空间指数的计算结果表明，整体而言，所有城市群的创新空间指数在10年间均有所提升，平均分值由2010年的15.73上升至2020年的23.68。10年间，随着创新驱动发展战略的深入实施，各高校、科研院所积极推进国家重点实验室、博士后科研流动站等重要创新平台的建设，在开辟新领域、部署新平台的同时，注重科技资源的优化整合与统筹布局，科技创新的全局能力与效率得到提升。同时，2020年城市群拥有的国家级高新区数量较2010年增长1倍，各地均依托高新区的建设与完善为高新技术产业的培育提供了良好条件。国家级高新区持续集聚高水平创新资源、吸引培育一流人才、加大开放合作共享力度、优化园区发展环境，其支撑与带动国民经济增长的能效显著提升。面向城市群广泛科技创新主体提供服务的国家级科技企业孵化器数量增长2倍以上，全社会科技创新服务供给水平得到较大提升，并形成了一批低成本、便利化、全要素、开放式的创新创业平台，有效降低了大众参与创新创业的门槛。此外，城市群支持科技创新的政策环境和文化环境在10年间得到了显著优化，依托一系列创新型试点城市、知识产权试点城市自主在创新能力提升、机制体制改革、创新环境营造等方面的先行先试，逐步将创新发展模式推行至城市群所在广泛区域，构建起以重点城市和城市群为核心的国家创新体系；城市群公共图书馆藏书量10年间增长1倍以上，人均公共图书馆藏书量由2010年的0.5册增长至2020年的1.2册，城市居民文化需求得到进一步满足，尊重劳动、尊重知识、尊重人才、尊重创造的社会氛围逐步形成。

（一）城市群创新空间指数排名情况与空间分异

2010年19个城市群创新空间指数的极差为65.51，标准差为16.39；而2020年19个城市群创新空间指数的极差为78.59，标准差为20.28。可见2020年城市群创新空间指数的内部差异相比于2010年更为显著（表3.3）。2010年创新空间指数排名前五的城市群分别为长江三角洲城市群、京津冀城市群、长江中游城市群、辽中南城市群和珠江三角洲城市群；而2020年创新空间指数排名前五的城市群分别为长江三角洲城市群、京津冀城市群、长江中游城市群、珠江三角洲城市群和成渝城市群。相比而言，东部沿海地区的城市群创新空间指数得分较高，内陆地区的城市群创新空间指数得分较低，得分位于10名之后的城市群均位于中西部地区。

表 3.3　中国 19 个城市群在 2010 年和 2020 年的创新空间指数

排名 (2020 年)	城市群	城市群创新空间 指数 2010	城市群创新空间 指数 2020
1	长江三角洲城市群	67.79	83.55
2	京津冀城市群	46.94	67.13
3	长江中游城市群	29.98	43.69
4	珠江三角洲城市群	18.73	34.28
5	成渝城市群	15.69	24.88
6	哈长城市群	18.59	24.44
7	山东半岛城市群	16.56	24.24
8	关中平原城市群	15.25	22.20
9	辽中南城市群	19.08	19.52
10	海峡西岸城市群	6.41	14.76
11	兰西城市群	8.63	14.66
12	晋中城市群	5.82	12.80
13	天山北坡城市群	5.16	12.13
14	呼包鄂榆城市群	3.11	11.92
15	滇中城市群	4.94	10.08
16	中原城市群	7.30	9.45
17	宁夏沿黄城市群	4.24	7.84
18	北部湾城市群	2.32	7.30
19	黔中城市群	2.28	4.96

下面就 2020 年城市群创新空间指数的空间分异特征进行分析。

长江三角洲城市群的创新空间指数一直居于显著的领先位置，其无论在创新平台建设、创新服务覆盖、创新政策支持方面还是创新氛围营造方面均具有突出优势，2020 年创新空间指数达到 83.55。具体而言，长江三角洲城市群发展基础较好，具备东部沿海地区的区位优势，能够充分吸收借鉴国外先进科技资源、资金和管理手段，发展高新技术产业。国务院在长江三角洲城市群批复建立的国家级高新区数量居于全国首位，包括上海张江高新区、南京高新区、杭州高新区、合肥高新区在内的 26 家国家级高新区是推动长江三角洲地区科技创新、实现高质量发展的主阵地和主力军，在自主创新、产业发展方面均在全国发挥了很好的示范引领和辐射带动作用。同时，长江三角洲城市群获评"国家创新型城市"等试点称号的城市数量达 19 个，鼓励创新的政策环境与开放包容的社会氛围使得长江三角洲成为我国最具创新活力的地区。

京津冀城市群的创新空间指数排名位于长江三角洲城市群之后，其 2020 年的创新空间指数为 67.13。作为首都北京所在的城市区域，京津冀城市群汇聚了众多国家级科技创新基地，其开展科学与工程研究、技术创新与成果转化的平台实力雄厚。据统计，2020 年北京市拥有 9 座国家实验室（2 座已建成，7 座正在筹备中）和 92 座国家重点实验室，其数量在全国范围内具有绝对优势；同时，京津冀城市群分布有数量众多的高校和科研机构，其博士后流动站数量亦位居 19 个城市群之首，吸纳了大量高水平创新型人才。相比于长江三角洲城市群，京津冀城市群在创新空间建设上的差距主要体现在产业创新方面，其高新技术产业发展的承载空间与面向科创企业的服务平台有待进一步提升。

长江中游城市群在 2020 年的创新空间指数为 43.69，位列第三，这主要得益于其在科研平台与国家级高新区数量上的相对优势。依托国家自主创新示范区的战略部署和武汉、长沙、南昌等核心城市在高校建设、人才引进等方面的大力发展，长江中游城市群的创新环境不断优化，创新动力不断增强。

珠江三角洲城市群在 2020 年的创新空间指数为 34.28，其主要优势在于营商环境较为开放，企业活动较为活跃。2020 年珠江三角洲城市群百万人拥有国家级孵化器数量为 1.9 个，位列全国城市群首位，说明珠江三角洲面向科技创新企业的服务供给水平较高，为其在产业创新方面的突出表现提供了条件。相比于产业创新领域的优越表现，珠江三角洲城市群在科技创新链上游的原始创新能力有待进一步提升。

成渝城市群、哈长城市群、山东半岛城市群、关中平原城市群和辽中南城市群在 2020 年的创新空间指数在 20 左右。其中，成渝城市群、关中平原城市群依靠成都、重庆、西安三座核心城市较强的平台实力，成为我国西部地区创新发展的强力引擎。据统计，2018 年成都、重庆、西安分别拥有"双一流"建设高校 7 所、2 所和 7 所，分别拥有国家重点实验室 9 家、5 家和 11 家，依托一系列高水平科研创新基地，为城市群吸纳了较为丰富的人才资源，积累了较为雄厚的科技基础。此外，成渝城市群在公共图书馆藏书量的绝对量和人均量上均位居前列，其文化建设水平较高，支持创新活动的社会氛围较为浓厚。哈长城市群、辽中南城市群是东北老工业基地的主要所在地，其工业发展起步较早，基础研究平台较为扎实，但技术转化与产业承载空间相对不足，科技创新对区域社会经济发展的驱动能力有待进一步激发。相比之下，山东半岛城市群在产业创新和体制机制创新上具有较为强劲的环境优势，城市群内分布有 14 家国家级高新区，济南、青岛、潍坊等 7 个城市被设置为国家创新型试点城市或国家知识产权试点城市。

除上述 9 个城市群外，海峡西岸城市群、兰西城市群、晋中城市群等其余 10 个城市群 2020 年的创新空间指数均低于 15。就空间分布而言，除排名最前的海峡西岸城市群（创新空间指数为 14.76）外，此类城市群均位于我国中西部地区，高等院校、科研机构、产业园区等创新主体活动空间及企业孵化器等创新服务设施较少，汇聚资金、人才等创新资源的能力相对不足。多数城市群所拥有的国家重点实验室和国家级高新技术产业开发区数量低于 5 家，所有城市群国家级科技企业孵化器的供给水平低于 1 个/10^6 人。位列末次的黔中城市群的创新空间指数仅为 4.96 分，城市群内部尚存在大部分经济和文化教育水平较为落后的地区，科技创新的环境支撑条件相当薄弱。未来有必要根据各个城市群的资源禀赋和基础条件，持续加强各中心城市科技创新平台的部署与建设力度，通过提升高等院校学科实力和办学层次、培育一批特色鲜明的高新区等方式，逐步为这类城市群打下支撑科技建设与创新活动开展的良好基础。

（二）城市群创新空间指数变化情况与空间分异

不同城市群创新空间指数的增长状况存在较大差异（图 3.3），这反映出不同区域创新空间建设能力发展态势不一。整体来看，城市群创新空间指数增长值的大小与 2010 年指数的高低存在一定联系，也有部分城市群的创新空间指数表现出较为突出的增长势头或偏低的提升水平。就排名变化情况而言（表 3.4），超过半数的城市群的创新空间指数排名发生了变动，其中 7 个城市群的排名有所提升，4 个城市群的排名有所下降。存在排名变动的城市群主要分布在中部和西北地区。

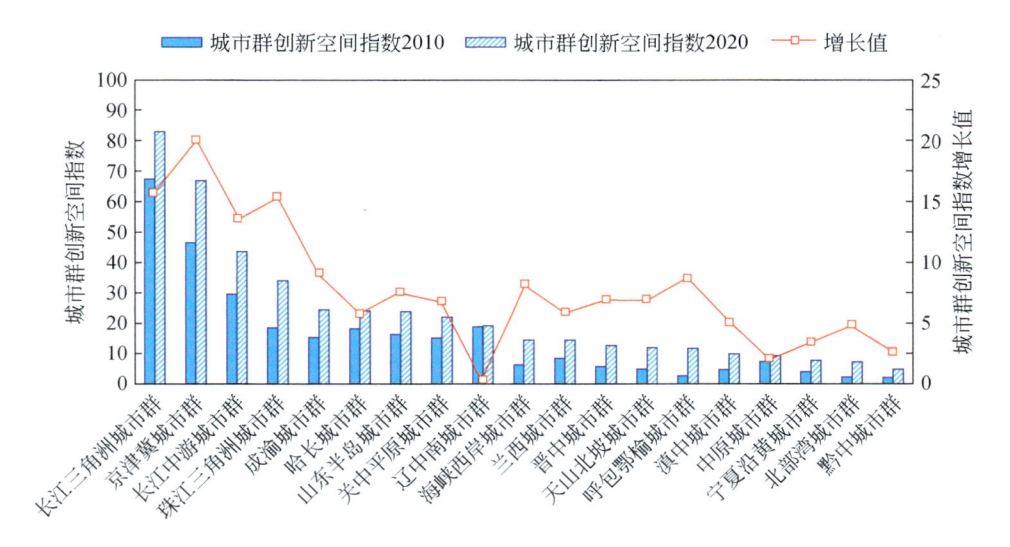

图 3.3 中国 19 个城市群在 2010 年和 2020 年的创新空间指数及增长值

表 3.4 中国 19 个城市群 2010~2020 年的创新空间指数增长值、增长幅度及排名变化

增长值排名	城市群	城市群创新空间指数增长值	城市群创新空间指数增长幅度/%	城市群创新空间指数排名变化
1	京津冀城市群	20.19	43.01	—
2	长江三角洲城市群	15.76	23.25	—
3	珠江三角洲城市群	15.55	83.02	↑1
4	长江中游城市群	13.71	45.73	—
5	成渝城市群	9.19	58.57	↑3
6	呼包鄂榆城市群	8.81	283.28	↑3
7	海峡西岸城市群	8.35	130.27	↑2
8	山东半岛城市群	7.68	46.38	—
9	晋中城市群	6.98	119.93	↑1
10	天山北坡城市群	6.97	135.08	↑1
11	关中平原城市群	6.95	45.57	↑1
12	兰西城市群	6.03	69.87	↓1
13	哈长城市群	5.85	31.47	—
14	滇中城市群	5.14	104.05	—

续表

增长值排名	城市群	城市群创新空间指数增长值	城市群创新空间指数增长幅度/%	城市群创新空间指数排名变化
15	北部湾城市群	4.98	214.66	—
16	宁夏沿黄城市群	3.60	84.91	↓1
17	黔中城市群	2.68	117.54	—
18	中原城市群	2.15	29.45	↓5
19	辽中南城市群	0.44	2.31	↓5

具体而言，2010~2020年，京津冀城市群为创新空间指数增长绝对值最大的城市群，其创新空间指数增长值达到20.19。10年间，随着各类国家科技创新基地的优化整合和布局调整，众多聚焦前沿关键领域、与国民经济命脉密切相关的重大研发平台资源向京津冀城市群汇聚。北京市国家重点实验室规模得到显著提升，以国家重点需求为牵引、依托重大科学装置的国家实验室建设也得到了明显推进，北京作为我国科技重地和创新中心的地位被进一步巩固。

长江三角洲城市群、珠江三角洲城市群和长江中游城市群创新空间指数的增长值均在15左右，处于较高的增长水平。作为我国东南沿海经济发展最为强劲的两大城市群，长江三角洲城市群和珠江三角洲城市群在承接国家科技创新战略，建设重大科创平台，推动产业链和创新链深度融合，发挥企业创新主体作用等方面取得了显著成效。长江中游城市群近年来也表现出迅猛的发展势头，国家级高新区数量由2010年的10家迅速扩大至2020年的25家，且以武汉东湖高新技术开发区、长沙高新技术产业开发区等为首的高新区已形成具有广阔规模、鲜明特色和巨大效益的高新技术产业体系，为聚焦光电信息、大健康、智能制造等重大前沿领域的产业创新与区域高质量发展提供了现实基础。

成渝城市群、呼包鄂榆城市群、海峡西岸城市群在2020年的创新空间指数排名均较2010年有了2~3位的提升，反映出上述城市群近年来积极开展支撑城市科技创新活动的物质环境与文化环境建设，在创新空间的提升上相比其他城市群有较为突出的表现。其中，呼包鄂榆城市群的创新空间指数增长幅度达到283.28%，位于19个城市群之首，在科技创新水平排名相对靠后的城市群之中表现出巨大的发展潜力。依托于重点行业、龙头企业，着眼于产业转型与可持续发展，呼包鄂榆城市群近年来不断优化科技创新空间布局，加强高科技产业园区的建设，目前城市群内各城市均拥有国家级高新区。随着呼包鄂国家自主创新示范区的规划筹备，城市群科技创新资源相对集中的优势将充分显现，有望被培育为我国西北区域新的科技创新高地。

北部湾城市群、宁夏沿黄城市群和黔中城市群十年间的创新空间指数增长值低于5，处于较低的增长水平。考虑到上述西部城市群的创新空间指数本身处于末位，薄弱的经济基础和物质条件或是决定科技创新环境发展迟缓的重要原因。需要依托社会经济的全面发展和城镇化水平的提升为科技创新活动营造适宜环境；借助相应国家政策的扶持，吸引外部人才和资金的流入，为区域科创发展注入活力。

中原城市群、辽中南城市群在2020年的创新空间指数排名均较2010年下降5位，表明其科创平台的建设和科创环境的发展严重落后于其他城市群，支撑创新驱动发展的空间条件有待重点提升。其中，中原城市群创新空间指数增长值为 2.15，增长幅度为 29.45%。作为我国中部地区人口数量庞大的城市群，中原城市群在高等教育、科技文化服务等方面的供给规模上始终存在一定缺口，且供给质量有待进一步提升。辽中南城市群是创新空间指数增长值最小的城市群，增长幅度仅为 2.31%，应充分利用其便利的交通位置和较为扎实的经济基础，加快布局各类科学研究和技术成果转化基地，提升各类科创平台资源利用效率，并加强高校学科和地方文化建设，更加凸显其作为东北地区科技创新中心的地位。

二、城市群创新投入指数排名及空间分异

通过计算以 R&D 人员占全社会就业人数比重、全社会 R&D 投入占 GDP 比重等指标综合表征的城市群创新投入指数，可以对 19 个城市群在科技创新人力投入和资金支持上的现实表现进行演变分析和横向对比。创新投入指数的计算结果表明，整体而言，所有城市群的创新投入指数在 10 年间均有较大幅度的提升，平均分值由 2010 年的 13.20 上升至 2020 年的 40.00。10 年间，各城市群重视对科技创新高端人才的培养与引进，持续加大对科技活动的资金投入，促进区域经济发展方式由要素驱动向创新驱动转变。就人力投入而言，随着城市群各类科研平台的建设完善与高新技术产业的培育发展，所有城市群 R&D 人员占全社会就业人数比重均经历了迅猛的增长，创新人力投入力度不断加大。在科教兴国和人才强国战略的推进下，我国科技人才队伍建设取得了卓越成效，人才规模不断壮大、队伍结构布局进一步优化。除专门从事科技创新的 R&D 人员数量显著提升之外，城市群万人在校大学生数量由 2010 年的 199 人增长至 2020 年的 277 人，高等教育建设为城市群创新驱动发展持续提供后备力量。各行各业吸收创新理念、改革体制机制、开展科创活动的创新实践蔚然成风，创新群体从以科技人员的小众为主逐步向小众与大众创新创业互动转变。就资金投入而言，城市群整体 R&D 经费投入占 GDP 的比重由 2010 年的 1.71% 提升至 2020 年的约 2.37%，R&D 活动经费保持较快增长，且投入力度在 10 年间显著加大。各项科技政策的落实落地得到有力推动，企业研发费用加计扣除、科研经费管理改革等举措激发了 R&D 主体投入热情，促进产业链和创新链进一步整合。R&D 经费中基础研究经费占比有所提升，城市群原始创新取得新进展。就政府对城市群科技创新的资金支持而言，教育经费支出始终位列一般公共预算支出的首位，城市群教育体系规模不断扩大，结构日趋完善；科学技术支出持续保持较大幅度增长，有力支持新能源汽车等产业发展和关键核心技术攻关。在创新驱动发展战略的实施日益覆盖全国各地、深入各行各业的背景下，我国城市群目前正逐步形成较为完善的创新投入平台环境、人才培养模式和创新专项资金管理体系，为城市群高效创新产出与成果转化奠定了良好基础。

（一）城市群创新投入指数排名情况与空间分异

2010 年 19 个城市群创新投入指数的极差为 35.46，标准差为 10.17；2020 年 19 个城市群创新投入指数的极差为 88.03，标准差为 22.61。相比于 2010 年，2020 年各城市群的

创新投入指数均有明显提高，但城市群间创新投入指数差异拉大，并呈现出显著的两极分化态势（表 3.5）。2010 年创新投入指数排名前五的城市群分别为珠江三角洲城市群、长江三角洲城市群、京津冀城市群、辽中南城市群和关中平原城市群；2020 年创新投入指数排名前五的城市群分别为珠江三角洲城市群、长江三角洲城市群、京津冀城市群、海峡西岸城市群和山东半岛城市群。相比而言，东部沿海地区的城市群创新投入指数得分最高，部分中部城市群也取得了较高的得分，而西部、东北地区的城市群创新投入指数得分普遍较低。

表 3.5 中国 19 个城市群在 2010 年和 2020 年的创新投入指数

排名（2020 年）	城市群	城市群创新投入指数 2010	城市群创新投入指数 2020
1	珠江三角洲城市群	37.19	96.44
2	长江三角洲城市群	35.21	79.72
3	京津冀城市群	29.47	69.94
4	海峡西岸城市群	11.98	52.33
5	山东半岛城市群	14.83	50.46
6	长江中游城市群	11.08	48.50
7	中原城市群	8.19	44.02
8	辽中南城市群	15.82	37.83
9	滇中城市群	4.58	37.74
10	成渝城市群	9.30	36.84
11	关中平原城市群	15.17	36.00
12	黔中城市群	4.80	28.51
13	哈长城市群	11.08	27.57
14	宁夏沿黄城市群	5.62	27.23
15	兰西城市群	6.13	23.21
16	呼包鄂榆城市群	7.93	20.72
17	晋中城市群	15.02	19.65
18	北部湾城市群	1.73	14.64
19	天山北坡城市群	5.64	8.41

下面就 2020 年城市群创新投入指数排名的空间分异特征进行分析。

珠江三角洲城市群的创新投入指数在 2010 年和 2020 年均处于领先位置，但与 2010 年相比，2020 年的创新投入指数得分与其他城市群拉开较大差距，反映出其在人才投入和资金投入方面具有强大的实力和竞争力。在良好的创新平台环境和产业体系下，珠江三角洲城市群目前已经形成了较为完整的集培养、引入及生产力转化的创新人才投入模式，其 R&D 人员占全社会从业人数比重达到 6.07%，并以绝对优势领先于全国其余城市群，高水平科技创新人才的集聚是珠江三角洲跻身我国最具创新活力地区的关键所在。同时，

2020年珠江三角洲9市的研发支出已达到3479.88亿元，研发投入强度达到3.14%，达到发达国家研发投入水平；科学技术支出占一般公共预算支出的比重高达7.14%，稳居我国首位，以深圳市为核心的科创活动高地得到稳固的资金支撑。2019年出台的《粤港澳大湾区发展规划纲要》中明确提出，要将粤港澳大湾区打造成"具有全球影响力的国际科技创新中心"，强力的政策支持进一步保障了珠江三角洲城市群的创新投入强度，为人才、物质、资金等要素的自由流动与高效配置提供了新的动力。

长江三角洲城市群和京津冀城市群的创新投入指数得分略低于珠江三角洲城市群，2020年创新投入指数分别为79.72和69.94。其中，长江三角洲城市群在科技创新的人才流入汇聚、政府资金支持、企业经费投入等方面均领先于全国平均水平，并已通过密切的城际联系成为创新资源的开发利用高地，通过高频率、高密度的人才与资金流动构建起一体化创新格局，将创新投入的效用发挥到最大化。京津冀城市群的优势体现在对R&D活动的支撑力度上，依托数量众多的重大科技平台和研发基地，吸纳了大量R&D资金，用于国家和地方重大科学问题的解决、关键技术难题的攻克等，其全社会R&D投入占GDP比重达到3.86%，位居全国首位。珠江三角洲、长江三角洲、京津冀城市群作为我国经济发展的三大引擎，相比其他城市群更早、更深程度地认识到创新对经济社会发展的巨大作用，因此在长期的发展过程中重视高校、科研机构及企业创新人才的引进与培养，并以强劲的资金支持助力创新活动的开展与创新环境的建设，为创新产业的培育与发展扎下坚实的根基。

海峡西岸城市群、山东半岛城市群2020年的创新投入指数得分均在50以上，凭借较高水平的科技研发与教育投入位居19个城市群前列。相对成熟的经济基础和沿海开放的市场环境为城市群各类创新要素的集聚发展与相互作用提供了良好条件，两个城市群R&D人员占全社会就业人员比重均处于4%以上的高位态势，城市群创新发展的人才驱动作用突出；科技支出占地方一般公共预算支出比重均在2%以上，可见政府将科技创新摆在国民经济建设与社会发展的重要位置。值得一提的是，2020年海峡西岸城市群的万人在校大学生数低于200人，在19个城市群中位列末次，但其教育支出占地方一般公共预算支出比重达到20.4%，显著高于平均水平。这反映出海峡西岸城市群虽然不具备雄厚的人才资源与教育基础，但其近年来将教育事业的发展建设作为积累城市群人力资本、提升区域创新原动力的重要工作。

长江中游城市群、中原城市群作为我国中部崛起区域发展战略的重点力量，近年来将创新作为产业发展与区域治理的新抓手，在创新建设与创新投入方面的力度较为突出，二者创新投入指数得分均高于40。其中，长江中游城市群聚集了众多本专科高校，2020年城市群万人在校大学生数为314人，充满创新活力；地方财政为科学技术活动提供了较为有力的资金支持，科技支出占地方一般公共预算支出比重为3.44%，仅次于珠江三角洲城市群和长江三角洲城市群。上述现状为长江中游城市群将区域科教资源优势转化为地区创新优势、人才优势、发展优势提供了有利条件。中原城市群近年来释放大量政策红利，围绕轨道交通、新能源汽车等河南省产业发展重点启动了一系列专项课题，以此带动城市群研发投入，R&D人员占全社会就业人员比重处于3.5%以上的较高水平。但其也仍然存在研发资金不足、资源分散、高水平人才匮乏等问题，需要进一步加强全方位创新投入及政府对创新资源的统筹协调力度。

辽中南城市群、滇中城市群、成渝城市群和关中平原城市群的创新投入指数得分相近，均在36及以上，但四个城市群在创新投入的主要形式和主体等方面存在差异，所带来的创新产出效果也有所不同。其中，辽中南城市群在R&D人员和经费投入方面均有较好表现。滇中城市群、成渝城市群和关中平原城市群在西部城市群中创新投入水平较为突出。滇中城市群的人口、经济规模和内部城镇化水平都相对较低，但其创新投入指数却居于经济实力较强的成渝、关中平原城市群之上，这主要得益于其在创新人才含量和人力资源储备方面的相对优势。滇中城市群拥有云南省内最为优质的基础设施条件和高等教育资源，万人在校大学生数达337人；且其近年来大力推动人才政策，依托滇中新区的建设，把人才引进嵌入到产业和项目上，R&D人员占全社会就业人数比重达3.49%，为其在转型提升、创新发展关键阶段的各项工作提供了人才保障。成渝城市群和关中平原城市群各自拥有重庆、成都和西安作为强大的区域增长极，创新投入的绝对规模在西部城市群中居于核心地位，但对于城市群拥有的庞大人口数量而言，两者调配的创新资源总量、汇聚的人力与财力还有待进一步提升。具体而言，成渝城市群的教育支出占地方一般公共预算支出比重低于19个城市的平均水平，需要进一步积累人才资源和发展动力。关中平原的科技支出占地方一般公共预算支出比重仅为0.86%，说明来自政府的科技经费支撑力量较为欠缺。

除上述城市群外，其余8个城市群的创新投入指数均低于30。其中，除哈长城市群地处东北地区、晋中城市群地处中部地区外，其余城市群均位于我国西部，反映出我国创新资源空间分配不均的态势。除兰西城市群和宁夏沿黄城市群的全社会R&D投入占GDP比重分别为1.54%和1.23%之外，其余城市群的全社会R&D投入占GDP比重均低于1%，且8个城市群的科技支出占一般公共预算支出比重均低于平均水平，多数城市群的经济增长还处于传统的要素驱动模式，科技创新对于区域经济发展的推动程度较低。黔中城市群的教育支出占一般公共预算支出比重为20.62%，位于19个城市群之首；其科技支出占地方一般公共预算支出比重为2.37%，也在上述8个城市群中排名第一，这反映出黔中城市群的政府投入在区域创新驱动发展中扮演了较为重要的角色。但其全社会R&D投入占GDP比重仅为0.89%，说明企业在科学研究和技术研发方面的活力尚未得到有效激发。哈长城市群在研发人员投入上有较好的表现，R&D人员占全社会就业人数比重在3%以上，万人在校大学生数也达到348人，为哈长地区以创新为抓手推进老工业基地振兴发展提供了有利条件，但城市群在公共教育与科技事业上的财政投入均与平均水平存在较大差距。宁夏沿黄城市群、兰西城市群和呼包鄂榆城市群是推动我国西北广大地区社会经济发展的重要力量，但三者在创新投入的全面性、系统性上有所欠缺，需要进一步以官、产、学、研一体化创新推动经济转型和要素升级。晋中城市群在中部地区拥有相对丰富的教育资源，汇聚了太原理工大学、山西医科大学、山西师范大学等高校，万人在校大学生数达500人，高端人才的集聚程度在全省地位显著，但其将人才资源转化为创新动力的能力较弱，R&D人员和经费投入落后于中部地区其他城市群。北部湾城市群具备独特的区位优势和包括港口在内的较为健全的交通物流体系，为发展临海型经济模式奠定了良好基础，但城市群经济发展当前仍存在总体水平偏低、产业结构偏重等突出问题，从远低于平均水平的 R&D 人员、经费投入强度和科技支出占比可以得知，科技创新在北部湾城市群发展中的作用未得到足够重视。天山北坡城市群的 R&D 人员和经费投入强度均位于 19 个城市群的末位。作为全疆经济、科技、教育最为发达的区域，天山北坡是新疆经济高质量发展的脊梁，但受制于自然本底、发展水平和政策机制等原因，城市群内部的人才资源稀缺，企业创新投入水平低下，未来有必要通过强化企业技术开发力量，进一步壮大符合区域发展需求的农业、工业科技，加强经济建设与科技创新的衔接与互动。

（二）城市群创新投入指数变化情况与空间分异

整体来看，19 个城市群 10 年间创新投入均表现出较大幅度的增长，科技创新投入力度稳步上升，但不同城市群的增长状况存在较大差异且两极分化明显（图 3.4）。珠江三角洲城市群的创新投入指数增长值最高，达 59.25，增长值最低的天山北坡城市群仅上升 2.78。19 个城市群的创新投入指数的增长值整体呈现阶梯形分布，并表现出从东部沿海向西北内陆逐级递减的空间规律。就排名变化情况而言（表 3.6），除 2010 年创新投入指数位列前三的珠江三角洲、长江三角洲、京津冀城市群在 2020 年依然保持领先地位外，其余城市群的创新投入指数排名均发生了变动，其中 9 个城市群排名上升，主要分布在东部沿海、中部和西南地区；7 个城市群排名下降，主要分布在东北和西北地区。城市群创新投入指数增长值受到历史投入水平的部分影响，但在很大程度上与地方政府注重科技发展与创新活动、积极调控创新要素资源的主观能动性有关。多达 16 个城市群的排名变动反映出不同地区在 10 年间对科技创新工作的重视与投入程度不一，并间接体现出各地贯彻落实创新驱动发展战略的水平差异。

图 3.4 中国 19 个城市群在 2010 年和 2020 年的创新指数及增长值

具体而言，珠江三角洲、长江三角洲、京津冀城市群始终稳居全国城市群创新投入水平前列，是我国国民经济发展的重要引擎，也是深入实施创新驱动发展战略的先行者与领头羊。其中，珠江三角洲城市群 2020 年的创新投入指数较 2010 年增长了 59.25，显著高于其余城市群。10 年间，珠江三角洲高新技术产业不断发展壮大、企业数量激增，并凭借良好的城市环境和活跃的营商氛围成为吸纳全国各地高水平人才的创新高地，R&D 人员占全社会就业人数比重由 0.82% 上升至 6.07%，R&D 经费投入强度也保持快速增长，使珠江三角洲在科技创新投入力度上持续维持领跑优势。长江三角洲城市群、京津冀城市群在 10 年间的创新投入指数增长值分别为 44.51 和 40.47，二者同样在 R&D 投入方面取得了飞跃式进步，R&D 经费投入强度已达到世界主要发达国家水平，愈发成为我国知识生产和技术创新的核心阵地。

表 3.6　中国 19 个城市群 2010~2020 年的创新投入指数增长值、增长幅度及排名变化

增长值排名	城市群	城市群创新投入指数增长值	城市群创新投入指数增长幅度/%	城市群创新投入指数排名变化
1	珠江三角洲城市群	59.25	159.32	—
2	长江三角洲城市群	44.51	126.41	—
3	京津冀城市群	40.47	137.33	—
4	海峡西岸城市群	40.35	336.81	↑4
5	长江中游城市群	37.42	337.73	↑4
6	中原城市群	35.83	437.48	↑5
7	山东半岛城市群	35.63	240.26	↑2
8	滇中城市群	33.16	724.02	↑9
9	成渝城市群	27.54	296.13	↑1
10	黔中城市群	23.71	493.96	↑5
11	辽中南城市群	22.01	139.13	↓4
12	宁夏沿黄城市群	21.61	384.52	↑2
13	关中平原城市群	20.83	137.31	↓6
14	兰西城市群	17.08	278.63	↓1
15	哈长城市群	16.49	148.83	↓4
16	北部湾城市群	12.91	746.24	↑1
17	呼包鄂榆城市群	12.79	161.29	↓3
18	晋中城市群	4.63	30.83	↓11
19	天山北坡城市群	2.77	49.11	↓4

海峡西岸城市群和山东半岛城市群的创新投入指数增加值分别为 40.35 和 35.63，排名分别上升 4 位和 2 位。10 年间，两城市群依托区位优势加快沿海外向型经济建设，在巩固国民经济实力的同时注重凸显科技创新在产业发展中的作用。在厦门、青岛等国家创新型试点城市的政策支持下，海峡西岸城市群和山东半岛城市群正着力加快重大科技基础设施等新型基础设施布局建设，并以更充沛的人才资本和技术投入助力地区科创成果产出取得跨越式发展。

长江中游城市群和中原城市群的创新投入指数在 10 年间均增加了 35 以上，在城市群创新投入排名中取得了较大的进步，成为以科技创新推动中部崛起战略实施的中坚力量。其中，长江中游城市群依托 3 个国家自主创新示范区培育装备制造、电子信息等全国优势产业集群，并加强区域高等教育建设，10 年间 R&D 人员占全社会就业人数比重提升近 14 倍，万人在校大学生数由 218 人增长至 314 人，2020 年创新投入排名上升 4 位。中原城市群也表现出了类似的投入增长趋势，依托郑洛新国家自主创新示范区积极推动改革创新、人才集聚，撬动中原城市群经济发展，其 2020 年创新投入排名上升 5 位。

滇中城市群、成渝城市群、黔中城市群和北部湾城市群的创新投入指数增加值分别为 33.16、27.54、23.70 和 12.91，城市群的创新投入排名均有所提升，体现了我国西南地区城市群格外重视科技创新在社会经济发展中的地位，近年来呈现加大创新投入的积极态势。其中，滇中城市群的创新投入指数由 2010 年的 4.58 迅猛增长至 2020 年的 37.74，排名上升 9 位，在 19 个城市群中创新投入进步最为突出。考察其具体指标变化情况可知，滇中城市群在全社会 R&D 投入、高等教育建设和政府财政支持方面均取得了较大突破，R&D 人员占全社会就业人数比重由 0.12% 上升至 3.49%，其水平已与部分东部城市群持平；R&D 经费投入强度实现超过 1% 的历史突破，且基础研究经费增长迅速、企业 R&D 投入的主体地位进一步巩固；万人在校大学生数由 156 人上升至 337 人，反映出该城市群抓住国家实施新时代中西部高等教育振兴计划的契机，推动高等教育高质量发展的明显成效；教育经费、科技支出在地方财政支出中占比均有所提升，其中科技支出在一般公共预算支出中比重由 0.77% 上升至 1.61%，地方政府加强了对企业、高等学校、科研院所、三甲医院等研发主体的补助或奖励，更有力地调动了城市群开展研发试验与自主创新的积极性。成渝城市群、黔中城市群和北部湾城市群也都经历了 R&D 投入的大幅增加和科教事业的迅猛发展，展现出西南地区近年来基于原有科技基础，以大规模人员、资金投入提升区域科技创新核心竞争力的有力举措。但也存在部分指标相对量的下降，如北部湾城市群的教育支出占地方一般公共预算支出比重、黔中城市群 R&D 经费投入强度相比于 10 年前有轻微下降，未来应逐步调整经济增长方式，以更加稳固的创新投入凸显科技进步在区域高质量发展中的地位作用。

辽中南城市群、哈长城市群的创新投入指数增长值分别为 22.01 和 16.49，在相似体量的城市群中创新投入的提升程度偏低，其排名均较 2010 年下降 4 位。注意到两城市群的教育支出和科技支出占地方一般公共预算支出比重均有较大幅度的下降，哈长城市群的 R&D 经费投入强度也降低了 0.39%，可推知政府并未将创新作为区域经济发展和产业转型的重心，对科教事业的支持力度正逐渐落后于区域社会经济的发展水平。激发辽中南城市群、哈长城市群的创新活力，发挥两者在自主创新上的引领作用，对于推进整个东北地区的全面、全方位振兴至关重要。未来应加强政府对科技创新事业的支持与统筹力度，强化其对创新资源的宏观调控作用，引导城市群形成高校、科研机构和大型企业的科技协同创新机制，提升东北地区科技创新能力。

宁夏沿黄城市群、关中平原城市群、兰西城市群、呼包鄂榆城市群和天山北坡城市群的创新投入指数增长值均在 22 以下，整体处于城市群创新投入提升水平的下游。其中，宁夏沿黄城市群创新投入增长值为 21.61。在科技部大力指导支持下，宁夏回族自治区党委、政府全力推进东西部科技合作，持续加大科技投入，宁夏沿黄城市群成为全区创新主体最为集聚、创新生态最为良好的区域，其创新投入指数排名相比于2010年提升2位。西北地区其余城市群的创新投入指数排名均有所下降，关中平原城市群作为我国西北地区重要的区域性科技创新中心，其创新投入指数排名却存在6位的大幅下降，主要是受到R&D经费和教育经费投入强度变化的影响。关中平原城市群全社会R&D投入占GDP比重由2.55%下降至2.45%，教育支出占地方一般公共预算支出比重由20.25%下降至16.96%，表明针对城市群科教事业、创新活动的资金支持力度有所衰减；围绕产业链布局创新链的经费投入亟须得到扩充，以加快城市群拥有的军工、科技资源优势向创新优势、产业优势转化。

晋中城市群的创新投入指数增长值为4.63，仅高于天山北坡城市群，且排名下降11位，是创新投入指数排名下降最多的城市群。与其余大部分地区着力加大创新投入、加快创新建设的态势相比，晋中城市群的科技创新发展处于较为停滞的状态。相比于许多城市群R&D人员投入强度10倍以上的增长幅度，晋中城市群R&D人员占全社会就业人员比重从仅0.48%上升至1.07%，且R&D经费投入强度相比2010年下降0.75%，表明其在创新人才的培育与引进、创新资金的吸纳与投入等方面缺乏动力。此外，注意到2020年晋中城市群在校大学生比例在19个城市群中居于首位，但其教育经费和R&D人员投入强度均低于全国平均水平，提升高等教育和人才培养质量、优化人才政策或应成为其在当前阶段的工作方向。

三、城市群创新产出指数排名及空间分异

通过计算以百万人发明专利授权数和百万人商标注册量两项指标综合表征的城市群创新产出指数，可以对19个城市群在创新技术成果和商业成果上的产出绩效进行演变分析和横向对比。创新产出指数的计算结果表明，整体而言，所有城市群的创新产出指数在10年间均有大幅度提升，平均分值由2010年的6.81上升至2020年的26.40，反映出我国城市群科技建设和创新发展的显著成效。10年间，各城市群深入实施创新驱动发展战略，加强创新平台建设和创新要素投入，在全社会营造了良好的科技创新环境，形成了活跃的创新创业氛围，并取得了丰硕的创新成果。以国家战略和地方需求为导向，城市群内各高校、研究机构、企业等主体积极开展创新活动，各类创新产出显著提升。同时，我国在知识产权保护工作上取得的一系列进展为创新活动的开展、创新成果的转化与扩散提供了良好环境。2008年国务院发布的《国家知识产权战略纲要》将知识产权保护提升到战略高度，促使我国知识产权保护事业实现了由被动接受到主动保护的转变，知识产权创造、运用、保护、管理各方面取得长足进步。党的十八大以来，党中央亦把知识产权保护工作摆在突出位置，先后印发《关于加强知识产权审判领域改革创新若干问题的意见》《关于强化知识产权保护的意见》等纲领性文件，为知识产权制度的完善进一步指明了方向。在日趋坚实的制度保障下，我国19个城市群百万人发明专利授权数由2010年的122件上升至2020年的397件，技术创新成果数量及转化效益大幅提升；百万人商标注册量由3041件上升至18 834件，商贸事业和创新创业活动持续繁荣，一大批具有世界竞争力和影响力的

全球知名商标品牌诞生并发展成熟起来。在城市群活跃的知识产出和商业活动引领之下，我国发明专利申请量、商标申请量连续多年位居全球第一，并已转型成为全球知识产权大国，在推动国家知识产权事业发展和创新成果产出上取得举世瞩目的成就。

（一）城市群创新产出指数排名情况与空间分异

2010年19个城市群创新产出指数的极差为37.86，标准差为9.32；而2020年19个城市群创新产出指数的极差为92.94，标准差为24.6。可见2020年城市群创新产出指数的内部差异相比于2010年更为显著（表3.7），且两极分化的分布态势更加突出。2010年创新产出指数排名前五的城市群分别为珠江三角洲城市群、长江三角洲城市群、京津冀城市群、海峡西岸城市群和辽中南城市群；而2020年创新产出指数排名前五的城市群分别为珠江三角洲城市群、长江三角洲城市群、京津冀城市群、海峡西岸城市群和长江中游城市群。相比而言，东部沿海城市群创新产出指数得分较高，而内陆地区城市群创新产出指数得分较低，得分位于10名之后的城市群均位于中西部地区。

表3.7 中国19个城市群在2010年和2020年的创新产出指数

排名（2020年）	城市群	城市群创新产出指数2010	城市群创新产出指数2020
1	珠江三角洲城市群	37.86	100.00
2	长江三角洲城市群	22.88	70.82
3	京津冀城市群	18.98	62.58
4	海峡西岸城市群	7.10	37.09
5	长江中游城市群	2.98	35.05
6	山东半岛城市群	4.33	24.27
7	关中平原城市群	5.37	23.65
8	成渝城市群	3.17	20.37
9	辽中南城市群	6.12	18.74
10	哈长城市群	4.22	17.45
11	晋中城市群	3.81	13.83
12	中原城市群	1.29	13.38
13	宁夏沿黄城市群	0.77	11.47
14	滇中城市群	2.80	10.91
15	呼包鄂榆城市群	2.16	9.69
16	兰西城市群	1.98	9.26
17	天山北坡城市群	2.95	8.79
18	黔中城市群	0.00	7.13
19	北部湾城市群	0.52	7.06

综合考虑城市群创新投入和产出两个环节的得分情况并作出散点图（图3.5），可知城市群创新产出指数和创新投入指数呈现较为显著的正相关关系（$R^2=0.8817$），城市群的创新产出绩效在很大程度上受到投入力度的影响。把握城市群创新链上游要素的调配、整合与投入，是以科技创新为路径创造理想社会经济效益的关键。

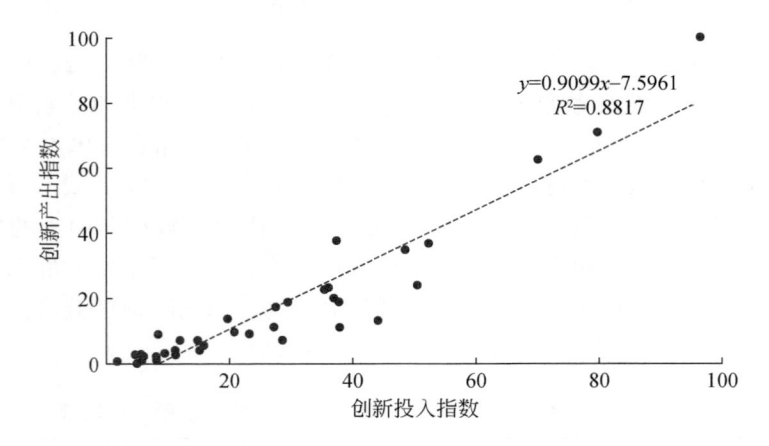

图3.5 城市群创新产出指数与创新投入指数散点图

下面就2020年城市群创新产出指数排名的空间分异特征进行分析。

珠江三角洲城市群2020年的创新产出指数为100，达最高值，其百万人发明专利授权数为878件，百万人商标注册量为71 292件，两项指标均位于19个城市群之首，反映了珠江三角洲城市群领先全国的社会创新活力和创新产出能力。以多样化的地方产业体系为基础，以充沛的产业创新投入为动力，珠江三角洲城市群围绕各地特色产业充分释放科技创新动能，相当一部分特色产业的专利拥有量在广东省乃至全国同行业中位居前列。深圳、珠海、广州、东莞、佛山等城市的百万人发明专利拥有量领先于全国同类城市。依托覆盖"龙头企业-规上工业企业-中小企业"多个层次、涵盖不同行业领域的健全的产业链条，珠江三角洲城市群拥有了最为敏锐的市场嗅觉、最为清晰的技术需求和最为迅捷的成果转化，使得创新成果能够在最大限度上转变为产业经济的发展动能，也保证了区域技术和商业市场的长期繁荣。

长江三角洲城市群和京津冀城市群2020年创新产出指数分别为70.82和62.58，排名居于珠江三角洲城市群之后。二者的百万人发明专利授权数分别为742件和678件，百万人商标注册量分别为32 820件和25 783件。两城市群的创新成果人均量显著高于其后16个城市群，但与位居首位的珠江三角洲城市群相比还存在一定差距，尤其在商标注册方面，长江三角洲和京津冀地区的百万人商标注册量之和仍不及珠江三角洲一个城市群的注册规模，表明两个城市群在知识产权保护工作的推进和创新创业环境的营造上还有较大的提升空间。此外，京津冀城市群的创新产出呈现出明显的单中心模式，核心城市北京的发明专利授权数和商标注册量分别占整个城市群的84.5%和67.6%，其作为城市群创新发展强力引擎的地位不断稳固的同时，也反映出整个城市群内部创新成果产出有失均衡。

海峡西岸城市群和长江中游城市群2020年创新产出指数分别为37.09和35.05，在19

个城市群中分别位居第 4 和第 5，揭示出在珠江三角洲、长江三角洲的辐射带动下，我国南方地区自主创新全面打开的局势。两个城市群的创新投入指数虽然相差较小，但其背后指标值构成却存在很大差异。海峡西岸城市群 2020 年的百万人发明专利授权数为 298 件，百万人商标注册量为 32 708 件；而长江中游城市群上述两项指标分别为 419 件和 9774 件，反映出两个城市群创新发展的优势与侧重点不一。海峡西岸城市群基于沿海开放的区位优势，在吸引外资企业、外商投资方面取得了突出的成绩，并凭借优质的商贸环境带动了全社会创新创业活动的广泛开展，但城市群的科技实力和原始创新能力并不算出彩。相比之下，长江中游城市群更加注重科教投入与自主创新，各高校、科研院所持续发力，在国家高精尖领域取得一系列卓著创新成果，为区域发展注入大量原始动力，但城市群技术成果转化和市场应用还不够活跃。上述两个城市群应当加强对科技创新全链条的统筹，着力补齐创新短板，推动科技创新在社会经济的各个环节发挥作用。

山东半岛城市群、关中平原城市群、成渝城市群、辽中南城市群和哈长城市群 2020 年的创新产出指数在 17~25，处于我国创新成果产出的第三梯队。具体而言，五个城市群的百万人发明专利授权数和百万人商标注册量分别大致处于 200 件和 10 000 件的水平，较为有力地带动了东北和西部地区的技术转化应用与传播扩散。其中，山东半岛城市群在专利和商标两类创新成果产出上均有突出表现，形成了由青岛市和济南市构成的"双核心"区域创新产出空间格局，以高度活跃的创新活动辐射城市群乃至全省的创新发展。关中平原城市群的人均发明专利水平最高，其依靠西安这一战略核心的有力引领，围绕人工智能、航空航天、光电芯片等领域筑牢产业硬实力，产出丰硕科创成果。哈长城市群在同一梯队城市群中的百万人发明专利授权数和商标注册量均处于最低水平，亟须调动城市群内各创新主体的积极性，通过加大多方面创新投入带动地区科技发展、产业转型与经济振兴共同进步。

2020 年创新产出指数排名位于 10 名之后的城市群得分均在 15 以下，并全部分布在我国中西部。受制于较为薄弱的平台基础和较为匮乏的创新资源，多数城市群缺乏强劲的创新成果产出动力，百万人发明专利授权数约为 100 件，百万人注册商标量差距较大，从兰西城市群的最低值 5625 件到天山北坡城市群的最高值 11 059 件不等。作为我国创新发展的后发区域，上述城市群应深入发掘所在地区的比较优势，加强区域中心城市的平台建设与资源汇集，以更充足的要素投入助力各类创新成果和创新效益的产出。

(二) 城市群创新产出指数变化情况与空间分异

不同城市群创新产出指数的增长状况存在较大差异（图 3.6），这反映出不同区域创新产出增长态势不一。具体而言，创新产出指数增长最多的珠江三角洲城市群，增长值达到 62.14，而创新产出指数增长最少的天山北坡城市群，增长值仅为 5.84，城市群创新产出成效提升的两极分化显著。同时，城市群创新产出指数增长值存在与空间位置相关联的分层状况，并大致呈现为"东部沿海—东北—中部—西部内陆"的衰减顺序。东部沿海城市群的创新产出指数增长值多在 20 以上，而西部城市群的得分增长值多在 10 以下。就排名变化情况而言（表 3.8），除排名前三位的珠江三角洲、长江三角洲及京津冀城市群及排名第五位的海峡西岸城市群的创新产出指数名次保持不变外，其余城市群的创新产出指数排名均发生了变动，其中 6 个城市群的排名有所提升，主要分布在我国中西部地区；9 个城市群的排名有所下降，主要分布在我国西部和东北地区。

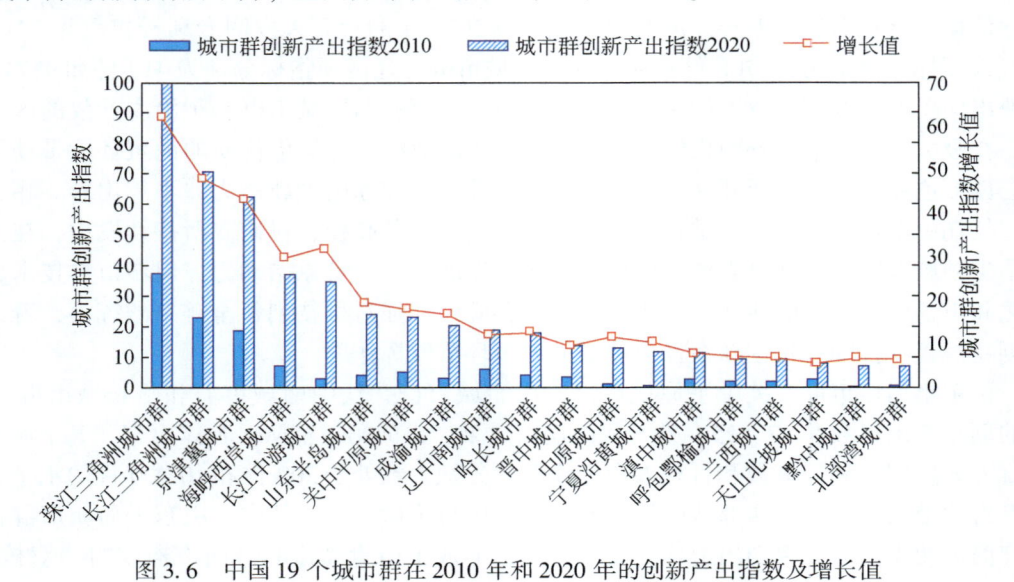

图 3.6 中国 19 个城市群在 2010 年和 2020 年的创新产出指数及增长值

表 3.8 中国 19 个城市群 2010~2020 年的创新产出指数增长值、增长幅度及排名变化

增长值排名	城市群	城市群创新产出指数增长值	城市群创新产出指数增长幅度/%	城市群创新产出指数排名变化
1	珠江三角洲城市群	62.14	164.13	—
2	长江三角洲城市群	47.94	209.53	—
3	京津冀城市群	43.60	229.72	—
4	长江中游城市群	32.07	1076.17	↑6
5	海峡西岸城市群	29.99	422.39	—
6	山东半岛城市群	19.94	460.51	↑1
7	关中平原城市群	18.28	340.41	↓1
8	成渝城市群	17.20	542.59	↑2
9	哈长城市群	13.23	313.51	↓2
10	辽中南城市群	12.62	206.21	↓4
11	中原城市群	12.09	937.21	↑4
12	宁夏沿黄城市群	10.70	1389.61	↑4
13	晋中城市群	10.02	262.99	↓2
14	滇中城市群	8.11	289.64	↓1
15	呼包鄂榆城市群	7.53	348.61	↓1
16	兰西城市群	7.28	367.68	↓1
17	黔中城市群	7.13	—	↑1

续表

增长值排名	城市群	城市群创新产出指数增长值	城市群创新产出指数增长幅度/%	城市群创新产出指数排名变化
18	北部湾城市群	6.54	1257.69	↓1
19	天山北坡城市群	5.84	197.97	↓5

具体而言，2010~2020年，珠江三角洲城市群为创新产出指数增长绝对值最大的城市群，其创新产出指数增长值高达62.14。10年间，随着交通体系相互联通、产业链相互贯通、要素流相互融通，珠江三角洲各城市已形成共同聚焦新兴领域、地方特色鲜明的产业生态。先进制造和科技创新相互融合，相当一部分研发经费向企业汇聚，造就了珠江三角洲更为市场化的科研导向，也使其科研活动能够更好地与市场主体的发展需求相匹配，并产出一大批技术成果。据统计，珠江三角洲城市群百万人发明专利授权数由2010年的444件上升至2020年的878件，百万人商标注册量也由11 594件增至71 292件，创新成果十分显著，增长势头尤为强劲。

长江三角洲城市群、京津冀城市群创新产出指数的增长值均在40以上，处于较高的增长水平。10年间，长江三角洲城市群始终坚持创新驱动，凭借不断充沛的科技资源和日益突出的产业集群化优势，创新成果规模节节攀升，百万人发明专利授权数由274件增长至742件，且在专利质量提升工程的持续推进下，长江三角洲专利创造突出高质量导向，正由多向优、由大到强转变。京津冀城市群通过推动协同发展、完善服务体系等举措不断提升科技创新资源的产出效率，近年来原始创新成果不断涌现，创新产出迅速增长，百万人发明专利授权数由251件增长至678件。上述城市群的商标注册量也获得了迅猛增长，百万人商标注册量均提升一个数量级，城市群创新活力和营商环境得到较大发展。

长江中游城市群和海峡西岸城市群在2020年的创新产出指数增长值在30左右，增长值分别位居第4和第5名，在19个城市群中的创新产出提升水平较为突出。其中，长江中游城市群的创新产出指数由2010年的2.98提升至2020年的35.05，排名上升了6位，取得了最为显著的进步。以武汉、长沙、南昌为核心的三大都市圈建设进程近年来不断加快，创新要素集聚效应明显提升，企业创新能力和活力显著增强，为城市群带来了持续增长的创新成果产出，百万人发明专利授权数和商标注册量均增长至2010年的8倍以上。海峡西岸城市群作为对外开放和两岸交流的先行区，与长江三角洲地区和珠江三角洲地区相互衔接，近年来在国家政策的大力支持下推进集成创新和引进、消化、吸收再创新，努力打造特色鲜明的区域创新体系，也取得了显著的科技成果转化与应用效果，百万人发明专利授权数由65件增长至298件，百万人商标注册量亦由1132件迅速上升至9774件。

山东半岛城市群、成渝城市群、中原城市群、宁夏沿黄城市群、黔中城市群在2020年的创新产出指数排名均较2010年有了一定的提升。其中，宁夏沿黄城市群的创新产出指数增长幅度达到1389.61%，位于19个城市群之首，且2020年创新产出指数排名相较于2010年提升了4位，在科技创新水平排名相对靠后的城市群之中表现出巨大的发展潜力。近年来，宁夏沿黄城市群在统筹科技创新、制度创新和产业创新上取得了显著的成效，研发投入水平大幅度提升，对宁夏全区的科技投入具有明显的拉动作用。同时，科技创新产出量质齐升，取得了一批具有自主知识产权的重大科技成果。百万人发明专利授权数取得超过 100 件的突破性进展，百万人商标注册量也由 1042 件跃升至 8914 件，创新成果十分显著。

天山北坡城市群 10 年间的创新产出指数增长值为 5.84，排名较 2010 年下降 5 位，创新产出的增长处于较低水平。这反映出其创新产出的能力和动力与其他城市群存在较大差距，创新成果的应用转化效率仍需进一步提升。应立足天山北坡城市群发展规划，结合城市战略定位目标，加大政府对科技创新事业的支持力度，吸引外部人才和资金流入，推进创新成果分阶段、分层级逐步提升，带动天山北坡城市群创新产出实现跨越式增长。

四、城市群创新协同指数排名及空间分异

通过计算以城市群内部专利合作总量和城市群功能多中心指数两项指标综合表征的城市群创新协同指数，可以对 19 个城市群在创新协同的整体规模水平和区域均衡水平进行演变分析和横向对比。创新协同指数的计算结果表明，整体而言，所有城市群的创新协同指数在 10 年间均经历了较大提升，平均指标得分由 2010 年的 4.21 上升至 2020 年的 14.82，绝大多数的城市群的创新协同指数得分增长幅度在 100% 以上。虽然大部分城市群目前的区域创新协同发展还处于较低水平，但创新协同指数得分的大幅增长说明我国在完善地域创新结构、培育区域创新系统、促进城市交流协作与合作创新方面取得了卓著成效。10 年间，我国将推动协同创新作为贯彻落实创新驱动发展战略、建设创新型国家的重要内容。2016 年国务院印发的《国家创新驱动发展战略纲要》中，"协同"一词出现 9 次，从创新体系协同高效的总体要求，到各类创新主体协同互动、学科交叉协同创新、区域协同创新共同体建设等具体指向，中央强调了协同合作、高效互动在各个创新领域和创新主体中间的关键作用。在《国家创新驱动发展战略纲要》的指导下，各城市群聚焦国家区域发展战略，以创新要素的集聚与流动促进城市间创新主体积极协作与产业合理分工，19 个城市群内部的专利合作总量由 7056 件迅速增长至 30 765 件，总体规模提升 3 倍以上。同时，各城市群不断优化创新空间格局，采取多点部署高新区、整合高校创新资源、推行多项企业创新帮扶政策等举措促成创新能力均衡增长，19 个城市群的功能多中心指数均值由 0.049 上升至 0.103，区域科技创新协调发展取得新的进步。

（一）城市群创新协同指数排名情况与空间分异

2010 年 19 个城市群的创新协同指数的极差为 33.32，标准差为 7.69；而 2020 年 19 个城市群创新协同指数的极差为 96.68，标准差为 23.81。可见 2020 年城市群创新协同指数的内部差异相比于 2010 年更为显著（表 3.9）。2010 年创新协同指数排名前五的城市群分别为长江三角洲城市群、珠江三角洲城市群、京津冀城市群、山东半岛城市群和滇中城市群；而 2020 年创新协同指数排名前五的城市群分别为长江三角洲城市群、京津冀城市群、珠江三角洲城市群、山东半岛城市群和长江中游城市群。相比而言，东部和中部地区的城市群创新协同指数得分较高，西部和东北地区的城市群创新协同指数得分较低。就 2020 年而言，城市群创新协同指数表现出明显的幂律分布特征（图 3.7），排名第一的长

江三角洲城市群得分接近满分，排名前三的城市群得分在 40 以上，而排名位于其后的城市群中，除山东半岛城市群得分为 15.64 外，其余城市群得分均低于 10，且排名相邻的城市群分差大都低于 0.5。上述得分分布情况揭示出我国的城市群协同创新水平整体低下，城市协同创新优势集中体现在极少数城市群中，多数城市群协同创新活力未得到充分激发的态势。

表 3.9 中国 19 个城市群在 2010 年和 2020 年的创新协同指数

排名（2020 年）	城市群	城市群创新协同指数 2010	城市群创新协同指数 2020
1	长江三角洲城市群	33.33	99.31
2	京津冀城市群	10.22	51.74
3	珠江三角洲城市群	13.99	41.80
4	山东半岛城市群	3.98	15.64
5	长江中游城市群	2.28	9.73
6	成渝城市群	2.16	8.24
7	海峡西岸城市群	1.43	6.36
8	中原城市群	1.75	6.05
9	呼包鄂榆城市群	0.11	5.55
10	晋中城市群	1.09	5.22
11	辽中南城市群	1.11	4.91
12	黔中城市群	2.06	4.34
13	滇中城市群	2.80	3.97
14	兰西城市群	0.07	3.55
15	北部湾城市群	0.56	3.49
16	宁夏沿黄城市群	1.21	3.44
17	哈长城市群	0.49	2.94
18	关中平原城市群	1.34	2.67
19	天山北坡城市群	0.01	2.63

下面就 2020 年城市群创新协同指数的空间分异特征进行分析。

长江三角洲城市群以高达 99.31 的创新协同指数稳居全国第一，且其得分高出排名第二的京津冀城市群 47.57，城市群在创新协同水平上的首位度明显。2020 年，长江三角洲城市群内部专利合作总量达到 13 476 件，在 19 个城市群中排名第一，城市群创新的功能多中心性指数为 0.157，在 19 个城市群中排名第三。作为我国东部沿海经济基础最好、城乡和区域发展差距最小、软硬基础设施一体化程度最高的城市群，长江三角洲城市群充分发挥其对创新要素的集聚和扩散作用，采取平台共建、产业联动、技术联合攻关等举措，在协同创新领域领跑全国，成为我国科技创新网络化最为显著的地区。据统计，2020 年长江三角洲三省一市共同搭建的长江三角洲科技资源共享服务平台已集聚大型科学仪器

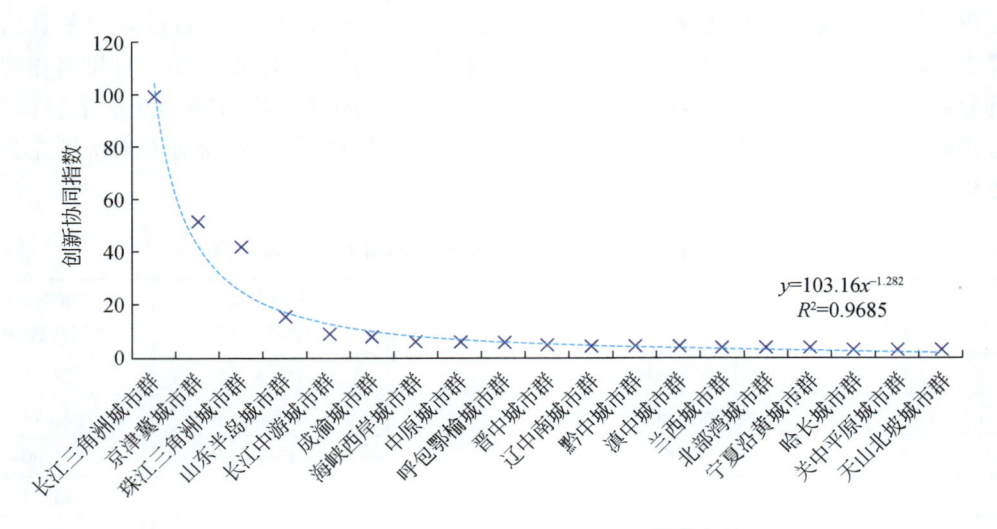

图 3.7　2020 年 19 个城市群的创新协同指数分布图

36 000余台（套）；2020年长江三角洲承担的国家重点研发计划中，长江三角洲协同开展攻关的项目数和金额占比均超80%；2020年三省一市相互间技术合同输出1.4万余项，技术交易金额544亿元。依托一体化的科创共同体建设，长江三角洲城市群创新发展正全面开花结果，并引领城市群在全方位一体化发展的道路上越走越远。

京津冀城市群的创新协同指数排名位于长江三角洲城市群之后，其2020年的创新协同指数为51.74。2020年京津冀城市群内部专利合作量为6548件，其中北京市作为城市群乃至全国科技创新的绝对核心，其对外专利合作量达到55 305件，其中包含城市群内部合作专利5594件，既扮演了显著的轮轴角色，也发挥了强大的枢纽功能。伴随着非首都功能疏解和产业转移，富集于北京创新资源通过科研合作和技术联系扩散至整个京津冀地区，三地协同创新取得一定进展。但也需要指出的是，北京市对群内城市的专利合作量占群内专利合作总量的占比达到85.40%，说明北京市在城市群内专利合作中占据了突出的主导地位，城市群内其他城市间的直接知识流动与技术交换相对较弱；北京市对城市群内其他城市的专利合作量占北京市对外专利合作总量的比重仅为10.11%，说明北京市的辐射效应还主要集中在跨区域的远程范围，而对其所在城市群的技术撬动和创新带动作用相对不那么明显，京津冀城市群科技创新共同体的构建尚存在较大的发展空间。

珠江三角洲的创新协同发展在全国同样处于显著位置，其2020年的创新协同指数为41.80，这与珠江三角洲将协同创新作为区域改革发展进程中的一项重要任务并给予强力政策引导的举措有关。2014年11月，广东省政府面向珠江三角洲各市印发《推进珠江三角洲地区科技创新一体化行动计划（2014—2020年）》，城市群内科技创新合作受到鼓励与强化；2016年，《珠三角国家自主创新示范区建设实施方案（2016—2020年）》发布，提出了在5年之内形成以广州、深圳为中心的区域科技创新合作体系的目标。在一系列政策条例的支持下，珠三角科技金融产业协同创新发展中心、深港微电子协同创新联盟、珠江三角洲品牌协同创新中心等多类型、多领域的协同创新平台或团体在城市群建立并蓬勃发展，为区域科技创新的主体互动、资源整合和服务配置提供了广阔空间，将各城市的产业优势和创新优势相互集成并发挥至最大化。随着产业链与创新链在全地域的深入融合和创新要素的流动扩散，珠江三角洲科技协同创新的发展将辐射整个泛珠江三角洲地区。

山东半岛城市群在2020年的创新协同指数得分为15.64，在19个城市群中排名第4。虽然其创新协同发展水平与排名前三的城市群相比存在较大差距，但相比于我国其余城市群而言取得了较为突出的成效。具体而言，山东半岛城市群的城市群内部专利合作总量为1418件，位居长江三角洲、京津冀和珠江三角洲城市群之后；城市群专利合作的功能多中心性指数为0.166，仅次于京津冀城市群。依托齐全的工业门类和良好的发展基础，山东半岛城市群将分布于各城市的战略性新兴产业集群作为其提升协同创新能力的重要载体，探索组建产业链协同创新中心并优先支持一批省级及以上产业创新中心、企业技术中心和工程研究中心，在做大做强创新平台的基础上逐步实现创新要素的均衡配置与城市群自主创新能力的全面提升。

除上述4个城市群之外，其余15个城市群2020年的创新协同指数得分均在10以下，创新协同发展尚处于初步阶段或起步阶段。就城市群内部专利合作总量而言，除长江中游城市群合作总量达到1151件、成渝城市群合作总量达到680件外，其余城市群内部专利合作总量均小于500件，滇中城市群、天山北坡城市群、晋中城市群、宁夏沿黄城市群和呼包鄂榆城市群由于城市数量较少且城市创新活力低下，内部专利合作总量均小于100件，合作量最少的呼包鄂榆城市群仅为15件；就城市群创新网络的功能多中心指数而言，大多数城市群的多中心指数低于0.1。上述指标情况反映出我国大部分区域尚未形成稠密的科技创新网络，城市群开展对内科技创新协作活力和动力不足，尤其在西部地区，大多数城市群的科创合作主要发生在其中心城市与东部高等级城市之间，而城市群内部的科技创新网络发育程度极低。提升区域中心城市的创新水平及其辐射带动周边地区能力，逐步完善地域科技创新系统的雏形构建与路径组织，是大多数后发区域城市群协同创新发展的重要方向。

（二）城市群创新协同指数变化情况与空间分异

不同城市群创新协同指数的增长状况与2020年的状况类似，整体呈现出较为典型的幂律分布特征（图3.8）。仅2020年排名靠前的长江三角洲城市群、京津冀城市群、珠江三角洲城市群的创新协同指数增长值较高，山东半岛城市群的增长值为11.66，其余城市群的增长值均低于8，反映出我国近年来城市群创新协同发展向东部主要城市群严重倾斜的态势。长江三角洲、京津冀、珠江三角洲城市群在构建区域科技创新共同体上的先行先试为全国城市群的创新协同发展提供了良好示范与有益经验。就排名变化情况（表3.10），大多数城市群的创新协同指数排名发生了变动，其中9个城市群的排名有所提升，6个城市群的排名有所下降，发生排名下降的城市群多分布于西部地区。

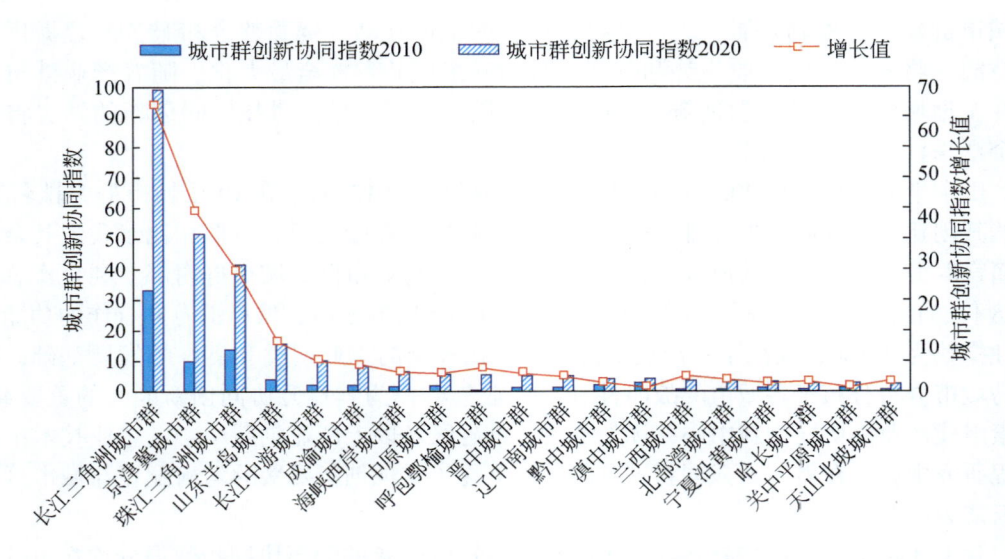

图 3.8 中国 19 个城市群在 2010 年和 2020 年的创新协同指数及增长值

表 3.10 中国 19 个城市群 2010~2020 年的创新协同指数增长值、增长幅度及排名变化

增长值排名	城市群	城市群创新协同指数增长值	城市群创新协同指数增长幅度/%	城市群创新协同指数排名变化
1	长江三角洲城市群	65.98	197.96	—
2	京津冀城市群	41.52	406.26	↑1
3	珠江三角洲城市群	27.81	198.78	↓1
4	山东半岛城市群	11.66	292.96	—
5	长江中游城市群	7.45	326.75	↑1
6	成渝城市群	6.08	281.48	↑1
7	呼包鄂榆城市群	5.44	4945.45	↑8
8	海峡西岸城市群	4.93	344.76	↑3
9	中原城市群	4.30	245.71	↑1
10	晋中城市群	4.13	378.90	↑4
11	辽中南城市群	3.80	342.34	↑2
12	兰西城市群	3.48	4971.43	↑4
13	北部湾城市群	2.93	523.21	—
14	天山北坡城市群	2.62	26200.00	—
15	哈长城市群	2.45	500.00	↓1
16	黔中城市群	2.28	110.68	↓4
17	宁夏沿黄城市群	2.23	184.30	↓4
18	关中平原城市群	1.33	99.25	↓7
19	滇中城市群	1.17	41.79	↓8

具体而言，2010~2020年，长江三角洲城市群为创新协同指数增长绝对值最大的城市群，其创新协同指数增长值达到65.98，在稳居全国首位的同时实现了自身在协同创新领域的重大突破。10年间，长江三角洲三省一市积极贯彻落实长江三角洲经济一体化战略，在自主创新能力提升、创新成果转化应用方面共同发力，城市群内部多个城市的综合创新水平进入全国前列。通过有效整合区域内优势创新资源，跨域联动产业链和创新链，共同攻克基础产业领域的关键核心技术，城市群内部各类主体的创新活力被大大激发，创新要素的流动扩散更加高效迅速，科技创新的地域差距稳步缩小。同时，长江三角洲三省一市内部的"比学赶超"也十分激烈，各地根据自身比较优势明确创新发展与建设的重点要求，依托区域核心城市建设国家科学中心、区域科技创新中心等创新高地，并积极开展科技合作与战略对接，形成了长期可持续的区域竞合生态。10年间，长江三角洲城市群内部专利合作总量从4216件翻三番增至13 476件，远超全国其他城市群；城市群功能多中心指数也由0.115上升至0.157，科技创新网络化和一体化水平显著提升。2020年印发的《长三角科技创新共同体建设发展规划》明确，到2025年长江三角洲地区形成现代化、国际化的科技创新共同体，从目前长江三角洲协同创新蓬勃发展的态势来看，上述目标能够得到圆满实现。

京津冀城市群的创新协同指数增长值为41.52，增长幅度达到406.26%，且其2020年超过珠江三角洲城市群，取得第二的位置，表现出强劲的创新协同发展态势。10年间，中央和地方政府充分意识到京津冀一体化对于城市群可持续发展的重要意义，依托一系列战略、方针、政策的指导大力推进三地协同发展。2015年，京津冀协同发展被《政府工作报告》正式列为国家三大战略之一，要求以京津冀城市群建设为载体，从广度和深度上加快发展。其中，产业结构优化升级和实现创新驱动发展是城市群内部开展合作的重点所在。跨越行政界限的创新园区、产学研体系共建不仅有效推动了北京、天津的产业转移和要素升级，也促使中关村等创新集聚区的知识技术、创新资本、创新政策等向石家庄、保定等地区延伸，在更广范围充分发挥科技创新对产业发展的引领作用。同时，围绕协同发展的司法服务、经贸交往、区域治理体系不断完善，为包含科技创新协作在内的多种形式的跨地区合作提供了坚实保障，城市群内部专利合作总量由965件增至6548件，规模扩大至原来的6倍以上；虽然在对外科技合作方面依然呈现出北京"一家独大"的态势，但天津、石家庄、秦皇岛、保定、唐山等城市的创新活力得到了较大提升，专利授权量相比于2010年显著增加，在知识生产和技术创造上取得了明显的进步。

珠江三角洲城市群的创新协同指数增长值为27.81，其在10年间的内部专利合作总量由1160件增长至5228件，而城市群功能多中心指数由0.170下降至0.155，广州、深圳、东莞、佛山等重要城市开展城市间科技创新合作的能力显著提升，在城市群所有城市中的地位更加突出。可以推知，珠江三角洲城市群在10年间经历了创新要素的高速集聚发展，主要城市的创新能力得到极大提升，创新产出活力在短时间内被迅速激发，成为城市群的科技创新的热点区域。但科技研发经费投入的过度集中、企业科技研发活动覆盖不均也在一定程度上阻碍了区域协同创新体系的构建，不利于江门、肇庆等边缘城市的科技创新发展。面向未来的珠江三角洲协同创新体系构建应牢牢把握区域科技资源共享、强化科技中介活力、科技金融协同行动等途径，推进珠江三角洲9市共享科技发展成果和创新效益。

山东半岛城市群的创新协同指数增长值为 11.66，在除长江三角洲、京津冀、珠江三角洲城市群之外的其余城市群中的创新协同进步水平较为突出。10 年间，山东半岛城市群为原始技术研发和技术成果的产业应用提供了充足的政策支撑，一大批强企在科创领域持续发力，城市群内部专利合作总量由 195 件跃增至 1418 件，位居第四。与此同时，城市群功能多中心指数由 0.077 跃增至 0.166，位居第二，说明各城市在创新实力和对外合作能力的均衡提升上取得了长足进步。

2020 年创新协同指数得分位于 5 名及以后的 15 个城市群的科技创新协同发展较为迟缓，其 10 年间的创新协同指数增长值均低于 10。其中，长江中游城市群、成渝城市群、海峡西岸城市群在城市群内部专利合作总量上有较大的提升，这些城市群大都依托其在经济增长和产业建设上的规模效应基础，通过提升互联互通效率和内联外达能力、促进资源共享和产业联动，使城市群内部的城际科创交流更加深入广泛，共同创新成果产出量成倍增长。呼包鄂榆城市群、兰西城市群、中原城市群在专利合作的功能多中心指数上有较大的提升，但结合城市群专利合作的网络密度进行分析，可知上述城市群较高的功能多中心指数水平实际上是城市群内部科创联系整体处于低水平均衡状态的表现。在这种情况下，区域中心城市对城市群整体的辐射带动作用薄弱，群内专利合作总量少，其分布受随机因素的影响较大，因而表现出较高的功能多中心性。考虑到城市群整体创新能力的增强是一个阶段性的过程，在现阶段应当以提升区域中心城市对创新资源、创新要素的吸引力为目标，促使其发挥对城市群内其余城市的辐射带动作用，在充分发挥中心城市创新的集聚效应基础上，进行区域创新系统的构建与完善。

参 考 文 献

柴攀峰，黄中伟．2014．基于协同发展的长三角城市群空间格局研究．经济地理，34（6）：75-79．
范柏乃，单世涛，陆长生．2002．城市技术创新能力评价指标筛选方法研究．科学学研究，20（6）：663-668．
方创琳，马海涛，王振波，等．2014．中国创新型城市建设的综合评估与空间格局分异．地理学报，69（4）：459-473．
郝均，曾刚，赵建吉，等．2020．中国中部地区技术关联对产业创新的影响研究．地理研究，39（3）：601-610．
胡树华，杨洁．2010．国内主要城市群创新能力的评价．统计与决策，（24）：53-55．
纪宝成，赵彦云．2008．中国走向创新型国家的要素：来自创新指数的依据．北京：中国人民大学出版社．
李婷，董慧芹．2005．科技创新环境评价指标体系的探讨．中国科技论坛，（4）：30-31，36．
刘永久，王忠辉，吴风庆．2010．城市创新能力综合评价实证分析——以山东省十七城市为例．城市发展研究，17（9）：30-35．
吕拉昌，李勇．2010．基于城市创新职能的中国创新城市空间体系．地理学报，65（2）：177-190．
任胜钢，彭建华．2007．基于因子分析法的中国区域创新能力的评价及比较．系统工程，25（2）：87-92．
陶雪飞．2013．城市科技创新综合能力评价指标体系及实证研究．经济地理，33（10）：16-19．
王俊松，颜燕，胡曙虹．2017．中国城市技术创新能力的空间特征及影响因素——基于空间面板数据模型的研究．地理科学，37（1）：11-18．
王庆喜，张朱益．2013．我国省域创新活动的空间分布及其演化分析．经济地理，33（10）：8-15．

王仁祥，邓平. 2008. 创新型城市评价指标体系的构建. 工业技术经济，27（1）：69-73.
肖云，郭群虎. 2011. 三标度层次分析法在学生宿舍设计方案中的应用. 陕西能源职业技术学院学报，（4）：17-21，71.
杨冬梅，赵黎明，闫凌州. 2006. 创新型城市：概念模型与发展模式. 科学学与科学技术管理，（8）：97-101.
杨华峰，邱丹，余艳. 2007. 创新型城市的评价指标体系. 统计与决策，（11）：68-70.
张闯. 2009. 从层级到网络：城市间关系研究的演进. 财经问题研究，（3）：22-27.
甄峰，黄朝永，罗守贵. 2000. 区域创新能力评价指标体系研究. 科学管理研究，18（6）：5-8.
朱海就. 2004. 区域创新能力评估的指标体系研究. 科研管理，25（3）：30-35.
邹燕. 2012. 创新型城市评价指标体系与国内重点城市创新能力结构研究. 管理评论，24（6）：50-57.
Castells M. 1989. The Information City. Oxford：Basil Blackwell.
Ye Q，Xu X. 2021. Determining factors of cities'centrality in the interregional innovation networks of China's biomedical industry. Scientometrics，126（4）：2801-2819.

第四章 中国城市群创新网络模拟与特征分析

城市群内部城市间紧密的科技合作联系应是城市群具有较强创新能力的重要体现，而城市群内部城市间的科技合作关系又具有不同的表现，各城市在城市群科技创新网络中的地位也存在差别。为了展示城市群内部城市间的科技创新联系，分别运用城市间专利合作申请量表征城市间技术合作关系，运用国家级创新型大企业的机构跨城市分布和总部-分支法计算城市间创新企业关系，模拟展示中国19个城市群内部城市间的创新联系格局，并对城市群创新网络的网络平均度、图直径、平均路径长度、平均聚类系数、连通分量、网络平均密度等网络总体特征，以及度数中心度、中介中心度、接近中心度等城市在网络中的地位特征进行定量分析和比较。研究发现，中国19个城市群的技术创新合作网络和创新企业关联网络存在明显差异，京津冀、长江三角洲和珠江三角洲三大国家级城市群的内部城市间协同创新网络发育较好，长江中游城市群和成渝城市群的创新网络发展较快，其余城市群创新网络都存在不同程度的发展，但发育程度还不够高。

第一节 中国城市群技术合作网络格局及特征

使用专利合作申请数据构建了城市群内部城市间的技术合作网络，从节点和网络两个层面分析了19个城市群技术合作城市网络的格局演化及特征。研究发现，城市群整体网络不断完善，城市群内部城市的对外技术合作程度、控制能力和接近程度都有不同程度提升，长江三角洲城市群、珠江三角洲城市群、京津冀城市群、山东半岛城市群、成渝城市群、长江中游城市群技术合作网络相比其他城市群发育较为成熟。

一、城市群技术合作网络研究的数据与方法

（一）研究方法

1. 节点属性的测度

在网络化的研究范式中，网络节点的重要性取决于它们在网络中的连通性和地位。节点的中心性是一个用以量化节点在网络中地位重要性的图论概念，技术合作网络中城市的中心度指标可表达城市在技术合作网络中掌控技术知识的能力。根据计算原理不同，常用的中心性指数分为三种，分别为：度数中心度（local centrality）、中介中心度（betweenness centrality）和接近中心度（closeness centrality）。

度数中心度（C_{ad}）用来衡量某城市同城市群其他城市开展技术合作的能力，即城市的总体对外连通度。一个城市与其他城市的联系越直接，其中心性越高，创新资源越多，说明该城市处于城市群创新网络的核心地位。公式如下：

$$C_{ad} = \sum_{i=1}^{n} R_{ai} \tag{4.1}$$

式中，R_{ai} 为城市 a 与城市 i 之间的连通度；n 表示城市总数。

中介中心度（C_{ab}）用来衡量某城市在城市群内部对技术知识的控制程度和调节能力，表示该城市承担"中介"或"中转站"的能力。计算原理为技术网络中经过某城市并连接这两城市的最短路径占这两城市之间的最短路径线总数之比，公式如下：

$$C_{ab} = \sum_{j}^{n} \sum_{k}^{n} G_{jk}(a)/G_{jk} \tag{4.2}$$

式中，G_{jk} 为城市 j 和城市 k 之间存在的捷径（geodesic path）；$G_{jk}(a)$ 为城市 j 和城市 k 之间存在的经过城市 a 的捷径。捷径是指两城市之间的最强联系路径。

接近中心度（C_{ap}）反映城市之间技术合作的紧密关系，如果一个城市与网络中所有其他城市的距离都很短，则称该城市具有较高的接近中心度，意味着其通达性越好，知识流动越便捷。接近中心度反映某个城市能否通过较短路径与其他城市相连，它是以距离为概念来计算一个城市的中心程度，与中心城市距离最远的行动者在信息资源、权力、声望以及影响方面最弱。公式如下：

$$C_{ap} = 1 \Big/ \sum_{i=1}^{n} G_{ai} \tag{4.3}$$

式中，$\sum_{i=1}^{n} G_{ai}$ 为城市 a 与所有其他城市的捷径之和。

2. 网络特征的测度

（1）网络平均度。网络平均度使用城市群各个节点的专利合作申请量平均值表示，衡量网络节点中心性的平均水平。

$$\bar{d} = \frac{\sum_{i=1}^{N} \mathrm{CD}(i)}{N} \tag{4.4}$$

式中，CD（i）为节点 i 的度中心性；N 为网络中节点的数量。

（2）图直径。图直径定义为城市群网络中两个点的最远距离，公式如下：

$$\mathrm{GD}(i) = \max d(u, v) \tag{4.5}$$

式中，d 为距离；u、v 为两个顶点，即网络中距离最远的两个点。

（3）平均路径长度。长度是节点之间的距离，定义为连接这两个节点最短路径的边数，直接拥有专利合作的两个节点之间距离为1。平均路径长度指网络中城市两两之间距离的平均长度，反映城市之间合作与联系的畅通程度，该指标越小说明网络中各节点城市越容易开展合作。

$$x = \frac{2}{N(N-1)} \sum_{i \neq j} d_{ij} \tag{4.6}$$

式中，x 为平均路径长度；N 为节点数；d_{ij} 为节点 i 与节点 j 之间的连线。

(4) 平均聚类系数。聚类系数 (clustering coefficient, CC) 可揭示网络的联通情况。单个节点的聚类系数为节点 i 与相邻节点之间实际存在的边数与可能存在的总边数之比，而所有节点的平均聚类系数衡量了网络的整体凝聚力。网络的平均聚类系数介于 0~1，这一指标反映出网络中的节点在多大可能上是相连的，数值越大说明节点越有可能相连，节点之间的关系越紧密，合作交流越便捷。具体计算方法如式所示：

$$CC = \frac{1}{n} \sum_n \frac{2d_i}{k(k-1)} \qquad (4.7)$$

式中，CC 为该网络的平均聚类系数；n 为网络中的节点数量；d_i 为节点 i 与相邻节点之间实际存在的边数；k 为与节点 i 相邻的节点数，其中 $2d_i/k(k-1)$ 表示节点 i 的聚类系数。

(5) 连通分量。如果网络中的所有节点都可以连通，称为连通图；如果创新网络中有孤岛型城市节点，则称为非连通图。在非连通图中基于连接关系可划分多个区块，每个区块称为一个连通分量。连通图的连通分量只有一个，即是其自身。连通分量越低，城市群内节点之间的联系越紧密，连通分量高是因为这城市群被割裂成多个部分，往往是技术创新能力不足或行政壁垒导致的。

(6) 网络平均密度。网络密度 (density) 可用于刻画网络中节点间相互连边的密集程度。一个具有个 N 节点和 L 条实际连边的网络，其网络密度为

$$d(G) = \frac{2L}{N(N-1)} \qquad (4.8)$$

(二) 数据来源与说明

本章采用的主要数据为 2000~2019 年中国 293 个地级城市的专利申请量以及两两城市间的专利合作申请量。运用专利的地址信息将创新主体归并入所属地级市，进而建立起这些城市间的技术知识合作关系。由于本章重点探讨城市间的技术合作联系及其演化，因此没有采用更能反映创新能力但公布期会滞后多年的授权专利，这样也可照顾到中西部创新较为滞后的城市群。专利数据来自 IncoPat 全球专利数据库（网址：www.incopat.com），共获得 3 446 898 项合作申请专利信息，包含约 20 多万个创新主体。本章将时间划分为四个阶段，取平均值以实现数据的平滑，阶段Ⅰ为 2000~2004 年；阶段Ⅱ为 2005~2009 年；阶段Ⅲ为 2010~2014 年；阶段Ⅳ为 2015~2019 年。运用这四个阶段的关系数据制作了各阶段 19 个城市群技术合作网络图，以直观展示城市群内部技术网络变化情况及各城市群之间的差异（图 4.1~图 4.4）。

二、19 个城市群技术合作网络中的城市中心度特征

分别运用度数中心度、中介中心度和接近中心度测度 19 个城市群技术合作网络的城市节点属性在 2000~2019 年四个阶段的变化，其中度数中心度用来衡量某城市同城市群内其他城市开展技术合作的能力，中介中心度用来衡量某城市对城市群内部技术知识的控制程度和调节能力，接近中心度用来衡量城市与城市群内部其他城市建立技术合作的通达性或便捷性。

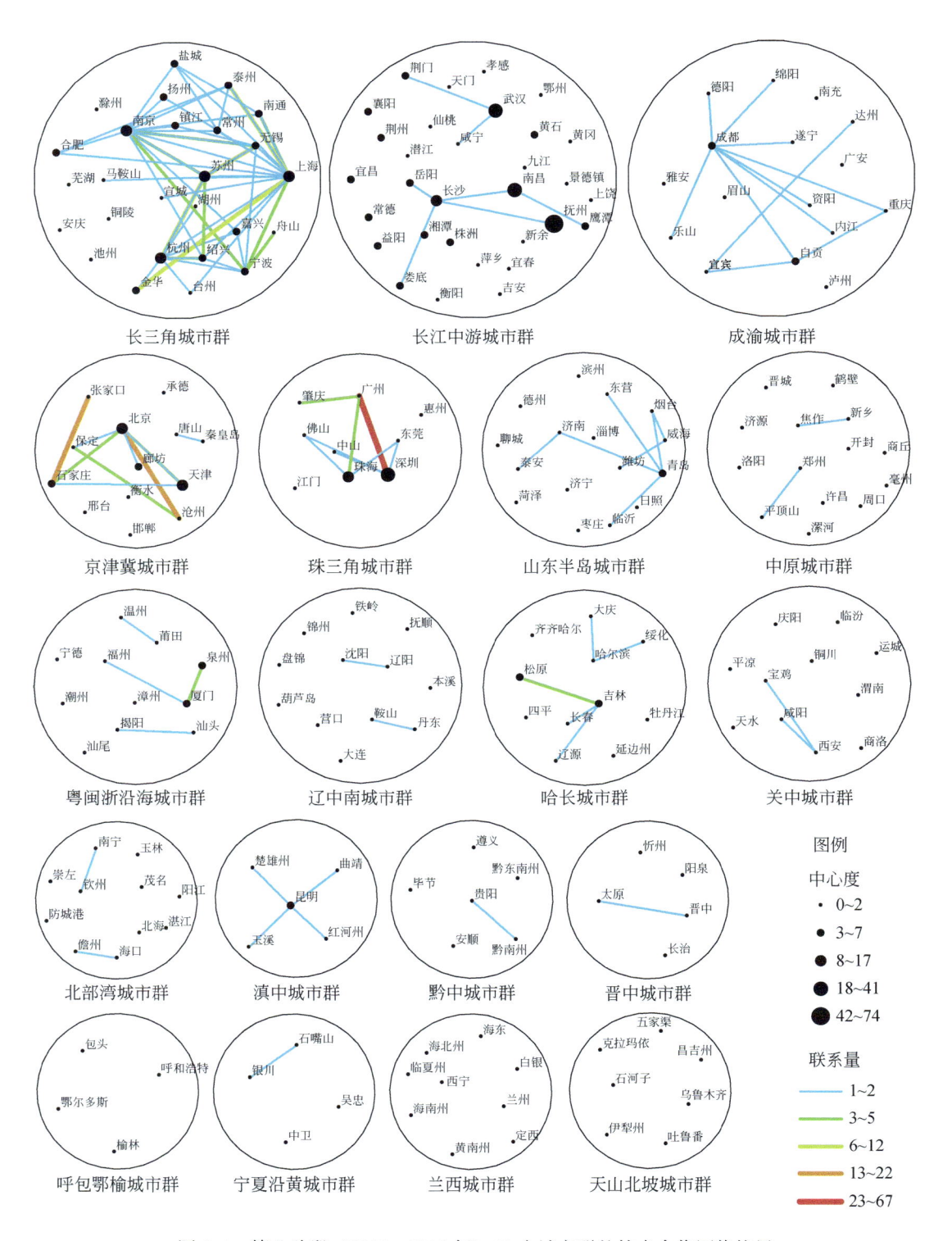

第四章 | 中国城市群创新网络模拟与特征分析

图 4.1 第 I 阶段（2000～2004 年）19 个城市群的技术合作网络格局

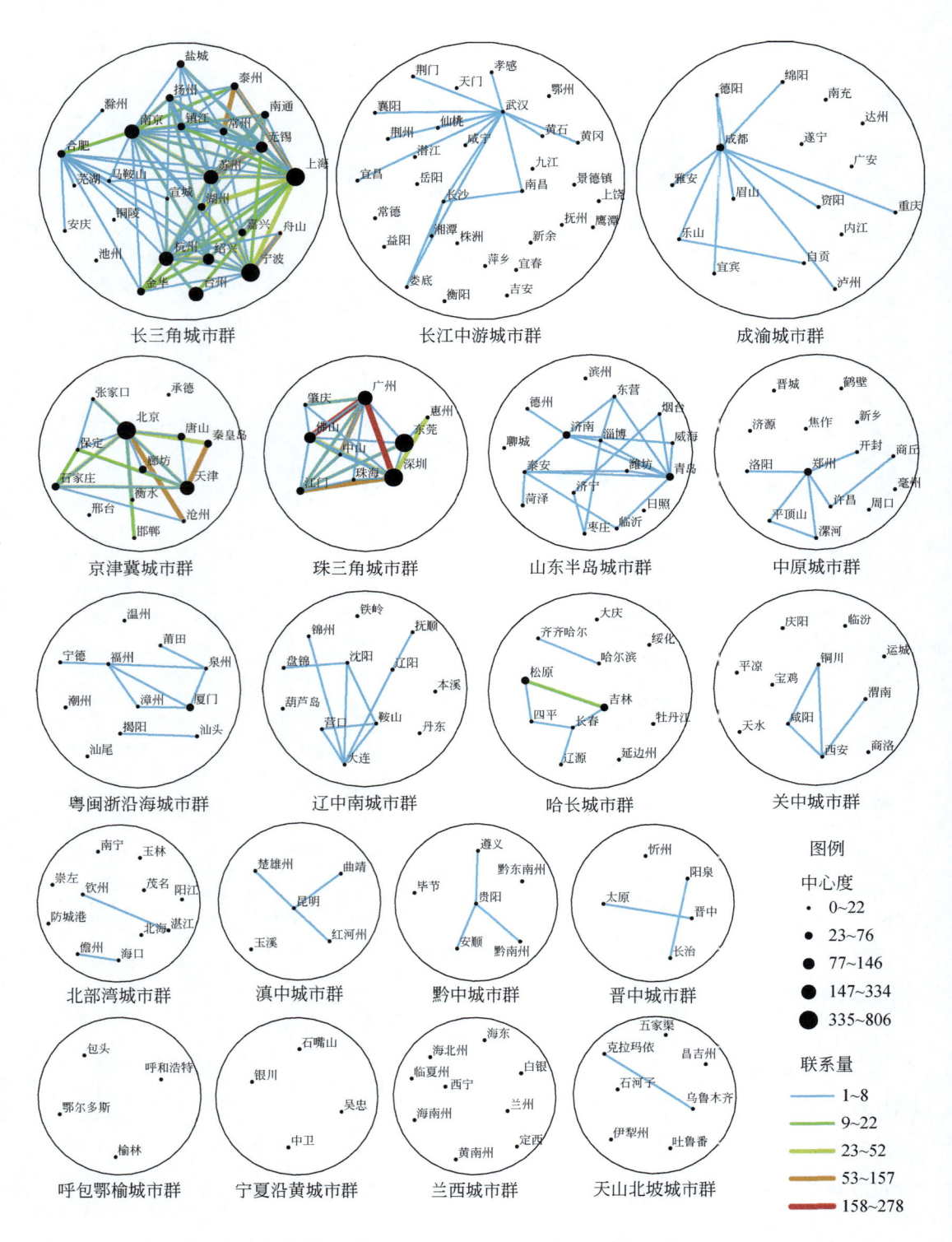

图 4.2 第Ⅱ阶段（2005~2009 年）19 个城市群的技术合作网络格局

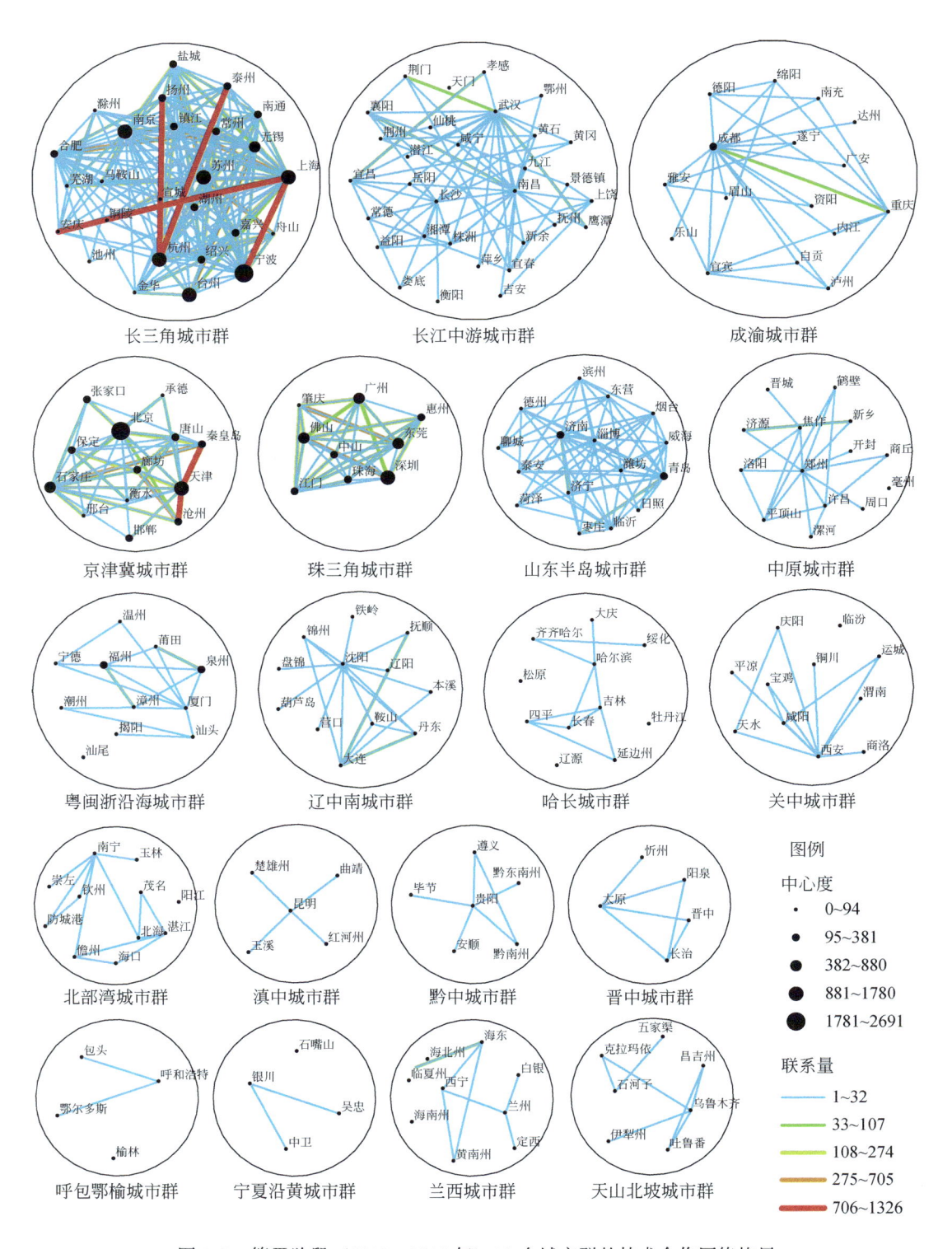

| 第四章 | 中国城市群创新网络模拟与特征分析

图 4.3　第Ⅲ阶段（2010～2014 年）19 个城市群的技术合作网络格局

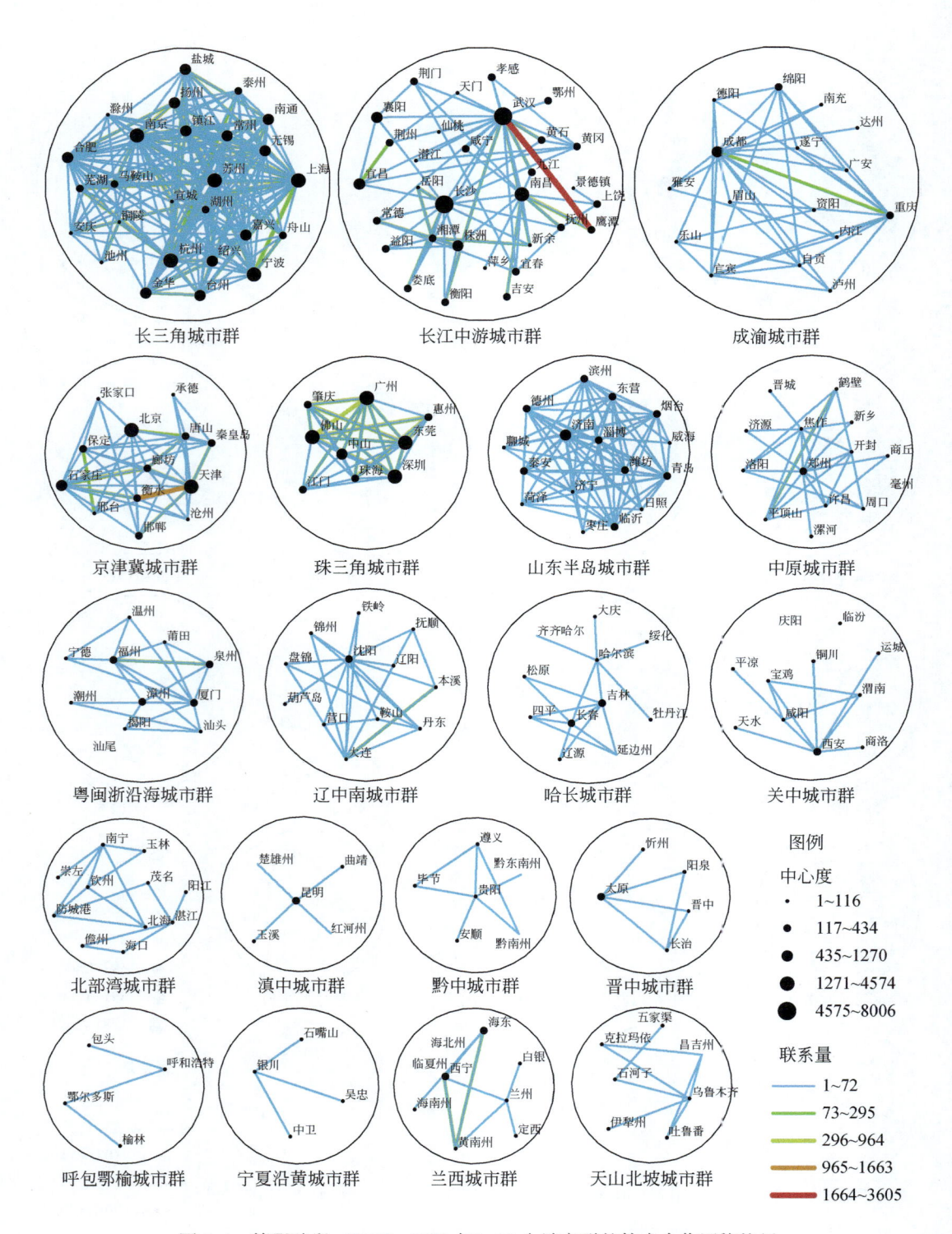

图 4.4 第Ⅳ阶段（2015~2019年）19个城市群的技术合作网络格局

（一）长江三角洲城市群

1. 城市的度数中心度（技术合作能力）

从城市度数中心度的演变来看，各城市在四个阶段同城市群内其他城市开展技术合作的能力都得到了不同程度的增长（表4.1，图4.5）。第Ⅳ阶段的度数中心度相比第Ⅰ阶段增长最多，前三名的城市分别为合肥、苏州和无锡，并不是上海、南京和杭州，表明长江三角洲城市群次一级核心城市的对外技术合作能力在20年间得到快速增长。其中，合肥的度数中心度排名从第Ⅰ阶段的第11名增长到第Ⅳ阶段的第2名（与上海并列），苏州的度数中心度排名从第Ⅰ阶段的第5名（与无锡和绍兴并列）增长到第Ⅳ阶段的第4名（与杭州和无锡并列），无锡的度数中心度排名从第Ⅰ阶段的第5名（与苏州和绍兴并列）增长到第Ⅳ阶段的第4名（与杭州和苏州并列）。在第Ⅳ阶段，长江三角洲城市群26个城市中技术合作能力最强的是南京，最低的是池州、铜陵和宣城，各城市的技术合作能力从高到低均匀下降，反映出长江三角洲城市的技术合作能力层级分布比较均匀，也是城市群总体技术合作能力较强的表现。

表4.1　长江三角洲城市群技术合作网络各阶段城市中心性测度结果（2000~2019年）

中心性	度数中心度				中介中心度				接近中心度			
阶段	Ⅰ	Ⅱ	Ⅲ	Ⅳ	Ⅰ	Ⅱ	Ⅲ	Ⅳ	Ⅰ	Ⅱ	Ⅲ	Ⅳ
南京	15	18	25	27	42.23	27.01	22.39	24.94	0.19	0.39	0.88	1.00
合肥	5	14	22	26	0.00	70.67	20.16	21.93	0.13	0.35	0.83	0.98
上海	18	20	26	26	93.72	40.99	27.51	18.79	0.21	0.41	0.90	0.98
杭州	10	17	22	24	27.73	36.39	8.54	14.45	0.16	0.38	0.83	0.94
苏州	7	16	20	24	1.82	15.96	7.86	10.62	0.14	0.37	0.79	0.94
无锡	7	12	20	24	5.15	2.72	6.45	8.84	0.14	0.32	0.79	0.94
宁波	9	15	22	23	22.65	20.71	13.14	7.07	0.16	0.36	0.83	0.92
常州	6	11	20	22	0.33	2.01	11.55	5.56	0.14	0.31	0.83	0.90
嘉兴	5	7	16	19	0.65	0.56	1.93	2.30	0.13	0.27	0.72	0.84
南通	5	8	18	19	0.00	0.32	3.09	2.64	0.14	0.28	0.75	0.84
镇江	4	12	16	18	0.00	3.70	1.57	1.62	0.11	0.32	0.72	0.82
金华	4	9	15	16	0.00	0.83	0.96	0.43	0.13	0.30	0.70	0.78
台州	4	5	14	16	0.00	0.00	1.39	0.94	0.13	0.25	0.68	0.78
泰州	6	7	16	16	0.33	0.00	0.99	0.44	0.14	0.27	0.72	0.78
盐城	6	8	16	16	0.33	0.00	2.17	0.66	0.14	0.28	0.72	0.78
湖州	3	8	14	15	0.00	0.14	0.58	0.16	0.10	0.28	0.68	0.76
绍兴	7	10	20	15	1.05	1.34	8.62	0.24	0.15	0.31	0.79	0.76
扬州	4	11	15	15	0.00	2.64	0.39	0.51	0.13	0.31	0.70	0.76
安庆	2	3	12	13	0.00	0.00	2.51	2.57	0.00	0.21	0.64	0.72

续表

中心性	度数中心度				中介中心度				接近中心度			
阶段	I	II	III	IV	I	II	III	IV	I	II	III	IV
马鞍山	3	5	11	13	0.00	0.00	1.50	2.39	0.12	0.26	0.62	0.72
芜湖	2	3	9	13	0.00	0.00	0.43	0.51	0.00	0.21	0.59	0.72
舟山	3	4	9	12	0.00	0.00	0.09	0.17	0.10	0.23	0.59	0.70
滁州	2	3	11	11	0.00	0.00	0.91	0.30	0.00	0.21	0.62	0.68
池州	0	0	5	7	0.00	0.00	0.00	0.40	0.00	0.00	0.51	0.60
铜陵	2	0	7	7	0.00	0.00	0.00	0.50	0.00	0.00	0.55	0.60
宣城	3	4	9	7	0.00	0.00	0.24	0.00	0.12	0.24	0.59	0.60

注：阶段 I 是指 2000~2004 年；阶段 II 是指 2005~2009 年；阶段 III 是指 2010~2014 年；阶段 IV 是指 2015~2019 年。

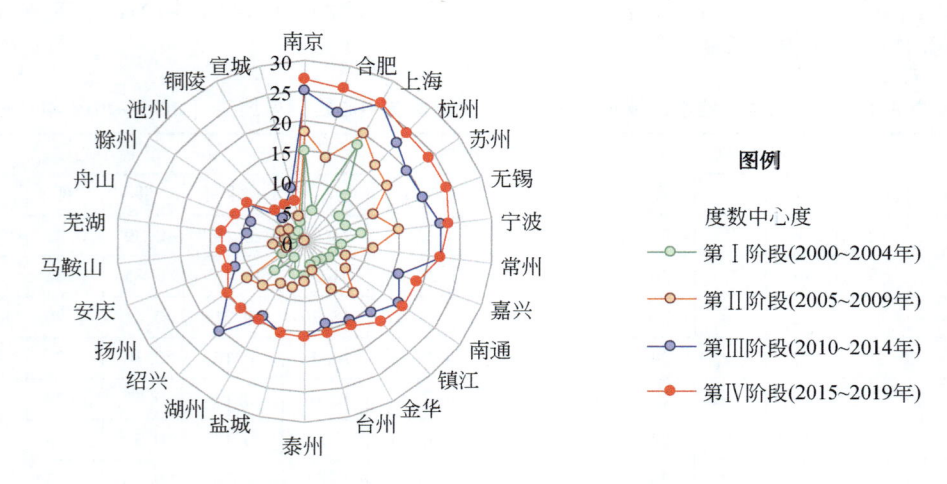

图 4.5　长江三角洲城市群技术合作网络中城市的度数中心度演变对比

2. 城市的中介中心度（技术调节能力）

长江三角洲城市群城市中介中心度的分布与度数中心度表现出极大的不同，四个阶段之间以及阶段内部各城市的中介中心度结果差距极大，而且大部分城市的中介中心度值拥挤在 30 以内（图 4.6）。第 IV 阶段，中介中心度最高值为 24.94（南京）、最低值为 0（宣城），度值分布相对比较平缓；第 I 阶段，中介中心度的最高值为 93.72（上海）、最低值为 0（合肥等 15 个城市均为 0），城市间的度值分布差距很大。从时间演化看，虽然两个阶段各城市中介中心度一直存在较大差距，但这种差距在第 IV 阶段相比第 I 阶段有了较大缩减。第 IV 阶段各城市中介中心度相比第 I 阶段有升有降，其中有 20 个城市表现出不同程度的升高，增加最多的是合肥（21.93）；有 5 个城市中介地位有所下降，上海（-74.93）、南京（-17.29）、宁波（-15.58）和杭州（-13.28）的降幅非常明显。这些结果表明，长江三角洲城市群城市对技术知识的控制和调节能力在第 I 阶段主要集中在上海、南京和杭州，在第 IV 阶段城市对技术知识的调节能力总体有所提升，但无法达到前两

| 112 |

个阶段的最高水平。

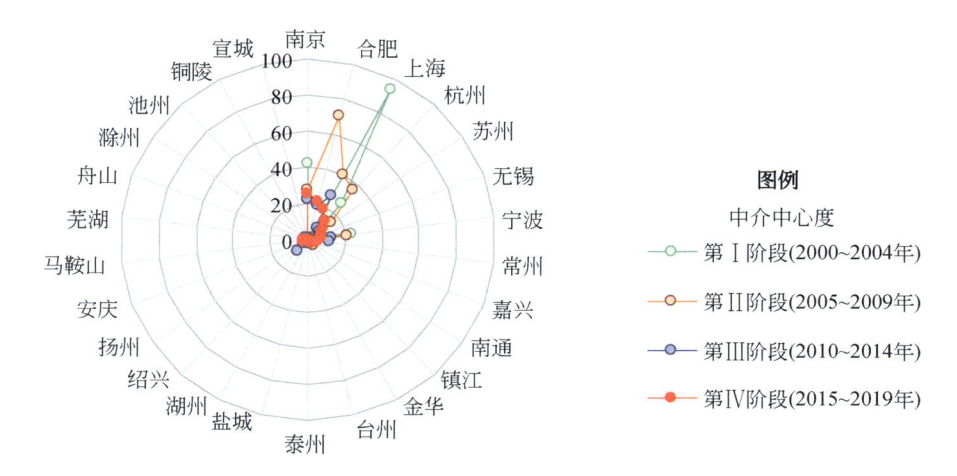

图 4.6 长江三角洲城市群技术合作网络中城市的中介中心度演变对比

3. 城市的接近中心度（技术通达能力）

长江三角洲城市群城市接近中心度的分布与度数中心度分布有些类似，但接近中心度的差距比度数中心度的差距要小一些（图 4.7）。第Ⅳ阶段，接近中心度最高的五个城市分别为南京（1.00）、合肥（0.98）、上海（0.98）、杭州（0.94）和苏州（0.94）；第Ⅰ阶段接近中心度最高的五个城市分别为上海（0.21）、南京（0.19）、杭州（0.16）、宁波（0.16）和绍兴（0.15）。从第Ⅳ阶段接近中心度与第Ⅰ阶段的对比来看，20年间长江三角洲城市群各城市的技术通达能力都有不同程度的提高，提高最多的前五名城市分别为合肥（0.85）、南京（0.81）、苏州（0.80）、无锡（0.80）和杭州（0.78）。可见，合肥在20年间不仅对技术的控制和调节能力得到快速提高，对长江三角洲城市群其他城市的技术通达能力也得到明显提高。

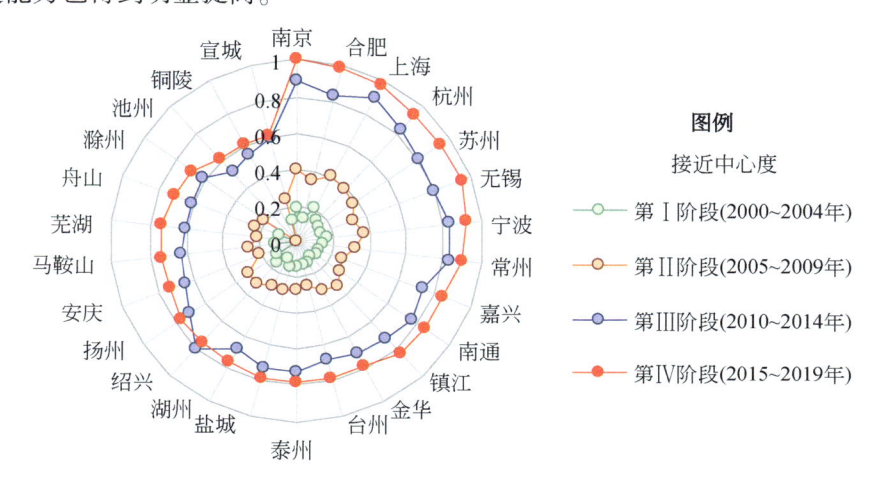

图 4.7 长江三角洲城市群技术合作网络中城市的接近中心度演变对比

总体上看，20年间长江三角洲城市群技术合作网络中的城市地位和功能发生了较大变化，多数城市的技术合作与技术通达能力得到明显增强；随着合肥在2016年被纳入长江三角洲城市群规划范围后，其在长江三角洲城市群的技术融入上表现突出，在城市群内部的合作水平和控制调节能力也得到很大提升。当然，总体上看，四个省级城市（三个省会和一个直辖市）同时具有较高的度数、中介和接近中心度，表明行政层级对城市技术地位也具有很强的影响力。行政等级较高、经济实力较强的区域性核心城市往往拥有较为丰富的创新资源，具有较高的创新实力和影响力，促进了技术流动、技术共享和技术创新。

（二）京津冀城市群

1. 城市的度数中心度（技术合作能力）

从城市度数中心度的演变来看，各城市在四个阶段同城市群内其他城市开展技术合作的能力都得到了不同程度的增长（表4.2，图4.8）。第Ⅳ阶段的度数中心度相比第Ⅰ阶段增长最多的前三名城市分别为天津、保定和唐山，表明京津冀城市群次核心城市的对外技术合作能力在20年间得到普遍快速增长。第Ⅳ阶段和第Ⅲ阶段城市的度数中心度分布相比第Ⅱ阶段和第Ⅰ阶段比较平缓，表明在技术合作能力方面北京的单核地位开始减弱，天津、保定、石家庄和唐山的地位提升明显，使得京津冀城市群整体技术合作能力得到增强。

表4.2 京津冀城市群技术合作网络各阶段城市中心性测度结果（2000~2019年）

中心性	度数中心度				中介中心度				接近中心度			
阶段	Ⅰ	Ⅱ	Ⅲ	Ⅳ	Ⅰ	Ⅱ	Ⅲ	Ⅳ	Ⅰ	Ⅱ	Ⅲ	Ⅳ
北京	7	12	14	14	11.00	30.50	10.05	6.87	0.25	0.54	1.00	1.00
天津	4	8	14	14	0.00	4.50	10.05	6.87	0.18	0.43	1.00	1.00
保定	4	6	11	13	0.00	1.00	2.55	4.03	0.17	0.38	0.88	0.96
石家庄	5	6	14	13	5.00	1.00	10.05	4.03	0.20	0.38	1.00	0.96
唐山	3	4	9	12	0.00	0.00	0.60	3.60	0.27	0.32	0.95	0.92
沧州	4	4	6	9	0.00	0.00	0.37		0.17	0.32	0.88	0.79
邯郸	2	3	6	9			0.57			0.30	0.82	0.79
衡水	2	3	7	8			0.17			0.30	0.93	0.75
廊坊	3	3	6	8			0.50			0.15	0.95	0.75
秦皇岛	3	4	8	8			0.20	0.50	0.27	0.32	0.95	0.75
邢台	2	2	6	7							0.88	0.71
张家口	3	4	7	7						0.13	0.32	0.93	0.71
承德	0	2	5	7							0.82	0.67

注：阶段Ⅰ是指2000~2004年；阶段Ⅱ是指2005~2009年；阶段Ⅲ是指2010~2014年；阶段Ⅳ是指2015~2019年。

2. 城市的中介中心度（技术调节能力）

京津冀城市群城市中介中心度的分布与度数中心度表现出极大的不同，四个阶段之间

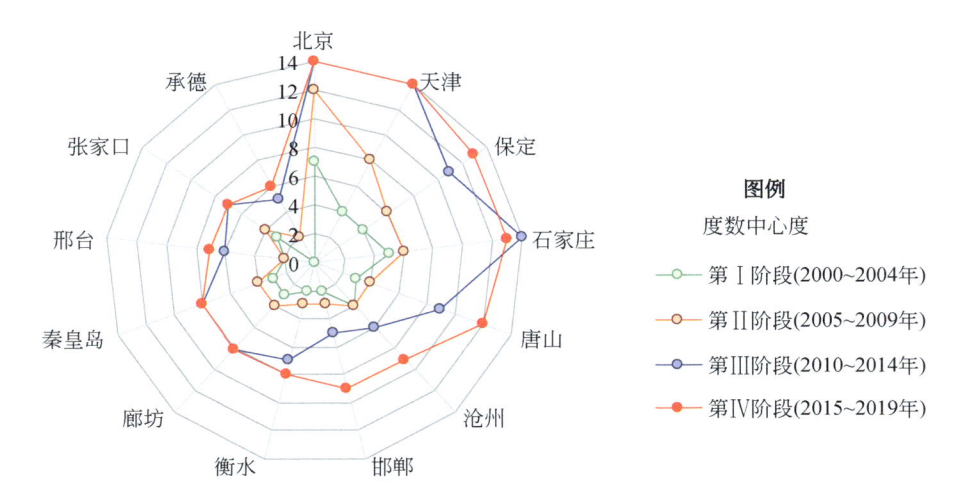

图 4.8　京津冀城市群技术合作网络中城市的度数中心度演变对比

以及阶段内部各城市的中介中心度结果差距极大（图 4.9）。除了北京、天津、石家庄外，其他城市的中介中心度值四个阶段全部在 10 以内。第Ⅳ阶段的最高值为 6.87（北京和天津）、最低值为 0（邢台、张家口、承德），度值分布相对比较平缓；第Ⅰ阶段的最高值为 11（北京）、最低值为 0（天津等 11 个城市均为 0），北京与其余城市的度值分布差距很大。从时间演化看，城市间的差距在第Ⅳ阶段相比第Ⅰ阶段有了一定缩小。第Ⅳ阶段的中介中心度相比第Ⅰ阶段有升有降，其中 10 个城市表现出不同程度的升高，增加最多的是天津（6.87）；有 2 个城市表现为降低，北京（-4.13）、石家庄（-0.97），降幅并不大；但北京相对第Ⅱ阶段的高点，下降十分明显（-23.63）。这些结果表明，京津冀城市群城市对技术知识的调节能力虽然极高值在降低，即北京的绝对控制地位降低，但多数城市的调节能力在提升。

3. 城市的接近中心度（技术通达能力）

京津冀城市群城市接近中心度的分布与度数中心度分布有些类似，较高技术合作能力的城市往往具有较高的技术通达能力（图 4.10）。第Ⅳ阶段接近中心度的前五名分别为北京（1.00）、天津（1.00）、保定（0.96）、石家庄（0.96）、唐山（0.92）；第Ⅰ阶段接近中心度的前五名分别为唐山（0.27）、秦皇岛（0.27）、北京（0.25）、石家庄（0.20）、天津（0.18）。从第Ⅳ阶段接近中心度与第Ⅰ阶段的对比来看，20 年间京津冀城市群各城市的技术通达能力都有不同程度的增长，增长最多的前五名城市分别为天津（0.82）、邯郸（0.79）、保定（0.79）、石家庄（0.76）、北京（0.75），衡水（0.75）与北京并列第五名（表 4.2）。

总体上看，京津冀城市群技术合作网络中的城市地位和功能发生了较大变化，各城市的对外技术合作程度以及通达程度都有不同程度提高，多数城市的控制和协调能力也得到增强。北京和天津具有最高的度数、中介和接近中心度，在技术合作网络中居于核心地位，河北省的省会石家庄节点地位与保定相近，承德、张家口、邢台等城市在城市群技术合作网络中的地位相对边缘，融入程度有待提高（表 4.2）。

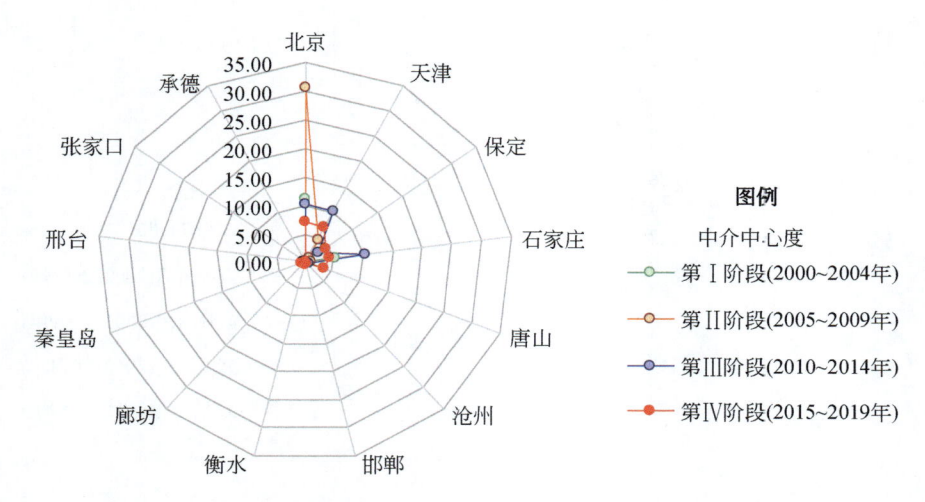

图4.9 京津冀城市群技术合作网络中城市的中介中心度演变对比

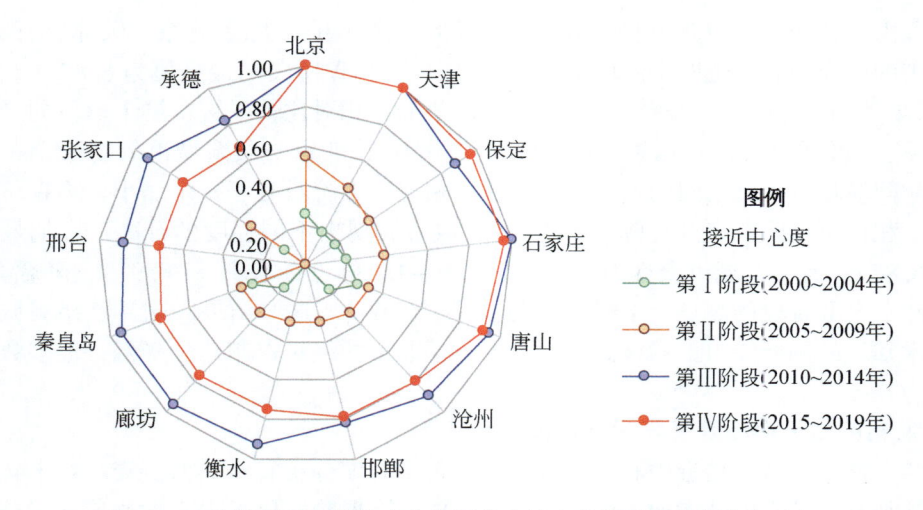

图4.10 京津冀城市群技术合作网络中城市的接近中心度演变对比

(三) 珠江三角洲城市群

1. 城市的度数中心度 (技术合作能力)

从度数中心度的演变阶段来看，各城市在四个阶段同城市群内其他城市开展技术合作的能力都得到了不同程度的提升。第Ⅳ阶段的度数中心度相比第Ⅰ阶段增长最多的城市为中山 (6)。东莞、佛山、珠海、江门、肇庆和惠州的度数中心度都增长了5。东莞、佛山、珠海在第Ⅳ阶段的度数中心度都达到了10，实现与群内全部节点相连接，与广州、深圳并列第一名。第Ⅳ阶段，广州、深圳、东莞、佛山和珠海五个城市的度数中心度都到了最高值 (10) (图4.11)，表明珠江三角洲城市群的技术合作格局呈现出明显的多中心发

| 116 |

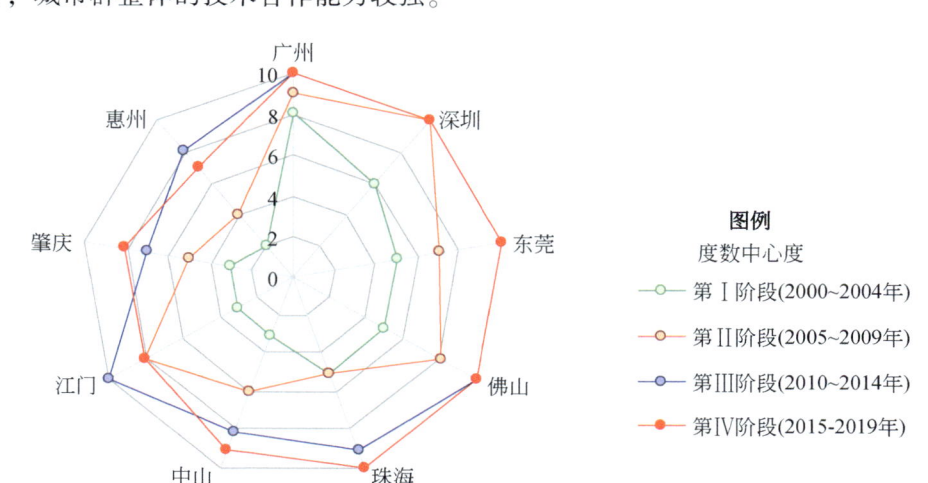

展趋势，城市群整体的技术合作能力较强。

图4.11 珠江三角洲城市群技术合作网络中城市的度数中心度演变对比

2. 城市的中介中心度（技术调节能力）

珠江三角洲城市群城市中介中心度的分布与度数中心度表现出极大的不同，四个阶段之间以及阶段内部各城市的中介中心度结果差距极大，除了Ⅰ阶段和Ⅱ阶段的广州和深圳外，其他中介中心度值拥挤在1.5以内（图4.12）。第Ⅳ阶段的最高值为0.77（广州、深圳、东莞、佛山、珠海、中山并列），最低值为0（江门、肇庆、惠州并列），度值分布相对比较平缓；第Ⅰ阶段的最高值为12（广州）、最低值为0（中山、江门、肇庆、惠州），度值分布差距很大。从时间演化看，两个阶段的城市中介中心度差距在第Ⅳ阶段相比第Ⅰ阶段有了极大缩小。第Ⅳ阶段的中介中心度相比第Ⅰ阶段有升有降，广州和深圳下降幅度较大，除肇庆和惠州外另外7个城市的中介中心度都有了一定提高。这些结果表明，珠江三角洲城市群城市对技术知识的控制和调节能力在第Ⅰ阶段主要集中在广州、深圳，在第Ⅳ阶段东莞、佛山、珠海等次核心城市进步明显，与首位城市的差距逐渐缩小。

3. 城市的接近中心度（技术通达能力）

珠江三角洲城市群城市接近中心度的分布与度数中心度分布有些类似，但接近中心度的差距比度数中心度的差距要小一些（图4.13）。第Ⅳ阶段接近中心度的前五名分别为广州、深圳、东莞、佛山，均为1；第Ⅰ阶段接近中心度的前两名分别为广州（0.13）和深圳（0.11），东莞、佛山、珠海并列第三名（0.10）。从第Ⅳ阶段接近中心度与第Ⅰ阶段的对比来看，20年间珠江三角洲城市群各城市的技术通达能力都有大幅增长，增长最多的城市为珠海、东莞、佛山，都增长了0.9，增长最少的江门、肇庆也有0.8（表4.3）。可见，珠江三角洲城市群各城市节点的技术通达能力都有了较大的提高。

总体上看，珠江三角洲城市群技术合作网络中的城市地位和功能发生了较大变化，各城市的对外技术合作程度以及接近程度都有大幅提高，大多数城市的控制和协调能力也得到增强，超过一半的节点度中心度和接近中心度都达到了最大值。

| 中国城市群的创新格局与路径 |

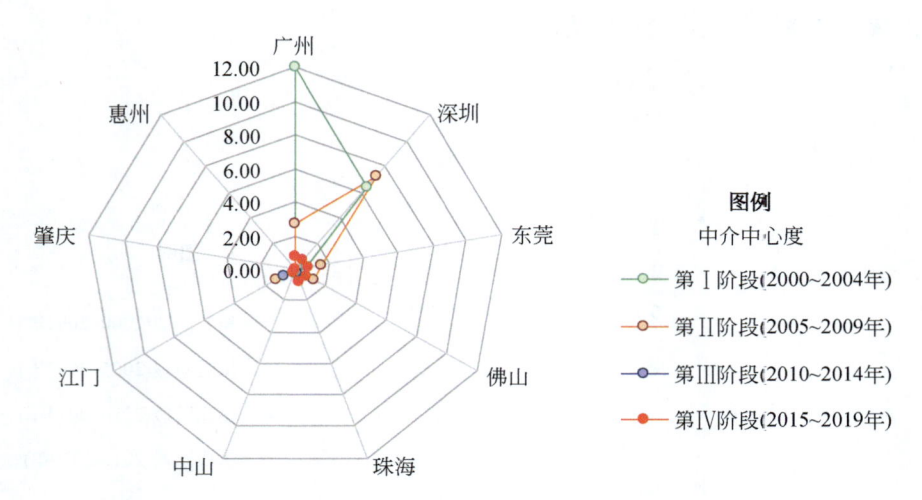

图4.12 珠江三角洲城市群技术合作网络中城市的中介中心度演变对比

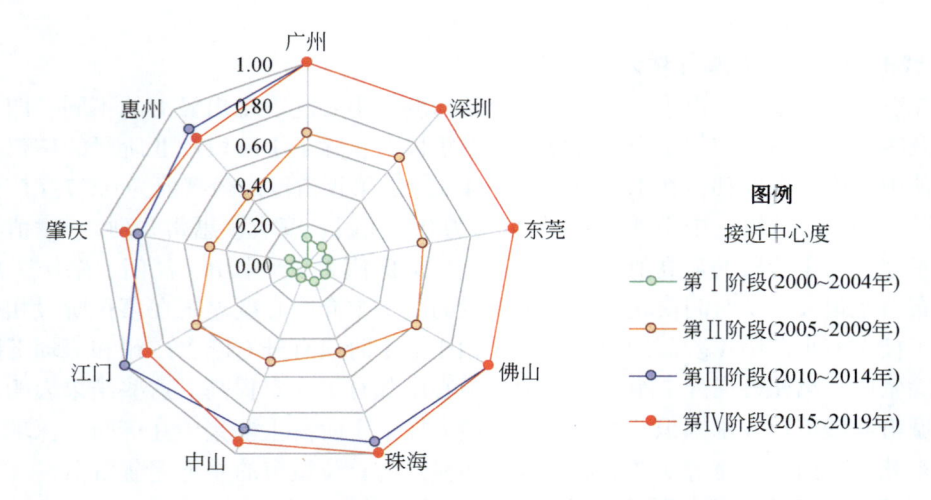

图4.13 珠江三角洲城市群技术合作网络中城市的接近中心度演变对比

表4.3 珠江三角洲城市群技术合作网络各阶段城市中心性测度结果（2000～2019年）

中心性	度数中心度				中介中心度				接近中心度			
阶段	I	II	III	IV	I	II	III	IV	I	II	III	IV
广州	8	9	10	10	12.00	2.75	0.77	0.77	0.13	0.64	1.00	1.00
深圳	6	10	10	10	6.33	7.25	0.77	0.77	0.11	0.69	1.00	1.00
东莞	5	7	10	10	0.67	1.50	0.77	0.77	0.10	0.56	1.00	1.00
佛山	5	8	10	10	0.67	1.25	0.77	0.77	0.10	0.60	1.00	1.00
珠海	5	5	9	10	0.33	0.00	0.17	0.77	0.10	0.47	0.94	1.00
中山	3	6	8	9	0.00	0.00	0.00	0.17	0.07	0.52	0.88	0.94

续表

中心性	度数中心度				中介中心度				接近中心度			
阶段	I	II	III	IV	I	II	III	IV	I	II	III	IV
江门	3	8	10	8	0.00	1.25	0.77	0.00	0.08	0.60	1.00	0.88
肇庆	3	5	7	8	0.00	0.00	0.00	0.00	0.08	0.47	0.81	0.88
惠州	2	4	8	7	0.00	0.00	0.00	0.00	0.00	0.43	0.88	0.81

注：阶段 I 是指 2000~2004 年；阶段 II 是指 2005~2009 年；阶段 III 是指 2010~2014 年；阶段 IV 是指 2015~2019 年。

（四）山东半岛城市群

1. 城市的度数中心度（技术合作能力）

从城市度数中心度的演变来看，除威海和枣庄在第 IV 阶段相比第 III 阶段略有下降外，各城市同城市群内其他城市开展技术合作的能力都得到了不同程度的增长。第 IV 阶段的度数中心度相比第 I 阶段增长最多的城市为济南（13）；增长最少的城市为威海（2）（图 4.14）。第 IV 阶段城市的度数中心度分布相比前三个阶段比较平缓，表明在技术合作能力方面除济南和青岛依旧保持领先外，德州、东营、潍坊等城市地位提升明显，使得山东半岛城市群整体技术合作能力得到提高。

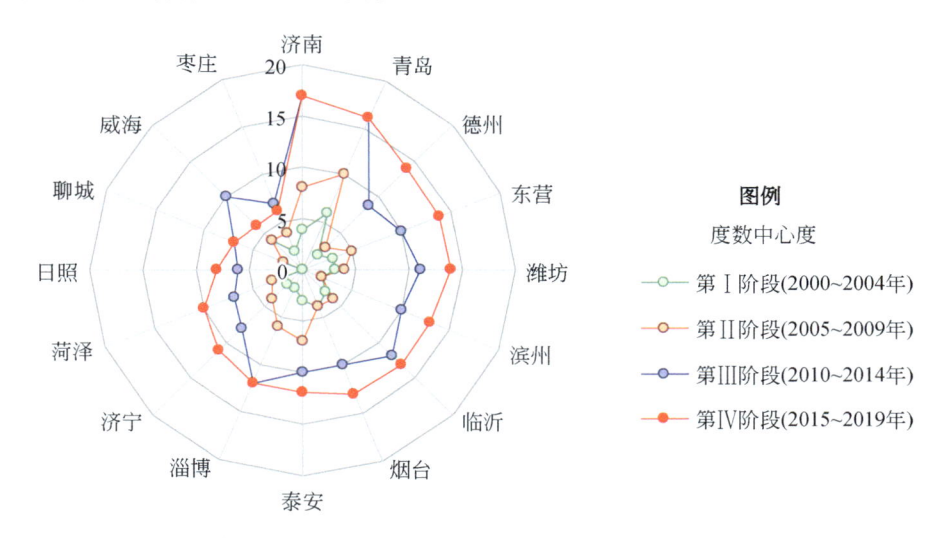

图 4.14 山东半岛城市群技术合作网络中城市的度数中心度演变对比

2. 城市的中介中心度（技术调节能力）

山东半岛城市群城市中介中心度的分布与度数中心度的分布有所不同，四个阶段之间以及阶段内部各城市的中介中心度结果差距极大，除了济南、青岛外，其他城市中介中心度值基本集中在 10 以内（图 4.15）。第 IV 阶段的最高值为 11.40（济南）、最低值为 0（威海）；第 I 阶段的最高值为 17（青岛）、最低值为 0（潍坊等 12 个城市）。随着时间推移，城市中介中心度整体水平呈下降趋势，但城市间中介中心度的差距有所缩减。第Ⅳ阶段的中介中心度相比第Ⅰ阶段有升有降，青岛（-8.57）、烟台（-6.12）、威海（-6）表现为下降，其他节点的中介中心度都有不同程度的提高；提高最多的是济南（5.40）。这些结果表明，第Ⅰ和第Ⅱ阶段在山东半岛城市群中，青岛对技术知识的控制和调节能力非常突出，到第Ⅳ阶段逐渐演变为以济南和青岛为中心的双核结构，城市节点控制和调节能力的差距在缩小。

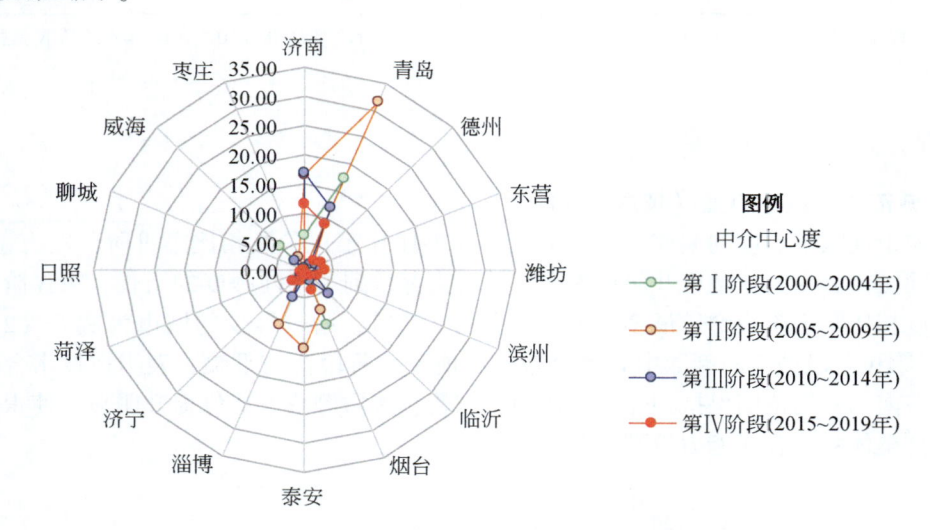

图4.15 山东半岛城市群技术合作网络中城市的中介中心度演变对比

3. 城市的接近中心度（技术通达能力）

山东半岛城市群城市接近中心度的分布与度数中心度分布有些类似（图4.16），较高技术合作能力的城市往往具有较高的技术通达能力。第Ⅳ阶段接近中心度的前五名分别为

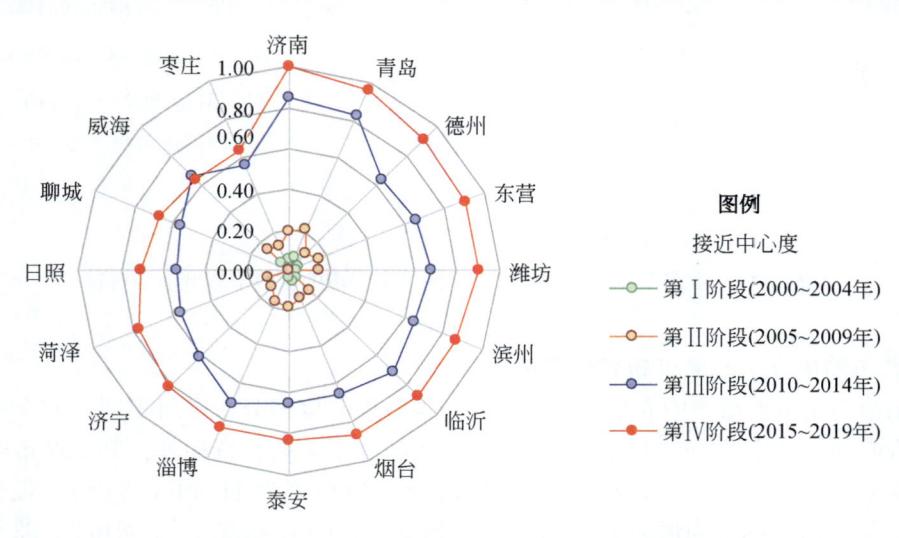

图4.16 山东半岛城市群技术合作网络中城市的接近中心度演变对比

济南（1）、青岛（0.97）、德州（0.90）、东营（0.90）、潍坊（0.90）；第Ⅰ阶段接近中心度的前两名分别为青岛（0.07）和烟台（0.06），济南和威海并列第三名（0.05）。从第Ⅳ阶段与第Ⅰ阶段的对比来看，接近中心度增长最多的三个城市为济南（0.95）、德州（0.90）和青岛（0.90），威海增长最少但增幅也达到了0.58，这说明20年间山东半岛城市群各城市的技术通达能力都有大幅增长（表4.4）。

总体上看，山东半岛城市群技术合作网络中的城市地位和功能发生了较大变化，各城市的对外技术合作程度以及接近程度都有大幅增加，大多数城市的控制和协调能力也得到增强（表4.4）。

表4.4　山东半岛城市群技术合作网络各阶段城市中心性测度结果（2000~2019年）

中心性	度数中心度				中介中心度				接近中心度			
阶段	Ⅰ	Ⅱ	Ⅲ	Ⅳ	Ⅰ	Ⅱ	Ⅲ	Ⅳ	Ⅰ	Ⅱ	Ⅲ	Ⅳ
济南	4	8	17	17	6.00	16.50	16.56	11.40	0.05	0.19	0.84	1.00
青岛	6	10	16	16	17.00	31.50	11.69	8.43	0.07	0.22	0.82	0.97
德州	2	3	9	14	0.00	0.00	1.13	2.26	0.00	0.12	0.62	0.90
东营	3	5	10	14	0.00	0.00	2.22	3.29	0.04	0.16	0.65	0.90
潍坊	3	4	11	14	0.00	0.00	2.74	3.39	0.04	0.14	0.68	0.90
滨州	2	2	10	13	0.00	0.00	2.12	2.42	0.00	0.00	0.65	0.87
临沂	3	4	12	13	0.00	0.00	5.82	1.11	0.04	0.14	0.70	0.87
烟台	4	4	10	13	10.00	7.50	2.34	3.88	0.06	0.14	0.65	0.87
泰安	3	7	10	12	0.00	13.50	1.20	0.86	0.04	0.18	0.65	0.83
淄博	2	6	12	12	0.00	10.50	4.92	2.03	0.00	0.17	0.70	0.83
济宁	2	4	8	11	0.00	1.00	0.93	2.80	0.00	0.12	0.59	0.80
菏泽	2	3	7	10	0.00	0.00	0.41	0.61	0.00	0.11	0.56	0.77
日照	0	2	6	8	0.00	0.00	0.00	0.13	0.00	0.00	0.53	0.70
聊城	2	2	7	7	0.00	0.00	0.29	0.27	0.00	0.00	0.56	0.67
威海	4	4	10	6	6.00	0.00	2.27	0.00	0.05	0.14	0.63	0.63
枣庄	2	4	7	6	0.00	2.50	0.38	0.13	0.00	0.13	0.56	0.63

注：阶段Ⅰ是指2000~2004年；阶段Ⅱ是指2005~2009年；阶段Ⅲ是指2010~2014年；阶段Ⅳ是指2015~2019年。

（五）海峡西岸城市群

1. 城市的度数中心度（技术合作能力）

从城市度数中心度的演变来看，除汕尾度数中心度多年未发生改变外，其余各城市在四个阶段同城市群内其他城市开展技术合作的能力都得到了不同程度的提高（图4.17）。第Ⅳ阶段的度数中心度相比第Ⅰ阶段增长最多的城市为厦门（7）。海峡西岸城市群的11个市第Ⅳ阶段的最高值为11（厦门），最低值为2（汕尾），核心城市与首位城市的差距不断拉大，使得海峡西岸城市群的技术知识合作网络呈现出明显的核心边缘结构。

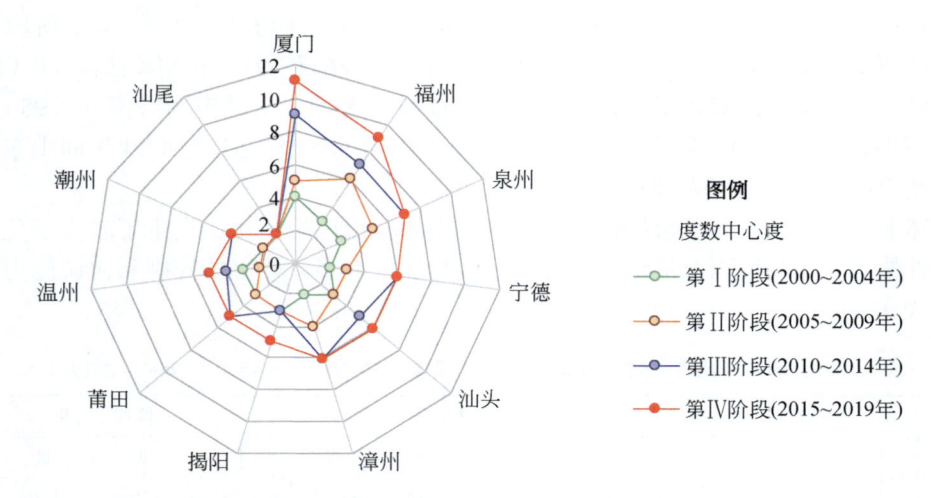

图 4.17　海峡西岸城市群技术合作网络中城市的度数中心度演变对比

2. 城市的中介中心度（技术调节能力）

海峡西岸城市群城市中介中心度的分布与度数中心度有所不同，四个阶段之间以及阶段内部各城市的中介中心度结果差距极大（图 4.18）。第Ⅳ阶段的最高值为 14.50（厦门）、最低值为 0（莆田、温州、潮州、汕尾）；第Ⅰ阶段除了厦门为 1，其余 10 个城市全部为 0。从时间演化看，第Ⅳ阶段的中介中心度相比Ⅰ阶段发生了较大的改变，莆田、温州、潮州、汕尾未发生变化，上升最明显的是厦门（13.5），其他城市的中介中心度提高程度均比较微弱，核心与边缘城市的差距逐渐拉大。

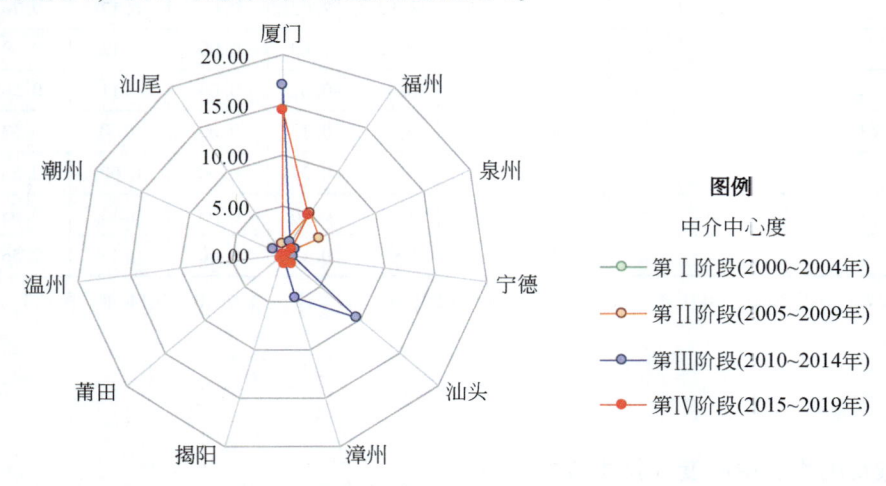

图 4.18　海峡西岸城市群技术合作网络中城市的中介中心度演变对比

3. 城市的接近中心度（技术通达能力）

海峡西岸城市群城市接近中心度的分布与度数中心度分布有些类似（图 4.19），较高技术合作能力的城市往往具有较高的技术通达能力。第Ⅳ阶段接近中心度的前三名分别为厦门（1）、福州（0.89）、泉州（0.78）；第Ⅰ阶段接近中心度分布差异不大，厦门、汕头、揭阳、莆田、温州并列第一名（0.18）。从第Ⅳ阶段接近中心度与第Ⅰ阶段的对比来看，大多城市在20年间技术通达能力都有大幅增长，增长最多的城市为厦门（0.82），只有汕尾的接近中心性增长为0，在四个阶段中一直处在边缘位置，其技术接近通达能力还有待加强。

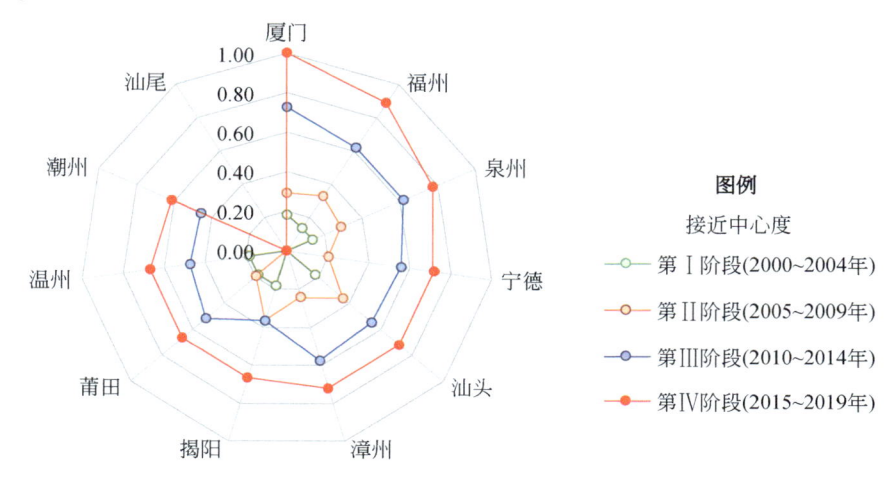

图4.19 海峡西岸城市群技术合作网络中城市的接近中心度演变对比

总体上看，海峡西岸城市群技术合作网络中的城市地位和功能发生了较大变化，除汕尾外，各城市的对外技术合作程度以及接近程度都有大幅提高，大多数城市的控制和协调能力也得到增强（表4.5）。

表4.5 海峡西岸城市群技术合作网络各阶段城市中心性测度结果（2000~2019年）

中心性	度数中心度				中介中心度				接近中心度			
阶段	Ⅰ	Ⅱ	Ⅲ	Ⅳ	Ⅰ	Ⅱ	Ⅲ	Ⅳ	Ⅰ	Ⅱ	Ⅲ	Ⅳ
厦门	4	5	9	11	1.00	1.00	17.00	14.50	0.18	0.29	0.73	1.00
福州	3	6	7	9	0.00	5.00	1.50	4.67	0.14	0.33	0.62	0.89
泉州	3	5	7	7	0.00	4.00	1.50	1.00	0.14	0.29	0.62	0.78
宁德	2	3	6	6	0.00	0.00	1.00	0.33	0.00	0.21	0.56	0.72
汕头	3	3	5	6	0.00	0.00	9.50	1.33	0.18	0.36	0.55	0.72
漳州	2	4	6	6	0.00	0.00	4.50	0.83	0.00	0.24	0.58	0.72
揭阳	3	3	3	5	0.00	0.00	0.00	0.33	0.18	0.36	0.36	0.67
莆田	3	3	5	5	0.00	0.00	0.00	0.00	0.18	0.19	0.52	0.67
温州	3	2	4	5	0.00	0.00	0.00	0.00	0.18	0.00	0.47	0.67
潮州	2	2	4	4	0.00	0.00	1.00	0.00	0.00	0.00	0.45	0.61
汕尾	2	2	2	2	0.00	0.00	0.00	0.00	0.00	0.00	0.00	0.00

注：阶段Ⅰ是指2000~2004年；阶段Ⅱ是指2005~2009年；阶段Ⅲ是指2010~2014年；阶段Ⅳ是指2015~2019年。

（六）长江中游城市群

1. 城市的度数中心度（技术合作能力）

从城市度数中心度的演变来看，相比第Ⅰ阶段，各城市在第Ⅳ阶段同城市群内其他城市开展技术合作的能力都得到了不同程度的增长，但也有部分城市的度数中心度相比第Ⅲ阶段有所回落（图4.20）。第Ⅳ阶段的度数中心度相比第Ⅰ阶段增长最多的城市为武汉（16）；只有鄂州增长为0。第Ⅳ阶段长江中游城市群的31个城市的最高值为23（武汉），其次是南昌和长沙，其他城市的度数中心度水平均在5左右，呈现出明显的核心边缘结构。

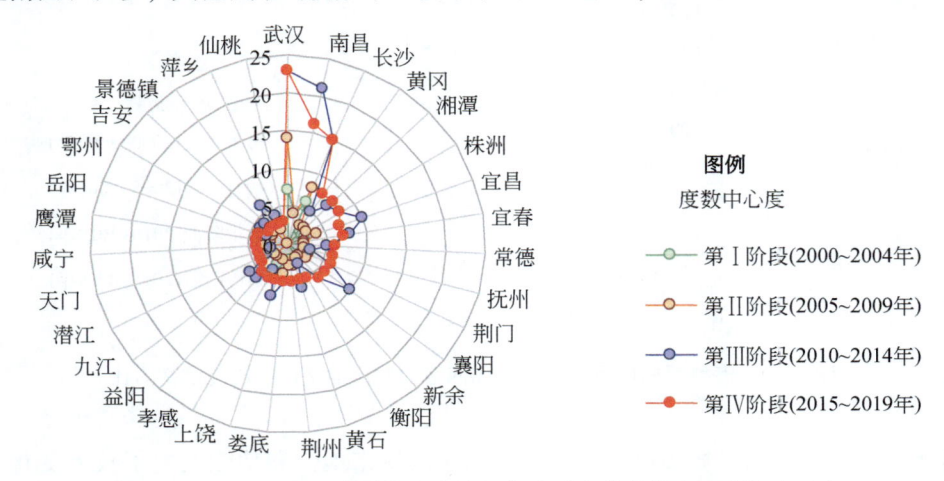

图 4.20　长江中游城市群技术合作网络中城市的度数中心度演变对比

2. 城市的中介中心度（技术调节能力）

长江中游城市群城市中介中心度的分布与度数中心度有所不同，四个阶段之间以及阶段内部各城市的中介中心度结果差距极大，武汉、南昌和长沙数值极高，其他城市都在30以内（图4.21）。第Ⅳ阶段的最高值为210.42（武汉）、最低值0（黄石等12个城市）；

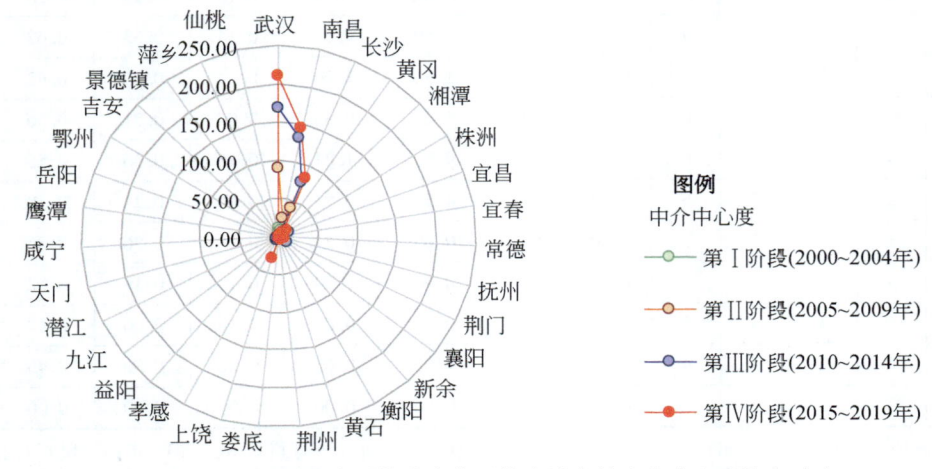

图 4.21　长江中游城市群技术合作网络中城市的中介中心度演变对比

第Ⅰ阶段的最高值为10（武汉）、最低值0（上饶等28个城市）。从时间演化看，第Ⅳ阶段相比第Ⅰ阶段核心与边缘城市的中介中心度差距明显拉大。武汉、南昌和长沙的中介中心度在第Ⅳ阶段相比第Ⅰ阶段有较大的提升，提高最多的是武汉（200.42）（表4.6）。这些结果表明，长江中游城市群中武汉对技术知识的控制和调节能力最为突出。

表4.6 长江中游城市群技术合作网络各阶段城市中心性测度结果（2000~2019年）

中心性	度数中心度				中介中心度				接近中心度			
阶段	Ⅰ	Ⅱ	Ⅲ	Ⅳ	Ⅰ	Ⅱ	Ⅲ	Ⅳ	Ⅰ	Ⅱ	Ⅲ	Ⅳ
武汉	7	14	23	23	10.00	89.50	168.27	210.42	0.12	0.14	0.75	0.84
南昌	4	4	21	16	4.00	22.90	130.98	143.80	0.08	0.09	0.72	0.73
长沙	6	8	15	15	9.00	39.50	75.52	82.98	0.11	0.11	0.63	0.71
黄冈	0	3	5	8	0.00	0.00	0.00	7.80	0.00	0.08	0.46	0.58
湘潭	2	3	7	8	0.00	0.00	1.41	4.17	0.00	0.07	0.49	0.50
株洲	2	3	8	8	0.00	0.00	7.18	13.29	0.00	0.07	0.53	0.56
宜昌	2	4	10	7	0.00	0.00	12.88	9.18	0.00	0.08	0.56	0.54
宜春	0	2	8	7	0.00	0.00	6.76	5.70	0.00	0.08	0.52	0.56
常德	2	2	5	7	0.00	0.00	1.00	3.41	0.00	0.08	0.47	0.54
抚州	3	2	3	6	0.00	0.00	0.00	7.54	0.07	0.08	0.40	0.51
荆门	3	3	6	6	0.00	0.00	0.20	2.00	0.07	0.08	0.49	0.54
襄阳	2	3	10	6	0.00	0.00	12.63	2.90	0.00	0.08	0.56	0.54
新余	0	2	6	6	0.00	0.00	2.78	5.94	0.00	0.08	0.47	0.56
衡阳	1	2	3	5	0.00	0.00	0.00	1.59	0.00	0.07	0.37	0.52
黄石	3	3	4	5	0.00	0.00	1.00	0.00	0.07	0.08	0.50	0.52
荆州	2	3	5	5	0.00	0.00	0.00	0.75	0.00	0.08	0.47	0.50
娄底	3	4	5	5	0.00	0.00	0.00	3.03	0.00	0.09	0.46	0.52
上饶	2	2	7	5	0.00	0.00	4.47	29.00	0.00	0.08	0.47	0.47
孝感	3	4	4	5	0.00	0.00	0.00	1.50	0.07	0.08	0.44	0.53
益阳	2	2	6	5	0.00	0.00	0.86	0.00	0.00	0.08	0.48	0.45
九江	2	2	6	4	0.00	0.00	3.07	0.00	0.00	0.08	0.49	0.51
潜江	0	0	3	4	0.00	0.00	0.00	0.00	0.00	0.00	0.41	0.48
天门	0	0	2	4	0.00	0.00	0.00	0.00	0.00	0.00	0.00	0.48
咸宁	3	3	4	4	0.00	0.00	0.00	0.00	0.07	0.08	0.46	0.51
鹰潭	3	2	4	4	0.00	0.00	0.00	0.00	0.06	0.08	0.46	0.51
岳阳	3	2	4	4	0.00	0.00	0.00	0.00	0.07	0.08	0.37	0.44
鄂州	3	2	4	4	0.00	0.00	0.00	0.00	0.07	0.08	0.46	0.46
吉安	2	2	3	4	0.00	0.00	0.00	0.00	0.00	0.08	0.42	0.43
景德镇	2	0	6	4	0.00	0.00	0.99	0.00	0.00	0.00	0.46	0.33
萍乡	2	2	4	4	0.00	0.00	0.00	0.00	0.00	0.08	0.43	0.43
仙桃	0	3	3	3	0.00	0.00	0.00	0.00	0.00	0.08	0.41	0.46

注：阶段Ⅰ是指2000~2004年；阶段Ⅱ是指2005~2009年；阶段Ⅲ是指2010~2014年；阶段Ⅳ是指2015~2019年。

3. 城市的接近中心度（技术通达能力）

长江中游城市群城市接近中心度的分布相对更为平缓（图 4.22）。第Ⅳ阶段接近中心度的前三名分别为武汉（0.84）、南昌（0.73）、长沙（0.71）；第Ⅰ阶段接近中心度的前三名分别为武汉（0.12）、南昌（0.11）、长沙（0.08）。从第Ⅳ阶段接近中心度与第Ⅰ阶段的对比来看，20 年间长江中游城市群各城市的技术接近能力都有大幅增长，尤其是第Ⅲ阶段相比第Ⅱ阶段增幅最大，武汉、南昌和长沙一直都是接近中心度最高的三个城市，增长最多的城市为武汉，增长了 0.72，增长最少的景德镇也有 0.33。可见，长江中游城市群各城市节点的接近通达能力都有了较大的提高。

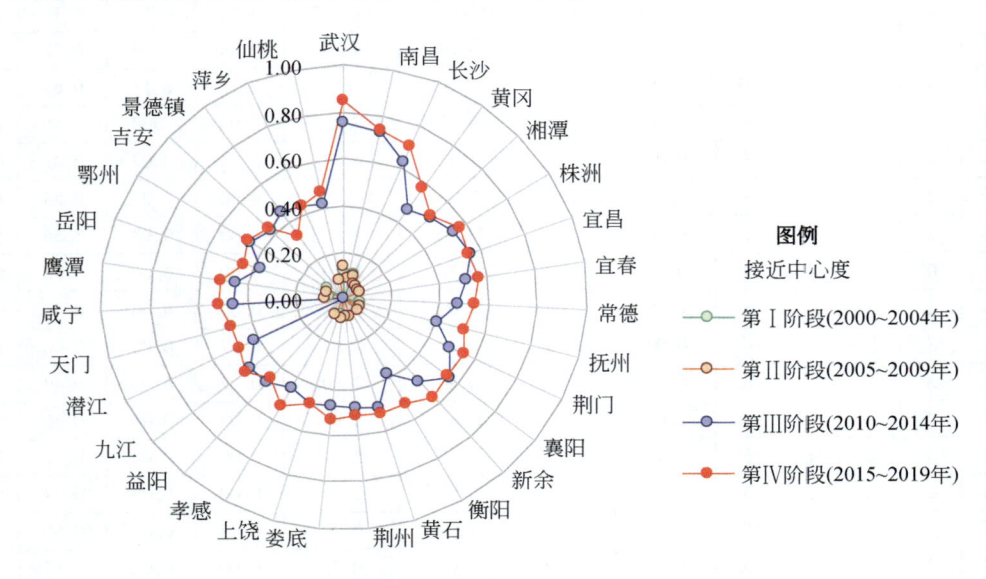

图 4.22 长江中游城市群技术合作网络中城市的接近中心度演变对比

总体上看，长江中游城市群技术合作网络中的城市地位和功能发生了较大变化，各城市的对外技术合作程度以及接近程度都有大幅增加，大多数城市的控制和协调能力也得到增强。

（七）成渝城市群

1. 城市的度数中心度（技术合作能力）

从城市度数中心度的演变来看，各城市在四个阶段同城市群内其他城市开展技术合作的能力都得到了不同程度的增长（图 4.23）。第Ⅳ阶段的度数中心度相比第Ⅰ阶段增长最多的城市为重庆，增长了 7，仅有达州的度数中心度未发生增长。成渝城市群 16 个城市的度数中心度在第Ⅳ阶段相比前几个阶段分布更为平缓，但度值差距仍较大。成都和重庆分别是合作网络的核心和次核心，呈现一定的核心边缘结构（表 4.7）。

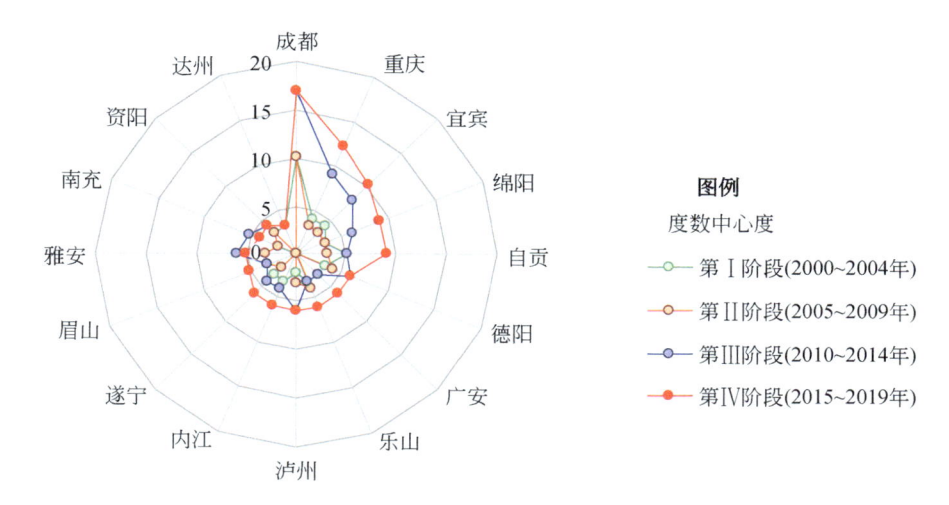

图 4.23　成渝城市群技术合作网络中城市的度数中心度演变对比

表 4.7　成渝城市群技术合作网络各阶段城市中心性测度结果（2000～2019 年）

中心性	度数中心度				中介中心度				接近中心度			
阶段	Ⅰ	Ⅱ	Ⅲ	Ⅳ	Ⅰ	Ⅱ	Ⅲ	Ⅳ	Ⅰ	Ⅱ	Ⅲ	Ⅳ
成都	10	10	17	17	39.00	43.00	79.33	58.17	0.24	0.22	0.73	1.00
重庆	4	3	9	12	0.00	0.00	5.00	9.17	0.16	0.13	0.54	0.83
宜宾	4	3	8	10	9.00	0.00	3.17	4.17	0.13	0.13	0.51	0.77
绵阳	3	3	6	9	0.00	0.00	0.33	2.25	0.14	0.13	0.46	0.73
自贡	5	3	4	9	16.00	0.00	0.00	2.75	0.17	0.10	0.44	0.73
德阳	3	4	6	6	0.00	9.00	0.33	0.00	0.14	0.14	0.46	0.63
广安	0	0	3	6	0.00	0.00	0.00	0.00	0.00	0.00	0.39	0.63
乐山	3	4	3	6	0.00	9.00	0.00	1.00	0.14	0.14	0.39	0.63
泸州	2	3	6	6	0.00	0.00	0.33	0.00	0.00	0.13	0.46	0.63
内江	3	0	4	6	0.00	0.00	0.00	1.00	0.14	0.00	0.41	0.63
遂宁	3	2	4	6	0.00	0.00	0.00	0.00	0.14	0.00	0.41	0.63
眉山	0	3	3	5	0.00	0.00	0.00	0.00	0.00	0.10	0.39	0.60
雅安	0	3	6	5	0.00	0.00	1.50	0.50	0.00	0.13	0.46	0.60
南充	2	2	5	4	0.00	0.00	0.00	0.00	0.00	0.00	0.44	0.57
资阳	3	3	4	4	0.00	0.00	0.00	0.00	0.14	0.13	0.41	0.57
达州	3	0	3	4	0.00	0.00	0.00	0.00	0.10	0.00	0.39	0.53

注：阶段Ⅰ是指 2000～2004 年；阶段Ⅱ是指 2005～2009 年；阶段Ⅲ是指 2010～2014 年；阶段Ⅳ是指 2015～2019 年。

2. 城市的中介中心度（技术调节能力）

成渝城市群城市中介中心度的分布与度数中心度有所不同，四个阶段之间以及阶段内部各城市的中介中心度结果差距极大（图4.24）。第Ⅳ阶段的最高值为58.17（成都）、最低值0（德阳等8个城市）；第Ⅰ阶段除了成都（39）、自贡（16）、宜宾（9），其他13个城市全部为0。从时间演化看，城市节点第Ⅳ阶段的中介中心度相比Ⅰ阶段发生了较大的改变，可以分为三种类型：增长型、稳定型、降低型。增长型包括成都、重庆、绵阳、乐山、内江、雅安，增长最多的成都，第Ⅳ阶段相比Ⅰ阶段增长了19.17；稳定型包括德阳、广安、泸州、遂宁、眉山、南充、资阳、达州，中介中心度未发生改变；降低型只有宜宾和自贡，分别降低了4.83和13.25。

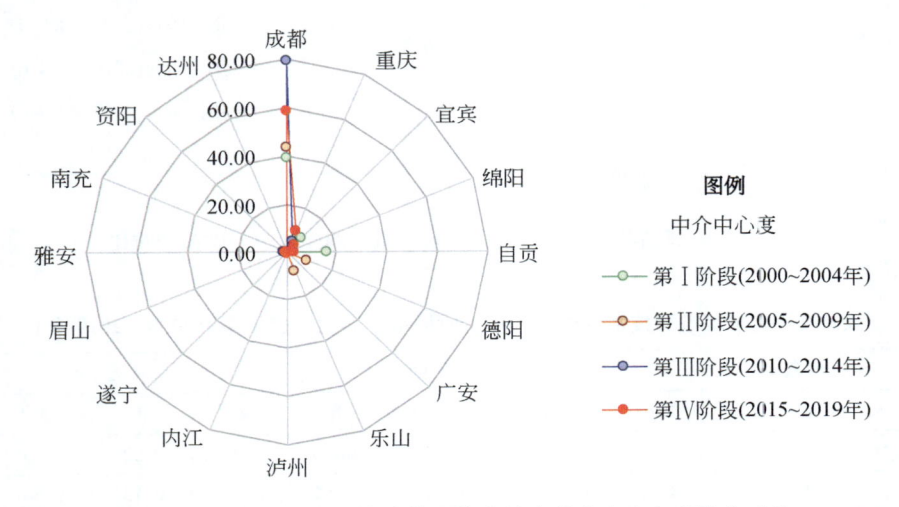

图4.24　成渝城市群技术合作网络中城市的中介中心度演变对比

3. 城市的接近中心度（技术通达能力）

成渝城市群城市接近中心度的分布与度数中心度分布有些类似（图4.25），较高技术合作能力的城市往往具有较高的技术通达能力。第Ⅳ阶段接近中心度的前三名分别为成都（1）、重庆（0.83）、宜宾（0.77）；第Ⅰ阶段接近中心度差异不大，前三名分别为成都（0.24）、自贡（0.17）、重庆（0.16）。从第Ⅳ阶段接近中心度与第Ⅰ阶段的对比来看，所有城市节点在20年间技术接近能力都大幅增长，增长最多的城市为成都，增长了0.76，增长最少的达州和资阳也有0.43。可见，成渝城市群大部分城市节点的通达能力都有了较大的提高。

总体上看，成渝城市群技术合作网络中的城市地位和功能发生了较大变化，各城市的对外技术合作程度以及接近程度都有大幅增加，大多数城市的控制和协调能力也得到增强。

（八）哈长城市群

1. 城市的度数中心度（技术合作能力）

从城市度数中心度的演变来看，各城市（自治州）在四个阶段同城市群内其他城市开展技术合作的能力都得到了一定程度的增长，但大多数城市增长幅度较小（图4.26）。第

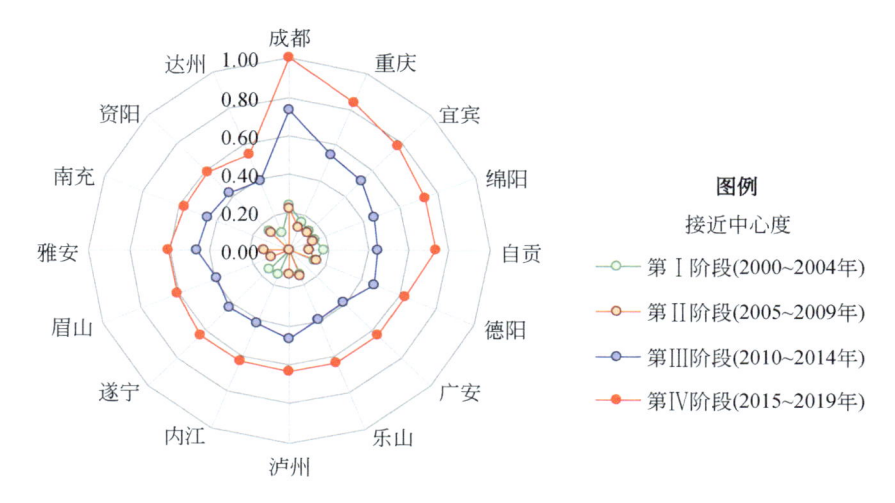

| 第四章 | 中国城市群创新网络模拟与特征分析

图 4.25　成渝城市群技术合作网络中城市的接近中心度演变对比

Ⅳ阶段的度数中心度相比第Ⅰ阶段增长最多的城市为长春，增长了 5；辽源、松原、牡丹江、齐齐哈尔只增长了 1；大庆和绥化的度数中心度未发生增长。哈长城市群的 11 个城市（自治州）第Ⅳ阶段的最高值为 8（哈尔滨、吉林、长春并列），最低值为 3（大庆、牡丹江、齐齐哈尔、绥化），哈长城市群技术合作网络的多中心结构比较明显，哈尔滨、吉林和长春是三个中心城市。

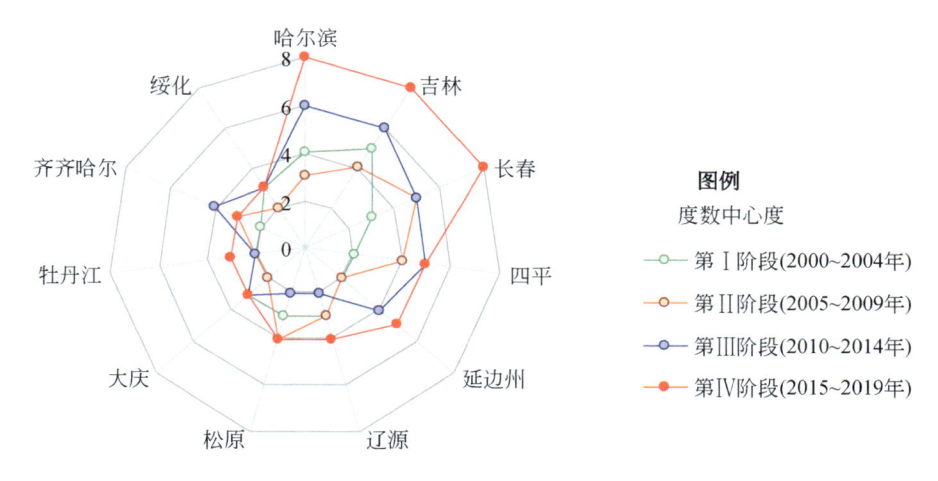

图 4.26　哈长城市群技术合作网络中城市的度数中心度演变对比

2. 城市的中介中心度（技术调节能力）

哈长城市群城市中介中心度的分布与度数中心度有所不同，四个阶段之间以及阶段内部各城市的中介中心度结果差距更大（图 4.27）。第Ⅳ阶段除了哈尔滨（30）、吉林（12.50）、长春（12.50），其他 8 个城市（自治州）中介中心度全部为 0。从时间演化看，城市节点第Ⅳ阶段的中介中心度相比第Ⅰ阶段变化不大，除了哈尔滨、吉林、长春增长

| 129 |

外，其他城市（自治州）基本未发生变化。

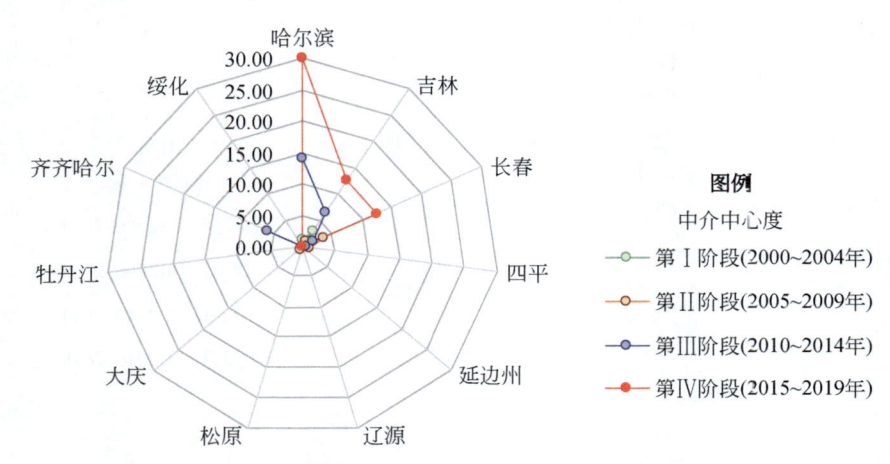

图4.27　哈长城市群技术合作网络中城市的中介中心度演变对比

3. 城市的接近中心度（技术通达能力）

哈长城市群城市接近中心度的分布与度数中心度分布有些类似，较高技术合作能力的城市往往具有较高的技术通达能力（图4.28）。第Ⅳ阶段接近中心度最高值为0.8（哈尔滨、吉林和长春并列）；第Ⅰ阶段接近中心度最大值为0.31（哈尔滨和吉林）。从第Ⅳ阶段接近中心度与第Ⅰ阶段的对比来看，所有城市节点在20年间技术接近能力都出现增长，增长最多的城市为长春（0.59）；增长最少的是大庆和绥化（0.25）。可见，哈长城市群城市节点的通达能力都有了较大的提高。

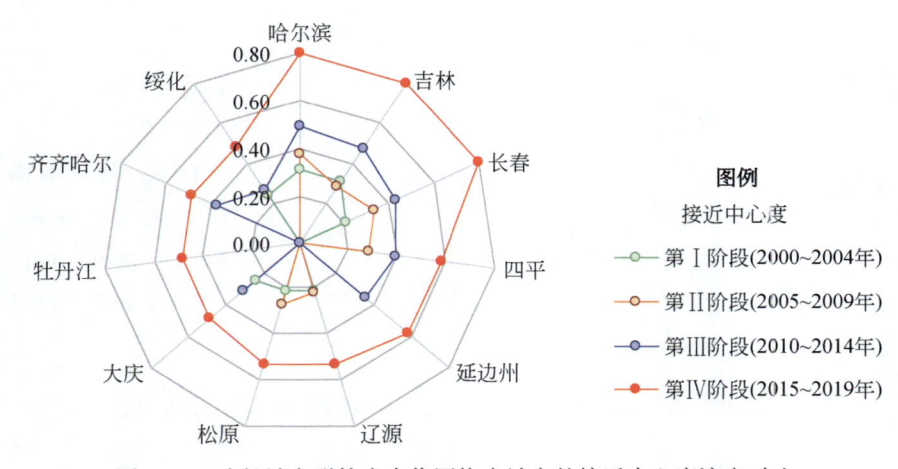

图4.28　哈长城市群技术合作网络中城市的接近中心度演变对比

总体上看，哈长城市群技术合作网络中各城市的对外技术合作程度以及接近程度都有一定程度增加。但从中介中心度的结果来看，除了哈尔滨、吉林、长春的控制和协调能力得到增强外，大部分城市的控制协调能力没有显著变化（表4.8）。

表 4.8　哈长城市群技术合作网络各阶段城市中心性测度结果（2000~2019年）

中心性	度数中心度				中介中心度				接近中心度			
阶段	I	II	III	IV	I	II	III	IV	I	II	III	IV
哈尔滨	4	3	6	8	1.00	0.00	14.00	30.00	0.31	0.38	0.49	0.8
吉林	5	4	6	8	3.00	1.00	6.50	12.50	0.31	0.28	0.48	0.8
长春	3	5	5	8	0.00	3.50	2.00	12.50	0.21	0.33	0.43	0.8
四平	2	4	5	5	0.00	1.00	0.50	0.00	0.00	0.28	0.39	0.58
延边州	2	2	4	5	0.00	0.00	0.00	0.00	0.00	0.00	0.35	0.58
辽源	3	3	2	4	0.00	0.00	0.00	0.00	0.21	0.22	0.00	0.53
松原	3	4	2	4	0.00	0.50	0.00	0.00	0.21	0.27	0.00	0.53
大庆	3	2	2	3	0.00	0.00	0.00	0.00	0.23	0.00	0.31	0.48
牡丹江	2	2	2	3	0.00	0.00	0.00	0.00	0.00	0.00	0.00	0.48
齐齐哈尔	2	3	2	3	0.00	0.00	6.00	0.00	0.00	0.38	0.37	0.48
绥化	3	2	3	3	0.00	0.00	0.00	0.00	0.23	0.00	0.27	0.48

注：阶段 I 是指 2000~2004 年；阶段 II 是指 2005~2009 年；阶段 III 是指 2010~2014 年；阶段 IV 是指 2015~2019 年。

（九）辽中南城市群

1. 城市的度数中心度（技术合作能力）

从城市度数中心度的演变来看，各城市在四个阶段同城市群内其他城市开展技术合作的能力都得到了不同程度的增长（图 4.29）。第 IV 阶段的度数中心度相比第 I 阶段增长最多的城市为沈阳和大连（10），说明沈阳和大连在辽中南城市群技术合作网络中的地位日益提升。辽中南城市群的 12 个城市第 IV 阶段度数中心性最高的为沈阳（13），其次为大连（12），呈现出较明显的双核心结构。

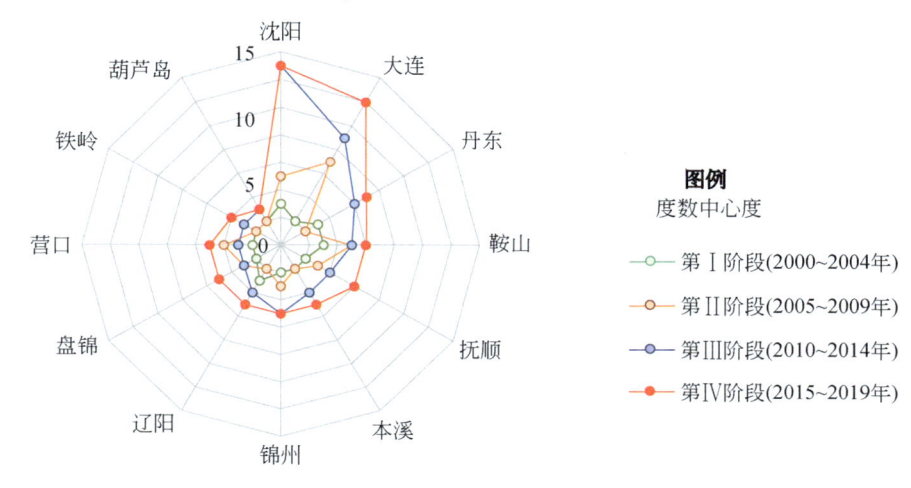

图 4.29　辽中南城市群技术合作网络中城市的度数中心度演变对比

2. 城市的中介中心度（技术调节能力）

辽中南城市群城市中介中心度的分布与度数中心度有所不同，四个阶段之间以及阶段内部各城市的中介中心度结果差距极大（图4.30）。第Ⅳ阶段的最高值为24.17（沈阳）、最低值为0（本溪等7个城市）；第Ⅰ阶段全部为0，城市群内部还未出现能够承担技术合作"中介"功能的城市。从时间演化看，20年间仅有沈阳（24.17）、大连（14.17）增长明显，丹东（1）小幅增长，其他城市第Ⅳ阶段的中介中心度相比Ⅰ阶段没有发生变化。

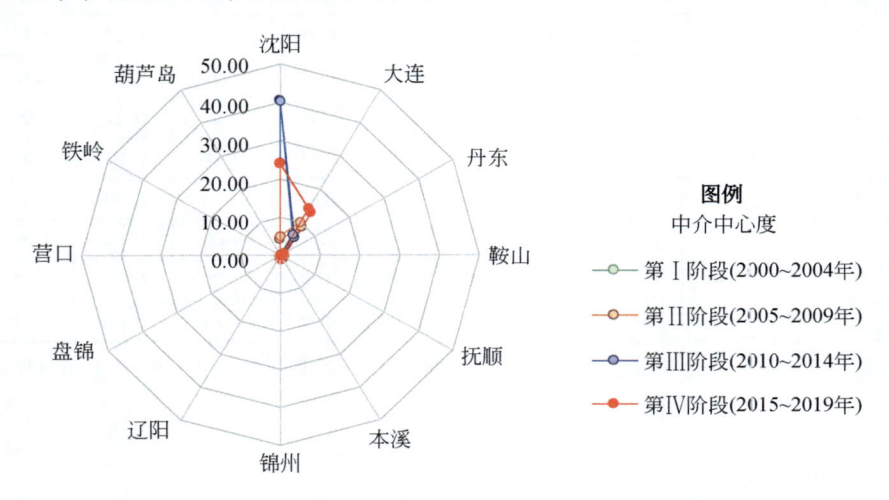

图4.30 辽中南城市群技术合作网络中城市的中介中心度演变对比

3. 城市的接近中心度（技术通达能力）

辽中南城市群城市接近中心度的分布比较平缓（图4.31）。第Ⅳ阶段接近中心度的前三名分别为沈阳（1）、大连（0.95）、丹东（0.73）；第Ⅰ阶段接近中心度差异不大，沈阳、丹东、鞍山、辽阳为0.08，其他城市均为0。从第Ⅳ阶段接近中心度与第Ⅰ阶段的对

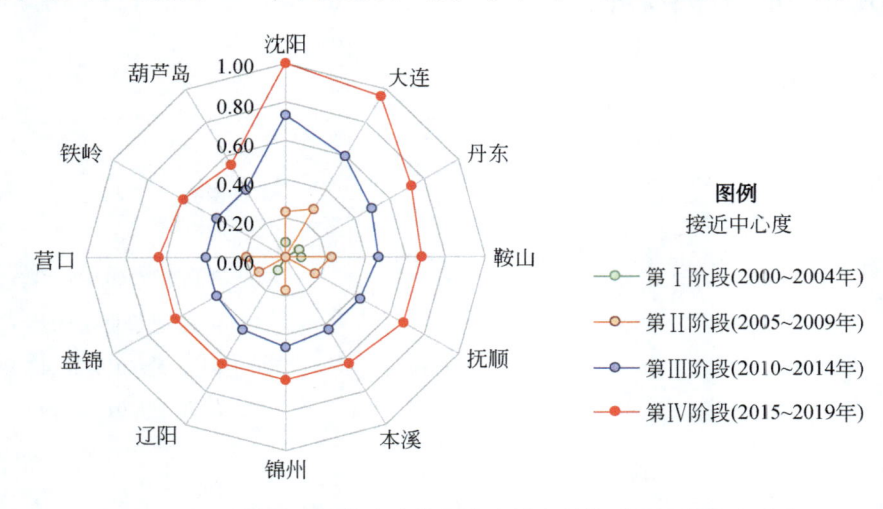

图4.31 辽中南城市群技术合作网络中城市的接近中心度演变对比

比来看，所有城市节点在 20 年间技术通达能力都大幅增长，增长最多的城市为大连，增长了 0.95，增长最少的葫芦岛也有 0.55。可见，辽中南城市群大部分城市节点的技术通达能力都有了较大的提高。

总体上看，辽中南城市群各城市的对外技术合作程度以及接近程度都有大幅增加；但只有沈阳和大连的控制和协调能力得到明显的增强（表 4.9）。

表 4.9　辽中南城市群技术合作网络各阶段城市中心性测度结果（2000~2019 年）

中心性	度数中心度				中介中心度				接近中心度			
阶段	Ⅰ	Ⅱ	Ⅲ	Ⅳ	Ⅰ	Ⅱ	Ⅲ	Ⅳ	Ⅰ	Ⅱ	Ⅲ	Ⅳ
沈阳	3	5	13	13	0.00	5.00	40.33	24.17	0.08	0.23	0.73	1.00
大连	2	7	9	12	0.00	10.00	6.33	14.17	0.00	0.28	0.60	0.95
丹东	3	2	6	7	0.00	0.00	0.33	1.00	0.08	0.00	0.50	0.73
鞍山	3	5	5	6	0.00	1.00	0.00	0.33	0.08	0.23	0.47	0.68
抚顺	2	3	4	6	0.00	0.00	0.00	0.33	0.00	0.17	0.43	0.68
本溪	2	2	4	6	0.00	0.00	0.00	0.00	0.00	0.00	0.43	0.64
锦州	2	3	5	5	0.00	0.00	0.00	0.00	0.00	0.17	0.47	0.64
辽阳	3	3	5	5	0.00	0.00	0.00	0.00	0.08	0.00	0.47	0.64
盘锦	2	3	3	5	0.00	0.00	0.00	0.00	0.00	0.15	0.40	0.64
营口	2	4	5	5	0.00	0.00	0.00	0.00	0.00	0.20	0.47	0.64
铁岭	2	2	3	4	0.00	0.00	0.00	0.00	0.00	0.00	0.40	0.59
葫芦岛	2	2	3	3	0.00	0.00	0.00	0.00	0.00	0.00	0.40	0.55

注：阶段Ⅰ是指 2000~2004 年；阶段Ⅱ是指 2005~2009 年；阶段Ⅲ是指 2010~2014 年；阶段Ⅳ是指 2015~2019 年。

（十）中原城市群

1. 城市的度数中心度（技术合作能力）

从城市度数中心度的演变来看，各城市在四个阶段同城市群内其他城市开展技术合作的能力都得到了不同程度的增长（图 4.32）。第Ⅳ阶段的度数中心度相比第Ⅰ阶段增长最多的城市为郑州，增长了 10。中原城市群的 14 个城市第Ⅳ阶段度数中心性最高为郑州（13），最低为亳州（2），各城市的技术合作能力从高到低均匀下降，反映出中原城市群的技术合作能力层级分布比较均匀。

2. 城市的中介中心度（技术调节能力）

中原城市群城市中介中心度的分布与度数中心度有所不同，四个阶段之间以及阶段内部各城市的中介中心度结果差距极大（图 4.33）。第Ⅳ阶段的最高值为 30.42（郑州）、最低值 0（济源等 6 个城市）；第Ⅰ阶段全部为 0。从时间演化看，除了郑州（30.42）和焦作（16.58）增幅明显，其他城市第Ⅳ阶段的中介中心度相比Ⅰ阶段没有发生很大的变化。

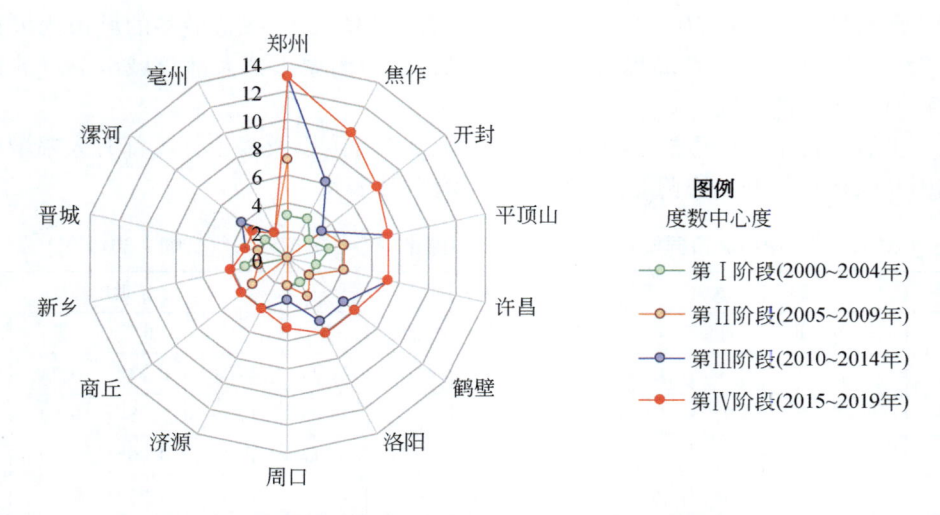

图 4.32 中原城市群技术合作网络中城市的度数中心度演变对比

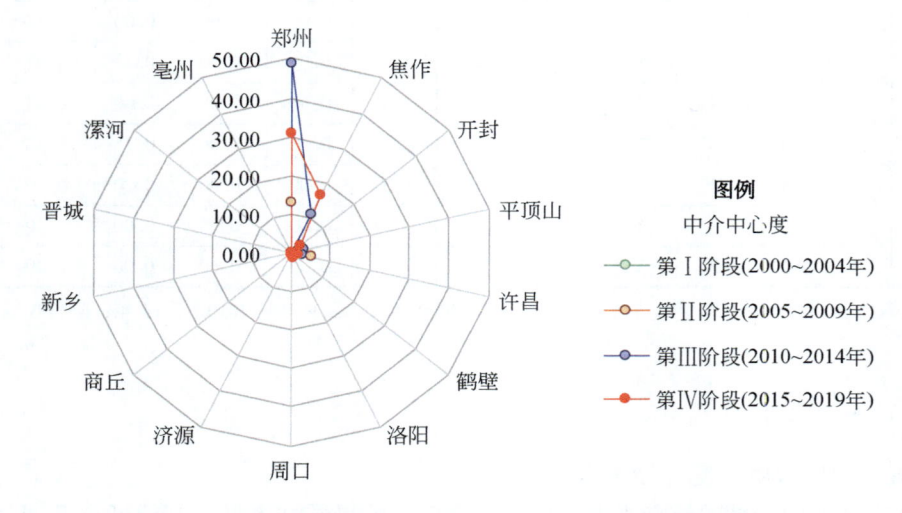

图 4.33 中原城市群技术合作网络中城市的中介中心度演变对比

3. 城市的接近中心度（技术通达能力）

中原城市群城市接近中心度的分布与度数中心度分布有些类似（图 4.34），较高技术合作能力的城市往往具有较高的技术通达能力。第Ⅳ阶段接近中心度的前三名分别为郑州（0.96）、焦作（0.83）、开封（0.75）；第Ⅰ阶段接近中心度差异不大，郑州、焦作、平顶山、新乡为 0.07，其他城市均为 0。从第Ⅳ阶段接近中心度与第Ⅰ阶段的对比来看，除了亳州未发生变化，其他城市节点在 20 年间技术通达能力都大幅增长，增长最多的城市为郑州，增长了 0.89。

总体上看，中原城市群各城市的对外技术合作程度以及接近程度都有大幅增加；但只有郑州和焦作的控制和协调能力得到明显的增强（表 4.10）。

| 134 |

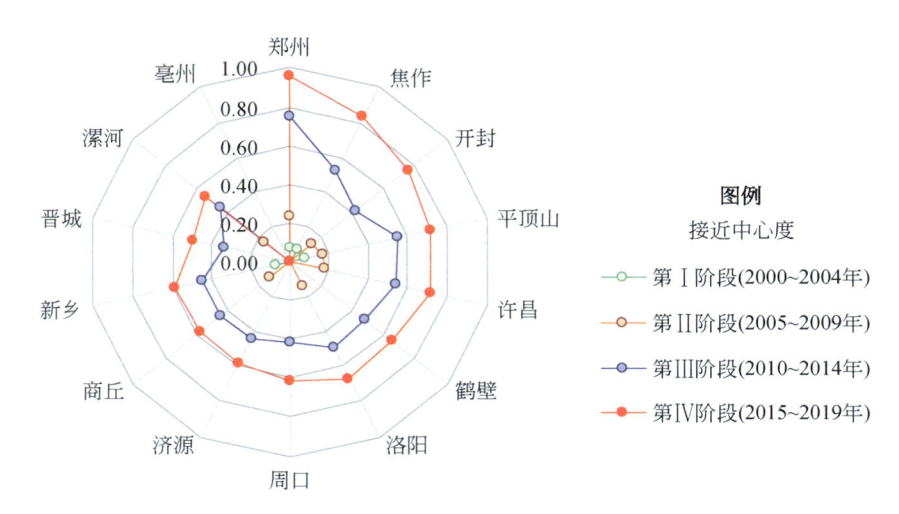

图4.34 中原城市群技术合作网络中城市的接近中心度演变对比

表4.10 中原城市群技术合作网络各阶段城市中心性测度结果（2000～2019年）

中心性	度数中心度				中介中心度				接近中心度			
阶段	Ⅰ	Ⅱ	Ⅲ	Ⅳ	Ⅰ	Ⅱ	Ⅲ	Ⅳ	Ⅰ	Ⅱ	Ⅲ	Ⅳ
郑州	3	7	13	13	0.00	13.00	48.50	30.42	0.07	0.24	0.75	0.96
焦作	3	0	6	10	0.00	0.00	11.00	16.58	0.07	0.00	0.52	0.83
开封	2	3	3	8	0.00	0.00	0.00	2.83	0.00	0.14	0.41	0.75
平顶山	3	4	7	7	0.00	0.00	3.00	0.83	0.07	0.17	0.55	0.71
许昌	2	4	7	7	0.00	5.00	2.50	2.00	0.00	0.17	0.54	0.71
鹤壁	2	2	5	6	0.00	0.00	0.00	0.58	0.00	0.00	0.48	0.65
洛阳	2	3	5	6	0.00	0.00	0.00	1.50	0.00	0.14	0.49	0.67
周口	2	2	3	5	0.00	0.00	0.00	0.25	0.00	0.00	0.41	0.61
济源	0	0	4	4	0.00	0.00	0.00	0.00	0.00	0.00	0.44	0.58
商丘	0	3	4	4	0.00	0.00	0.00	0.00	0.00	0.12	0.44	0.57
新乡	3	2	4	4	0.00	0.00	0.00	0.00	0.07	0.00	0.44	0.58
晋城	2	2	3	3	0.00	0.00	0.00	0.00	0.00	0.00	0.33	0.49
漯河	2	4	4	3	0.00	0.00	0.00	0.00	0.00	0.17	0.44	0.53
亳州	0	2	2	2	0.00	0.00	0.00	0.00	0.00	0.00	0.00	0.00

注：阶段Ⅰ是指2000～2004年；阶段Ⅱ是指2005～2009年；阶段Ⅲ是指2010～2014年；阶段Ⅳ是指2015～2019年。

（十一）北部湾城市群

1. 城市的度数中心度（技术合作能力）

从城市度数中心度的分布来看，北部湾城市群的11个城市第Ⅳ阶段的最高值为7（南宁），最低值为 3（崇左、阳江），城市间差异整体不大（表 4.11，图 4.35）。第 I 阶段总体较弱，最高值为 3（南宁、钦州、儋州、海口并列），最低值为 0（防城港、北海并列）。从城市度数中心度的演变来看，各城市在四个阶段同城市群内其他城市开展技术合作的能力都得到了不同程度的增长。第 IV 阶段的度数中心度相比第 I 阶段增长最多的城市为防城港，从 0 增长至 6，技术合作能力增长较多。

表 4.11　北部湾城市群技术合作网络各阶段城市中心性测度结果（2000~2019 年）

中心性	度数中心度				中介中心度				接近中心度			
阶段	I	II	III	IV	I	II	III	IV	I	II	III	IV
南宁	3	2	8	7	0.00	0.00	25.50	12.50	0.13	0.00	0.72	0.66
防城港	0	0	4	6	0.00	0.00	0.00	25.00	0.00	0.00	0.48	0.65
钦州	3	3	4	6	0.00	0.00	0.00	3.50	0.13	0.13	0.48	0.61
湛江	2	3	6	6	0.00	0.00	3.50	23.00	0.00	0.13	0.56	0.60
北海	0	2	4	5	0.00	0.00	7.50	0.00	0.00	0.00	0.58	0.56
儋州	3	3	5	4	0.00	0.00	7.50	0.00	0.13	0.13	0.58	0.45
海口	3	3	4	4	0.00	0.00	0.00	0.00	0.13	0.13	0.47	0.45
茂名	2	2	4	4	0.00	0.00	0.00	24.00	0.00	0.00	0.47	0.57
玉林	2	2	2	4	0.00	0.00	0.00	0.00	0.00	0.00	0.43	0.47
崇左	2	2	2	3	0.00	0.00	0.00	0.00	0.00	0.00	0.43	0.42
阳江	2	2	2	3	0.00	0.00	0.00	0.00	0.00	0.00	0.00	0.40

注：阶段 I 是指 2000~2004 年；阶段 II 是指 2005~2009 年；阶段 III 是指 2010~2014 年；阶段 IV 是指 2015~2019 年。

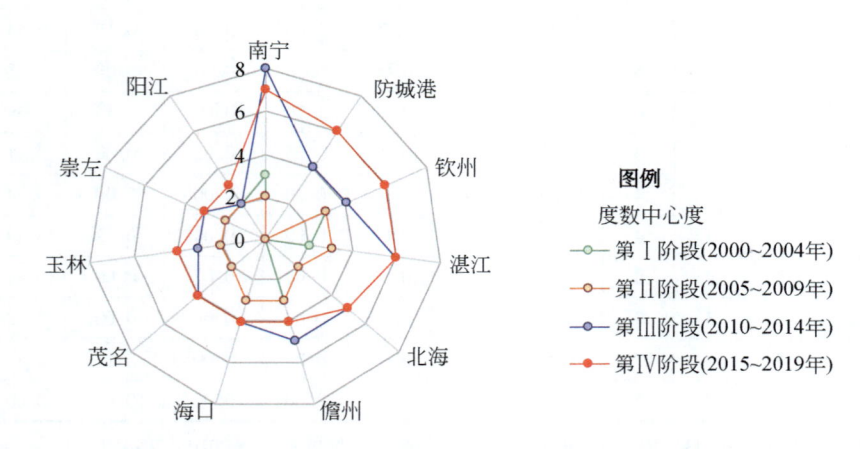

图 4.35　北部湾城市群技术合作网络中城市的度数中心度演变对比

2. 城市的中介中心度（技术调节能力）

北部湾城市群城市中介中心度的分布与度数中心度有所不同，四个阶段之间以及阶段内部各城市的中介中心度结果差距极大（图 4.36）。第 IV 阶段的最高值为 25（防城港），茂名（24）、湛江（23）紧随其后，最低值0（海口等6个城市）；第Ⅰ阶段则全部为0。从时间演化看，第Ⅳ阶段的中介中心度相比Ⅰ阶段有5个城市发生了增长，分别为南宁（12.5）、防城港（25）、钦州（3.5）、湛江（23）和茂名（24），其中防城港增长最多。

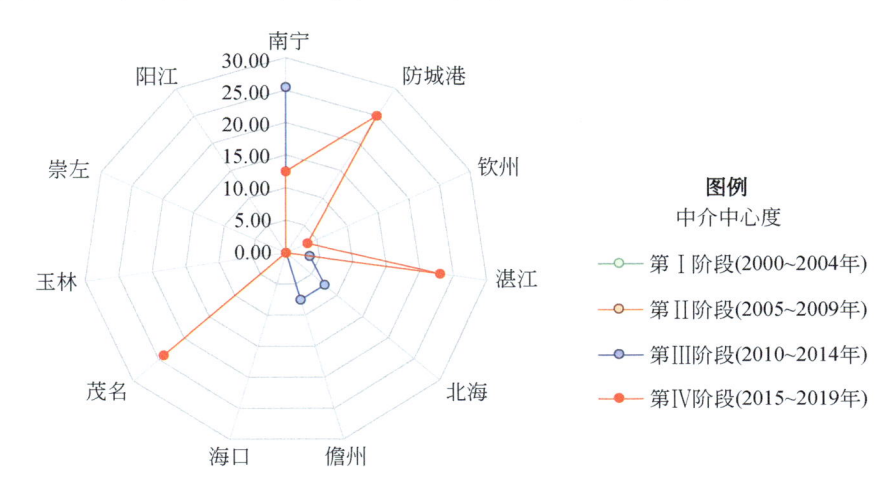

图4.36 北部湾城市群技术合作网络中城市的中介中心度演变对比

3. 城市的接近中心度（技术通达能力）

北部湾城市群城市接近中心度的分布与度数中心度分布有些类似（图4.37）。第Ⅳ阶段接近中心度的前三名分别为南宁（0.66）、防城港（0.65）、钦州（0.61），接近中心度差异不大；第Ⅰ阶段，南宁、钦州、儋州、海口为0.13，其他城市均为0。从第Ⅳ阶段接近中心度与第Ⅰ阶段的对比来看，各城市节点在20年间技术通达能力都大幅增长，增长最多的城市为城防港，增长了0.65。

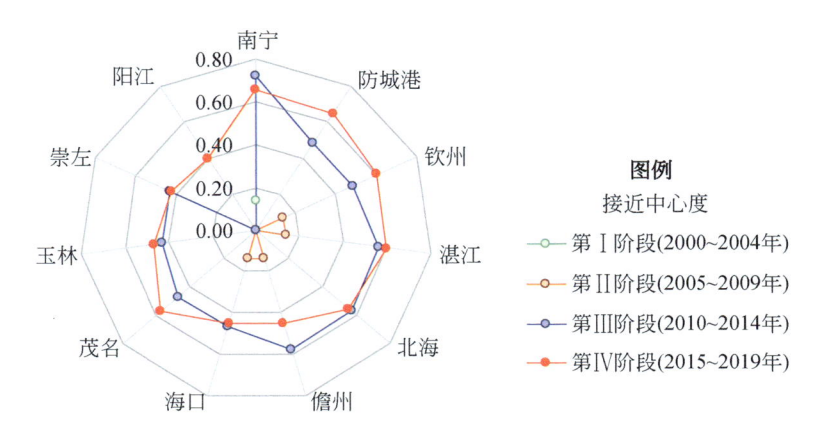

图4.37 北部湾城市群技术合作网络中城市的接近中心度演变对比

总体上看，北部湾城市群各城市的对外技术合作程度以及接近程度都有大幅增加，部分城市的控制和协调能力得到明显的增强（表4.11）。

| 137 |

(十二) 天山北坡城市群

1. 城市的度数中心度（技术合作能力）

从城市度数中心度的分布来看，天山北坡城市群的7个城市（自治州）第Ⅳ阶段的最高值为7（乌鲁木齐），最低值为3［五家渠、伊犁州（部分）］。第Ⅰ阶段乌鲁木齐、昌吉州、克拉玛依、石河子为2，其他城市为0。从城市度数中心度的演变来看，各城市（自治州）在四个阶段同城市群内其他城市开展技术合作的能力都得到了不同程度的增长，但增长幅度总体很小（表4.12，图4.38）。第Ⅳ阶段的度数中心度相比第Ⅰ阶段增长最多的城市为乌鲁木齐，增长了5。

表4.12 天山北坡城市群技术合作网络各阶段城市中心性测度结果（2000~2019年）

中心性	度数中心度				中介中心度				接近中心度			
阶段	Ⅰ	Ⅱ	Ⅲ	Ⅳ	Ⅰ	Ⅱ	Ⅲ	Ⅳ	Ⅰ	Ⅱ	Ⅲ	Ⅳ
乌鲁木齐	2	3	6	7	0.00	0.00	11.00	11.50	0.00	0.13	0.70	0.92
昌吉州	2	2	4	5	0.00	0.00	0.00	0.50	0.00	0.00	0.52	0.72
克拉玛依	2	3	4	4	0.00	0.00	8.00	0.00	0.00	0.13	0.58	0.64
石河子	2	2	4	4	0.00	0.00	5.00	5.00	0.00	0.00	0.51	0.67
吐鲁番	0	0	4	4	0.00	0.00	0.00	0.00	0.00	0.00	0.52	0.64
五家渠	0	0	3	3	0.00	0.00	0.00	0.00	0.00	0.00	0.38	0.47
伊犁州（部分）	0	0	3	3	0.00	0.00	0.00	0.00	0.00	0.00	0.45	0.56

注：阶段Ⅰ是指2000~2004年；阶段Ⅱ是指2005~2009年；阶段Ⅲ是指2010~2014年；阶段Ⅳ是指2015~2019年。

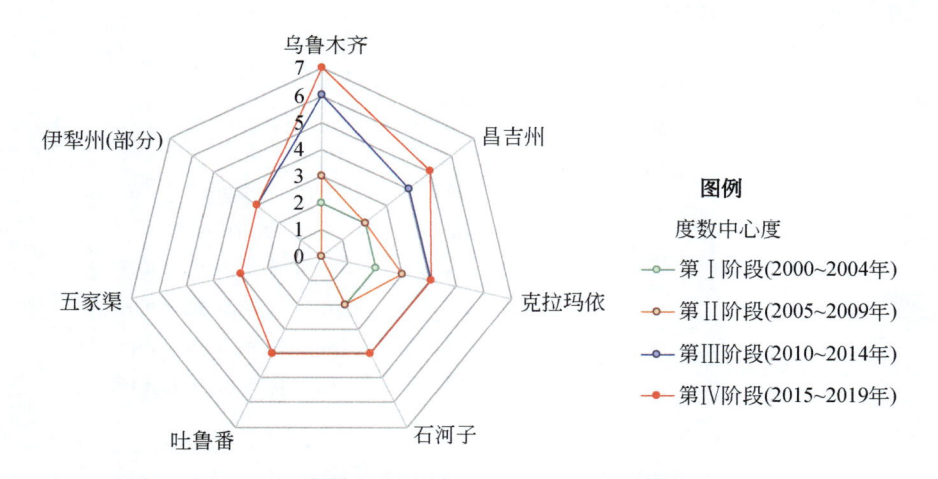

图4.38 天山北坡城市群技术合作网络中城市的度数中心度演变对比

2. 城市的中介中心度（技术调节能力）

天山北坡城市群城市中介中心度的分布与度数中心度有所不同，四个阶段之间以及阶段内部各城市的中介中心度结果差距极大（图4.39）。第Ⅳ阶段的最高值为11.5（乌鲁木齐）、最低值0［克拉玛依等4个城市（自治州）］；第Ⅰ阶段全部为0。从时间演化看，第Ⅳ阶段的中介中心度相比Ⅰ阶段有3个城市（自治州）发生了增长，乌鲁木齐增长最多，增长了11.5。

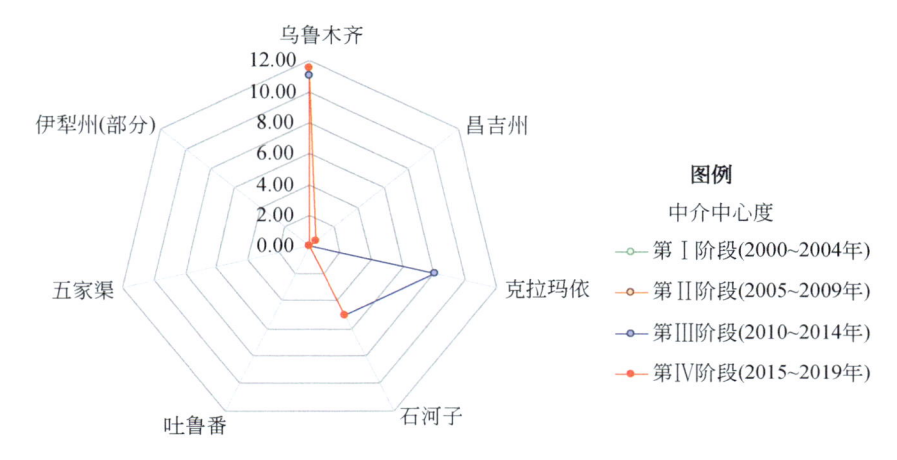

图4.39　天山北坡城市群技术合作网络中城市的中介中心度演变对比

3. 城市的接近中心度（技术通达能力）

天山北坡城市群城市接近中心度的分布与度数中心度分布有些类似（图4.40）。第Ⅳ阶段接近中心度最高的3个城市（自治州）是乌鲁木齐（0.92）、昌吉州（0.72）、石河子（0.67）；第Ⅰ阶段接近中心度均为0。从第Ⅳ阶段接近中心度与第Ⅰ阶段的对比来看，各城市节点在20年间技术接近能力都大幅增长。

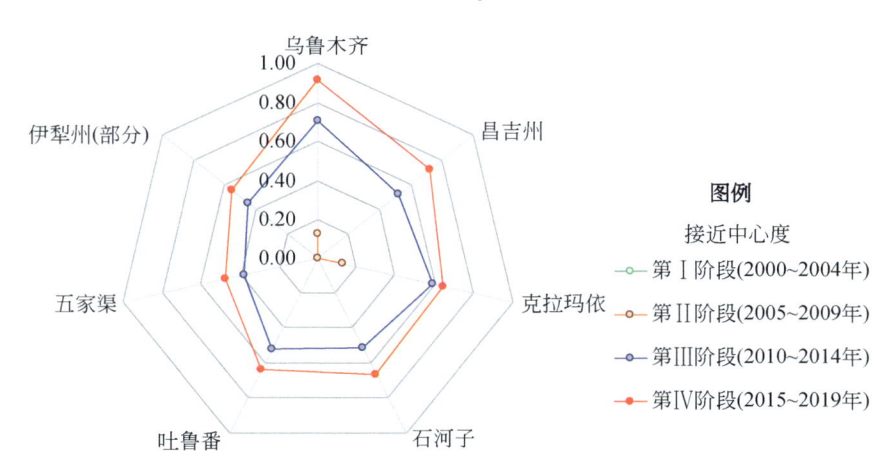

图4.40　天山北坡城市群技术合作网络中城市的接近中心度演变对比

总体上看，天山北坡城市群各城市的对外技术合作程度以及接近程度都有大幅增加，部分城市的控制和协调能力得到明显的增强。

(十三) 关中平原城市群

1. 城市的度数中心度（技术合作能力）

从城市度数中心度的分布来看，关中平原城市群的 11 个城市第Ⅳ阶段的最高值为 9（西安），最低值为 2（临汾、庆阳）（表 4.13，图 4.41）。第Ⅰ阶段最高值为 4（西安），最低值为 0（商洛等 4 个城市）。从城市度数中心度的演变来看，第Ⅳ阶段的度数中心度相比第Ⅰ阶段，除了临汾外，各城市在 4 个阶段同城市群内其他城市开展技术合作的能力都得到了不同程度的增长。西安、天水、铜川、运城、临汾和庆阳呈先增后降的趋势，咸阳、平凉、商洛、渭南呈持续增长趋势，宝鸡则呈先降后增态势。

表 4.13　关中平原城市群技术合作网络各阶段城市中心性测度结果（2000~2019 年）

中心性	度数中心度				中介中心度				接近中心度			
阶段	Ⅰ	Ⅱ	Ⅲ	Ⅳ	Ⅰ	Ⅱ	Ⅲ	Ⅳ	Ⅰ	Ⅱ	Ⅲ	Ⅳ
西安	4	5	12	9	1.00	2.00	41.50	22.00	0.21	0.38	1.00	0.94
咸阳	3	4	5	6	0.00	0.00	0.50	7.00	0.16	0.31	0.76	0.75
宝鸡	3	2	4	5	0.00	0.00	0.00	0.00	0.16	0.00	0.70	0.69
渭南	2	3	4	5	0.00	0.00	0.00	0.00	0.25	0.64	0.69	
平凉	0	0	3	3	0.00	0.00	0.00	0.00	0.00	0.64	0.48	
商洛	0	2	3	3	0.00	0.00	0.00	0.00	0.00	0.64	0.54	
天水	2	2	4	3	0.00	0.00	0.00	0.00	0.00	0.70	0.54	
铜川	0	4	3	3	0.00	0.00	0.00	0.00	0.31	0.64	0.54	
运城	2	2	4	3	0.00	0.00	0.00	0.00	0.00	0.70	0.54	
临汾	2	3	3	2	0.00	0.00	0.00	0.00	0.28	0.64	0.00	
庆阳	0	2	4	2	0.00	0.00	0.00	0.00	0.00	0.70	0.00	

注：阶段Ⅰ是指 2000~2004 年；阶段Ⅱ是指 2005~2009 年；阶段Ⅲ是指 2010~2014 年；阶段Ⅳ是指 2015~2019 年。

2. 城市的中介中心度（技术调节能力）

关中平原城市群城市中介中心度的分布与度数中心度有所不同，4 个阶段之间以及阶段内部各城市的中介中心度结果差距极大（图 4.42）。第Ⅳ阶段除西安（22）和咸阳（7）外，其余 10 个城市都为 0；第Ⅰ阶段除西安为 1 外，其他城市全部为 0。

3. 城市的接近中心度（技术通达能力）

关中平原城市群城市接近中心度的分布与度数中心度分布有些类似（图 4.43）。第Ⅳ阶段接近中心度最高的城市是西安（0.94），最低的临汾和庆阳为 0；第Ⅰ阶段接近中心度除了西安（0.21）、咸阳（0.16）和宝鸡（0.16）外，其他城市均为 0。从第Ⅳ阶段接近中心度与第Ⅰ阶段的对比来看，除了临汾和庆阳，各城市节点在 20 年间技术通达能力都大幅增长，增长最多的城市为西安，增长了 0.73。

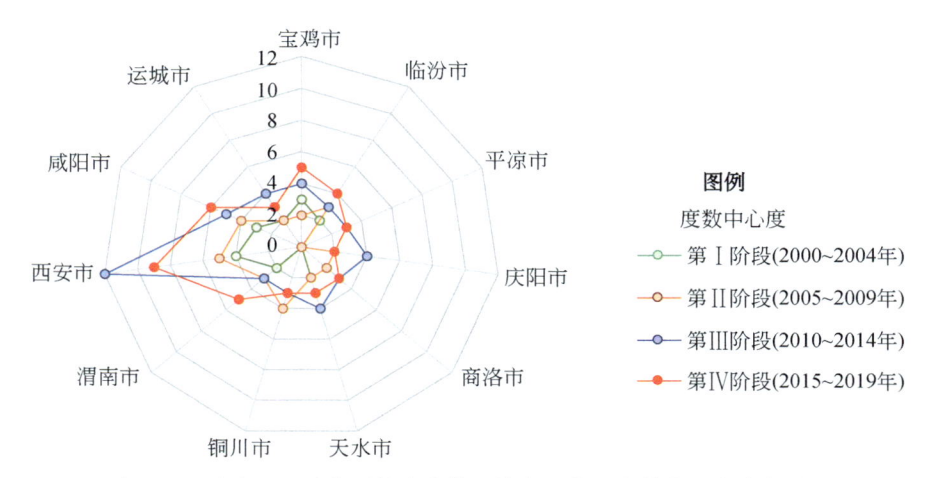

| 第四章 | 中国城市群创新网络模拟与特征分析

图 4.41　关中平原城市群技术合作网络中城市的度数中心度演变对比

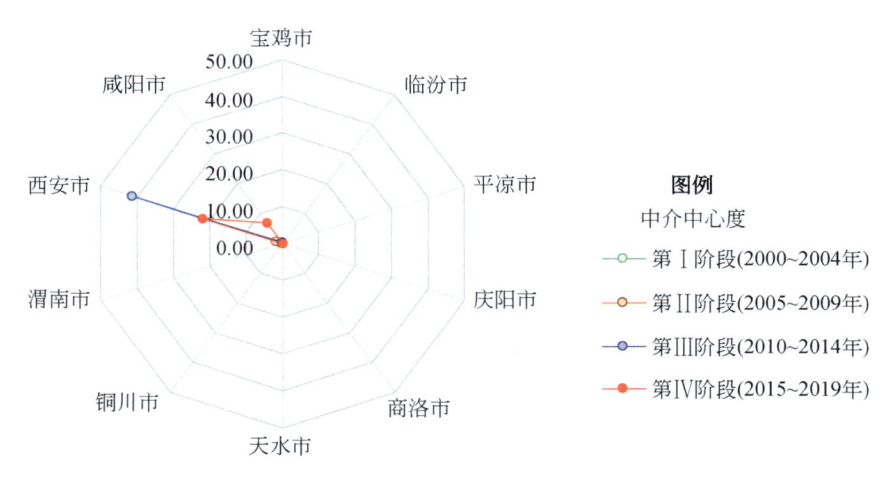

图 4.42　关中平原城市群技术合作网络中城市的中介中心度演变对比

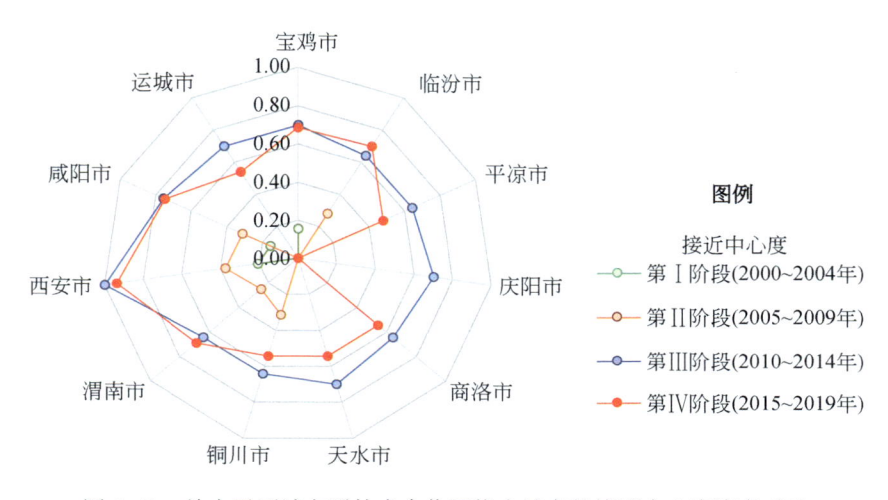

图 4.43　关中平原城市群技术合作网络中城市的接近中心度演变对比

| 141 |

总体上看，关中平原城市群各城市的对外技术合作程度以及接近程度都有大幅增加，部分城市的控制和协调能力得到明显的增强（表4.13）。

（十四）滇中城市群

滇中城市群技术合作网络共包含5个城市（自治州）（表4.14）。从城市度数中心度的分布来看，第Ⅳ阶段与第Ⅰ阶段相比没有任何变化，最高的昆明为6，其他4个城市（自治州）都为3。中介中心度的分布与度数中心度一致，第Ⅳ阶段相比第Ⅰ阶段没有任何变化，最高的昆明为6。滇中城市群城市接近中心度类似中介中心度和度数中心度，第Ⅳ阶段相比第Ⅰ阶段没有任何变化，最高的昆明为1。可见，昆明是滇中城市群技术合作网络的绝对中心。

表4.14 滇中城市群技术合作网络各阶段城市中心性测度结果（2000~2019年）

中心性	度数中心度				中介中心度				接近中心度			
阶段	Ⅰ	Ⅱ	Ⅲ	Ⅳ	Ⅰ	Ⅱ	Ⅲ	Ⅳ	Ⅰ	Ⅱ	Ⅲ	Ⅳ
昆明	6	5	6	6	6.00	3.00	6.00	6.00	1.00	0.75	1.00	1.00
楚雄州	3	3	3	3	0.00	0.00	0.00	0.00	0.63	0.50	0.63	0.63
红河州	3	3	3	3	0.00	0.00	0.00	0.00	0.63	0.50	0.63	0.63
曲靖	3	3	3	3	0.00	0.00	0.00	0.00	0.63	0.50	0.63	0.63
玉溪	3	2	3	3	0.00	0.00	0.00	0.00	0.63	0.00	0.63	0.63

注：阶段Ⅰ是指2000~2004年；阶段Ⅱ是指2005~2009年；阶段Ⅲ是指2010~2014年；阶段Ⅳ是指2015~2019年。

（十五）呼包鄂榆城市群

呼包鄂榆城市群技术合作网络共包含4个城市（表4.15）。从城市度数中心度的分布来看，第Ⅳ阶段，呼和浩特和鄂尔多斯为4，包头和榆林为3。第Ⅰ阶段4个城市都为2。从中介中心度的分布来看，第Ⅳ阶段呼和浩特和鄂尔多斯为2；4个城市在第Ⅰ阶段都为0。呼包鄂榆城市群城市接近中心度分布类似中介中心度和度数中心度。第Ⅳ阶段接近中心度最高的呼和浩特和鄂尔多斯为0.83，包头和榆林为0.61；第Ⅰ阶段接近中心度均为0。可见，鄂尔多斯和呼和浩特是呼包鄂榆城市群技术合作网络的双核，但核心地位并不高。

表4.15 呼包鄂榆城市群技术合作网络各阶段城市中心性测度结果（2000~2019年）

中心性	度数中心度				中介中心度				接近中心度			
阶段	Ⅰ	Ⅱ	Ⅲ	Ⅳ	Ⅰ	Ⅱ	Ⅲ	Ⅳ	Ⅰ	Ⅱ	Ⅲ	Ⅳ
鄂尔多斯	2	2	3	4	0.00	0.00	0.00	2.00	0.00	0.00	0.50	0.83
呼和浩特	2	2	4	4	0.00	0.00	1.00	2.00	0.00	0.00	0.67	0.83
包头	2	2	3	3	0.00	0.00	0.00	0.00	0.00	0.00	0.50	0.61
榆林	2	2	2	3	0.00	0.00	0.00	0.00	0.00	0.00	0.00	0.61

注：阶段Ⅰ是指2000~2004年；阶段Ⅱ是指2005~2009年；阶段Ⅲ是指2010~2014年；阶段Ⅳ是指2015~2019年。

(十六) 晋中城市群

晋中城市群技术合作网络共包含5个城市（表4.16）。从城市度数中心度的分布来看，第Ⅳ阶段最高的太原为7，最低的忻州为3。从中介中心度的分布来看，第Ⅳ阶段最高的太原为6，最低的阳泉、忻州为0。从接近中心度的分布来看，第Ⅳ阶段最高的太原为1，最低的忻州为0.6。相比第Ⅰ阶段，晋中城市群各城市技术合作与通达能力均有较大提升，部分城市的控制与协调能力也得到明显提升。太原是网络核心城市，但核心地位不太明显。

表4.16 晋中城市群技术合作网络各阶段城市中心性测度结果（2000~2019年）

中心性	度数中心度				中介中心度				接近中心度			
阶段	Ⅰ	Ⅱ	Ⅲ	Ⅳ	Ⅰ	Ⅱ	Ⅲ	Ⅳ	Ⅰ	Ⅱ	Ⅲ	Ⅳ
太原	4	4	7	7	1.00	1.00	5.50	6.00	0.21	0.36	1.00	1.00
晋中	3	3	4	5	0.00	0.00	0.00	0.50	0.16	0.27	0.70	0.80
长治	2	3	6	5	0.00	0.00	1.50	0.50	0.00	0.36	0.90	0.80
阳泉	2	3	4	4	0.00	0.00	0.00	0.00	0.00	0.36	0.70	0.70
忻州	2	2	3	3	0.00	0.00	0.00	0.00	0.00	0.00	0.60	0.60

注：阶段Ⅰ是指2000~2004年；阶段Ⅱ是指2005~2009年；阶段Ⅲ是指2010~2014年；阶段Ⅳ是指2015~2019年。

（十七）宁夏沿黄城市群

宁夏沿黄城市群技术合作网络共包含4个城市（表4.17）。从城市度数中心度的分布来看，第Ⅳ阶段最高的银川为5，其他3个城市都为3。第Ⅰ阶段银川、石嘴山为3，吴忠为2，中卫为0。从中介中心度的分布来看，第Ⅳ阶段最高的银川为3，其他三个城市都为0；第Ⅰ阶段4个城市都为0。从接近中心度的分布来看，第Ⅳ阶段最高的银川为1，其他三个城市都为0.67。银川是宁夏沿黄城市群的核心，也只有银川在网络中具有控制和协调能力。

表4.17 宁夏沿黄城市群技术合作网络各阶段城市中心性测度结果（2000~2019年）

中心性	度数中心度				中介中心度				接近中心度			
阶段	Ⅰ	Ⅱ	Ⅲ	Ⅳ	Ⅰ	Ⅱ	Ⅲ	Ⅳ	Ⅰ	Ⅱ	Ⅲ	Ⅳ
银川	3	2	4	5	0.00	0.00	1.00	3.00	0.33	0.00	0.67	1.00
石嘴山	3	0	2	3	0.00	0.00	0.00	0.00	0.33	0.00	0.00	0.67
吴忠	2	2	3	3	0.00	0.00	0.00	0.00	0.00	0.00	0.50	0.67
中卫	0	2	3	3	0.00	0.00	0.00	0.00	0.00	0.00	0.50	0.67

注：阶段Ⅰ是指2000~2004年；阶段Ⅱ是指2005~2009年；阶段Ⅲ是指2010~2014年；阶段Ⅳ是指2015~2019年。

（十八）兰西城市群

兰西城市群技术合作网络共包含9个城市（自治州）（表4.18）。从城市度数中心度的分布来看，第Ⅳ阶段，兰州为7，西宁和海东为6。第Ⅰ阶段兰州等5个城市（自治州）都为2，海东等4个城市（自治州）为0。从中介中心度的分布来看，第Ⅳ阶段排名前三的城市（自治州）中，兰州为13.5，海东为13，西宁为8；第Ⅰ阶段9个城市（自治州）都为0。从接近中心度的分布来看，第Ⅳ阶段兰州为0.77，西宁为0.75，海东为0.71；第Ⅰ阶段接近中心度均为0。总体上看，兰西城市群各城市的技术合作和通达能力均有一定增长，兰州、西宁和海东是网络中比较重要的3个城市（自治州）。

表4.18 兰西城市群技术合作网络各阶段城市中心性测度结果（2000~2019年）

中心性	度数中心度				中介中心度				接近中心度			
阶段	Ⅰ	Ⅱ	Ⅲ	Ⅳ	Ⅰ	Ⅱ	Ⅲ	Ⅳ	Ⅰ	Ⅱ	Ⅲ	Ⅳ
兰州	2	3	6	7	0	0	15	13.5	0	0	0.82	0.77
西宁	2	2	5	6	0	0	12	8	0	0	0.77	0.75
海东	0	0	5	6	0	0	6	13	0	0	0.69	0.71
黄南州	2	2	4	5	0	0	0	4.5	0	0	0.62	0.69
临夏州	0	3	3	4	0	0	0	0	0	0	0.53	0.58
白银	2	2	3	3	0	0	0	0	0	0	0.53	0.48
定西	2	2	3	3	0	0	0	0	0	0	0.53	0.48
海北州	0	0	3	3	0	0	0	0	0	0	0.47	0.46
海南州	2	2	2	3	0	0	0	0	0	0	0.00	0.46

注：阶段Ⅰ是指2000~2004年；阶段Ⅱ是指2005~2009年；阶段Ⅲ是指2010~2014年；阶段Ⅳ是指2015~2019年。

（十九）黔中城市群

黔中城市群技术合作网络共包含6个城市（自治州）（表4.19）。从城市度数中心度的分布来看，第Ⅳ阶段最高值为7（贵阳）；第Ⅰ阶段最高值为3（贵阳和黔南州）。从中介中心度的分布来看，第Ⅳ阶段贵阳为7.5，遵义为0.5，其他城市（自治州）均为0；第Ⅰ阶段6个城市（自治州）都为0。从接近中心度的分布来看，第Ⅳ阶段最高的贵阳为1；第Ⅰ阶段除贵阳和黔南州为0.14，其他城市（自治州）的接近中心度均为0。总体上看，黔中城市群各城市的技术合作与通达能力均有一定增长，但控制与协调能力主要集中在贵阳。贵阳是网络的核心，但核心地位不够明显。

表4.19 黔中城市群技术合作网络各阶段城市中心性测度结果（2000~2019年）

中心性	度数中心度				中介中心度				接近中心度			
阶段	Ⅰ	Ⅱ	Ⅲ	Ⅳ	Ⅰ	Ⅱ	Ⅲ	Ⅳ	Ⅰ	Ⅱ	Ⅲ	Ⅳ
贵阳	3	5	7	7	0	3	9	7.5	0.14	0.43	0.86	1.00
遵义	2	3	4	5	0	0	0	0.5	0.00	0.29	0.60	0.80

续表

中心性	度数中心度				中介中心度				接近中心度			
阶段	I	II	III	IV	I	II	III	IV	I	II	III	IV
毕节	0	2	3	4	0	0	0	0	0.00	0.00	0.51	0.70
黔南州	3	3	4	4	0	0	0	0	0.14	0.29	0.60	0.70
安顺	2	3	3	3	0	0	0	0	0.00	0.29	0.51	0.60
黔东南州	2	2	3	3	0	0	0	0	0.00	0.00	0.51	0.60

注：阶段 I 是指城市群 2000～2004 年；阶段 II 是指 2005～2009 年；阶段 III 是指 2010～2014 年；阶段 IV 是指 2015～2019 年。

三、19 个城市群技术合作网络的整体属性特征

（一）城市群平均路径长度对比分析

平均路径长度是指城市群内部城市间专利合作网络中两个城市之间的最短路径（shortest path）或测地路径（geodesic path），是指连接这两个城市的边数最少的路径，定义为任意两个城市之间距离的平均值，可以衡量网络的传输性能和效率。测度结果发现（图 4.44），中国 19 个城市群技术合作网络四个时间阶段的平均路径长度区间为 1.00～3.08，最大的平均路径长度 3.08 发生在 2015～2019 年的兰西城市群，表明兰西城市群技术合作的传输性能和效率偏低。分阶段来看，2000～2004 年，平均路径长度最高的三个城市群分别是山东半岛城市群（2.39）、成渝城市群（2.16）和长江三角洲城市群（1.93）；2005～2009 年，平均路径长度最高的三个城市群分别是成渝城市群（2.11）、长江中游城市群（2.08）和山东半岛城市群（2.06）；2010～2014 年，平均路径长度最高的三个城市群分别是兰西城市群（2.18）、天山北坡城市群（2.14）和哈长城市群（2.04）；2015～2019 年，平均路径长度最高的三个城市群分别是兰西城市群（3.08）、北部湾城市群（2.60）和长江中游城市群（2.15）。可见早期平均路径长度较高的城市群主要是发展条件相对较好的城市群，后期平均路径长度较高的城市群主要是发展条件相对不太好的城市群。实际上这一结果需要结合城市群网络的发育过程来看，早期城市群技术合作网络发育程度较低，中西部城市群较多未形成网络，或者说进入网络的城市数量很少，这使得进入网络的城市间路径长度达到 1.00 的最小值，但这不能表明这一城市群的传输性能和效率就很高。但随着城市群技术合作网络的发育，后期的城市群技术合作网络都得到了发育，使得平均路径长度的可比性得到增强。

从各城市群技术合作网络平均路径长度的变化趋势来看，存在持续减少型、先增后减型、先减后增型、持续增加型和波动上升型这五种类型。持续减少型有 5 个，分别是山东半岛城市群、珠江三角洲城市群、长江三角洲城市群、成渝城市群和京津冀城市群；先减后增型有滇中城市群、晋中城市群；先增后减型有海峡西岸城市群、黔中城市群、哈长城市群、辽中南城市群、中原城市群、天山北坡城市群；持续上升型有关中平原城市群、宁夏沿黄城市群、北部湾城市群、呼包鄂榆城市群、兰西城市群；波动上升型为长江中游城

| 中国城市群的创新格局与路径 |

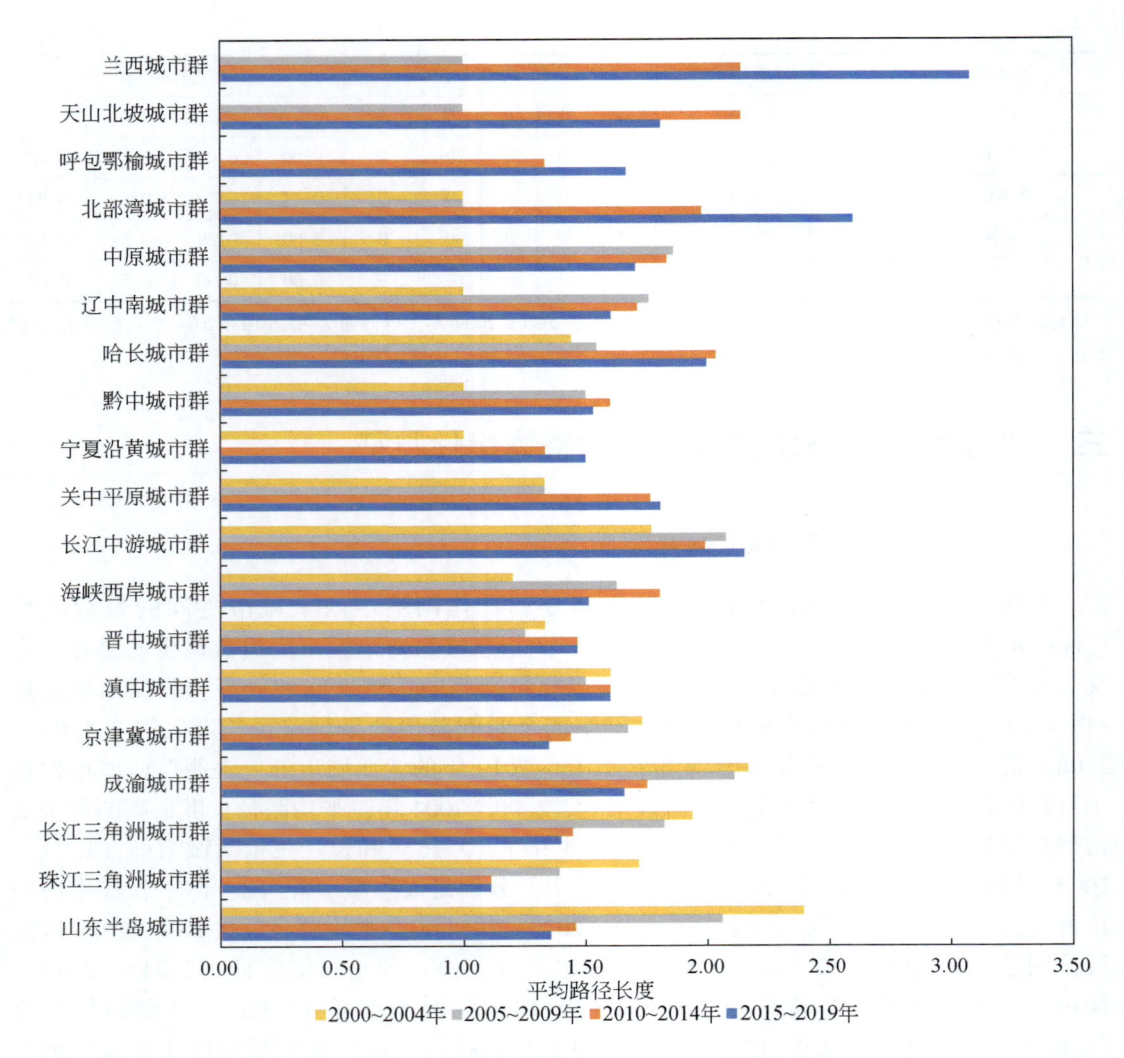

图 4.44　19 个城市群平均路径长度的增减情况对比

市群。可以看到，发展较好的城市群其平均路径长度在 20 年间减少较多，减少最多的是山东半岛城市群，2015~2019 年比 2000~2004 年减少了 1.04。后进发展的城市群，随着进入技术合作网络城市数量的增加，其城市群内部平均路径长度有阶段性增加的趋势，其技术传输性能和效率都有待提高。

（二）城市群图直径对比分析

图直径（graph distance）是图中距离最远的两个点的距离，表示图中点距离的最大值，可以在一定程度上反映网络中节点的紧密程度。测度结果发现（表 4.20），中国 19 个城市群技术合作网络四个时间阶段的图直径区间为 0~5，最大的图直径 5 发生在 2015~2019 年的北部湾城市群以及 2000~2004 年的山东半岛城市群，表明这两个城市群在这两个阶段的技术传输性能和效率偏低。最小图直径 0 集中在 2000~2004 年和 2005~2009 年的部分城市群，这主要是由于一些城市群技术合作网络尚未形成或者未发育完整。

表 4.20　19 个城市群图直径的对比

城市群	2000~2004 年	2005~2009 年	2010~2014 年	2015~2019 年
山东半岛城市群	5	4	2	2
成渝城市群	4	4	2	2
长江三角洲城市群	4	3	2	2
京津冀城市群	3	2	2	2
珠江三角洲城市群	3	2	2	2
滇中城市群	2	2	2	2
海峡西岸城市群	2	3	3	2
晋中城市群	2	2	2	2
关中平原城市群	2	2	2	3
哈长城市群	2	3	4	3
辽中南城市群	1	3	2	2
宁夏沿黄城市群	1	0	2	2
黔中城市群	1	2	2	2
长江中游城市群	3	3	3	4
中原城市群	1	3	3	3
呼包鄂榆城市群	0	0	2	3
天山北坡城市群	0	1	4	3
北部湾城市群	1	1	3	5
兰西城市群	0	1	4	4

从发展趋势来看，主要可以划分为五类，分别是逐渐降低型、先增后减型、逐渐增加型、先减后增型和稳定型。逐渐降低型有山东半岛城市群、成渝城市群、长江三角洲城市群、京津冀城市群、珠江三角洲城市群，这些城市群技术创新基础较好，技术合作网络发育较成熟。先增后减型有海峡西岸城市群、哈长城市群、辽中南城市群、天山北坡城市群。逐渐增加型有关中平原城市群、黔中城市群、长江中游城市群、中原城市群、呼包鄂榆城市群、北部湾城市群、兰西城市群。先减后增型只有宁夏沿黄城市群。稳定型城市群有滇中城市群、晋中城市群，这两个城市群在四个阶段图直径都为 2。

可见早期图直径较高的城市群主要是发展条件相对较好的城市群；后期图直径较高的城市群主要是发展条件相对不太好的城市群，以及城市数量较多的城市群。早期城市群技术合作网络发育程度较低，较多中西部城市群尚未形成网络，或者说进入网络的城市数量很少，这就使得城市群合作网络图直径较低，但这不能表明这一城市群节点联系紧密，这些城市群随着合作网络的发育图直径逐渐升高。随着城市群技术合作网络的逐步发育，后期的城市群技术合作网络都得到了发育，使得图直径的可比性得到增强。

（三）城市群连通分量对比分析

在图论中，无向图 G 的极大连通子图称为 G 的连通分量（connected component）。连通分量的大小反映了城市群合作网络的割裂程度，值越高，割裂程度越大。当值为 1 时，图为连通图，即城市群内所有节点都处在同一个技术合作网络当中。

从城市群技术合作网络连通分量四个时间阶段的变化来看，除了滇中城市群，都总体表现为降低趋势。中国 19 个城市群技术合作网络四个时间阶段的连通分量区间为 15~1，最大的连通分量 15 发生在 2000~2004 年的长江中游城市群，表明该阶段长江中游城市群技术合作网络被割裂成较多区块，主要是由于该城市群的城市数量较多，跨越三个省份，且网络发育还不够完善。分阶段来看，2000~2004 年，连通分量最高三个的城市群分别是长江中游城市群（15）、辽中南城市群（10）和中原城市群（9），连通分量最低的城市群为滇中城市群（1）；2005~2009 年，连通分量最高三个的城市群分别是长江中游城市群（13）、北部湾城市群（8）关中平原城市群（7），连通分量最低的是长江三角洲城市群（1）和珠江三角洲城市群（1）；2010~2014 年，连通分量最高的城市群是哈长城市群（4），其他城市群都为 1 或 2，其中连通分量为 1 的城市群有 11 个，连通分量为 2 的城市群有 7 个；2015~2019 年，连通分量最高的三个城市群是关中平原城市群（3）、中原城市群（2）、海峡西岸城市群（2），其他城市群的连通分量都为 1。连通分量的高低主要是由城市群内城市节点数量、网络发育程度决定的，发展较好的城市群连通分量率先降低到 1。降低最多的城市群是长江中游城市群，从 2000~2004 年的 15 降低到 2015~2019 年的 1，下降了 14（表 4.21）。

表 4.21　19 个城市群四个阶段连通分量

城市群	2000~2004 年	2005~2009 年	2010~2014 年	2015~2019 年
北部湾城市群	7	8	2	1
成渝城市群	3	3	1	1
滇中城市群	1	2	1	1
关中平原城市群	5	7	1	3
哈长城市群	6	6	4	1
海峡西岸城市群	7	5	2	2
呼包鄂榆城市群	4	4	2	1
晋中城市群	4	3	1	1
京津冀城市群	5	3	1	1
兰西城市群	5	6	2	1
辽中南城市群	10	6	1	1
宁夏沿黄城市群	2	3	2	1
黔中城市群	4	3	1	1
山东半岛城市群	8	4	1	1
天山北坡城市群	4	3	1	1

续表

城市群	2000~2004年	2005~2009年	2010~2014年	2015~2019年
长江三角洲城市群	5	1	1	1
长江中游城市群	15	13	2	1
中原城市群	9	6	2	2
珠江三角洲城市群	2	1	1	1

（四）城市群平均聚类系数对比分析

聚类系数（clustering coefficient）定义为与一个节点直接相连的邻居节点之间的图密度，也就是邻居节点之间实际存在的连接数除以理论最大可能的连接数。如果该节点的邻接节点都彼此相连，那么该节点的聚类系数很高。如果节点的邻接节点彼此不相连，那么该节点的聚类系数很低。平均聚类（clustering coefficient metric）系数定义为城市群所有节点聚类系数的算术平均数，反映城市群技术合作网络的集聚程度。

测度结果发现（图4.45），中国19个城市群技术合作网络四个时间阶段的平均聚类系数区间为0~0.776，最大的平均聚类系数0.776发生在2015~2019年、2010~2014年的珠江三角洲城市群。分阶段来看，2000~2004年，平均聚类系数最大三个的城市群分别是长江三角洲城市群（0.383）、京津冀城市群（0.35）、海峡西岸城市群（0.235）；2005~2009年，平均聚类系数最大的三个城市群分别是长江三角洲城市群（0.695）、珠江三角洲城市群（0.575）、晋中城市群（0.4）；2010~2014年，平均聚类系数最大的三个城市群分别是珠江三角洲城市群（0.776）、长江三角洲城市群（0.726）、京津冀城市群（0.637）；2015~2019年，平均聚类最大的三个城市群分别是珠江三角洲城市群（0.776）、长江三角洲城市群（0.762）、京津冀城市群（0.637）。

从发展趋势来看，主要可以划分为四类，分别是逐渐升高型、波动升高型、先升后降型和稳定型。逐渐升高型包括9个城市群，分别是珠江三角洲城市群、长江三角洲城市群、京津冀城市群、山东半岛城市群、长江中游城市群、北部湾城市群、辽中南城市群、黔中城市群、兰西城市群；波动升高型包括两个城市群，分别是成渝城市群和晋中城市群；先升后降型有5个城市群，分别为海峡西岸城市群、中原城市群、哈长城市群、天山北坡城市群、关中平原城市群，其平均聚类系数在前面三个阶段呈升高趋势，在2015~2019年发生下降；稳定型有3个城市群，分别是滇中城市群、呼包鄂榆城市群、宁夏沿黄城市群，平均聚类系数始终为0。除了稳定型的三个城市群，其他城市群2015~2019年平均聚类系数都高于2000~2004年，增长最多的是珠江三角洲城市群，平均聚类系数增长了0.561。可以看出，城市群技术合作网络发育较好的城市群拥有较高的平均聚类系数。

（五）城市群网络平均度对比分析

中心度（degree）定义为与一个节点直接相连的邻居节点数量。平均度定义为城市群所有节点中心度的算术平均数，除了受网络发育程度的影响，还和城市群内城市节点数量密切相关。测度结果发现（图4.46），中国19个城市群技术合作网络四个时间阶段的平

| 中国城市群的创新格局与路径 |

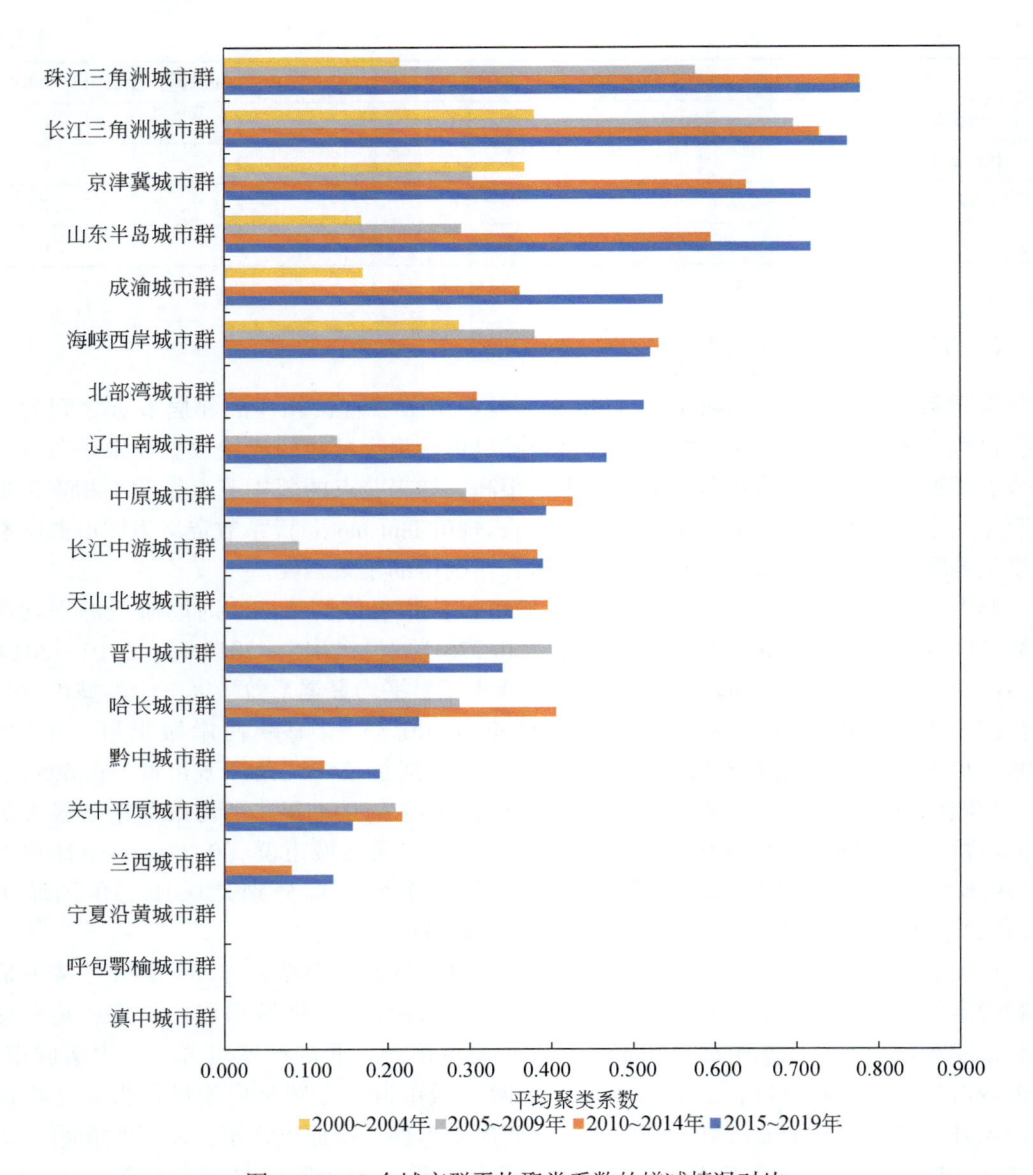

图 4.45　19 个城市群平均聚类系数的增减情况对比

均度区间为 2～17.08，最大的平均度 17.08 发生在 2015～2019 年的长江三角洲城市群。分阶段来看，2000～2004 年，平均度最高三个的城市群分别是长江三角洲城市群（5.68）、珠江三角洲城市群（4.44）、成渝城市群（3.69）；2005～2009 年，平均度最高的三个城市群分别是长江三角洲城市群（9.58）、珠江三角洲城市群（6.89）、京津冀城市群（4.77）；2010～2014 年，平均度最高的三个城市群分别是长江三角洲城市群（15.85）、山东半岛城市群（10.13）、珠江三角洲城市群（9.11）；2015～2019 年，平均度最大的三个城市群分别是长江三角洲城市群（17.08）、山东半岛城市群（11.63）、京津冀城市群（9.85）。

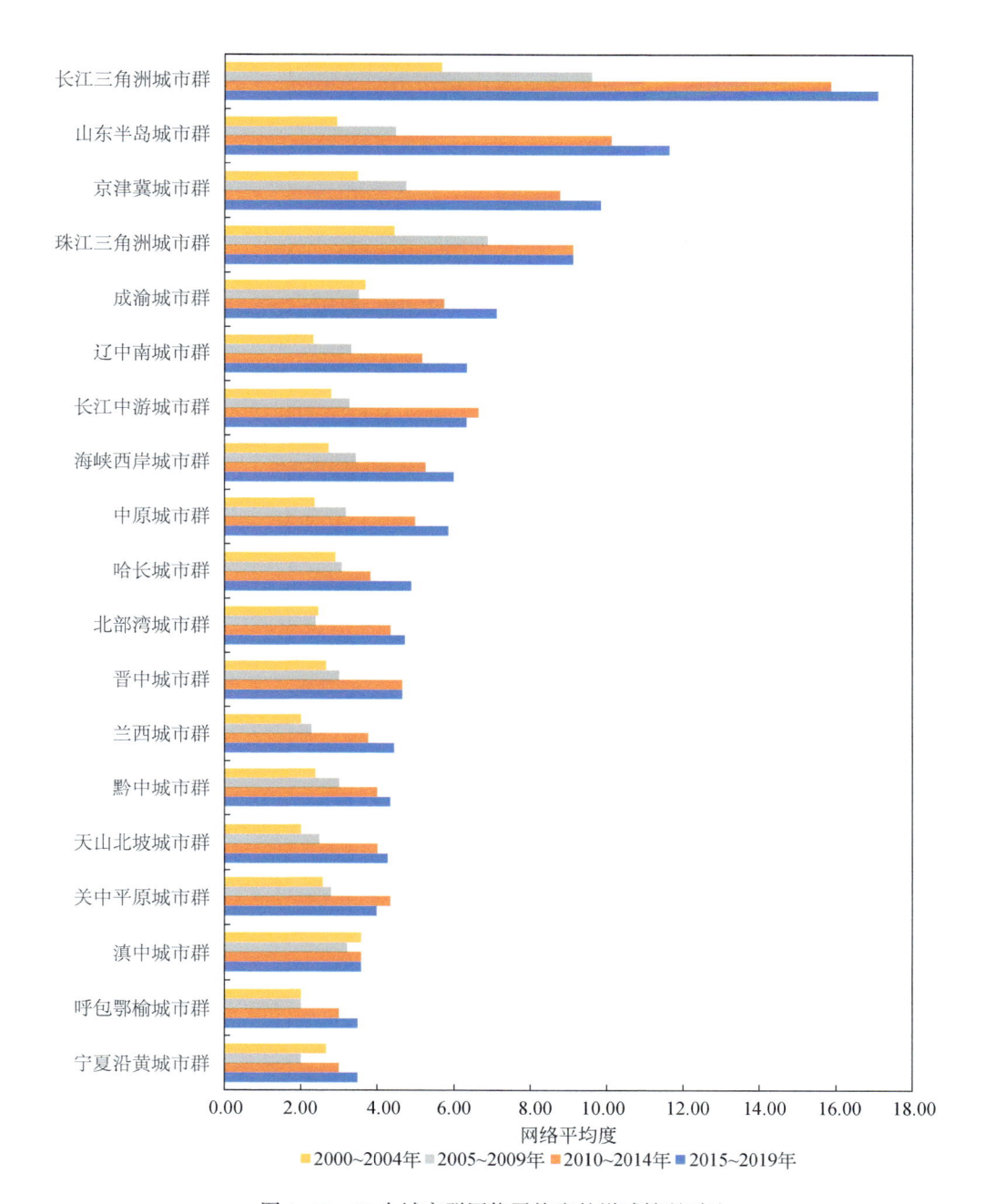

| 第四章 | 中国城市群创新网络模拟与特征分析

图 4.46　19 个城市群网络平均度的增减情况对比

早期网络平均度排名靠前的城市群主要是技术合作网络发育较好的城市群。到后期一些网络发育已经比较完善的城市群出现了增长停滞，如珠江三角洲城市群在 2010~2014 年网络平均度为 9.11，在 2015~2019 年保持不变，但排名由第三名下降为第四名，而京津冀城市群网络平均度提升到第三名。可以看出后期群内城市节点数量多的城市群更具有优势。从发展趋势来看，宁夏沿黄城市群在 2005~2009 年出现下降，长江中游城市群、关中平原城市群 2015~2019 年出现下降，滇中城市群基本保持不变，其他城市群全部为不断增长的趋势，其中增长最多的是长江三角洲城市群，从 2000~2004 年的 5.68 增长到 2015~2019 年的 17.08。

（六）城市群网络平均密度对比分析

网络密度（density）可用于刻画网络中节点间相互连边的密集程度。测度结果发现（图 4.47），中国 19 个城市群技术合作网络四个时间阶段的网络密度区间为 0~0.89，最大的网络密度 0.89 发生在 2015~2019 年、2010~2014 年的珠江三角洲城市群。分阶段来

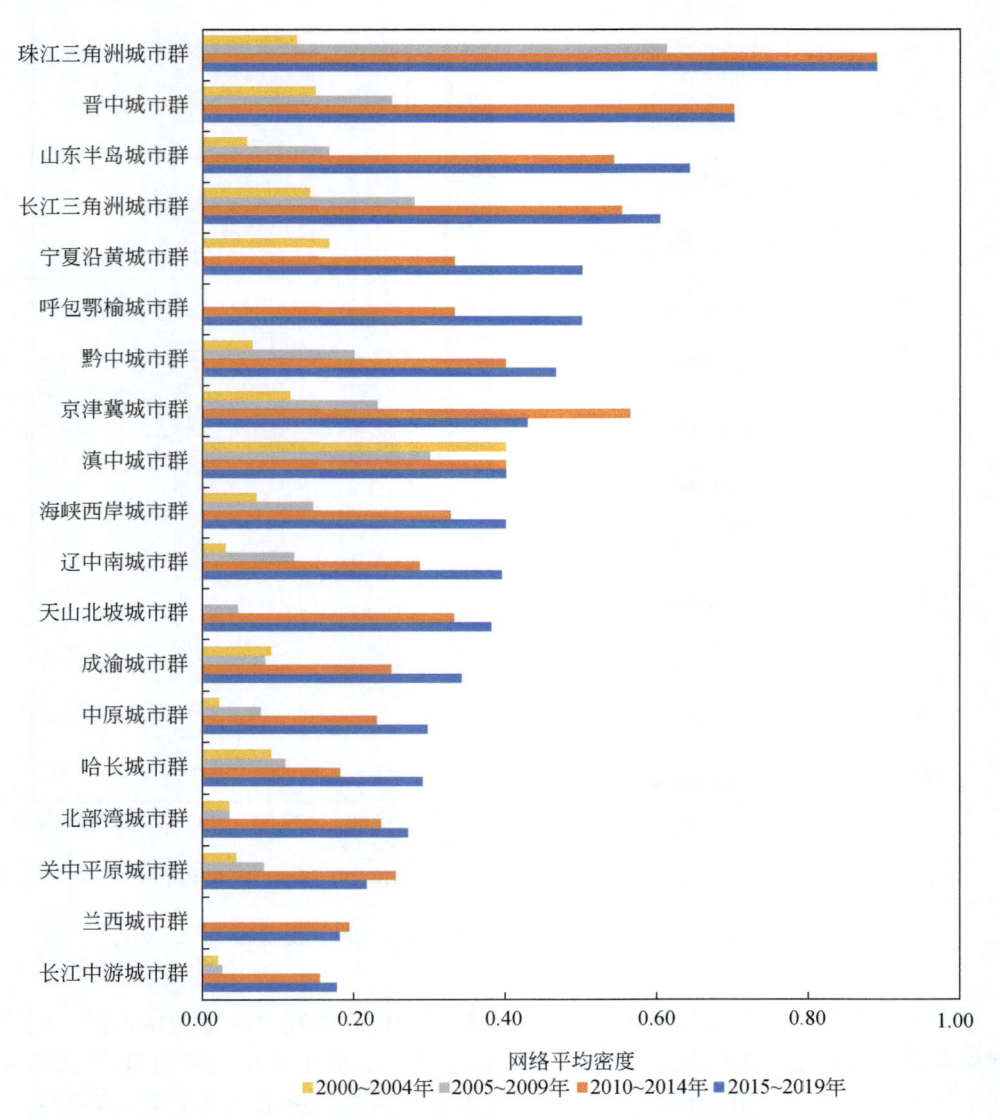

图 4.47 19 个城市群网络平均密度的增减情况对比

看，2000~2004 年，网络密度最大三个的城市群分别是滇中城市群（0.40）、宁夏沿黄城市群（0.17）、晋中城市群（0.15）；2005~2009 年，网络密度最大的三个城市群分别是珠江三角洲城市群（0.61）、滇中城市群（0.30）、长江三角洲城市群（0.28）；2010~2014 年，网络密度最大的三个城市群分别是珠江三角洲城市群（0.89）、晋中城市群（0.70）、京津冀城市群（0.56）；2015~2019 年，网络密度最大的三个城市群分别是珠江三角洲城市群（0.89）、晋中城市群（0.70）、山东半岛城市群（0.64）。可以发现除了滇中城市群几乎没有变化外，其他城市群第Ⅳ阶段（2015~2019 年）相比第Ⅰ阶段（2000~2004 年），网络密度都有不同程度的增加。其中珠江三角洲城市群增长的最多，从 2000~2004 年的 0.13 增长到了 2010~2014 年的 0.89，在 2015~2019 年保持稳定。

整体而言，大部分城市群内部的技术创新联系越来越紧密，网络结构逐渐完善，网络平均密度和节点平均度都呈现不断升高的趋势。从空间分布上来看，胡焕庸线以东的城市群发育程度更高，胡焕庸线以西的城市群技术创新网络发育较慢，呈现明显的东西分异规律。

第二节　中国城市群创新企业关联格局及特征

创新企业在不同城市的部门协作能够推动城际创新联系和城市网络的形成，选择权威机构认定的国家级创新型大企业，构建由 1778 家国家级创新型大企业构成的企业数据库，挖掘企业总部及各类分支机构的分布地址，采用总部-分支法构建由这些创新大企业所构成的城市关系，进而分析这些城市关系在 19 个城市群内部的表现。发现 19 个城市群内部的创新企业的机构联系差异很大，多数城市群拥有很少的创新企业联系，创新企业联系主要发生在经济水平较高的几个城市群，城市群的高行政等级的城市具有较高的中心度。

一、城市群创新企业关联研究的方法与数据

（一）研究方法

运用企业的多区位布局信息模拟城市网络的方法主要有两类：一种是通过总部-分支机构的位置信息直接构建城市网络（Alderson and Beckfield，2004）；另一种是借鉴全球化与世界级城市研究小组与网络（Globalization and World Cities Study Group and Network，GaWC）的互联网络根据企业-城市关系来构建城市网络（Taylor et al.，2008）。考虑到创新大企业具有完善的内部组织机构，核心技术信息和重要知识具有保密性质，多限定在企业内部传播，因此选择总部-分支法来构建创新大企业所建立的城市关系。

创新大企业内部人员流动、技术章程传送以及专利转移都能够推动部门间显性、隐性知识的交流，统一的企业文化、管理模式等则有助于企业内部知识的充分流动，特别是对于拥有保密性技术、知识和信息的企业，知识交流权限往往被限定在企业内部机构之间，而不限定在城市间。因此，创新企业多部门的跨城市分布可以通过部门间知识技术联系和部门对城市创新氛围的嵌入性建立起城市间的创新协同关系。"总部-分支机构法"是城

市网络构建方法中运用企业跨部门联系构建部门所在城市之间关系最为成熟的一种，本章借鉴该方法构建基于中国创新企业部门跨城分布的城市网络，将城市间的联系设定为

$$F_{ij} = \sum w \cdot f_{ij}(i \neq j) \quad (4.8)$$

式中，F_{ij}为城市间创新企业部门的联系水平；f_{ij}为i城市（企业总部所在地）与j城市（分支部门所在地）的创新企业部门联系数量，反之为f_{ji}；w为企业部门间联系强度权重，即为了更加客观地刻画企业部门所建立的城市关系，借鉴已有研究对企业各部门间联系强度的设定方法（王垚等，2017；Taylor et al.，2010；马学广和李贵才，2012），并结合对国内创新企业的调研访谈，采用4个强度等级对企业流强度进行量化。研发中心的创新功能突出，其与总部的知识技术联系强度最大，关系强度赋值为4；区域总部和科技子公司等部门规模较大、管理职能较高、创新能力较强，其与总部联系赋值为3；承担生产、销售功能的一般性分公司创新功能较为单一，其与总部关联强度赋值为2；公司在各地的办事处主要从事业务联络、了解市场行情和参与商务谈判等，其与企业总部的联系强度赋值为1。

（二）数据选择

创新大企业的选择是有效模拟城市网络的基础，只有选择出较强创新能力并能对国内不同城市的创新联系产生影响的国家级别的创新企业，才能更为客观地展示中国创新企业所建构的城市网络格局。目前对创新企业没有统一界定，不同机构有不同的认定标准；为了提高样本企业的代表性，遴选国内外多家权威机构对中国创新企业的认定，具体包括科技部、国务院国有资产监督管理委员会、中华全国总工会在2006~2012年联合评选出来的5批676家"创新型企业试点"，工业和信息化部、财政部在2011~2017年联合评选出来的7批495家"国家技术创新示范企业"，中国人民大学所评选出来的"中国企业创新能力1000强"，国际科学服务商科睿唯安（Clarivate Analytic）评选出来的2016年、2017年"中国大陆创新企业百强"，国际专业服务机构普华永道旗下战略咨询机构Strategy评选出来"2017 Global Innovation 1000"中113家中国大陆企业（表4.22），经过筛选查重，最终确定1778家国内（不含港澳台）最具创新能力并具有多部门跨城市分布特征的企业。

表4.22 创新企业来源名单及其选取办法

名单	评选单位	批次及数量	评选标准
创新型企业试点	科技部、国务院国有资产监督管理委员会、中华全国总工会	2006~2012年5批，共计676家企业	技术创新、品牌创新、体制机制创新、经营管理创新、理念和文化创新
国家技术创新示范企业	工业和信息化部、财政部	2011~2017年7批，共计495家企业	创新机制、技术与人才、产出与效益
中国企业创新能力1000强	中国人民大学等	2017年，1000家企业	创新投入、创新成果、创新价值扩散、创新网络宣传以及创新市场收益
中国大陆创新企业百强	Clarivate Analytic	2016年、2017年两批，每批次100家企业	企业发明总量、专利授权率、全球化和影响力

续表

名单	评选单位	批次及数量	评选标准
2017 Global Innovation 1000	Strategy	2017年中国大陆企业113家	全球研发支出最高的1000家上市公司

创新企业部门关联和属性信息的获取是构建城市网络的关键。第一，融合大数据抓取、官方网址挖掘和企业年报搜寻等多种手段，得到2018年1778家创新企业总部和其子公司（28 628家）、分公司（12 569家）的关系以及所在城市位置信息数据。第二，部门类型、规模及职能信息是通过企业年报、网络检索和电话咨询等手段获取。第三，为确保数据准确性，对所得数据进行多轮清洗，剔除错误、消亡（含倒闭、注销、吊销等）、不相关以及联系不密切的10 572条关系，最后得到覆盖国内353个城市，共包含30 625条城市间创新企业流。此外，需要补充说明的是企业部门地址信息为实际办公地址而非注册地址，如注册于百慕大、维尔京、开曼等群岛的公司均以其实际办公地址为准。根据所选创新企业样本以及创新企业部门的关联信息，根据总部-分支法计算得出由这些创新大企业所建立起来的城市关系，作为本研究的基础数据。

二、19个城市群的创新企业关联格局

运用所选1778家国家级创新型大企业的机构和总部-分支法建立的城市关系矩阵，制作19个城市群的创新网络图，展示这些城市群由创新大企业机构联系所形成的创新网络格局（图4.48）。总体上看具有以下几个空间特征。

第一，空间网络发育程度具有很大差距，经济发展水平较高的城市群具有较高的网络密度。从网络发育程度上，可以将城市群分为三个层级。发育较好的是长江三角洲城市群、京津冀城市群、珠江三角洲城市群、长江中游城市群、山东半岛城市群、成渝城市群和辽中南城市群；发育水平居中的有哈长城市群、中原城市群、关中平原城市群、海峡西岸城市群和黔中城市群；发育水平较差的有滇中城市群、宁夏沿黄城市群、晋中城市群、北部湾城市群、呼包鄂榆城市群和天山北坡城市群。唯有兰西城市群未有任何联系。可以看到，网络发育较好的城市群是五大国家级城市群加上东部沿海的两个城市群，经济发展水平相对较高。

第二，空间网络形态结构主要有三种类型，包括网络型、星型和散点型。网络型分密网型和疏网型，密网型有长江三角洲城市群、京津冀城市群和珠江三角洲城市群，疏网型有长江中游城市群、山东半岛城市群、成渝城市群、辽中南城市群、哈长城市群和关中平原城市群。星形有中原城市群、海峡西岸城市群、黔中城市群、滇中城市群和宁夏沿黄城市群，这些星形网络的核心城市分别是郑州、福州、贵阳、昆明和银川，均为省会城市。剩余的城市群为散点型，仅有非常少量的联系，半数及以上的城市没有任何联系。

第三，与创新大企业的全国尺度城市网络相比（黄晓东等，2021），城市群内部的联系明显比较弱，特别是中西部城市群仅有少量联系发生在城市群内部。实际上，这些城市

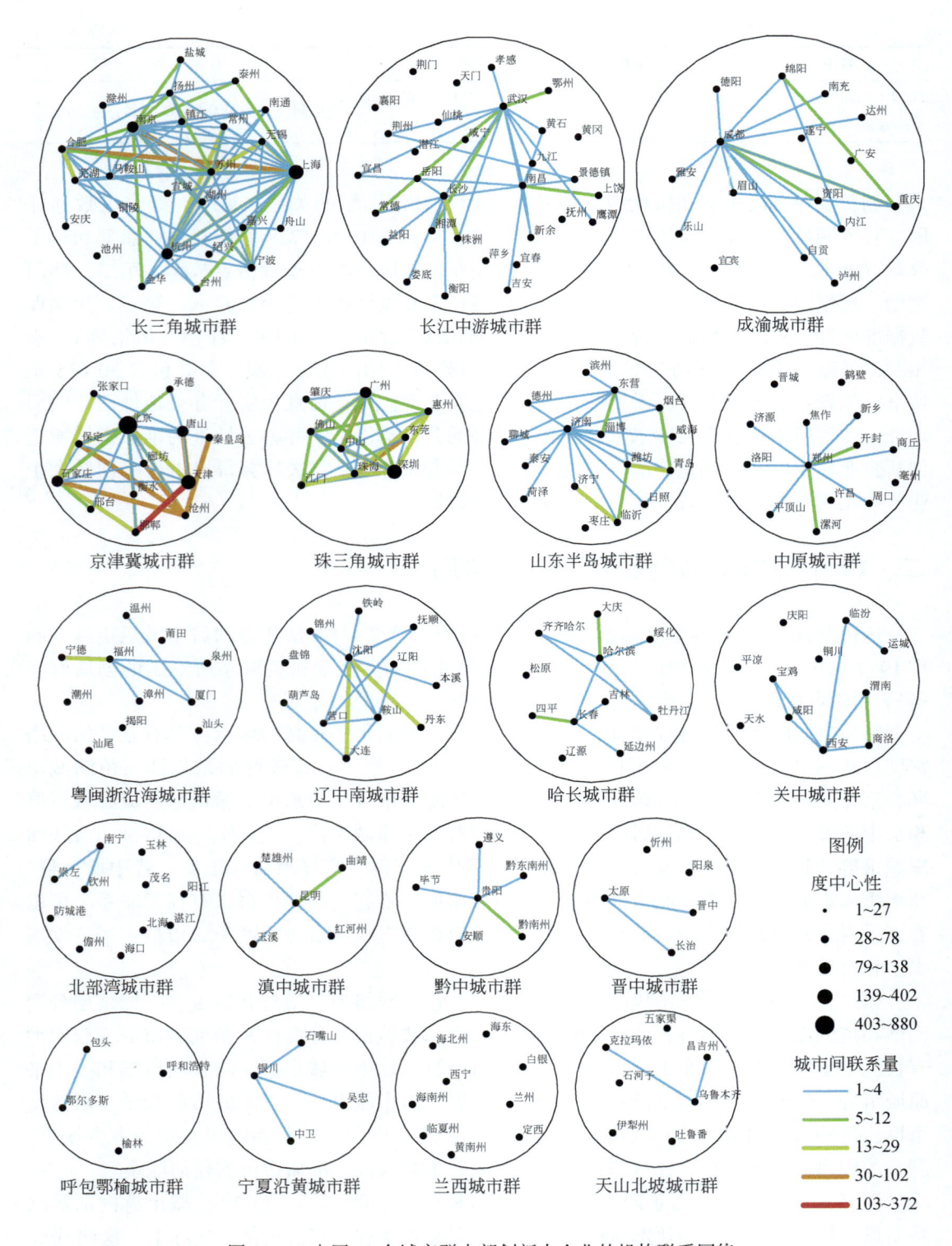

图 4.48 中国 19 个城市群内部创新大企业的机构联系网络

群的核心城市均有较多对外联系，特别是群外联系远多于群内；这表明国家级创新型大企业当前仍是布局在高等级城市或较为发达城市（核心城市），而核心城市通过创新企业布局的方式对非核心城市的带动作用还比较有限。

三、主要城市群创新企业关联特征

选择创新企业关联网络发育较好的七个城市群，长江三角洲城市群、珠江三角洲城市群、京津冀城市群、长江中游城市群、成渝城市群、山东半岛城市群和辽中南城市群分别阐述网络内部结构特征，包括对城市的度数中心度、中介中心度和接近中心度的分析，展示城市群内部各城市的创新企业联系强度、调节强度和接近能力。

（一）长江三角洲城市群

长江三角洲城市群有25个城市参与了创新企业关联网络，网络平均度为6.96，网络密度为0.16。从度数中心度来看，排名前五的城市为上海、南京、杭州、苏州和合肥；从接近中心度来看，排名前五的城市为上海、南京、杭州、宁波和苏州；从中介中心度来看，排名前五的分别为上海、南京、杭州、苏州和宁波。可见，上海、南京和杭州无论度中心度、接近中心度还是中介中心度都是排名前三，表明这三个城市同时具有很高的联系强度、调节强度和接近能力，也反映出城市的行政等级对创新企业关联网络的节点地位有显著影响。大多数城市的三种中心度排名类似，个别城市的三种中心度并不一致，如南通的度数中心性较高，但中介中心度和接近中心性偏低，表明其中介桥梁的作用相对不足；台州的度数中心度偏低，但中介中心度和接近中心度较高，表明其创新企业的对外联系强度虽不高，但存在较高的调节能力和接近能力。总体来看，行政等级较高的城市往往具有较高的联系强度，但经济发展水平较高的城市可能会具有较强的调节能力和接近水平（表4.23）。

表4.23 长江三角洲城市群创新企业关联网络中心性测度结果

城市	度数中心度 数值	度数中心度 排名	中介中心度 数值	中介中心度 排名	接近中心度 数值	接近中心度 排名
上海	25	第1名	229.18	第1名	0.86	第1名
南京	22	第2名	116.12	第2名	0.77	第2名
杭州	18	第3名	95.75	第3名	0.73	第3名
苏州	16	第4名	54.36	第4名	0.69	第5名
合肥	16	第4名	42.83	第6名	0.63	第6名
扬州	12	第6名	18.77	第9名	0.61	第8名
宁波	10	第7名	53.14	第5名	0.70	第4名
无锡	9	第8名	40.08	第7名	0.62	第7名
芜湖	9	第8名	10.87	第10名	0.60	第10名
南通	9	第8名	3.03	第13名	0.58	第13名

续表

城市	度数中心度 数值	度数中心度 排名	中介中心度 数值	中介中心度 排名	接近中心度 数值	接近中心度 排名
镇江	8	第11名	3.00	第14名	0.57	第14名
常州	8	第11名	2.10	第16名	0.56	第15名
金华	8	第11名	2.10	第16名	0.55	第17名
马鞍山	7	第14名	8.02	第11名	0.59	第11名
嘉兴	7	第14名	6.26	第12名	0.59	第11名
湖州	6	第16名	2.21	第15名	0.56	第15名
泰州	6	第16名	0.82	第18名	0.54	第18名
台州	5	第18名	39.29	第8名	0.60	第9名
盐城	5	第18名	0.53	第20名	0.47	第24名
滁州	4	第20名	0.67	第19名	0.54	第19名
宣城	4	第20名	0.52	第21名	0.52	第20名
舟山	3	第22名	0.36	第22名	0.50	第21名
安庆	3	第22名	0.00	第23名	0.50	第22名
绍兴	2	第24名	0.00	第23名	0.49	第23名
铜陵	2	第24名	0.00	第23名	0.47	第24名

（二）珠江三角洲城市群

珠江三角洲城市群有9个城市参与了创新企业关联网络，网络平均度为4.1，网络密度为0.15。从度数中心度、中介中心度和接近中心度来看，数值最高的两个城市均为广州和深圳。广州和深圳的度数中心度和接近中心度都是并列第一，但中介中心度广州更高，意味着广州作为省会，其调节和控制能力更强。总体来看，城市节点的地位往往与行政等级和经济发展水平密切相关（表4.24）。

表4.24 珠江三角洲城市群创新企业关联网络中心性测度结果

城市	度数中心度 数值	度数中心度 排名	中介中心度 数值	中介中心度 排名	接近中心度 数值	接近中心度 排名
广州	9	第1名	77.73	第1名	0.75	第1名
深圳	9	第1名	59.52	第2名	0.75	第1名
佛山	5	第3名	39.75	第5名	0.7	第4名
江门	5	第3名	41.24	第4名	0.69	第5名
珠海	5	第3名	34.47	第6名	0.71	第3名
惠州	5	第3名	46.98	第3名	0.65	第6名
中山	5	第3名	14.38	第8名	0.65	第6名

续表

城市	度数中心度		中介中心度		接近中心度	
	数值	排名	数值	排名	数值	排名
东莞	4	第8名	28.69	第7名	0.63	第8名
肇庆	2	第9名	3.5	第9名	0.53	第9名

(三) 京津冀城市群

京津冀城市群有12个城市参与了创新企业关联网络，网络平均度为3.8，网络密度为0.13。从度数中心性、中介中心度和接近中心度来看，排名前三的城市均为北京、石家庄和天津。北京作为首都三种中心度都排名第一，河北省会石家庄以及直辖市天津紧随其后，可见节点合作能力、调节能力和接近能力受到行政等级和经济发展水平影响（表4.25）。

表4.25 京津冀城市群创新企业关联网络中心性测度结果

城市	度数中心度		中介中心度		接近中心度	
	数值	排名	数值	排名	数值	排名
北京	12	第1名	177.97	第1名	0.81	第1名
石家庄	10	第2名	48.53	第2名	0.67	第2名
天津	10	第2名	46.83	第3名	0.66	第3名
保定	7	第4名	15.87	第11名	0.59	第5名
沧州	7	第4名	17.33	第10名	0.6	第4名
廊坊	6	第6名	28.3	第4名	0.57	第6名
承德	5	第7名	27	第9名	0.55	第9名
邯郸	5	第7名	27.5	第5名	0.56	第7名
唐山	5	第7名	27.13	第8名	0.56	第7名
秦皇岛	4	第10名	27.3	第7名	0.53	第10名
邢台	4	第10名	27.5	第5名	0.53	第10名
衡水	2	第12名	0	第12名	0.48	第12名

(四) 长江中游城市群

长江中游城市群有21个城市参与了创新企业关联网络，网络平均度为3.86，网络密度0.14。从度数中心度、中介中心度和接近中心度的分布来看，排名前三的城市均为武汉、长沙、南昌。其他18个城市的度数中心度都集中在2~4，意味着除了三个省会城市外，其他节点在网络中的参与度较低，行政壁垒有待突破。江西省会南昌的控制和调节能力明显低于湖北省会武汉和湖南省会长沙，有5个节点中介中心度为0，节点的中介地位有待提高。可以发现行政等级较高、经济能力更强、服务范围更广的省会城市三种中心度都远高于其他城市（表4.26）。

表4.26　长江中游城市群创新企业关联网络中心性测度结果

城市	度数中心度 数值	度数中心度 排名	中介中心度 数值	中介中心度 排名	接近中心度 数值	接近中心度 排名
武汉	14	第1名	132.72	第1名	0.74	第1名
长沙	11	第2名	116.67	第2名	0.68	第2名
南昌	11	第2名	78.78	第3名	0.68	第2名
九江	4	第4名	27.87	第4名	0.53	第5名
荆州	4	第4名	4.52	第11名	0.52	第7名
黄石	4	第4名	15.54	第7名	0.53	第5名
常德	4	第4名	27.48	第5名	0.54	第4名
株洲	3	第8名	11.33	第10名	0.51	第8名
宜昌	3	第8名	0.87	第13名	0.5	第10名
新余	3	第8名	0.87	第13名	0.5	第10名
湘潭	3	第8名	0	第17名	0.51	第8名
景德镇	3	第8名	1.06	第12名	0.48	第12名
岳阳	2	第13名	0	第17名	0.48	第12名
鹰潭	2	第13名	0	第17名	0.46	第15名
益阳	2	第13名	13	第8名	0.43	第20名
孝感	2	第13名	0.48	第15名	0.47	第14名
上饶	2	第13名	0.4	第16名	0.46	第15名
娄底	2	第13名	13	第8名	0.43	第20名
吉安	2	第13名	0	第17名	0.45	第18名
衡阳	2	第13名	0	第17名	0.45	第18名
鄂州	2	第13名	27	第6名	0.46	第15名

（五）成渝城市群

成渝城市群有13个城市参与了创新企业关联网络，网络平均度为2.9，网络密度为0.14。从度数中心度来看，成渝城市群排名前三的城市为成都、重庆和眉山，但重庆、眉山与成都相差较大；从中介中心度来看，排名前三的城市为成都、重庆和德阳；从接近中心度来看，排名前二的城市为成都、重庆，眉山和绵阳并列第三名。尽管成都和重庆在三种中心度上都位列前两名，但重庆相比四川省会成都，其网络参与度、接近能力以及调节控制能力都有待提高（表4.27）。

表 4.27 成渝城市群创新企业关联网络中心性测度结果

城市	度数中心度 数值	度数中心度 排名	中介中心度 数值	中介中心度 排名	接近中心度 数值	接近中心度 排名
成都	13	第1名	117.17	第1名	0.89	第1名
重庆	5	第2名	18.56	第2名	0.63	第2名
眉山	4	第3名	6.26	第5名	0.59	第3名
绵阳	4	第3名	8.15	第4名	0.59	第3名
内江	3	第5名	0.53	第11名	0.56	第5名
达州	2	第6名	3.76	第6名	0.53	第6名
德阳	2	第6名	17	第3名	0.53	第6名
乐山	2	第6名	3.76	第6名	0.53	第6名
南充	2	第6名	2.58	第8名	0.53	第6名
雅安	2	第6名	2.58	第8名	0.53	第6名
自贡	2	第6名	2.58	第8名	0.53	第6名
泸州	2	第6名	0	第12名	0.52	第12名
资阳	1	第13名	0	第12名	0.49	第13名

(六) 山东半岛城市群

山东半岛城市群有15个城市参与了创新企业关联网络，网络平均度为3.64，网络密度为0.135。从度数中心度来看，山东半岛城市群中度数中心度排名前三的城市分别为济南、潍坊和东营；从中介中心度的分布来看，排名前三的城市为济南、青岛和潍坊；从接近中心度来看，排名前三的城市分别为济南、潍坊和东营。大部分城市的度数中心度都集中在2~7，形成了济南单一中心的创新企业联系网络。总体来看，山东半岛城市群的创新企业合作网络以济南为核心，青岛等城市的合作能力、调节能力和接近能力都有待提高（表4.28）。

表 4.28 山东半岛城市群创新企业关联网络中心性测度结果

城市	度数中心度 数值	度数中心度 排名	中介中心度 数值	中介中心度 排名	接近中心度 数值	接近中心度 排名
济南	15	第1名	136.74	第1名	0.81	第1名
东营	7	第2名	17.73	第8名	0.62	第3名
潍坊	7	第2名	37.03	第3名	0.63	第2名
青岛	6	第4名	40.44	第2名	0.6	第4名
烟台	6	第4名	28.39	第4名	0.59	第5名
临沂	5	第6名	27.59	第5名	0.57	第6名
德州	4	第7名	3.21	第10名	0.53	第8名

续表

城市	度数中心度 数值	度数中心度 排名	中介中心度 数值	中介中心度 排名	接近中心度 数值	接近中心度 排名
济宁	4	第7名	24.07	第6名	0.55	第7名
聊城	4	第7名	23.14	第7名	0.53	第8名
淄博	4	第7名	3.21	第10名	0.53	第8名
日照	3	第11名	1.1	第13名	0.52	第11名
滨州	2	第12名	0.14	第14名	0.43	第15名
菏泽	2	第12名	0	第15名	0.48	第14名
泰安	2	第12名	6.17	第9名	0.49	第12名
威海	2	第12名	1.26	第12名	0.49	第12名

（七）辽中南城市群

辽中南城市群有 11 个城市参与了创新企业关联网络，网络平均度为 3.2，网络密度为 0.168。从度数中心度来看，辽中南城市群中度数中心度排名前三的城市分别为沈阳、鞍山、营口；从中介中心度来看，排名前三的城市分别为沈阳、大连、鞍山；从接近中心度来看，排名前三的城市分别为沈阳、鞍山、营口。除了沈阳，其他节点的度中心度在 2~7，形成了明显的核心边缘结构。总体来看，辽中南城市群网络发育较好，但平均度有待提高（表 4.29）。

表 4.29　辽中南城市群创新企业关联网络中心性测度结果

城市	度数中心度 数值	度数中心度 排名	中介中心度 数值	中介中心度 排名	接近中心度 数值	接近中心度 排名
沈阳	9	第1名	51.4	第1名	0.78	第1名
鞍山	7	第2名	24.34	第3名	0.72	第2名
营口	6	第3名	13.97	第4名	0.67	第3名
大连	5	第4名	37.5	第2名	0.66	第4名
锦州	4	第5名	2.14	第6名	0.58	第5名
抚顺	3	第6名	0.69	第9名	0.55	第6名
本溪	2	第7名	0.84	第8名	0.51	第7名
丹东	2	第7名	1.87	第7名	0.51	第7名
葫芦岛	2	第7名	3	第5名	0.48	第10名
铁岭	2	第7名	0.69	第9名	0.5	第9名
辽阳	2	第7名	0	第11名	0.48	第10名

参 考 文 献

黄晓东，马海涛，苗长虹. 2021. 基于创新企业的中国城市网络联系特征. 地理学报，76（4）：835-852.

马学广，李贵才. 2012. 西方城市网络研究进展和应用实践. 国际城市规划，27（4）：65-70.

王垚，钮心毅，宋小冬. 2017."流空间"视角下区域空间结构研究进展. 国际城市规划，32（6）：27-33.

Alderson A S，Beckfield J. 2004. Power and position in the world city system. American Journal of Sociology，109（4）：811-851.

Taylor P J，Evans D M，Pain K. 2008. Application of the interlocking network model to mega-city-regions：measuring polycentricity within and beyond city-regions. Regional Studies，42（8）：1079-1093.

Taylor P J，Hoyler M，Verbruggen R. 2010. External urban relational process：introducing central flow theory to complement central place theory. Urban Studies，47（13）：2803-2818.

第五章　中国城市群技术知识多中心演化过程及效应

　　城市群创新的空间格局与城市群创新的能力水平存在紧密关联，多中心性是反映空间格局的重要指标，运用多中心性概念探讨中国城市群的技术知识多中心性特征及其对创新产出的影响，进而揭示城市群知识多中心性与创新产出的关系和演化规律。首先从形态和功能两种维度界定城市群技术知识多中心，并运用 2000~2019 年 293 个城市的专利申请和城市间专利合作数据，对中国 19 个城市群多中心性演化过程、类型演替及其创新产出效应进行分析，发现 19 个城市群的形态多中心性、群内功能多中心性和群外功能多中心性演化存在明显异质性特征；多中心性类型分布呈现出形态多中心性多年持续分散，而功能多中心性呈现从较低功能多中心性向较高功能多中心性显著推进趋势；形态多中心性与创新产出呈现以 0.438 为拐点的倒 U 形关系，功能多中心性对创新产出呈现显著正效应，这一效应的实现与知识传播的双向累积递增的特征有关。研究结果有助于推动城市群创新多中心结构发展的规律性认知，也可为城市群创新发展战略制定提供参考。

第一节　城市群技术知识多中心性概念模式与研究方法

　　多中心性在不同的研究区域、不同的发展阶段、不同的分析视角下都有不同的解读方式，多中心性内在的复杂性特征和概念的模糊性特征给其衡量评估和结果预测带来一定的困难。对城市群尺度技术知识多中心性的概念界定就显得尤为必要。本节从多中心性的基本内涵出发，从形态和功能两种维度定义城市群的技术知识多中心性，借鉴类型学分类方法并考虑城市群基本功能提出了城市群技术知识多中心的理论模式类型，最后介绍了城市群技术知识形态和功能多中心性的测度方法和数据来源。

一、多中心性概念的内涵及发展

　　"多中心性"这个概念的日益流行和广泛应用使其成为学术研究和规划领域中最具模糊性和延伸性的概念之一（Li and Phelps, 2017）。多中心性概念本身是多维的（包括形态多中心性和功能多中心性等），本质上具有多尺度（城市、区域、国家等）的特性（Ma et al., 2021；Li and Phelps, 2018；González-González and Nogués, 2016）。通常情况下，若以某个指标测度一个区域具有明显的多中心性特征，换用其他指标可能会得出截然不同的结果；同样，某个尺度上表现为多中心的系统在另一个尺度上也可能呈现出单中心特征（Dadashpoor and Saeidi, 2019；Hall and Pain, 2006）。

多中心性包括城市体系内各城市规模等级的均衡分布（形态多中心）和城市网络中各节点间功能关系的均衡分布（功能多中心）（Liu et al.，2016；Burger and Meijers，2012）。在传统方法中，多中心性的衡量往往基于静态和形态学方法，由城市本身的属性特征来刻画，主要考虑都市区域内的经济活动、人口、就业规模和土地利用的空间分布（Neal，2011a；Limtanakool et al.，2007；Champion，2001；Parr，2004；Lambooy，1998）。随着城市体系分析中"网络范式"的兴起（Neal，2011b；Meijers et al.，2007），城市的重要性日益体现在由人流、物流、信息流等介质建构的城市网络中的节点地位，仅从形态学的视角衡量多中心性而忽略城市之间的相互作用难以全面理解多中心性的本质内涵。近年来，源自"流空间"概念（Castells，1996）的功能多中心属性逐渐受到学者的关注，在实证研究中得到了更为广泛的应用（Burger et al.，2011；van Oort et al.，2010；Hall and Pain，2006）。目前，从形态和功能两个维度共同研究多中心空间组织模式已成为一种趋势（Burger and Meijers，2012）（图5.1）。

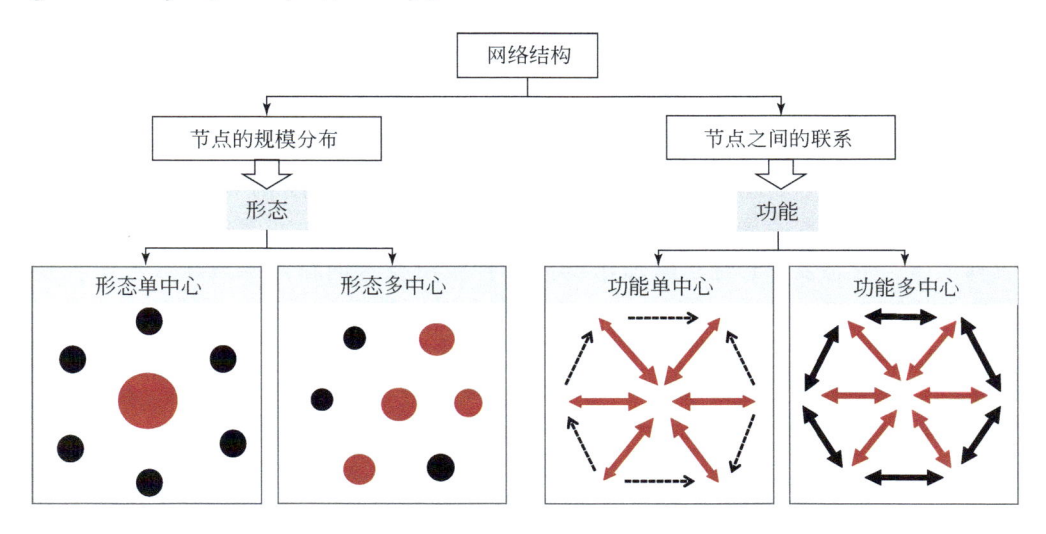

图5.1 多中心结构的"形态维"和"功能维"
资料来源：参考（Burger and Meijers，2012）绘制

探讨多中心性首先要明确"中心"的概念，中心从形态上可以简单地定义为人口或经济活动的聚集（超过绝对人口或就业密度的一定阈值），同时还需要具备为其周边地区提供服务的功能。多中心发展实质上指的是城市功能地域范围拓展的过程，区域内部形成紧密联系的网络结构，地理上邻近但各自独立运作的网络节点通过密集的人流、物流、信息流等实现功能的连接，多个城市节点逐渐实现功能上的一体化（Liu et al.，2018）。功能多中心性源于同一行政区域内城市之间复杂的空间互动（Liu，2018；Vasanen，2012），是城市区域最为重要和本质的特征，也是最为关键的演化阶段（冯长春等，2014）。在一个功能多中心的城市系统中，没有任何城市占据绝对主导地位，中心城市对外联系的程度是相对均等的，各种类型的"流"多向且均匀分布在城市之间（Burger and Meijers，2012）。

多中心结构具有复合多维的特征，形态、功能和治理三个维度相互影响、共同作用

(Hall and Pain，2006)。以大都市带(megalopolis)的概念的提出为标志，多中心的研究范围开始扩展到跨区域的尺度(Davoudi，2003)。随着经济全球化和区域一体化进程不断加快，全球城市区域(global city-regions)、多中心大都市(polycentric metropolis)、巨型区域(mega-regions)等新兴名词不断涌现(Harrison and Hoyler，2015；Scott，2001)。多中心城市区域(PUR)作为一种新型城市地域空间单元，在国家和全球竞争中扮演着越来越重要的角色，已成为欧洲不同层次空间规划的发展目标，还被纳入到了《美国2050远景规划》(The America 2050 Strategy)中。

二、城市群技术知识多中心性概念界定与理论模式

在知识经济时代，知识协作变得越来越重要，单个城市不可能仅仅依靠本地的知识来源来实现自我维持和更新，越来越多的城市区域通过密切的知识合作与联系形成了复杂有机的多中心创新网络系统。城市群知识多中心性是多中心概念在知识创新维度的体现，前人研究中，知识多中心性被定义为一个区域的知识生产及区域内外知识合作的多中心结构(Li and Phelps，2017)，亦包含知识形态多中心与知识功能多中心(戴靓等，2021)。知识多中心性体现了一种平衡关系，城市在知识生产功能和知识合作网络中的地位方面具有相同的"重要性"(importance)，系统中没有占据绝对主导地位的中心城市。

从多中心性的基本内涵出发，本研究将从形态和功能两种维度理解技术知识多中心性，具体而言，形态多中心性反映城市群内部各城市技术创新资源禀赋或产出规模的差异，通常与城市人口、经济、研发投入、高校科研院所数量成正比；功能多中心性指区域内不同城市间的技术知识合作联系映射在地理上而形成网络结构，即在多大程度上利用与其他城市的知识协作来实现或强化其中心地位，通常与区域内城市的网络资本、知识溢出效应、借用规模能力有关。高形态多中心性指城市群内的知识生产相对均衡发展，空间上趋于均质化分布；高功能多中心性意味着"知识流动"在城市之间是多向、均匀分布的，反之亦然。

基于技术知识生产和合作的视角，将城市群"孵化器""轮轴""枢纽/门户"功能与技术知识的形态和功能多中心性联系起来。其中，功能中心性既指城市系统内各中心之间的功能关系的强度（内部中心性），又涵盖与系统外城市的联系强度（外部中心性）。具体而言，将各城市的技术知识生产能力（专利申请总量）作为"孵化器"功能的代理变量，以城市群内部城市之间的技术合作强度（共同申请专利量）表示"轮轴"功能（内部中心性），城市群内部城市与全国其他地级市之间的技术合作强度（共同申请专利量）代表"枢纽/门户"功能（外部中心性）。

针对两种多中心性的计算和比较已经有了大量的研究基础(Ma et al.，2021；Li and Phelps，2018)，然而处于不同发展阶段和背景的城市群往往呈现出差异化多中心特征，少有研究考虑两种多中心之间的分类组合特征。利用城际交通流，Liu和Wang(2016)提出了一种基于功能和形态多中心程度的类型学分类方法，分别以形态和功能多中心度为横纵坐标轴，将单个城市群的多中心度量得分作为坐标分别绘制在4个象限中，进而将多中心特征抽象简化为4种不同的组合模式：高形态-高功能(H-H)、高形态-低功能(H-L)、

低形态–高功能（L-H）、低形态–低功能（L-L）。借鉴该思路，本章将城市群的技术知识多中心特征划分为4种类型（图5.2）。其中，度量形态多中心性的节点特征是城市专利申请总量的分布，反映了城市在城市群技术知识生产系统中所发挥的创新"孵化器"功能；将微观创新主体的技术知识协作集中到城市层面，构建城市群内部和对外技术知识协作的功能网络，通过城市间功能联系的不均衡来衡量功能多中心性，反映了城市在城市群知识协作系统中所发挥的"轮轴"和"门户/枢纽"功能。

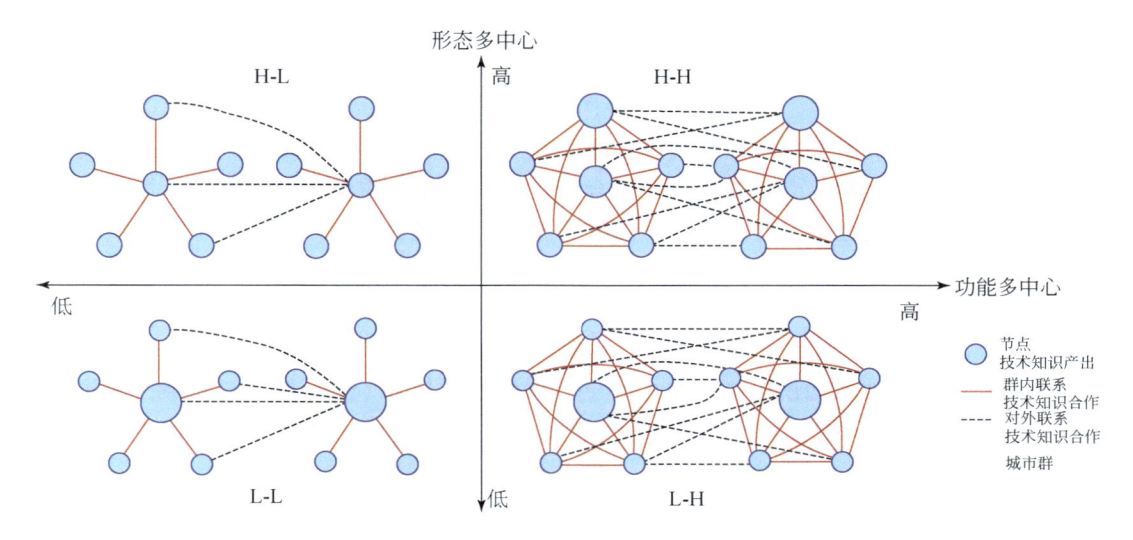

图5.2 城市群技术知识形态和功能多中心类型模式

城市群创新网络发育初期阶段，各城市的创新水平均较低且相差不大，形态多中心性较高，城市之间尚未产生创新联系，各城市分散孤立发展。在创新低水平的状态下，为提升区域整体创新能力往往需要培育创新增长极，在政策或者其他内外力的共同推动下，各类创新资源开始向中心城市流动，单中心城市内集聚了各类技术创新资源，技术、人才、资金等要素的集中能够发挥集聚带来的规模效应，促使核心城市发挥创新孵化器功能，实现分散研发无法实现的自主创新突破，该阶段以核心增长极–边缘节点的单中心层级结构为主要特征，形态多中心性处于最低水平。在创新资源由周边城市向核心城市集中之后，核心城市的溢出效应开始显现，在集聚经济和集聚不经济的共同作用下，形态单中心的空间结构开始改变，最先承接溢出效益的边缘城市成长为次中心，边缘城市与中心城市之间的功能联系更为密切，形态和功能多中心性均由单中心向多中心转变。在中心和次中心城市的辐射带动下，城市群内继续形成多个分散次中心，不同的城市节点之间基于"互补"或"合作"关系建立创新联系，进而形成多中心网络系统，"合作"关系一般产生于经济结构类似的城市之间，同行业内的企业生产经营相同的产品，技术的共性或相通性较大，对技术创新突破具有类似的攻关方向（罗湘文，2010）；"互补"关系一般建立在处于产业链不同位置、纵向垂直分工的城市之间，通过创新网络的构建，单个城市的职能分工在更大的区域尺度上得以相互补充，城市群整体成为功能完整的创新系统。在城市群创新网络发育的成熟阶段，不仅核心节点之间进行双向要素流动和交换，一般边缘节点之间也建立了紧密的合作关系（Vasanen，2012；Burger et al.，2011；Limtanakool et al.，2007；Schwanen et al.，2004；van der Laan，1998），城市群内部形成了多向互动、有机联系的创新网络，在形态和功能上都逐渐向多中心结构演化。

三、城市群技术知识多中心性的测度方法与数据

（一）测度方法

城市群技术知识多中心性包括形态多中心性和功能多中心性两类，其中形态多中心性反映城市群内部城市技术知识生产的分布均衡程度，是城市群内部知识生产系统的结构指标；功能多中心性表示城市对外技术知识合作参与度的分布均衡程度，是城市群知识合作系统的结构指标。现有城市群多中心性测度方法比较成熟，多采用 Green（2007）修正的测度方法。形态多中心的计算公式为

$$P_M = 1 - \frac{\sigma_M}{\sigma_{Mmax}} \tag{5.1}$$

式中，P_M 为城市群技术知识的形态多中心度，取值范围从 0（绝对单中心）到 1（绝对多中心）。σ_M 为该城市群内各城市技术知识生产（专利申请总量）的标准差；σ_{Mmax} 为极值状态下两城市专利申请量的标准差，其中一个城市的专利申请量为零，另一个城市的专利申请量为观测值的最大值。

功能多中心的计算公式为

$$P_F = \left(1 - \frac{\sigma_F}{\sigma_{Fmax}}\right) \times \Delta \tag{5.2}$$

式中，P_F 为城市群技术知识的功能多中心度，取值范围从 0（绝对单中心）到 1（绝对多中心）；σ_F 和 σ_{Fmax} 的计算方式与 σ_M 和 σ_{Mmax} 类似，不同的是使用的数据为城市之间的技术知识合作（两城市的合作联合申请专利量）；Δ 为技术合作网络的网络密度，引入该指标的目的在于确保在城市之间均不存在功能联系的情况下，功能多中心的取值为 0。也有研究证明有无网络密度对结果影响较大，网络密度与多中心之间关系较弱（Burger et al.，2011）。网络密度是实际存在的关系数与完整网络理论上可能存在的所有关系数的比值，反映了网络的紧密性与内聚性。本研究中网络密度的定义为城市间联系量观测值与联系量理论最大值的比率网络密度：

$$\Delta = \frac{L}{L_{max}} \tag{5.3}$$

式中，Δ 为网络密度；L 为网络中的两两城市合作量的总和；L_{max} 为城市之间合作量的理论最大值，计算方法为城市对数量与最大合作量观测值的乘积，取城市群城市数为 n，则理论最大连接数为 $n(n-1)/2$。

（二）数据选择

创新网络实质上是对节点关系的抽象表达，因而"关系型数据"的选择和获取是城市

群创新网络构建和分析的关键。专利和论文是科学和技术发展的重要成果，不仅是度量区域创新能力的主要指标（吕拉昌和李勇，2010），也是获取外部知识溢出的重要途径（Ferraro and Iovanella，2017）。目前大多学者采用论文和专利这两个常用的知识协作度量指标来表示科学知识和技术知识协作（马海涛，2020；Ma et al.，2015；Andersson et al.，2014；Matthiessen et al.，2010）。针对创新网络的构建和测度，国内外学者通常以城市间的合作发表论文数量（马海涛等，2018；Li and Phelps，2017）、合作申请专利数量（徐宜青等，2018；胡艳和时浩楠，2017；Ma et al.，2015；牛欣和陈向东，2013；Proff and Brenner，2011）以及专利转移转让数量（周灿等，2017）等数据来表征城市间的知识或技术合作程度，以此构建企业组织（Broekel and Boschma，2012）、高校及科研机构（Liefner and Hennemann，2011）等微观创新主体在城市、区域、国家乃至全球等（de Prato and Nepelski，2014；Hoekman et al.，2009）多时空维度下的创新联系网络。联合申请专利反映创新网络中节点基于技术创新活动所进行的合作，运用联合申请专利数据开展创新网络、知识溢出等研究得到学者们广泛认可成为众多学者开展合作创新网络研究的主要数据源（Balland et al.，2016；Liu and Yang，2008）。

专利合作数据来源于 incopat 网站（https://www.incopat.com/），网站包含了中国国内和中国对外的所有可公开的专利转移记录，数据的完整性较高。专利合作数据包括专利申请号和分类号、专利申请人和地址、专利申请时间、专利授予时间等信息。由于本研究重点探讨城市间的技术合作联系及其演化，因此没有采用更能反映创新能力但公布期会滞后多年的授权专利，这样也可照顾到中西部创新较为滞后的城市群。

各城市的社会经济指标数据来源于《中国城市统计年鉴》《中国区域经济统计年鉴》和 CSMAR 数据库，部分缺失数据使用各地级市的统计年鉴和统计公报信息进行填补。

（三）数据处理

研究采用的主要数据为 2000 年、2005 年、2010 年、2015 年、2019 年中国 293 个地级城市的专利申请数据以及城市间的专利合作申请数据（均按申请年统计）。考虑到国内专利申请的公布需要 18 个月，数据处理时未能选择 2020 年。为保证数据的完整性，提取 2000 年、2005 年、2010 年、2015 年、2019 年由两个或两个以上主体合作申请的发明专利信息，具体数据获取及处理方式如下：首先将中国 31 个省（自治区、直辖市）两个或两个以上主体合作申请的发明专利信息从 incopat 网站上爬取下载，删除专利申请人均为个人或个人与机构的专利，由于中国专利网只收录第一申请人的地址信息，需要调用 Google 和 Baidu Geocoder API，匹配其他专利申请人的地址；基于以上获得的专利地址，将企业或机构地址全部归并到地级市尺度，使用 Python 构建共现矩阵，提取出某一年文件数据中所有的城市名称，经过逐城市遍历，选择出现该城市名称的表格行，并将这一行出现的所有城市的合作专利数加 1，其中相同城市只计数 1 个，当所有的城市都循环完毕，则得到每个城市对应于所有城市的合作专利关系频次；针对同一条专利申请人地域分布进行拆分，获得城市间专利申请合作关系矩阵。将创新主体间的专利合作关系转换为城市间的技术联系，用创新主体间的合作次数标度城市间的技术合作网络联系强度，以此构建地级以上城市间技术创新合作的无向加权矩阵。在所选的五个年份共获得 3 446 898 项专利联合申请信息，包含约20万个创新主体；运用专利的地址信息将创新主体归并入所属地级市，共涉及227个城市群城市，进而建立起这些城市间的技术知识合作关系，既包括城市群内部城市间的专利合作关系（117 817项），也包括城市群同外部城市的专利合作关系（396 581项）。

第二节 中国城市群技术知识多中心性演化过程

使用专利申请和合作数据计算了我国19个城市群的技术知识多中心性，包括形态和功能多中心性，分别反映城市群技术知识生产和知识合作的空间集聚程度。借鉴"本地-跨界"视角刻画功能多中心性，"本地"即城市群内部各城市之间的技术合作，"跨界"即城市群城市同群外其他城市开展技术合作。研究发现形态多中心性总体呈现"降低-升高-再降低"波动发展趋势，而功能多中心性总体呈现"从低到高"递增发展趋势，表明伴随着城市群的创新发展过程，城市群的技术知识生产格局会发生多次集中与分散，但技术知识关系格局往往会朝向多中心方向发展。

一、中国城市群技术创新产出（形态）的多中心性

形态多中心性反映的是城市群内部各城市之间技术知识生产能力的集中化程度。由于各城市群创新发展基础相差较大，城市群形态多中心性的变化规律也各不相同。中国19个城市群技术知识生产的集中化程度呈现明显差异，最高的长江中游城市群2019年形态多中心性高达0.610，最低的宁夏沿黄城市群2000年仅为0.222。从总体格局上看，城市群技术知识形态多中心性不存在明显的空间规律，东、中、西部的城市群都存在或高或低的形态多中心性。从城市群自身演化上看，形态多中心性变动幅度总体不大，但变动趋势差别较大，既有先降后升的U形（如长江中游城市群）、也有先升后降的倒U形（如珠江三角洲城市群）、又有W形（如成渝城市群）或N形（如宁夏沿黄城市群）（表5.1）。

表5.1 2000年、2005年、2010年、2015年、2019年城市群技术知识形态多中心性

城市群	2000年	2005年	2010年	2015年	2019年
长江三角洲城市群（YRD）	0.617	0.605	0.482	0.480	0.483
珠江三角洲城市群（PRD）	0.239	0.392	0.413	0.423	0.390
京津冀城市群（BTH）	0.479	0.459	0.467	0.454	0.468
长江中游城市群（MYR）	0.582	0.536	0.605	0.607	0.610
成渝城市群（CHC）	0.503	0.464	0.537	0.513	0.506
辽中南城市群（CSL）	0.424	0.406	0.424	0.372	0.325
山东半岛城市群（SDP）	0.459	0.393	0.438	0.395	0.440
海峡西岸城市群（WTS）	0.492	0.481	0.486	0.483	0.496
哈长城市群（HAC）	0.450	0.443	0.439	0.437	0.439
中原城市群（CPL）	0.463	0.383	0.347	0.428	0.428

续表

城市群	2000年	2005年	2010年	2015年	2019年
关中平原城市群（GZP）	0.397	0.392	0.385	0.424	0.287
北部湾城市群（GXB）	0.369	0.366	0.383	0.483	0.451
天山北坡城市群（TSM）	0.232	0.238	0.260	0.262	0.256
晋中城市群（CSX）	0.307	0.297	0.302	0.372	0.345
呼包鄂榆城市群（HBY）	0.281	0.267	0.319	0.283	0.284
滇中城市群（CYN）	0.379	0.381	0.402	0.385	0.389
黔中城市群（CGZ）	0.300	0.225	0.360	0.417	0.506
兰西城市群（LAX）	0.356	0.382	0.366	0.367	0.366
宁夏沿黄城市群（NYR）	0.222	0.282	0.254	0.234	0.311

"先降后升"即初始阶段城市群内部仅有少数城市成为创新中心，如长江三角洲的上海、京津冀的北京，创新资源要素的集聚效应占主导，随着核心城市发展壮大，溢出效应逐渐凸显，更多的边缘城市在中心城市的带动下也逐渐成长为核心节点。"先升后降"即在初始阶段城市群内部有多个城市同时成长为区域核心节点，如珠江三角洲的广州和深圳，山东半岛的济南和青岛，尽管部分城市的起步时间较早，然而随着时间推移，不同城市创新能力的分化日益明显，其中某个中心城市逐渐超越其他城市而占据区域核心地位，如珠江三角洲的深圳和山东半岛的青岛，吸引创新要素不断集聚，导致区域多中心程度不升反降。

二、中国城市群技术合作网络（功能）的多中心性

在聚焦中国内部技术创新格局的前提下，城市群功能多中心性需要从两个维度来探讨：一是从城市群内部的城市间技术合作关系探讨群内功能多中心性，来反映各城市融入城市群技术创新网络的均衡程度；二是从城市群对外技术合作关系来探讨群外功能多中心性，来反映是单一城市还是多个城市承担了城市群对外技术联系的"门户"角色。群内外技术合作网络的多中心结构差异揭示了中心城市创新合作内外向程度分布的均衡性。群外功能多中心代表各城市融入跨区域或技术创新网络的均衡程度，"门户"角色由单一城市扮演还是多个城市建立对外联系的"多通道"；群内功能多中心代表了城市群内部创新资源整合能力，创新合作关系集中于某几个核心城市还是大多数城市都参与了创新合作，较高群内功能多中心意味着有更多的城市扮演了群内合作网络的"轮轴"角色。

从功能多中心性计算结果看，不管是群内还是群外，一个共同的特点是所有城市群在20年间都经历了从低到高的快速发展过程，多数城市群在5个年份都表现出持续递增的态势，仅有少数城市群在中间年份有微小下降，但总体增长的趋势非常明显（表5.2）。

表 5.2　2000 年、2005 年、2010 年、2015 年、2019 年城市群技术知识功能多中心性

城市群	2000 年 群内	2000 年 群外	2005 年 群内	2005 年 群外	2010 年 群内	2010 年 群外	2015 年 群内	2015 年 群外	2019 年 群内	2019 年 群外
长江三角洲城市群（YRD）	0.046	0.010	0.095	0.023	0.183	0.047	0.193	0.054	0.227	0.087
珠江三角洲城市群（PRD）	0.055	0.013	0.087	0.025	0.290	0.050	0.248	0.061	0.232	0.079
京津冀城市群（BTH）	0.025	0.018	0.055	0.029	0.160	0.044	0.195	0.064	0.273	0.078
长江中游城市群（MYR）	0.002	0.005	0.013	0.009	0.041	0.022	0.064	0.026	0.069	0.034
成渝城市群（CHC）	0.001	0.005	0.020	0.004	0.075	0.016	0.103	0.024	0.165	0.039
辽中南城市群（CSL）	0.012	0.006	0.023	0.009	0.033	0.016	0.111	0.016	0.150	0.030
山东半岛城市群（SDP）	0.014	0.006	0.034	0.008	0.132	0.023	0.245	0.039	0.283	0.049
海峡西岸城市群（WTS）	0.000	0.002	0.007	0.009	0.063	0.010	0.119	0.026	0.144	0.028
哈长城市群（HAC）	0.018	0.004	0.006	0.002	0.024	0.009	0.069	0.015	0.080	0.023
中原城市群（CPL）	0.000	0.003	0.031	0.004	0.074	0.014	0.139	0.018	0.170	0.037
关中平原城市群（GZP）	0.000	0.004	0.002	0.007	0.058	0.016	0.025	0.018	0.079	0.028
北部湾城市群（GXB）	0.002	0.002	0.000	0.004	0.027	0.007	0.108	0.015	0.118	0.028
天山北坡城市群（TSM）	0.000	0.001	0.000	0.003	0.000	0.004	0.069	0.005	0.102	0.019
晋中城市群（CSX）	0.000	0.003	0.000	0.001	0.048	0.009	0.034	0.011	0.258	0.017
呼包鄂榆城市群（HBY）	0.000	0.001	0.000	0.002	0.000	0.012	0.000	0.021	0.276	0.038
滇中城市群（CYN）	0.000	0.002	0.000	0.004	0.142	0.008	0.176	0.014	0.180	0.016
黔中城市群（CGZ）	0.000	0.000	0.004	0.003	0.113	0.005	0.109	0.013	0.194	0.015
兰西城市群（LAX）	0.000	0.003	0.000	0.007	0.000	0.010	0.063	0.012	0.085	0.012
宁夏沿黄城市群（NYR）	0.000	0.000	0.000	0.001	0.070	0.002	0.039	0.005	0.165	0.011
平均值	0.009	0.005	0.020	0.008	0.081	0.017	0.111	0.024	0.171	0.035

注：群内是指城市群内部城市间开展技术知识合作的功能多中心性，群外是指城市群内部同外部城市开展技术知识合作的功能多中心性。

在群内功能多中心性方面，有多个城市群在不同年份存在零值现象，表明这些城市群尚未建立起技术合作关系，但零值现象不断减少，从 2000 年 10 个减少到 2005 年 7 个再到 2010 年 2 个和 2015 年 1 个。另外，多中心性数值增加明显，增加最少的是长江中游城市群，反映出该城市群内部城市间的技术合作关系发展程度与理想值之间存在较大差距，这与该城市群跨三省、包含城市较多且区域创新系统不健全有关（邹芳等，2021）；增加最多的是呼包鄂榆城市群，作为西部发展水平不太高的城市群具有如此明显的增幅，表明中西部城市群近年来也非常重视城市间的协同创新（马海涛和徐楦钫，2020），也有较好的表现，当然该城市群仅有 4 个地级市组成，也是造成群内功能多中心性结果偏高的重要原因。珠江三角洲城市群在 2010 年群内功能多中心性结果达到峰值，而且在中国所有城市群中具有最高的群内功能多中心性，但 2015 年和 2020 年又表现出微小下降，表明珠江三

角洲城市群又进入新一轮技术创新网络结构的调整，核心城市再次发挥群内技术创新的引领带动作用。总体而言，中国城市群内部城市间技术联系普遍增强，网络均衡性大大提升，但未来群内功能多中心性也有可能会像珠江三角洲城市群一样出现波动，因此只有通过长期分析和多城市群对比才能准确识别其内部创新网络结构特征。

在群外功能多中心性方面，呈现出两个重要特征。一个特征是所有城市群的群外功能多中心性数值 20 年间均得到普遍提升，表明城市群同外部建立技术合作的城市不断增加，多个城市代替少数城市承担起城市群的技术"门户"作用，这一特征与群内功能多中心性较为一致。其中，增长最明显的是长江三角洲城市群，2019 年比 2000 年增加了 0.077，主要是受上海、南京、杭州和合肥这 4 个省会城市或直辖市具有较强的对外技术合作能力影响；而增长最小的是宁夏沿黄城市群，20 年间仅增加了 0.011，表明城市群技术"门户"城市比较单一，核心城市之外的城市尚未同外部建立起较强技术合作。另一个特征是群外功能多中心性表现与城市群总体发展水平较为一致，发展水平较高的城市群往往存在较高的群外功能多中心性，而且多中心性的增长也更为明显。例如，长江三角洲、珠江三角洲、京津冀这三大国家级城市群明显高于其他城市群，东、中、西部城市群也总体呈现梯度递减趋势，而形态多中心性和群内功能多中心性并没有表现出这一特征（表5.2）。

从 19 个城市群对比结果来看，长江三角洲、珠江三角洲、京津冀和山东半岛城市群同时具备较高的群内和群外功能多中心性，城市群内外联系的通道均比较发达，既可以有效整合城市群内部创新要素和资源，又可以与外部进行广泛技术和信息交流，有助于实现"本地蜂鸣–全球管道"的耦合效应（Cao et al., 2021）。有些城市群寻求技术创新合作的外向型特征显著，多个中心城市与城市群外部城市建立了更为密切的技术联系，倾向于接受群外城市的异质性技术知识，但在城市群内部技术创新合作网络中的地位并不突出，一定程度抑制了流入技术知识的本地溢出效应，降低了外部技术知识对城市群创新的贡献（周灿等，2017），如长江中游、成渝、中原等城市群，这几个城市群应加强群内城市间技术交流合作，将外部多样化技术与本地技术充分结合并在群内广泛传播，作为未来创新发展中的努力方向。部分城市群的群内多中心性位序高于群外多中心性，说明该城市群更倾向于在群内节点城市间建立技术创新联系，与城市群外部城市的创新联系渠道相对单一，如晋中、呼包鄂榆、黔中、宁夏沿黄等城市群，这些城市群涉及城市相对少，城市群内部能够建立一定的合作关系，但创新能级较低导致能够发挥对外技术合作功能的城市较少。此外，还有城市群的群内和群外功能多中心性均较低，这类城市群大多整体技术创新能力相对滞后，除中心城市外，其余城市的内外创新联系均十分微弱，如兰西、天山北坡、哈长和关中平原等城市群（图5.3～图5.5）。

三、中国城市群技术知识形态和功能多中心性比较

为了把握城市群技术知识形态多中心性演化的总体特征，计算 19 个城市群多中心性的均值，可见总体上城市群形态多中心性呈现先降后升再微弱下降的变动特征，与功能多中心性呈现持续递增的态势明显不同（图5.6），表明中国城市群内部城市的技术知识生

中国城市群的创新格局与路径

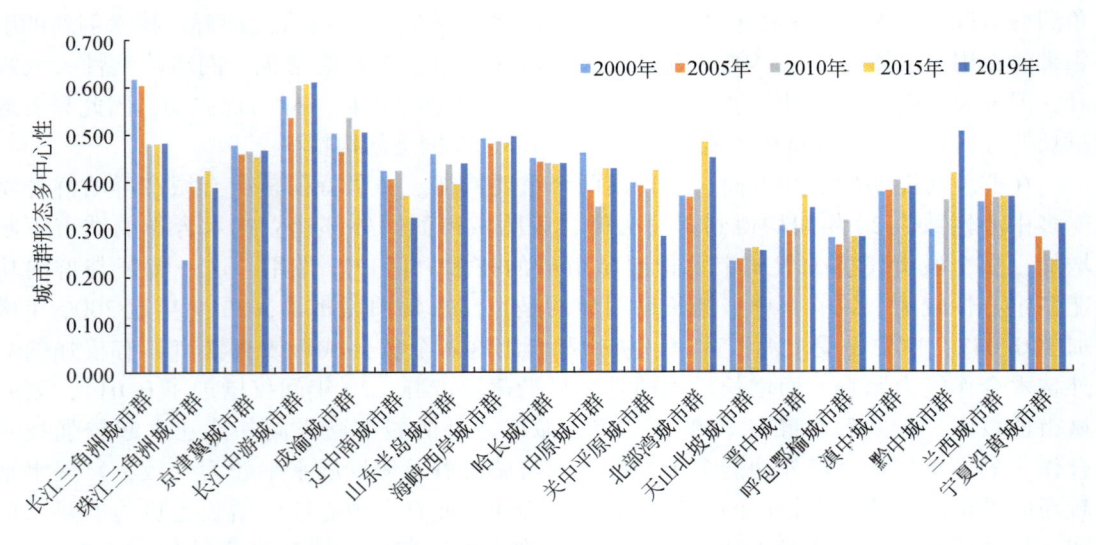

图 5.3　2000 年、2005 年、2010 年、2015 年、2019 年中国城市群技术知识形态多中心性比较

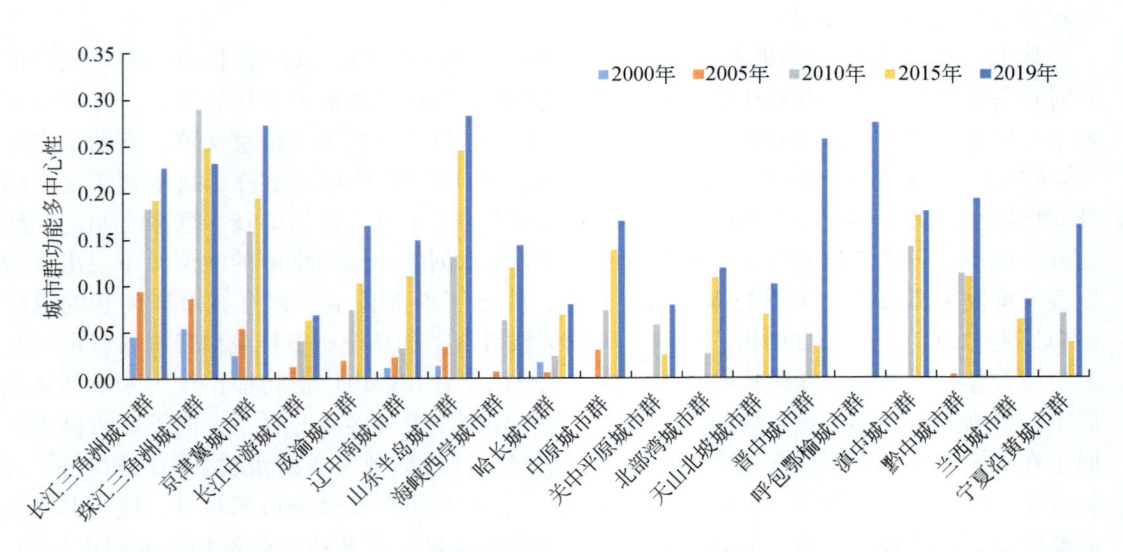

图 5.4　2000 年、2005 年、2010 年、2015 年、2019 年中国城市群技术知识功能多中心性比较（群内）

产格局经历了从集中到分散再到集中的发展过程，这一过程与城市群整体技术创新能力的提升相伴发生。城市群创新发展初期，城市间技术生产能力差异很大，主要集中在中心城市；之后在中心城市的带动下，边缘城市技术生产能力增强，推动城市群技术知识向多中心发展；然而伴随着技术革新和产业升级，技术生产中心城市再一次承担起城市群技术创新核心功能，引领城市群适应新产业需求和新科技变革。图中显示第二次集中的程度相比第一次要弱，这是由于城市技术发展的多样化和持续的累积，技术生产的集中程度难以像前面阶段那样高，而且还会再一次转向多中心发展。

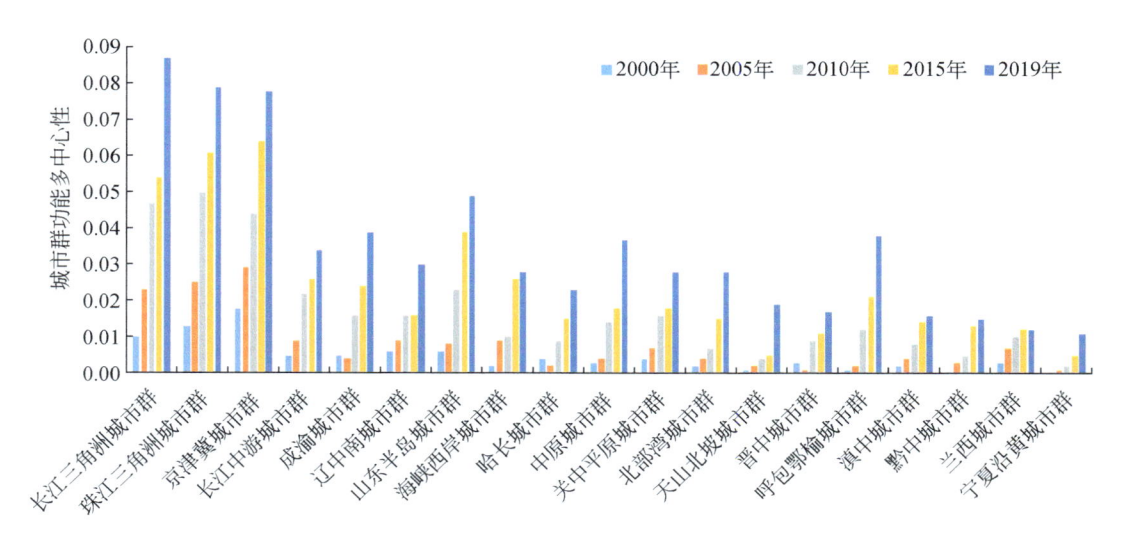

图 5.5 2000 年、2005 年、2010 年、2015 年、2019 年中国城市群技术知识功能多中心性比较（群外）

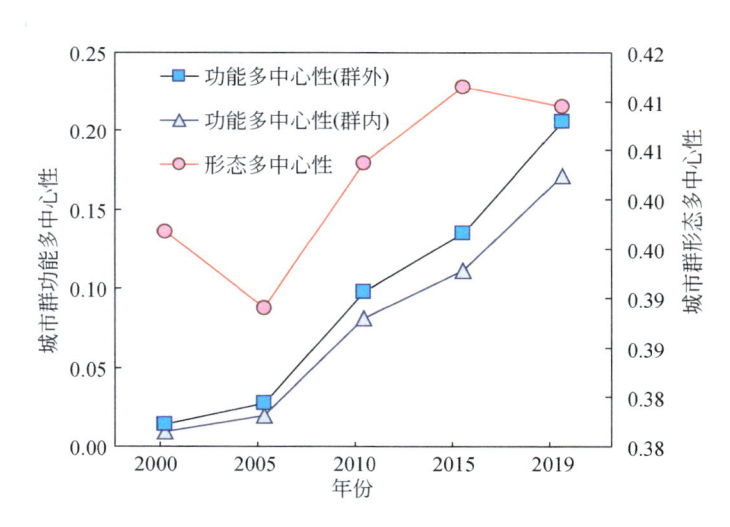

图 5.6 中国城市群技术知识形态和功能多中心性比较（五年所有城市群的均值）

第三节 中国城市群技术知识多中心性类型演替

基于城市群技术知识多中心性演化过程分析，依据与均值大小的比较划分 19 个城市群形态与功能多中心性 4 种组合类型（高形态–高功能 H-H 型、高形态–低功能 H-L 型、低形态–低功能 L-L 型、低形态–高功能 L-H 型），并分析 2000～2019 年 19 城市群多中心性类型的演替趋势。研究发现四种类型的城市群在 20 年间位移方向以正向位移居多，珠江三角洲、北部湾和黔中城市群向高形态多中心性移动，中原、海峡西岸、滇中、晋中、呼包鄂榆等城市群向高功能多中心性移动，仅有东北地区的哈长和辽中南城市群出现了"逆行"现象。虽然形态和功能多中心性高低难以反映创新水平，但结合创新水平看多中心性类型的演替，可基本判断城市群多中心性与创新水平的关系。

一、19个城市群技术知识多中心性类型划分

城市群多中心性单方面的演化过程分析难以综合判断城市群多中心性发展程度及在国家中的相对地位，类型划分有助于对这些方面开展深入研究。参考相关学者对多中心性的类型划分方法（戴靓等，2021；Liu et al.，2016），依据城市群技术知识的形态多中心性和功能多中心性，按照二分法分类的基础方法，取当年所有城市群的均值，将所有城市群划分成四种类型，分别为第一象限的高形态–高功能（H-H）型、第二象限高形态–低功能（H-L）型、第三象限低形态–低功能（L-L）型、第四象限低形态–高功能（L-H）型。

高形态–高功能（H-H）城市群各城市的技术知识生产能力相对均衡，知识生产分散在多个城市，同时多个城市又承担起技术知识合作功能，形成外界知识交流活跃、内部知识更新迅速的良性循环，在全国技术创新网络中居于核心关键地位；低形态–高功能（L-H）城市群内部各城市之间的知识生产能力差距大且较为集中，但合作分散到多个城市，接受其他区域的异质性创新知识的能力强；高形态–低功能（H-L）城市群城市之间的技术创新水平差距较小，技术知识生产分散，但城市之间创新联系不强，合作功能集中在少数城市，呈分散孤立发展格局；低形态–低功能（L-L）城市群中创新型城市稀少，技术创新能力落后，技术知识生产与合作都集中在少数城市，城市之间的创新联系微弱，在全国技术创新协作网络中居于边缘地位。

图 5.7 展示了五个年份所有城市群的多中心性类型分区，同时用城市群专利申请总量反映城市群技术知识生产规模，用万人专利申请量反映城市群技术知识生产强度，进而综合判断城市群多中心性的内在特征。城市群技术知识生产能力展现出加快发展的态势。从图 5.7 的图例中可以看出，不管是专利量还是万人专利申请量，从 2000 年到 2019 年都表现出指数式增长，表明中国城市群已经具有技术创新的孵化器功能，有越来越多的专利产生。

经过 20 年的发展，各城市群的功能多中心性呈现整体向高水平方向推进，所有城市群功能多中心性的均值从 2000 年的 0.007 持续增加到 2019 年的 0.103（表 5.3）。2000 年，城市群集中分布在低功能多中心性一侧，有超过半数城市群的功能多中心性低于平均水平，长江三角洲、京津冀、山东半岛和中原城市群的形态和功能多中心性水平相对较高，其中，长江三角洲的领先优势十分突出，知识形态多中心性和功能多中心性均高于平均水平，知识资源禀赋较为均质，且城市之间知识合作较为密切均衡，珠江三角洲的功能多中心性水平明显高于形态多中心性水平。之后各年份不断有城市群向高功能多中心性一侧推移，到 2019 年时已经呈现出分布均匀的格局。这表明 20 年来中国城市群城市间的技术知识合作得到了快速的发展，城市群内部的技术合作网络化"轮轴"城市和对外技术"门户"城市不断增多。相比来看，形态多中心性均值多年徘徊在 0.4 上下，不存在方向性趋势。

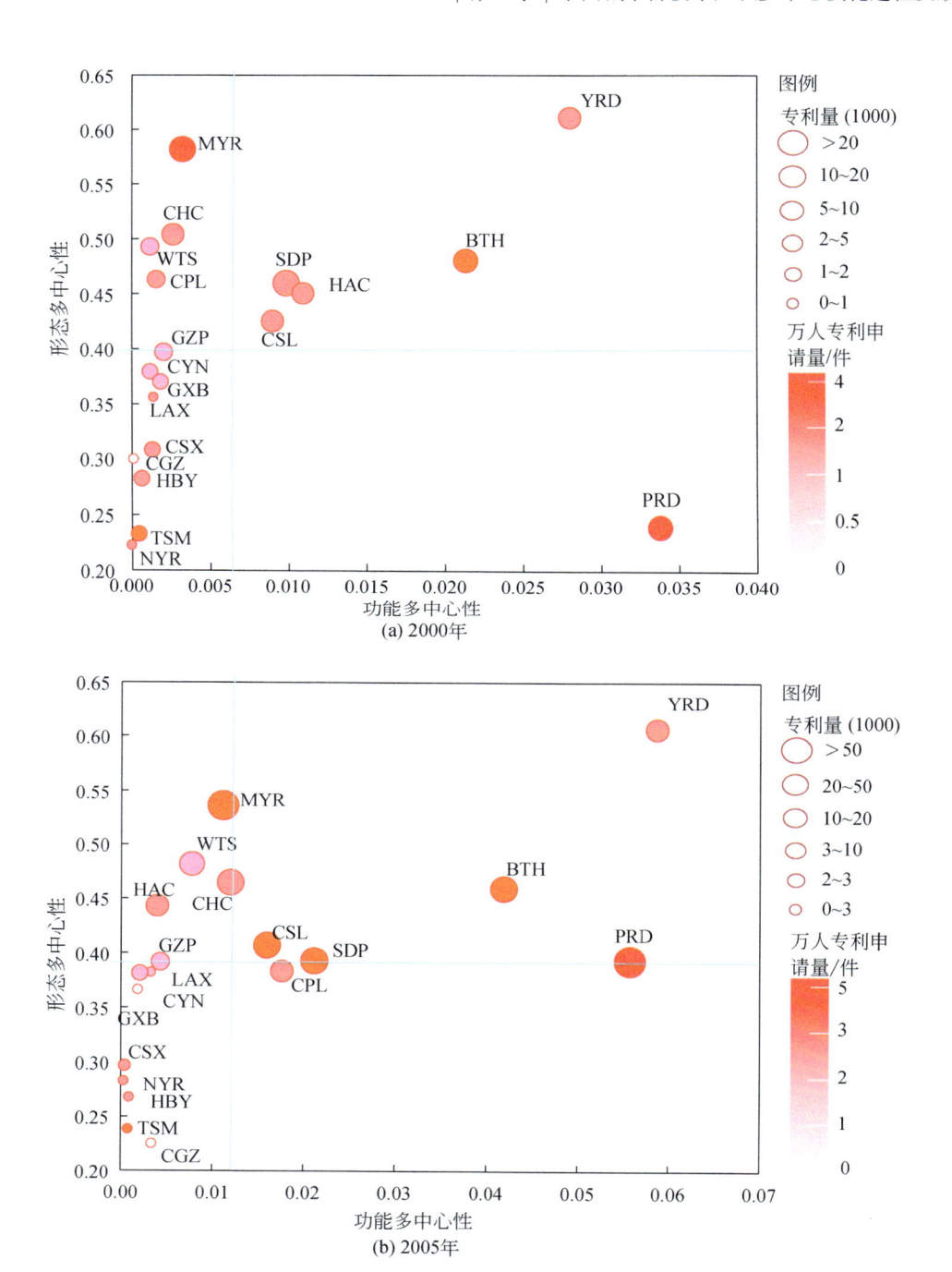

| 第五章 | 中国城市群技术知识多中心演化过程及效应

(a) 2000年

(b) 2005年

(c) 2010年

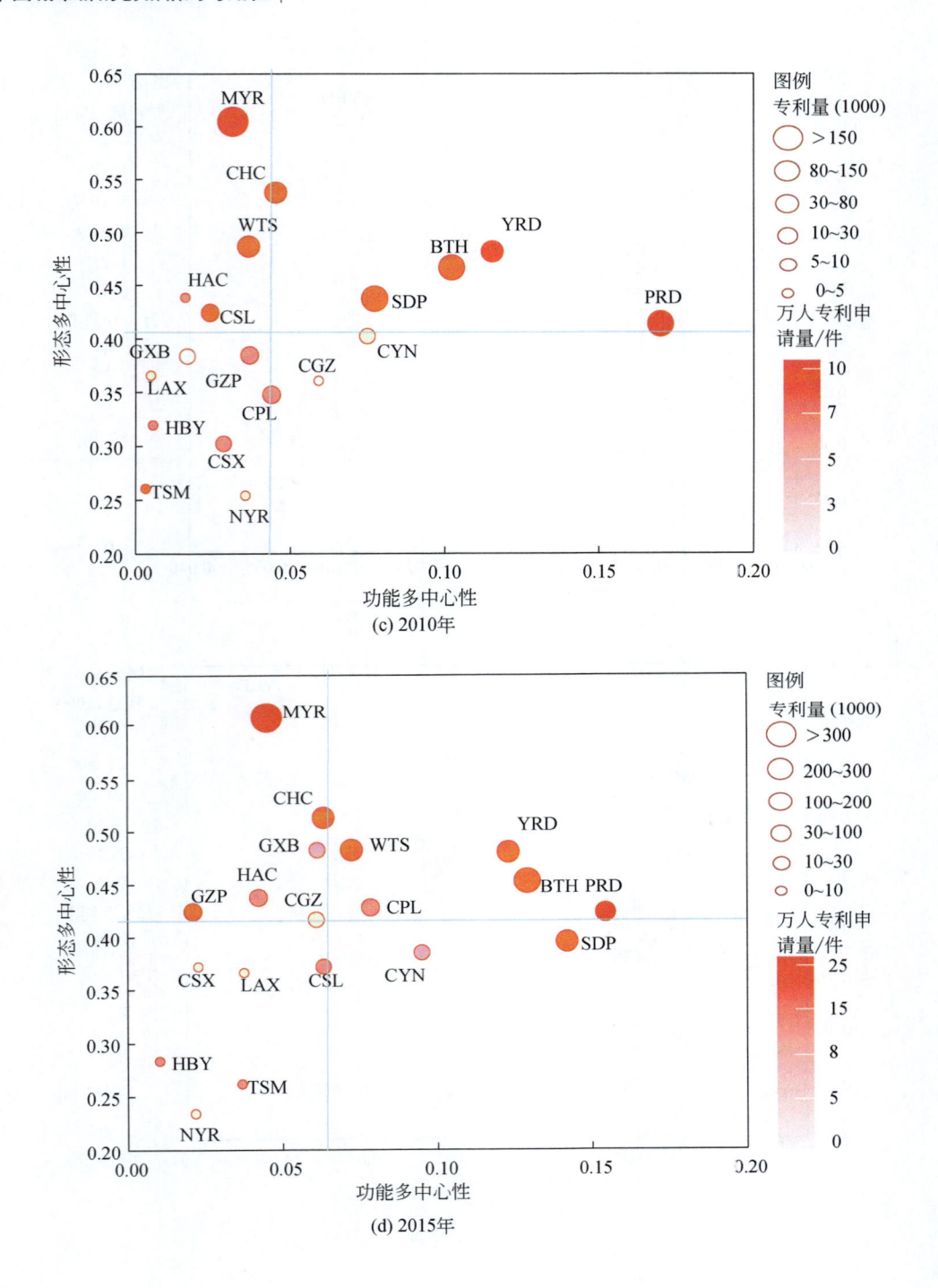

(d) 2015年

(e) 2019年

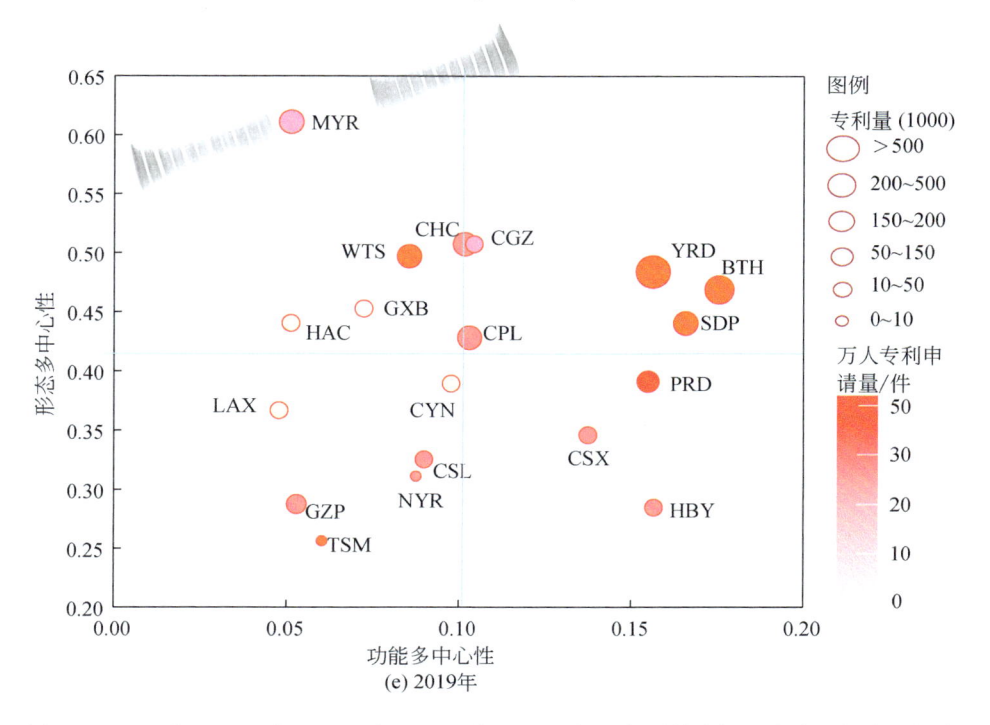

图 5.7　2000 年、2005 年、2010 年、2015 年、2019 年城市群技术知识多中心性类型划分

表 5.3　城市群技术知识功能多中心性（群内和群外均值）

城市群	2000 年	2005 年	2010 年	2015 年	2019 年
长江三角洲城市群（YRD）	0.028	0.059	0.115	0.123	0.157
珠江三角洲城市群（PRD）	0.034	0.056	0.170	0.155	0.155
京津冀城市群（BTH）	0.021	0.042	0.102	0.129	0.176
长江中游城市群（MYR）	0.003	0.011	0.032	0.045	0.052
成渝城市群（CHC）	0.003	0.012	0.045	0.063	0.102
辽中南城市群（CSL）	0.009	0.016	0.024	0.063	0.091
山东半岛城市群（SDP）	0.010	0.021	0.077	0.142	0.166
海峡西岸城市群（WTS）	0.001	0.008	0.037	0.072	0.086
哈长城市群（HAC）	0.011	0.004	0.016	0.042	0.052
中原城市群（CPL）	0.002	0.018	0.044	0.079	0.104
关中平原城市群（GZP）	0.002	0.004	0.037	0.021	0.054
北部湾城市群（GXB）	0.002	0.002	0.017	0.061	0.073
天山北坡城市群（TSM）	0.000	0.001	0.003	0.037	0.061
晋中城市群（CSX）	0.001	0.000	0.029	0.023	0.138

续表

城市群	2000年	2005年	2010年	2015年	2019年
呼包鄂榆城市群（HBY）	0.001	0.001	0.006	0.010	0.157
滇中城市群（CYN）	0.001	0.002	0.075	0.095	0.098
黔中城市群（CGZ）	0.000	0.003	0.059	0.061	0.105
兰西城市群（LAX）	0.000	0.003	0.005	0.038	0.048
宁夏沿黄城市群（NYR）	0.000	0.000	0.036	0.022	0.088
平均值	0.007	0.014	0.049	0.068	0.103

城市群技术知识的形态多中心和功能多中心水平之间并没有必然的联系。相比于形态多中心，大部分城市群的功能多中心性水平相对更低，即相对少的中心城市扮演了"轮轴"角色。不同城市群多中心类型的差异性与城市数量、经济发展水平、知识存量等因素密切相关。例如，长江中游城市群涉及城市较多，城市群内部包含了多个省会城市，各城市所处的发展阶段差异较大，形态多中心较高，但功能多中心较低。

城市群的创新能力与多中心性存在较大一致性。结合城市群的多中心性象限分布与创新产出水平（专利量和万人专利申请量），可以看到拥有较高技术知识生产规模和强度的城市群，往往会具有较高的功能多中心性和或形态多中心性。创新能力低的H-L型城市群最不理想，城市群既没有技术创新能力突出的核心城市引领带动，也没有与其他城市建立紧密的内外联系，这类城市群（如黔中、城市群）需要通过培育核心城市引导创新要素集聚，进而带动城市群区域创新系统建设，推动城市群创新发展。

二、19个城市群技术知识多中心性类型演替

2000~2019年，有些城市群多年始终处于同一类型。例如，长江三角洲、京津冀和山东半岛城市群形态和功能多中心性均较高，始终是H-H型；长江中游和成渝城市群始终是H-L型；天山北坡、兰西和宁夏沿黄城市群始终是L-L型。长江中游、海峡西岸、成渝、哈长城市群"高形态-低功能"特征显著，天山北坡、兰西和宁夏沿黄城市群的形态和功能多中心一直处于落后状态，未有城市群一直处于"低形态-高功能"的类型。

结合上文多中心性计算结果的比较可知，同一象限位置内城市群尽管类型未发生变动，但城市群象限内位序排列发生了改变，反映出城市群在技术创新方面的发展方向。例如，虽然同为H-H型，在2000年、2005年和2010年长江三角洲城市群功能多中心性一直高于京津冀城市群，但在2015年京津冀城市群反超长江三角洲城市群，并在2019年攀升到中国城市群功能多中心性首位，表明2014年开始国家力推的京津冀协同发展战略有力推动了京津冀城市群的技术创新协同发展。

图5.8中红色线条数明显多于绿色线条，也就是说，在20年间多个城市群类型发生了正向迁移。海峡西岸城市群和中原城市群在高位形态多中心性的情况下，功能多中心性从第二象限转移到第一象限；滇中、晋中和呼包鄂榆城市群在低位形态多中心性的情况

第五章 | 中国城市群技术知识多中心演化过程及效应

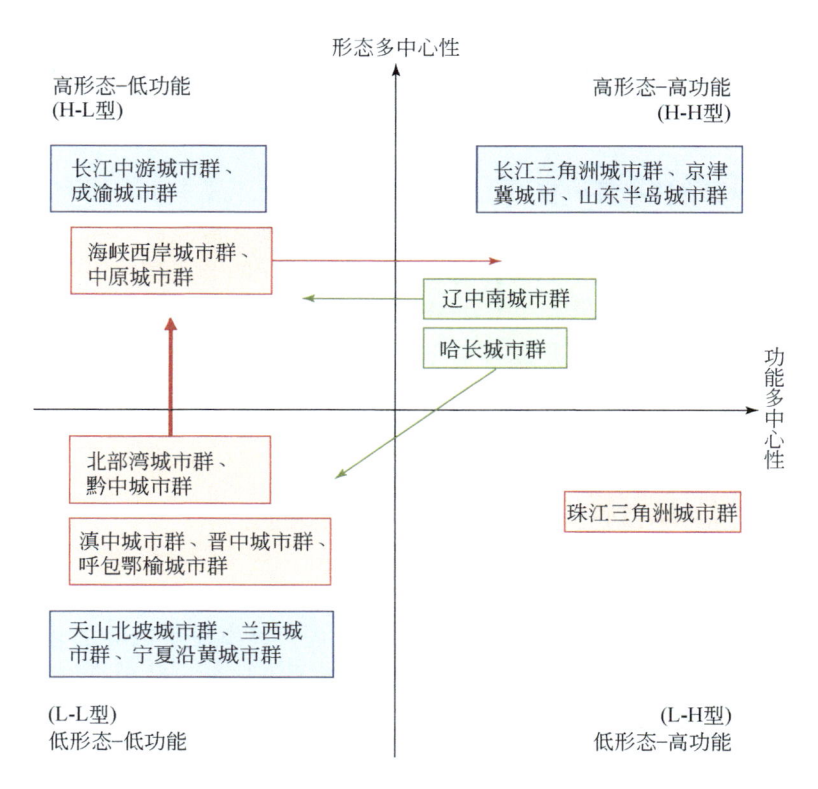

```
形态多中心性
    ↑
高形态-低功能          │          高形态-高功能
  (H-L型)            │            (H-H型)

┌──────────────┐     │     ┌──────────────────┐
│长江中游城市群、│     │     │长江三角洲城市群、京津│
│成渝城市群     │     │     │冀城市、山东半岛城市群│
└──────────────┘     │     └──────────────────┘
┌──────────────┐     │
│海峡西岸城市群、│←────┼──── ┌──────────┐
│中原城市群     │     │     │辽中南城市群│
└──────────────┘     │     └──────────┘
                     │     ┌──────────┐
                     │     │哈长城市群│         功
                     │     └──────────┘         能
─────────────────────┼──────────────────→      多
        ↑            │                           中
┌──────────────┐     │                           心
│北部湾城市群、 │     │                           性
│黔中城市群    │     │     ┌──────────────┐
└──────────────┘     │     │珠江三角洲城市群│
┌──────────────┐     │     └──────────────┘
│滇中城市群、晋中城市群、│  ↘
│呼包鄂榆城市群  │    │
└──────────────┘     │
┌──────────────┐     │
│天山北坡城市群、兰西城│ │
│市群、宁夏沿黄城市群│  │
└──────────────┘     │
  (L-L型)            │            (L-H型)
低形态-低功能         │          低形态-高功能
```

图 5.8　19 个城市群技术知识多中心性类型变化趋势示意图（2000～2019 年）

下，功能多中心性从第三象限转移到第四象限；表明这些城市群城市间技术合作关系得到了较大发展。北部湾和黔中城市群在低位功能多中心性情况下，形态多中心性从第三象限转移到第二象限；珠江三角洲城市群在高位功能多中心性情况下，形态多中心性从第四象限转移到第一象限；表明这些城市群技术知识生产格局从集中走向分散。

仅有东北地区的两个城市群发生了逆向迁移。辽中南城市群从 H-H 型转移到 H-L 型，表明辽中南城市群核心城市在城市间技术合作中的作用持续增强。哈长城市群从 H-H 型转移到 H-L 型，再转移到 L-L 型，表明哈长城市群核心城市不仅在技术合作中的作用在增强，而且技术生产也越来越趋向集中。当然，这种转移并不能表明城市群创新发展的逆行，却说明东北地区协同创新发展的确存在较大问题，至少从专利产出规模和强度看，它们在中国的地位下降明显，需要在未来创新发展中加以重视。

此外，另一个值得关注的是山东半岛城市群在形态多中心性相对位置基本不变的情况下，功能多中心性呈现出明显的向高值区移动态势，然而当前对山东半岛城市群创新网络的研究却非常缺乏。长江中游城市群功能多中心性很低，但形态多中心性却一直很高，表明长江中游城市群虽然是五大国家级城市群之一，但城市间技术协同创新关系发展却非常滞后，这是需要重点关注的问题。

第四节　中国城市群技术知识多中心性对创新产出的影响

城市群技术知识多中心性时空演化和类型更替直观展示了多中心性演变特征，还有必要使用模型定量揭示多中心性演化内在规律。本节则借助计量经济学相关研究方法定量揭示多中心性对创新产出的影响。以测算的城市群技术知识的形态和功能多中心性为核心变量，以关键性创新要素投入为控制变量，分析城市群技术知识的形态和功能多中心性对城市创新产出水平的影响，并验证形态多中心对创新产出影响的门槛效应。研究发现城市群形态多中心性与创新产出呈现以 0.438 为拐点的倒 U 形关系，功能多中心性则与创新产出始终保持正相关关系。

一、技术知识多中心性与创新产出的相关性

多中心对创新的影响对于处于不同发展阶段的城市群来说是不同的，对于同一个城市群的不同历史时期也是不同的。对于单个城市群来说，其发展阶段的划分难以精确识别，且不同城市群达到不同发展阶段跃升所需要的时间也是不同的，从单个城市群入手识别多中心影响的时间变化更为困难。因而本节从直接对不同城市群进行分类入手，用同一个时期的不同城市群替代同一个城市群不同阶段演变的规律，更为直接客观地揭示出多中心性对创新影响的时间序列方面的异质性。

首先使用皮尔逊相关系数分别检验形态和功能多中心性与专利申请数的相关关系，检验结果发现功能多中心性与创新绩效呈显著的正相关关系，而形态多中心性在三四象限（形态多中心性低）表现为显著正相关，在一二象限（形态多中心性高）表现为显著的负相关（表 5.4）。

表 5.4　城市群多中心性与专利申请量的相关性分析结果

多中心性	一二象限	三四象限	一四象限	二三象限
形态多中心	-0.266***	0.220***	0.163**	0.393***
功能多中心	0.436***	0.571***	0.273***	0.445***

** 表示 $p<0.05$，*** 表示 $p<0.01$。

为了揭示城市群形态多中心性与城市创新绩效的统计关系，分别对形态多中心性与专利申请量进行一次函数和二次函数拟合。在四象限一次函数拟合图中（图 5.9），第一、第二象限（形态多中心性高）为负相关，第三、四象限（形态多中心性低）为正相关。而且，功能多中心性对斜率有影响，第三、四象限斜率都为正值，但功能多中心性高的第四象限斜率更大，正相关更强，这表明城市群在技术知识生产偏向集中化的情境下，技术合作关系分散化更能增进技术生产分散化的群体创新能力。第一、第二象限都为负值，但功能多中心性高的第一象限斜率更大，负相关更强，这表明城市群在技术知识生产偏向分散化的情境下，技术合作关系分散化会导致技术生产分散化的群体创新能力下降更快。简

言之，城市群形态多中心性的创新效应会受到功能多中心性的潜在影响。在二次函数拟合图 5.10 中，显示出形态多中心性与取对数后的专利申请数呈现明显的倒 U 形关系，且当城市群技术知识的形态多中心性在 0.5 附近时，城市创新产出（专利申请数量）达到最大值。

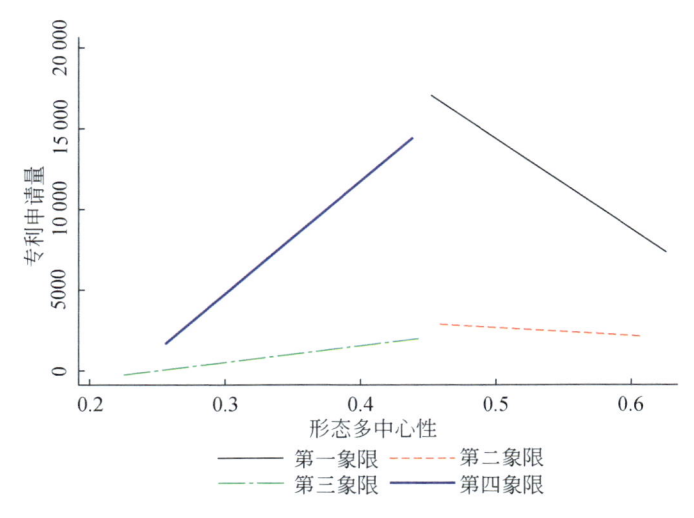

图 5.9　形态多中心性与专利申请量一次函数拟合图

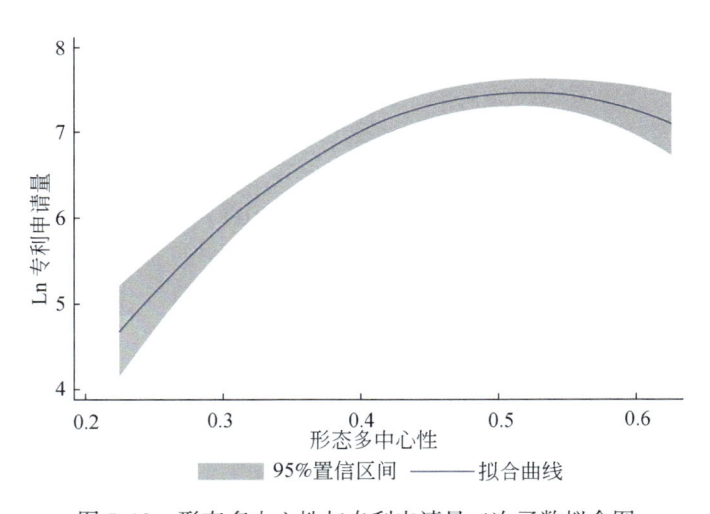

图 5.10　形态多中心性与专利申请量二次函数拟合图

二、多中心性创新效应的研究方法与数据

根据皮尔逊相关系数的结果，分别对一二象限（形态多中心性高）、三四象限（形态多中心性低）、一四象限（功能多中心性高）、二三象限（功能多中心性低）以及总体样

本进行面板工具变量回归分析。以形态多中心性和功能多中心性为核心变量，将核心变量滞后期作为工具变量，构建非平衡短面板模型。

(一) 变量说明

作为重要的知识产权和科技成果，专利凝结了高价值的创新要素和知识产出。专利数据能够在一定程度上代表区域创新能力和创新成果的产出水平。本节采用2000年、2005年、2010年、2015年、2019年中国293个地级城市的专利申请量来衡量城市的创新产出水平。

为避免其他创新要素对估计结果产生偏误，需要选取主要影响因素作为控制变量。区域创新产出水平的高低受创新基础、经济水平、集群环境、产学研联系、溢出效应、政府支持等多种因素的综合影响（谭俊涛等，2016），创新基础又包括创新活动的基础投入和创新前期的知识存量两个方面（杨兴宪等，2006）。

经济发展水平构成区域创新发展的基础条件，经济实力雄厚的地区往往可以吸引更多的创新要素流入，从而创造更多的知识产出。在经济活动密集活跃的地区，多样化的产业组合增加了不同部门间知识技术复制、模仿、学习和重组的可能性（van Oort，2007），从而激发新知识的生产。规模越大地位越高的城市群是知识密集型活动的主要地点，如先进的生产性服务业，以及全球信息和知识交换网络的中心（Hall and Pain，2006；Sassen，1991）。研发工作是知识创新最重要的源泉（Cohen and Klepper，1992），R&D作为知识生产的关键投入在任何关注创新解释机制的研究中都不可忽视。内生增长理论也强调人力资本外部性的重要作用，其作为内生驱动因素在经济增长中发挥着关键作用，不仅可以促进经济社会发展，还可以加快技术创新的步伐（Lucas，1988）。全球化的快速发展带来了人力、资金、信息等生产要素的跨界流动，使得外商投资产生的溢出效应成为影响区域创新的重要因素，外商投资带来的技术溢出效应对我国本土的创新活动产生了重要的促进作用。

参考相关研究（黄晓东等，2021；吕拉昌等，2018；Wei，2015）并经过多次尝试，最终选择了政府研发投入（GOV）、在校大学生数（UNV）、外资占GDP比重（FPG）、人均GDP（PGDP）等指标，分别代表政府支持、人才基础、开放程度和发展水平（表5.5）。

表5.5 描述性统计结果

变量名称	变量简称	平均值	最大值	最小值	中位数	标准差
专利申请量	LnPAT	7.9881	12.0751	2.7081	7.8684	1.5672
形态多中心性	FOM	0.4484	0.6260	0.2336	0.4515	0.0946
功能多中心性	FUM	0.1434	0.3517	0.0103	0.1223	0.0959
政府研发投入	LnGOV	5.5922	24.2315	0.7536	0.9083	3.9456
在校大学生数	LnUNV	1.7250	10.1843	-2.3444	1.5459	1.6132
外资占GDP比重	LnFGP	0.0084	0.8008	0.0000	0.0023	0.0508
人均GDP	LnPGDP	1.5219	3.1877	-0.2829	1.4735	0.6204

（二）两阶段最小二乘法

虽然知识多中心性对城市创新能力的影响是确实存在的，但其相关性受到显著的内生性问题的影响。由于创新能力可能影响知识生产和合作的多中心性的程度，如创新水平较高的城市群通常生产率更高，有更为优质的创新环境和更好的创新资源，这可能会吸引更多的创新人才，创新要素的配置和技术需求的增加可能会进一步影响知识生产和合作在空间上的组织方式，因此普通最小二乘（OLS）估计会由于反向因果关系导致结果偏差。

通过两阶段最小二乘法进一步测度城市群多中心性对城市创新产出的影响。两阶段最小二乘法本质上是属于工具变量法，分两个阶段进行：第一阶段，解释变量对工具变量进行回归，得到解释变量的拟合值（估计值）；第二阶段，得到的解释变量拟合值对被解释变量进行回归，即为 TSLS（2SLS）的回归结果。由于上一期的技术知识多中心性与内生变量 X（当前的技术知识多中心性）高度相关而与 Y（专利申请量）不相关，因此将滞后期的内生变量作为工具变量，模型具体设定如下：

$$\text{FOM}_{it} = \beta_0 + \beta_1 \text{FOM}_{it-5} + \beta_2 \text{LnGOV}_{it-3} + \beta_3 \text{LnUNV}_{it-3} + \beta_4 \text{FPG}_{it-3} + \beta_5 \text{LnPGDP}_{it-3} + e_{it} \quad (5.4)$$

$$\text{LnPAT}_{it} = \alpha_0 + \alpha_1 \text{LnGOV}_{it-3} + \alpha_2 \text{LnUNV}_{it-3} + \alpha_3 \text{FOM}_{it} + \alpha_4 \text{FPG}_{it-3} + \alpha_5 \text{LnPGDP}_{it-3} + e_{it} \quad (5.5)$$

$$\text{FUM}_{it} = \beta_0 + \beta_1 \text{FUM}_{it-5} + \beta_2 \text{LnGOV}_{it-3} + \beta_3 \text{LnUNV}_{it} + \beta_4 \text{FPG}_{it-3} + \beta_5 \text{LnPGDP}_{it-3} + e_{it} \quad (5.6)$$

$$\text{LnPAT}_{it} = \alpha_0 + \alpha_1 \text{LnGOV}_{it-3} + \alpha_2 \text{LnUNV}_{it-3} + \alpha_3 \text{FUM}_{it} + \alpha_4 \text{FPG}_{it-3} + \alpha_5 \text{LnPGDP}_{it-3} + e_{it} \quad (5.7)$$

式中，i 为城市；t 为年份；PAT 为专利申请量；FOM 为形态多中心性；FUM 为功能多中心性；UNV 为在校大学生数；GOV 为政府研发投入；FPG 为外资占 GDP 比重；PGDP 为人均 GDP；β_0 和 α_0 为常量；e_{it} 为残差，β_1、β_2、β_3、β_4、α_1、α_2、α_3、α_4 为待定系数。模型中仅选择了一个工具变量，通过不可识别检验和弱工具变量检验，不需要进行过度识别约束检验和"多余"工具变量的检验。

（三）面板门槛效应模型

用于估计城市群技术知识多中心性对创新产出的影响是否存在门槛效应。根据 Hansen 提出的门槛回归理论，门槛回归模型可以进行以门槛值划分两组样本的模型估计参数是否相同的显著性检验。对于处于不同发展阶段的城市群而言，在集聚经济和集聚不经济的共同作用下，技术知识生产的多中心结构可能会对创新产出产生不同的影响，因此本研究构建了城市群技术知识形态多中心性与创新产出的门槛模型：

$$\text{LnPAT}_{it} = \gamma_1 \text{FOM}_{it} I(q_{it} > \tau) + \gamma_2 \ln\text{FOM}\, I(q_{it} \leq \tau) + \lambda X_{it} + u_i + e_{it} \quad (5.8)$$

当 $q_{it} \leq \tau$ 时，$I=1$，否则 $I=0$。γ_1、γ_2 分别为门槛变量在 $q_{it} > \tau$ 和 $q_{it} \leq \tau$ 时解释变量对被解释变量的影响系数。实际上，该模型相当于一个分段函数模型，当 $q_{it} > \tau$ 时，FOM_{it} 的系数为 γ_1；当 $q_{it} \leq \tau$ 时，FOM_{it} 的系数为 γ_2。

三、形态多中心性对创新产出影响的门槛效应

表5.6展示了回归结果,其中模型1、2、3、4分别是对应一二象限、三四象限、一四象限、二三象限,模型5和模型6对应总体样本,可以看出:①形态多中心性(FOM)与专利申请量在第一、第二象限呈现显著负相关,而在第三、第四象限呈现显著正相关,这与一次函数模拟结果一致;②功能多中心性(FUM)与专利申请量呈现稳定且显著正相关,表明城市间技术知识合作关系的分散化会促进城市群整体的创新产出,加强城市的对外技术合作能力有助于提升城市群整体创新能力,再一次证实了发展城市群内和城市群间创新合作网络的重要性;③政府研发投入(LnGOV)、在校大学生数(LnUNV)、人均GDP(LnPGDP)都与专利申请量呈现稳定且显著的正相关关系,而外资占GDP比重(FPG)仅在一二象限和二三象限呈现出显著的正相关关系,在三四象限、一四象限、全样本中都没有显著的相关性。外资对发展中国家内部技术创新扩散的负向作用已经被多个研究证实,本研究表明外资只有在城市群知识生产分散化的情况下才可能有助于城市群创新产出,因此需要清晰认识外资对区域创新的作用;这一结果或许与没有考虑同国外开展技术知识合作有关,但至少说明试图通过引进外资来提升城市的技术创新水平,对多数城市而言难以实现。

表5.6 两阶段最小二乘法回归结果

样本	一二象限(模型1)	三四象限(模型2)	一四象限(模型3)	二三象限(模型4)	全样本(模型5)	全样本(模型6)
FOM	-5.314***	7.101***			2.956***	
FUM			15.063***	21.467***		9.586***
LnGOV	0.143***	0.176***	0.302***	0.094**	0.228***	0.167***
FPG	30.545*	0.104	0.487	50.242***	0.329	-1.255
LnUNV	0.361***	0.354***	0.152**	0.515***	0.350***	0.375***
LnPGDP	0.841***	0.745***	0.276*	0.344***	0.679***	0.290***
常数	8.992***	3.128***	4.756	4.982***	4.853***	5.686***
样本数量	345	341	270	416	686	686
Centered R^2	0.688	0.713	0.101	0.740	0.667	0.687
弱工具变量检验	352.586***	264.191***	110.154***	261.257***	2248.942***	851.865***
不可识别检验	175.889***	150.351***	79.490***	161.909***	526.734***	381.482***

* 表示 $p<0.1$,** 表示 $p<0.05$,*** 表示 $p<0.01$。

进一步开展稳健性检验(表5.7)。只保留2015年和2019年的样本,分象限进行工具变量法回归,检验城市群技术知识形态多中心性与城市创新产出的倒U形的关系是否随着经济社会的发展而弱化甚至消失。模型7~模型12的结果表明,形态多中心性(FOM)与专利申请量在第一、第二象限呈现显著负相关,而在第三、第四象限呈现显著正相关,功能多中心性(FUM)与专利申请量呈现稳定且显著正相关,说明表5.7模型结果是稳健

的，城市群技术知识形态多中心性与城市创新产出的倒 U 形关系在创新网络发育过程中稳定存在。

表 5.7　两阶段最小二乘法稳健性检验回归结果

样本	一二象限（模型 7）	三四象限（模型 8）	一四象限（模型 9）	二三象限（模型 10）	全样本（模型 11）	全样本（模型 12）
FOM	−6.824***	8.621***			1.777**	
FUM			21.39***	17.504***		10.647***
LnGOV	0.045	0.158***	0.026	0.157**	0.174***	0.168***
FPG	64.578**	−14.111***	−32.35	−16.201***	−15.592***	−13.975***
LnUNV	0.406***	0.398***	0.336**	0.41***	0.412***	0.352***
LnPGDP	0.509***	0.914***	0.467	0.099	0.505***	0.228*
常数	10.299***	2.346**	2.458**	5.504***	5.739***	5.607***
样本数量	186	166	137	215	352	352
Centered R^2	0.441	0.594		0.556	0.443	0.471
弱工具变量检验	1220.87	89.681	28.439	167.578	1737.858	302.223
不可识别检验	162.101	59.624	24.437	95.675	293.555	164.114

* 表示 $p<0.1$，** 表示 $p<0.05$，*** 表示 $p<0.01$。

使用门槛效应模型确定城市群技术知识形态多中心性与城市创新产出的倒 U 形关系的拐点值。以城市专利申请量作为被解释变量，城市群技术知识形态多中心性水平作为核心变量和门槛变量，用 Bootstrap 方法抽签 400 次，结果如表 5.8 所示，单门槛结果显著，而双重门槛检验结果则不显著，门槛估计值为 0.438。即在形态多中心性值小于 0.438 时，城市群技术知识形态多中心性与城市创新产出正相关；当形态多中心性值大于 0.438 时，城市群技术知识形态多中心性与城市创新产出负相关。

表 5.8　门槛效果显著性检验

门槛数	RSS	MSE	F 值	P 值	10%	5%	1%	门槛值
单一门槛	201.261	0.241	34.96	<0.000	10.181	12.206	17.930	0.438
双重门槛	195.883	0.234	22.95	0.112	33.330	51.797	73.223	0.413

为了检验门槛结果的稳健性，以上述估计的门槛值 0.438 作为界限对样本进行分类回归，模型 13、模型 15、模型 17 结果表明，当形态多中心性小于门槛值时，城市群技术知识形态多中心性与城市创新产出在 1% 水平上显著正相关；模型 14、模型 16、模型 18 结果表明，当形态多中心性大于门槛值时，城市群技术知识形态多中心性与城市创新产出在 1% 水平上显著负相关，即城市群技术知识的形态多中心性与城市创新产出呈现出以 0.438 为拐点的倒 U 形关系（表 5.9）。这说明表 5.8 中门槛值估计结果是稳健的。

表 5.9 门槛效应稳健性检验

样本	普通最小二乘法 小于门槛值（模型 13）	普通最小二乘法 大于门槛值（模型 14）	两阶段最小二乘法 小于门槛值（模型 15）	两阶段最小二乘法 大于门槛值（模型 16）	面板工具变量 小于门槛值（模型 17）	面板工具变量 大于门槛值（模型 18）
FOM	7.588***	−3.212***	9.16***	−1.98***	9.16***	−5.478***
LnGOV	0.162***	0.208***	0.147***	0.216***	0.147***	0.142***
FPG	−0.248	31.415**	−0.399	30.297**	−0.399	−24.149*
LnUNV	0.342***	0.365***	0.344***	0.364***	0.344***	0.155***
LnPGDP	0.792***	0.677***	0.811***	0.662***	0.811***	0.919***
常数	2.975***	7.94***	2.369***	7.322***	2.369***	9.279***
样本数量	300	386	300	386	300	386
R^2	0.7113	0.6767	0.7091	0.6748	0.744	0.805

* 表示 $p<0.1$，** 表示 $p<0.05$，*** 表示 $p<0.01$。

第五节 中国城市群创新多中心发展的规律性与对策建议

城市群本身的自组织过程与其在不同空间尺度创新网络中的连接能力与辐射能力成为影响其创新的关键因素，由此呈现出不同的多中心创新模式。城市群技术知识多中心性的类型和形态多中心创新效应的门槛值划分，可为城市群创新战略制定和创新空间布局提供参考。本节总结了中国城市群技术知识多中心性发展的阶段规律，依据实证研究结果进行城市群技术产出与合作空间格局调整的对策讨论。

一、中国城市群技术知识多中心性发展的规律性

根据城市在城市群内部技术知识生产与合作地位的高低，将城市划分成核心城市、中心城市和边缘城市三类，如图 5.11 所示，城市群内部城市的技术知识生产和合作格局不断发生变化，每个阶段所对应的形态和功能多中心性也随之变化。

形态多中心性曲线反映了知识生产格局会从集中到分散向下一个集中分散过程演进，在中心城市的辐射带动下，城市群内继续形成多个中心城市，但再集中再分散会建立在上一次集中分散基础上，幅度会降低。而功能多中心性曲线反映了知识合作格局呈现出持续递增的态势，不同的城市之间基于"互补"或"合作"关系不断建立技术创新联系，城市群内部逐渐形成多向互动、有机联系的技术创新网络，城市群外部技术联系从核心城市承担主要联系职能发展成多个城市共同承担对外联系职能。未来高创新能力的城市群在形态和功能上都会逐渐向多中心结构演化。

本节尝试基于 19 个城市群多中心度的平均值来划定 4 个象限，并界定平均值以上的城市群呈现相对多中心发展，反之呈现相对单中心发展。但事实上，有关多中心与单中心

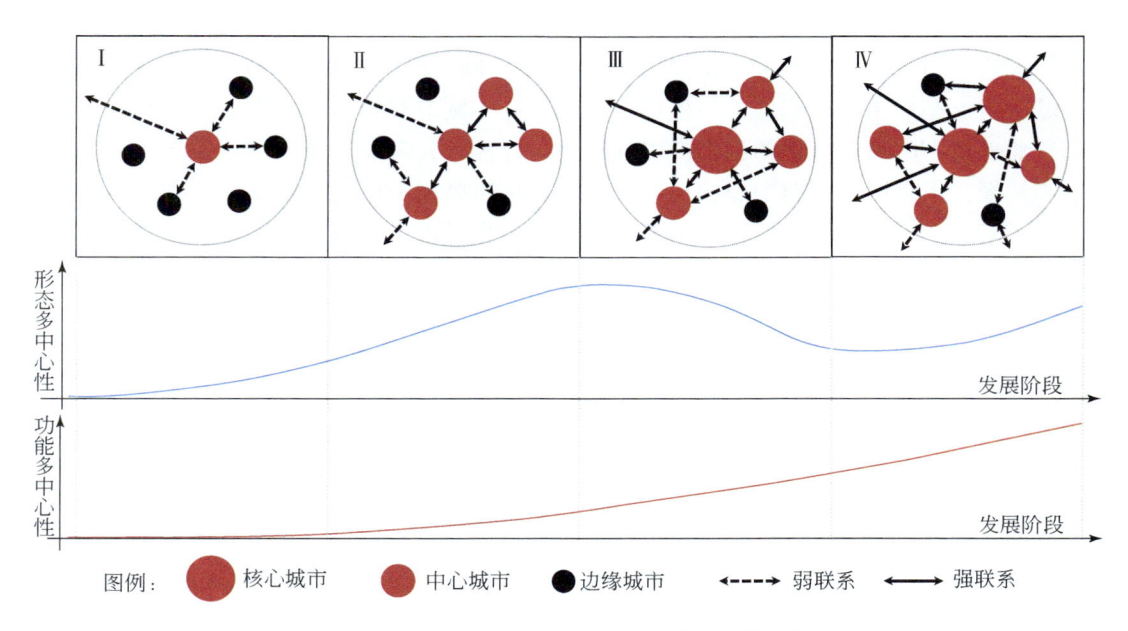

图 5.11 城市群知识多中心性发展阶段规律示意图

的量化界限尚无统一标准，不同的阈值会导致不同的结果，实际的网络结构与理想模式之间依然存在很大的差距。例如，若将阈值设置为 0.6，则本研究中几乎所有城市群形态上都是绝对单中心。所以本研究的主要意义在于对全国城市群知识多中心发展程度的横向比较，反映的是在不同发展时期各城市群的多中心性的相对态势，而非绝对状况，即为城市群多中心评价研究提供知识流视角的实证。

二、中国城市群技术知识多中心性发展的启示

（一）策略讨论

各大城市群应立足发展实际，精准判断城市群技术创新的发展现状和区域类型，在关注城市群技术知识多中心性对城市创新产出影响是否达到门槛值的前提下，还需要结合知识多中心性演化规律，综合考虑城市群整体的创新水平所处的发展阶段，进而针对性地给出行之有效的政策指导。

就城市群技术知识形态多中心性而言，以 0.438 门槛值为划分依据，长江中游、成渝、黔中、海峡西岸城市群当前形态多中心性偏高，缺少创新能力突出的核心城市引领带动，应强化核心城市的技术创新能力，提升其在城市群中的技术创新地位，特别是黔中和海峡西岸城市群知识生产低水平过度分散，未来重在规划，以引导创新要素集聚、培育区域性核心节点为重要突破口。天山北坡、呼包鄂榆、关中、宁夏沿黄和辽中南城市群形态多中心性偏低，其中，天山北坡、呼包鄂榆、宁夏沿黄和辽中南城市群整体创新水平较低，应当加强知识资源空间规划引导，进一步强化中心城市的创新能力；关中平原城市群

注重培育新的技术创新中心城市，分担核心城市西安的技术生产职能。长江三角洲、京津冀、北部湾、山东半岛和哈长城市群的形态多中心性略高于门槛值，中原、珠江三角洲和滇中城市群形态多中心性略低于门槛值，总体上这些城市群的形态多中心性与拐点值相差无几，北部湾和哈长城市群的创新产出规模还有待提升，未来还应当继续引导创新要素的进一步集聚，培育区域创新中心；长江三角洲、京津冀和山东半岛城市群多中心性类型多年来趋于稳定，表明区域内的技术创新已经到达了相对成熟的阶段，可以认为这些城市群技术知识生产的空间格局目前处于较优状态（表5.10）。

表5.10　2019年城市群技术知识形态多中心性与门槛值的比较

所处位置	城市群名称	形态多中心性	形态多中心性与门槛值之差
门槛值右侧	长江中游城市群（MYR）	0.610	0.172
	成渝城市群（CHC）	0.506	0.068
	黔中城市群（CGZ）	0.506	0.068
	海峡西岸城市群（WTS）	0.496	0.058
	长江三角洲城市群（YRD）	0.483	0.045
	京津冀城市群（BTH）	0.468	0.030
	北部湾城市群（GXB）	0.451	0.013
	山东半岛城市群（SDP）	0.440	0.002
	哈长城市群（HAC）	0.439	0.001
门槛值左侧	中原城市群（CPL）	0.428	−0.010
	珠江三角洲城市群（PRD）	0.39	−0.048
	滇中城市群（CYN）	0.389	−0.049
	兰西城市群（LAX）	0.366	−0.072
	晋中城市群（CSX）	0.345	−0.093
	辽中南城市群（CSL）	0.325	−0.113
	宁夏沿黄城市群（NYR）	0.311	−0.127
	关中平原城市群（GZP）	0.287	−0.151
	呼包鄂榆城市群（HBY）	0.284	−0.154
	天山北坡城市群（TSM）	0.256	−0.182

基于技术知识多中心性创新效应的结果可知，城市群技术知识的功能多中心性对城市创新产出具有持续且稳定的正向影响。结合前文关于群内和群外功能多中心性的结果比较以及多中心性类型多年演替（图5.8），本研究认为，长江三角洲城市群城市之间知识合作较为密切与均衡，城市群总体协同发展程度较高，而且知识多中心在形态和功能方面具有较好的一致性，可以进一步支持跨区域、跨领域创新网络组织构建，并完善冲突解决机制、协调机制及控制机制等网络组织治理机制。京津冀城市群在创新要素空间分布层级与行政区划层级耦合、碎片化的创新要素市场等多因素作用下，区域创新要素流动、空间组合方式及其效率存在明显差异性，应加强除北京、天津外其他城市间的群内联系，搭建京

津冀专业知识管理与共享服务平台，鼓励北京部分高校和科研院所在周边城市设立分校或分院，引导知识资源的均衡布局，促进知识流动的扩散和多元。珠江三角洲城市群一方面应当强化以广州为首的科研中心和以深圳为首的技术中心的资源共享与合作，促使知识形态单中心发展落后于功能多中心的趋势得到扭转，以支撑功能多中心与区域一体化发展；另一方面相较于长江三角洲和京津冀这两个跨行政区的城市群，珠江三角洲知识流动的行政壁垒和体制障碍较少，群内知识合作联系相对更为密切，但外部联系还应进一步补足，可与国内其他城市合作设立更多技术研发或创新孵化的分支机构。山东半岛城市群在进一步强化国内城市间技术合作的同时，充分发挥地缘优势，建设中日韩自由贸易先行区，促进区域内创新资源的有效整合以及城市间创新要素的自由流动，提高城市群的创新辐射和吸纳能力，扩大创新辐射面和影响力。

中原城市群功能多中心性近年来有了较明显的提升，但群内协同创新水平偏弱，应当着重推动支撑性和外缘性城市同中心城市及相互间强有力的分工协作，发挥其创新协同能力的比较优势。海峡西岸城市群涉及福建、浙江、广东三省，仅是地理邻接但实质上的产业互补、经济联系和创新联系较弱，被长江三角洲和珠江三角洲这两个创新能力更强的城市群吸纳了大量知识流，未来要在推进沿海与内陆城市的技术合作、促进跨省技术转移和扩散的同时，加强群内城市围绕产业、生态和城市建设等共同问题开展科技合作，提升城市群科技创新合力。长江中游、成渝城市群功能多中心性明显滞后于形态多中心性水平，技术知识合作模式主要表现为其他城市与首位城市的"轴辐式"合作，这本质上是政府划定与实质发展一体化的城市区域范围之间的不匹配，虽然能够确保形态上的多中心但难以实现功能层面的有效协同，这就更加需要地方政府充分发挥引导作用，重视城市创新发展中的内外知识合作，营造良好的创新环境，从而突破现有路径向城市群协同创新的更高形态迈进。

东北地区的哈长和辽中南城市群出现了多中心类型演替的"逆行"现象，城市群技术知识功能多中心性持续弱化，该城市群区域技术市场成交额占全国份额较低，研发人员大量流失，国家级高新技术企业及技术创新中心较少，给协同创新发展带来较大阻碍。建议应以创新辐射能力较强的哈尔滨市、长春市、沈阳市和大连市为区域发展的核心，整合、重组区域科技资源，进行科技资源供需匹配优化，促进区域内科技资源空间协同。滇中、黔中、天山北坡、兰西和宁夏沿黄城市群技术创新整体水平比较落后，缺乏具有高水平创新能力的核心城市，现阶段尚不具备创新网络多中心发育的条件，未来应当主动发挥各城市比较优势，积极寻求城市间技术合作等实现初步的分工联动，以技术创新培育形成特色突出的战略性产业，完善知识产权交易市场体系是其提高东部技术转移承接能力的重要发力点。

（二）对策建议

理论上而言，多中心视角下的城市群协同创新具有其特定的发展规律，由发展初期首府城市的崛起到中期首位度的强化到中后期带动辐射次级中心城市的形成，进而达到后期多中心网络化协同发展。但是不同城市群创新合作发展阶段具有异质性，受地理区位、资源本底、基础设施、社会经济条件、政策规划等多种因素影响。本研究针对多中心演变规律的总结是多个案例的集成抽象，较为深入讨论并印证了多中心概念本身的复杂性，推断了没有任何扰动因素前提下城市群创新模式的理想化发展路径，一方面是对多中心理论在城市群创新情景下应用的有益尝试，另外也强调了多中心理念在实践层面上的核心问题，即对城市群知识创新空间格局合理性与科学性的评价要科学严谨，不能忽略城市群本身的特异性和阶段性去一概而论。

为促进城市群持续创新，需形成有利于专业知识和技术流动的本地创新网络；同时为避免过度邻近、过度根植性带来的锁定风险，需要与非本地创新主体建立联系，融入跨界网络，培育"知识守门员"以实现本地蜂鸣与跨界管道的高效运作。针对城市群技术知识功能联系多中心性的分析结果而言，京津冀、长江三角洲、珠江三角洲和山东半岛等群内外功能联系均呈现多中心模式的区域应保持并优化本地和跨界创新合作的网络格局，加快建设京津冀、长江三角洲和粤港澳三大城市群支撑北京、上海和粤港澳三大国际科技创新中心，发挥其在全国创新网络中关键节点的中介作用；长江中游、成渝、中原等城市群等群外功能多中心性明显高于群内的区域不仅要继续维持与非本地区域的创新联系，同时还应强化本地多元主体间的互动合作，促进外部知识的吸收转化带动整体协同创新；晋中、呼包鄂榆、黔中、宁夏沿黄等群内多中心性位序高于群外多中心性，这些城市群本身涉及城市相对少，应着重构建跨界通道，促进跨界网络与本地网络的互动；对于兰西、天山北坡、哈长和关中平原等内外创新联系均十分微弱的城市群，则应充分意识到网络对于知识流动和创新的关键作用，重视创新网络构建，逐步建立起本地和跨界互动的创新网络。

基于对城市群技术知识多中心性创新效应的实证结果，结合前期对科学知识多中心性的比较分析，认为城市群创新空间差异过大或过于分散并不能与城市群整体创新能力建立直接关系，需要在城市群发展阶段和动态视角下综合判断。对于知识形态相对单中心发展的城市群而言，区域内知识资源禀赋相对极化，需要合理规划布局创新资源，加强促进人流、信息流、知识流互联互通的基础设施建设，积极引导中心城市知识外溢。对于知识生产过度分散的城市群而言，需加大知识资源空间规划引导，避免创新要素的过度分散，将创新要素的集聚程度控制在规模经济效益的门槛之内。本研究认为，依托城市群推动区域科技创新中心建设将是符合我国国情的一条捷径，特别是在西南和西北，城市群的中心城市大部分为单一省份省会城市（如贵阳、昆明、南宁、太原、西安、西宁、乌鲁木齐），这类城市群缺乏良好的知识资源基础，知识流动活力较低，较多城市面临收缩和人才流失的困境，若不加以合理引导改善，将难以走出创新滞后的困境。因此，应当按照国家创新发展战略布局，加快布局和建设一批区域科技创新中心，推动国际和区域科技创新中心互动发展，共同支撑世界科技强国建设和双循环新发展格局。技术知识多中心发展是市场驱动和政策引导共同作用的结果，对城市群协同创新与高质量发展意义重大。建议在城市群知识创新多中心性规律科学认知的基础上，深入研究特定城市群的科技创新格局和演化过程，编制城市群科技创新专项规划，制定适合城市群自身发展阶段的空间布局和发展方案。当然，不管科技创新空间如何布局，采用积极的政策措施鼓励所有城市开展对外科技合作与协同创新，优化知识合作模式，充分发挥各城市人力资本的比较优势，促进知识分工与协作的多元化，形成功能互补的城市群创新合作体系，是提升城市群整体创新水平的必然路径。

参 考 文 献

戴靓, 曹湛, 朱青, 等. 2021. 中国城市群知识多中心发展评价. 资源科学, 43 (4): 1-10.

方创琳. 2017. 京津冀城市群协同发展的理论基础与规律性分析. 地理科学进展, 36 (1): 15-24.

方创琳, 马海涛, 王振波, 等. 2014. 中国创新型城市建设的综合评估与空间格局分异. 地理学报, 69 (4): 459-473.

冯长春, 谢旦杏, 马学广, 等. 2014. 基于城际轨道交通流的珠江三角洲城市区域功能多中心研究. 地理科学, 34 (6): 648-655.

胡艳, 时浩楠. 2017. 长三角城市群城市创新的空间关联分析. 上海经济研究, (4): 87-97.

黄晓东, 马海涛, 苗长虹. 2021. 基于创新企业的中国城市网络联系特征. 地理学报, 76 (4): 835-852.

吕拉昌, 李勇. 2010. 基于城市创新职能的中国创新城市空间体系. 地理学报, 65 (2): 177-190.

吕拉昌, 孙飞翔, 黄茹. 2018. 基于创新的城市化——中国270个地级及以上城市数据的实证分析. 地理学报, 73 (10): 1910-1922.

吕拉昌, 谢媛媛, 黄茹. 2013. 我国三大都市圈城市创新能级体系比较. 人文地理, 28 (3): 91-95.

罗湘文. 2010. 推动城市群创新合作和创新资源整合的策略探讨. 特区经济, (3): 210-212.

马海涛. 2020. 知识流动空间的城市关系建构与创新网络模拟. 地理学报, 75 (4): 708-721.

马海涛, 徐楦钫. 2020. 黄河流域城市群高质量发展评估与空间格局分异. 经济地理, 40 (4): 11-18.

马海涛, 黄晓东, 李迎成. 2018. 粤港澳大湾区城市群知识多中心的演化过程与机理. 地理学报, 73 (12): 2297-2314.

牛欣, 陈向东. 2013. 城市创新跨边界合作与辐射距离探析–基于城市间合作申请专利数据的研究. 地理科学, 33 (6): 659-667.

谭俊涛, 张平宇, 李静. 2016. 中国区域创新绩效时空演变特征及其影响因素研究. 地理科学, 36 (1): 39-46.

徐宜青, 曾刚, 王秋玉. 2018. 长三角城市群协同创新网络格局发展演变及优化策略. 经济地理, 38 (11): 133-140.

杨兴宪, 刘毅, 牛树海. 2006. 区域创新系统研究的进展及展望. 地理科学, 26 (2): 251-255.

周灿, 曾刚, 曹贤忠. 2017. 中国城市创新网络结构与创新能力研究. 地理研究, 36 (7): 1297-1308.

周灿, 曾刚, 宓泽锋, 等. 2017. 区域创新网络模式研究——以长江三角洲城市群为例. 地理科学进展, 36 (7): 795-805.

周灿, 曾刚, 宓泽锋. 2019. 中国城市群技术知识单中心与多中心探究. 地理研究, 38 (2): 235-246.

邹芳, 姜李丹, 黄颖. 2021. 梯度理论视角下的长江中游城市群技术创新合作网络研究. 农业图书情报学报, 33 (6): 54-65.

Andersson D E, Gunessee S, Matthiessen C W, et al. 2014. The geography of Chinese science. Environment and Planning A, 46 (12): 2950-2971.

Balland P A, Belso-Martínez J A, Morrison A. 2016. The dynamics of technical and business knowledge networks in industrial clusters: embeddedness, status, or proximity. Economic Geography, 92 (1): 35-60.

Bartosiewicz B, Marcińczak S. 2020. Investigating polycentric urban regions: different measures- different results. Cities, 105: 102855.

Broekel T, Boschma R. 2012. Knowledge networks in the Dutch aviation industry: the proximity paradox. Journal of Economic Geography, 12 (2): 409-433.

Burger M J, De Goei B, van der Laan L, et al. 2011. Heterogeneous development of metropolitan spatial structure: evidence from commuting patterns in English and Welsh city-regions. Cities, 28 (2): 160-170.

Burger M, Meijers E. 2012. Form follows function? linking functional and morphological polycentricity. Urban Studies, 49 (5): 1127-1149.

Cao Z, Derudder B, Dai L, et al. 2021. "Buzz- and- pipeline" dynamics in Chinese science: the impact of interurban collaboration linkages on cities' innovation capacity. Regional Studies, (6), 1-17.

Castells M. 1996. The Rise of the Network Society. Cambridge: Blackwell Publishers.

Champion A G. 2001. A changing demographic regime and evolving polycentric urban regions: consequences for the size, composition and distribution of city populations. Urban Studies, 38 (4): 657-677.

Cohen W M, Klepper S. 1992. The tradeoff between firm size and diversity in the pursuit of technological progress. Small Business Economics, 4 (1): 1-14.

Dadashpoor H, Saeidi S S. 2019. Measuring functional polycentricity developments using the flow of goods in Iran: a novel method at a regional scale. International Journal of Urban Sciences, 23 (4): 551-567.

Davoudi S. 2003. Polycentricity in European spatial planning: from an analytical tool to a normative agenda? European Planning Studies, 11 (8): 979-999.

de Prato G, Nepelski D. 2014. Global technological collaboration network: network analysis of international co-inventions. The Journal of Technology Transfer, 39 (3): 358-375.

Ferraro G, Iovanella A. 2017. Technology transfer in innovation networks: an empirical study of the Enterprise Europe Network. International Journal of Engineering Business Management, 9: 1-14.

González- González E, Nogués S. 2016. Regional polycentricity: an indicator framework for assessing cohesion impacts of railway infrastructures. European Planning Studies, 24 (5): 950-973.

Green N. 2007. Functional polycentricity: a formal definition in terms of social network analysis. Urban Studies, 44 (11): 2077-2103.

Hall P, Pain K. 2006. The Polycentric Metropolis: learning from Mega- City Regions in Europe. London: Earthscan.

Hall P. Polycentricity. 2009. International Encyclopedia of Human Geography. Amsterdam: Elsevier.

Hanssens H, Derudder B, van Aelst S, et al. 2014. Assessing the functional polycentricity of the megacity region of Central Belgium based on advanced producer service transaction links. Regional Studies, 48 (12): 1939-1953.

Harrison J, Hoyler M. 2015. Megaregions: globalization's New Urban Form? Cheltenham: Edward Elgar.

Hoekman J, Frenken K, Van Oort F. 2009. The geography of collaborative knowledge production in Europe. The Annals of Regional Science, 43 (3): 721-738.

Lambooy J. 1998. Polynucleation and economic development: the Randstad. European. Planning Studies, 6 (4): 457-466.

Li T, Zhou R, Zhang Y, et al. 2018. Measuring functional polycentricity of China's urban regions based on the interlocking network model, 2006-15. Singapore Journal of Tropical Geography, 39 (3): 382-400.

Li Y, Liu X. 2018. How did urban polycentricity and dispersion affect economic productivity? A case study of 306 Chinese cities. Landscape and Urban Planning, 173: 51-59.

Li Y, Phelps N. 2017. Knowledge polycentricity and the evolving Yangtze River Delta megalopolis. Regional Studies, 51 (7): 1035-1047.

Li Y, Phelps N. 2018. Megalopolis unbound: knowledge collaboration and functional polycentricity within and beyond the Yangtze River Delta Region in China, 2014. Urban Studies, 55 (2): 443-460.

Li Y, Zhu K, Wang S. 2020. Polycentric and dispersed population distribution increases PM2.5 concentrations: evidence from 286 Chinese cities, 2001-2016. Journal of Cleaner Production, 248: 119202.

Liefner I., Hennemann S. 2011. Structural holes and new dimensions of distance: the spatial configuration of the scientific knowledge network of China's optical technology sector. Environment and Planning A: Economy and Space, 43 (4): 810-829.

Limtanakool N, Dijst M, Schwanen T. 2007. A theoretical framework and methodology for characterizing national urban systems on the basis of flows of people: empirical evidence for France and Germany. Urban Studies, 44 (11): 2123-2145.

Liu C Y, Yang J C. 2008. Decoding patent information using patentmaps. Data Science Journal, (7): 14-22.

Liu K. 2018. Spatiotemporal analysis of human mobility in Manila metropolitan area with person-trip data. Urban Science, 2 (1): 3.

Liu X, Derudder B, Wang M. 2018. Polycentric urban development in China: a multi-scale analysis. Environment and Planning B Urban Analytics and City Science, 45 (5): 953-972.

Liu X, Derudder B, Wu K. 2016. Measuring polycentric urban development in China: an intercity transportation network perspective. Regional Studies, 50 (8): 1302-1315.

Liu X, Wang M. 2016. How polycentric is urban China and why? A case study of 318 cities. Landscape and Urban Planning, 151: 10-20.

Liu Z, Liu S. 2018. Polycentric development and the role of urban polycentric planning in China's mega cities: an examination of Beijing's metropolitan area. Sustainability, 10 (5): 1588.

Lucas R. 1988. On the mechanics of economic development. Journal of Monetary Economics Economy, 22 (1): 3-42.

Ma H T, Fang C L, PangB, et al. 2015. The structure of the Chinese city network as driven by technological knowledge flows. Chinese Geographical Science, 25 (4): 498-510.

Ma H T, Xu X F. 2021. The knowledge polycentricity of China's urban agglomerations. Journal of Urban Planning and Development, 148 (2): 04022014.

Ma H, Li Y, Huang X. 2021. Proximity and the evolving knowledge polycentricity of megalopolitan science: evidence from China's Guangdong-Hong Kong-Macao Greater Bay Area, 1990-2016. Urban Studies, 58 (12): 2405-2423.

Matthiessen C W, Schwarz A W, Find S. 2010. World cities of scientific knowledge: systems, networks and potential dynamics: an analysis based on bibliometric indicators. Urban Studies, 47 (9): 1879-1897.

Meijers E J, Waterhout B, Zonneveld W A M. 2007. Closing the gap: Territorial cohesion through polycentric development. European Journal of Spatial Development, 24 (1): 1-24.

Neal Z P. 2011a. From central places to network bases: a transition in the U.S. urban hierarchy, 1900-2000. City & Community, 10 (1): 49-75.

Neal Z P. 2011b. The causal relationship between employment and business networks in U.S. Cities. Journal of Urban Affairs, 33 (2): 167-184.

Parr J B. 2004. The polycentric urban region: a closer inspection. Regional Studies, 38 (3): 231-240.

Proff S V, Brenner T. 2011. The dynamics of interregional collaboration: an analysis of co-patenting. Annals of Regional Science, 52 (1): 41-64.

Romer P M. 1990. Endogenous technological change. Journal of Political Economy, 98 (5): 71-102.

Sassen, S. 1991. The Global City: New York, London, Tokyo. Princeton: Princeton University Press.

Schwanen T, Dieleman F M, Dijst M. 2004. The impact of metropolitan structure on commute behavior in the Netherlands: a multilevel approach. Growth and Change, 35 (3): 304-333.

Scott A J. 2001. Globalization and the rise of city-regions. European Planning Studies, 9 (7): 813-826.

van der Laan L. 1998. Changing urban systems: an empirical analysis at two spatial levels. Regional Studies, 32 (3): 235-247.

van Oort F G, Burger M, Raspe O. 2010. On the economic foundation of the urban network paradigm. Spatial integration, functional integration and complementarities within the Dutch Randstad. Urban Studies, 47 (4): 725-748.

van Oort F G. 2007. Spatial and sectoral composition effects of agglomeration economies in the Netherlands. Regional Science, 86 (1): 5-30.

Vasanen A. 2012. Functional polycentricity: examining metropolitan spatial structure through the connectivity of urban sub-centres. Urban Studies, 49 (16): 3627-3644.

Wei L, Luo Y, Wang M, et al. 2020. Multiscale identification of urban functional polycentricity for planning implications: an integrated approach using geo-big transport data and complex network modeling. Habitat International, 97: 102134.

Wei Y H D. 2015. Network linkages and local embeddedness of foreign ventures in China: the case of Suzhou municipality. Regional Studies, 49: 287-299.

第六章　中国城市群创新韧性测度与演化特征

韧性是反映区域应对外部干扰或冲击的重要指标。城市群创新韧性是城市群在科技创新发展过程中，应对外部干扰或冲击的能力。为了展示中国城市群创新韧性的总体特征，本章对城市群创新韧性的内涵进行了界定，并提出了两种测算方法，运用1999～2019年我国19个城市群的专利授权数据和2000～2019年我国293个城市的城市间专利合作数据，对基于创新产出的城市群短期相对韧性和基于创新过程的城市群网络韧性进行了测度与分析，并提出了城市群创新韧性的提升路径。研究结果有助于理解城市群创新系统韧性发展的动态演进规律和现状差异特征，认为促进城市群创新要素自由流动，发挥创新协同和联动效应，有助于提升城市群抵御科技风险的能力。需要指出的是，基于创新产出的相对韧性测度方法对创新产出指标的综合性要求较高，本研究选择的专利数据虽然是当前反映创新产出最常用最综合的指标，但相对经济韧性选用的GDP指标表现出明显不足，也由于20年来我国专利产出呈快速增加态势，而且在快速增长中存在较多波动，这就使得相对韧性的测度结果有较大波动，很难清晰展示其规律性。基于创新过程的网络韧性测度方法参考了城市网络韧性的测度思路，但韧性测度与韧性对象紧密关联，创新韧性具有独特内涵，所以创新网络韧性的测度结果反映了某些指标的发展趋势，而这种趋势是否表明创新韧性的增加或降低尚需要更加深入的研究。创新韧性研究尚处于摸索阶段，后期还将继续探索更好的创新韧性测度方法和数据，以更好揭示城市群创新韧性的变化规律，为提升城市群创新韧性提供研究支撑。

第一节　城市群创新韧性的内涵界定与测度方法

韧性用于探索各种系统应对冲击和压力的能力，被广泛应用在经济和社会多个领域（Liu et al.，2007），但其内涵的丰富性和概念的模糊性也给韧性的衡量评估和结果预测带来一定的挑战。对城市群尺度创新韧性的概念界定就显得尤为必要。基于对城市群创新韧性研究进展的梳理，从创新产出和创新过程两个角度对城市群创新韧性的概念进行了界定，并分别介绍了基于创新产出的相对韧性和基于创新过程的网络韧性的测度方法和数据来源。

一、城市群创新韧性的概念界定

城市群作为创新资源和要素的集聚地，是国家创新发展的中坚力量；而城市群的创新产出及群内城市间的技术流动网络格局就成为国家创新能力的体现，也深刻影响着国家的创新韧性（Clark et al.，2010）。基于以上考虑，本节从创新产出和创新过程的角度探讨城市群尺度的创新韧性问题，希望能建立一种综合评价城市群创新韧性的方法，分析城市群创新韧性特征及其演化规律，以调整和优化创新资源配置，促使城市群创新协调可持续发展。

Pinto 等（2018）尝试给出了创新韧性的定义，是"面对内部破坏或外部冲击时，创新过程保持或加速其功能的能力"。Lv 等（2018）将创新韧性定义为通过有效整合稳定性和适应性应对与创新相关的不确定性的能力。但现有的概念过于笼统，并没有展示知识和创新的本质特征。创新韧性是在知识的集聚和扩散过程中产生的，因此创新韧性应突出创新主体在所属地域内部创造、重组、重构和应用各种类型知识的能力，以及在冲击中产生新的协同作用和互补能力，进而在外部冲击下表现出更强的适应（adaptation）和适应性（adaptability）。本研究强调城市群创新韧性的动态性质，并认为这是一个不断创造和知识积累的过程。参考区域韧性的概念，本研究将城市群创新韧性视为应对与创新相关的不确定性的能力，在动荡的环境中持续进行创新，持续增加知识积累，并创造转化为新能力的创新强化机制。在这里，不确定性指短期冲击与长期变化，城市群创新韧性反映了其应对短期冲击的抵抗力及应对长期变化的恢复力和创新力。因此，本研究以创新产出与技术合作为基础，以创新产出的变化测度城市群短期内应对外部冲击以及抗干扰的能力，以技术合作构建的城市群创新网络测度城市群长期摆脱低端或负面锁定效应、探索新增长路径的能力，这对于全面理解城市群创新韧性的演化与发展具有重要意义。

二、城市群创新韧性的测度方法与数据

（一）基于创新产出的相对韧性测度方法与数据

1. 测度方法

本研究对创新韧性的衡量借鉴了经济韧性的测度方式，即选取对冲击反应程度明显的核心变量，如衡量区域创新能力的专利授权量。基于此，本研究借鉴 Martin 和 Gardiner（2019）的测度方法，通过分析专利授权量的变化状况达到衡量创新韧性的效果。此外，需要注意的是，该方法所计算出的韧性值为相对韧性，是相对城市群总体变动态势而言，城市群创新产出实际值与期望值的关系。公式如下：

$$\text{Resis}_i^t = \frac{\Delta Y_i - \Delta E}{|\Delta E|} \quad (6.1)$$

$$\Delta Y_i = Y_i^t - Y_i^{t-1} \quad (6.2)$$

$$\Delta E = \frac{Y_r^t - Y_r^{t-1}}{Y_r^{t-1}} \times Y_i^{t-1} \quad (6.3)$$

式中，Resis_i^t 为第 i 个研究对象在第 t 年的相对创新韧性；ΔY_i 为第 i 个研究对象在 $t-1$ 到 t 年的实际专利授权量变化状况；ΔE 为以研究对象所在区域整体（19 个城市群）专利授权量变化状况为基础，预测得出的研究对象在 $t-1$ 到 t 年的专利授权量状况；Y_i^t、Y_i^{t-1} 分别表示研究对象 i 在 t、$t-1$ 年的专利授权量；Y_r^t、Y_r^{t-1} 分别表示研究对象所在区域整体（19 个城市群）在 t、$t-1$ 年的专利授权量。

在全国所有城市群创新产出呈现增长趋势时，相对韧性为正值表示该城市群创新具有更高的成长性（或恢复力），负值则表示该城市群的成长性（或恢复力）不够强；在所有城市群创新产出呈现萎缩趋势时，相对韧性为正值表示该城市群创新具有更高的抵抗力，负值则表示该城市群的抵抗力不够强。

2. 数据处理

本研究采用的主要数据为 1999~2019 年我国 19 个城市群的专利授权数据，通过式（6.1）相对韧性的测度方法计算出 2000~2019 年我国 19 个城市群的创新韧性。为了更加清晰地展示城市群创新韧性的演化特征，结合国家社会经济发展五年规划的时间节点，将城市群创新韧性的演化划分成四个阶段，分别为第Ⅰ阶段即 2000~2005 年，第Ⅱ阶段即"十一五"规划期间的 2006~2010 年，第Ⅲ阶段即"十二五"规划期间的 2011~2015 年和第Ⅳ阶段即"十三五"期间的 2016~2019 年。由于 2000 年城市群总体创新产出水平不太高，韧性结果并入第Ⅰ阶段，与"十五"规划放在一起；2020 年的数据未处理，暂不考虑。

（二）基于创新过程的网络韧性测度方法与数据

知识经济时代，知识通过集群内的联系和不同地方的城市间伙伴关系在经济主体之间流通（Amin and Cohendet，2004），因此网络已被认为是区域创新的重要组成部分（Gilsing and Nooteboom，2005；Pike et al.，2010；Christopherson et al.，2010）。网络结构的属性可以直接影响区域功能和韧性（Boschma，2005）。在衡量网络结构的属性中，层级性显示了网络的适应和适应性效应；匹配性有助于网络更好地将生产要素流重组到新兴或相关领域，并提高网络的更新能力（Boschma，2005；Simmie and Martin，2010；Suire and Vicente，2014）；传输性反映了网络中要素流的扩散能力；集聚性则衡量了区域一体化水平。因此，本研究选择四个重要属性来评估网络韧性：层级性、匹配性、传输性和集聚性（表6.1）。各指标的内涵及测度如下所述。

表 6.1　城市群创新网络韧性评估指标

目标层	准则层	具体指标	内涵	意义
城市群创新网络韧性	层级性	度分布	城市度值的分布特征	反映城市群创新网络的适应能力
	匹配性	度关联	城市联系的相关性	反映城市群创新网络的更新能力
	传输性	平均路径长度	网络的传输效率	反映城市群创新网络的扩散能力
	集聚性	平均聚类系数	网络的聚集程度	反映城市群创新的一体化程度

1. 测度方法

（1）层级性。层级性主要表征城市群创新网络容纳城市等级的容量。层级性较高的创新网络中核心城市地位突出，发达且内向的网络结构有利于提升整体的凝聚力和竞争力，此时的网络对于抵抗外界冲击具备一定的稳定性和适应力。但若是层级性过高，将导致非核心城市的路径依赖，一旦核心城市由于功能障碍或外部袭击而瘫痪，网络的脆弱也因此加剧（Simsek et al.，2009）。反之，若网络层级性过低，节点的故障甚至是缺失对网络的创新交流与互动影响有限,而且由于缺乏能力强劲的核心城市,这种网络对外界扰动不具备抵抗力,区域创新效率也受到削弱(Boschma,2015)。因此,层级性对网络而言表现出"适应"(adaptation)和"适应性"(adaptability)的双重影响。

Crespo 等(2013)认为层级性(hierarchy)的测度可以通过度分布(degree distribution)指标体现,度分布的斜率越大则表示城市间度的层级性越显著。度分布是反映网络宏观分布特征的指标,可以理解为网络中城市的度的概率分布。对城市群创新网络而言,通过借鉴位序-规模法则,根据各城市的度值对网络中的所有城市从大到小依次排序并绘制成幂律曲线,则城市创新网络的度分布公式满足:

$$K_i = C(K_i^*)^a \tag{6.4}$$

对公式进行对数处理可得

$$\lg(K_i) = \lg(C) + a\lg(K_i^*) \tag{6.5}$$

式中,K_i 为城市 i 的度;K_i^* 为城市 i 的度在网络中的位序排名;C 为常数项;a 为度分布的斜率。

(2)匹配性。由于网络中节点之间的连接并不是均等的,偏好依附导致网络中节点与节点间的联系存在某种相关性,Newman(2003)根据网络节点间这种连接相关性,提出了同配和异配的概念用以区分节点间的偏好依附。若节点趋于与其类似的节点联系,那么称该网络是同配的(度关联指数为正);反之,则是异配的(度关联指数为负)。在城市群创新网络中,同配联系与异配联系同时存在。在理想情况下,无论城市创新能力强或弱,都会倾向于与具有更强创新能力的城市联系,导致网络呈现异配特征。但创新资源的获取并不容易,城市之间的行政壁垒、经济差异、文化认同等障碍,易导致其更倾向于与等级地位相当的城市抱团发展,促使网络呈现同配特征。网络中同配联系包含高高同配和低低同配,高同配城市数量较少,创新联系路径相对固化和封闭;低同配创新联系的城市数量较多,但由于较低的创新能力,彼此间建立的创新联系较为薄弱;高低异配联系更有利于区域技术重组及核心技术的溢出,从而实现对网络整体的辐射带动。

在城市群创新网络中,每个城市都有与该城市直接相连接的一定数量的相邻城市(V_j)。基于此,计算与城市 i 直接连接的所有相邻城市的度的平均值 $\overline{K}_i$:

$$\overline{K}_i = \sum_{j \in v} K_j / K_i \tag{6.6}$$

式中,K_j 为城市 i 的相邻城市 j 的度;K_i 为城市 i 的度;v 为城市 i 所有相邻城市 j 的集合。

接着,对 K_i 与 $\overline{K}_i$ 的线性关系进行曲线估计:

$$\overline{K}_i = D + b K_i \tag{6.7}$$

式中,D 为常数项;b 为度关联系数。若 $b>0$,则该网络具有同配性,即度正关联;若 $b<0$,则该网络具有异配性,即度负关联。

(3)传输性。传输性通过网络的路径长度来进行评估。若网络的路径较短,表明能够以较少的成本和较快的速度实现知识与技术的传播蔓延,使创新要素快速到位并激发潜在的知识活动创新、成熟经验传播、网络连接重组等现象的发生,成为危机发生时网络整体得以适应和恢复发展活力的屏障。若路径相对较长,网络的传输效率和扩散作用较弱,那么城市对于外界干扰所作出的响应速度和结构改变会更为滞后和迟钝,导致韧性明显不足

(彭翀等，2018；周云龙，2013）。

一般用平均路径长度来表示网络的传输性，表示网络中任意两城市之间距离的平均值，值越小表示创新要素从一个城市扩散到另一个城市所需的路径越长，网络传输效率越低；反之，则表明网络的传输和扩散作用较强（方叶林等，2022）。计算公式如下：

$$l = \frac{1}{1/2n(n+1)} \sum_{i \geqslant j} d_{ij} \quad (6.8)$$

式中，l 为网络的平均路径长度；n 为网络中城市数；d_{ij} 为城市 i 到 j 的距离。

（4）集聚性。集聚性刻画的是网络中节点彼此直接连接的程度（Marti et al., 2017），即网络的密集程度。聚集程度较高的网络城市倾向于形成集团化结构，集团成员间联系紧密、彼此信任，但可能过度限制于本地集团网络中，并因此诱发区域锁定效应和过度根植性现象的产生，最终导致结构封闭、网络僵化和韧性降低。而对于聚集程度较低的稀疏网络而言，成员间的弱纽带联系为外界信息的流入提供了载体，在外界环境变化剧烈的条件下更利于创新活动的发生（彭翀等，2018；Ye and Qian，2021）。

集聚性可以用聚类系数来考察。局部聚类系数是描述城市群网络中城市聚集程度的指标，城市 i 的聚类系数定义为：城市 i 的邻居之间所实际具有的边数与所有可能有的边数的比值，即

$$C_i = \frac{2E_i}{K_i(K_i - 1)} \quad (6.9)$$

式中，K_i 为城市 i 的度；E_i 为城市 i 邻居间实际产生的边数。由于局部聚类系数计算的仅是单个城市与相邻城市连接的集聚性，因此可通过网络中所有城市局部聚类系数的平均值观察整个城市群网络的集聚程度，即平均聚类系数。平均聚类系数越高，表示城市间的传递和交互功能就越强，城市群创新一体化程度越深，但网络对单个城市产生的影响也越大；平均聚类系数越低，表示城市间的离散程度就越高，城市群创新一体化程度也越弱。

$$C = \frac{1}{n \sum_i^n C_i} \quad (6.10)$$

式中，C 为网络平均聚类系数；C_i 为城市 i 的聚类系数；n 为网络中城市数。

2. 数据处理

研究采用的数据为 2000~2019 年中国 293 个地级城市间的专利合作申请数据（均按申请年统计）。为了避免特殊年份数据突变存在的不确定性，这里将城市间专利合作申请数据分为 2000~2004 年、2005~2009 年、2010~2014 年、2015~2019 年四个阶段，对每个阶段五个年份的专利合作申请数据计算均值以代表每阶段城市间专利合作关系。在此基础上，借助社会网络分析方法，对城市群创新网络韧性的阶段性特征进行测度（以下分析第一阶段为 2000~2004 年，第二阶段为 2005~2009 年，第三阶段为 2010~2014 年，第四阶段为 2015~2019 年）。

第二节　中国城市群创新韧性演化过程

使用专利授权量数据和相对韧性测度方法，分析了 1999~2019 年我国 19 个城市群专

利授权量的时间演化特征，测度了这些城市群历年的相对创新韧性，并分析了我国19个城市群创新韧性的分阶段演化特征及我国五大国家级城市群近20年创新韧性的演化特征。研究发现，在过去的20年间，各城市群的相对创新韧性处于持续变动之中，几乎不存在创新韧性始终为最佳或最差的城市群，不同阶段也具有不同表现。在五大国家级城市群创新韧性演化特征的分析中发现，京津冀城市群的创新韧性相对较低，成渝城市群的创新韧性保持中等水平；2000~2012年长江三角洲城市群的创新韧性最好，2013~2019年珠江三角洲城市群和长江中游城市群的创新韧性较好。

一、中国城市群专利授权量的演变

随着国家知识产权制度的建立和不断完善，全社会对专利的重视程度不断提升。国家出台的一些相关政策在一定程度上影响着城市群专利授权量的变动。尤其是党的十七大提出"实施知识产权战略"，表明国家更加注重技术进步的作用，战略导向功能促使我国专利申请量持续快速增长，也反映出国家的自主创新能力不断增强。此外，2013年12月，《国家知识产权局关于进一步提升专利申请质量的若干意见》提出"量质并重、质量为先"的方针，其进一步强化了提升专利质量的政策导向，推动知识产权创造从规模优势向质量优势转变。

图6.1展示了我国19个城市群的专利授权量的变动情况。可以看出，过去21年间我国城市群专利授权量呈现快速增长的总体态势。19个城市群的专利授权总量从1999年的7.16万件增加到2019年的265.42万件，年均增长率达到19.80%；其中长江三角洲城市群（22.26%）、中原城市群（21.18%）、黔中城市群（20.84%）、长江中游城市群（20.58%）、珠江三角洲城市群（20.40%）和关中平原城市群（20.06%），六个城市群的增长率超过了均值；晋中城市群（18.01%）、京津冀城市群（17.93%）、滇中城市群（16.91%）、天山北坡城市群（15.57%）、哈长城市群（13.79%）和辽中南城市群（12.85%），增长率相对较低，但也都实现了较高的增长。

也可以看出，过去21年间我国城市群专利授权量的差距在不断拉大。在1999年时专利授权量最大的长江三角洲城市群，比最小的宁夏沿黄城市群仅多1.46万件，在2009年和2019年这一差距仍发生在这两个城市群之间，但数值分别扩大到22.78万件和81.84万件。

长江三角洲城市群、珠江三角洲城市群和京津冀城市群三个国家级城市群的专利授权量稳居前三名，而且名次未有变化，一直是我国创新产出的集聚地。这三个城市群的专利授权量占所有城市群的专利授权量多年持续超过60%。长江中游城市群、山东半岛城市群、海峡西岸城市群和成渝城市群四个城市群的专利授权量变动曲线交织在一起，创新产出水平比较接近，只是成渝城市群在2018~2019年开始有所放缓，与其他三个城市群拉开了距离。中原城市群的专利授权量增长一直比较平稳，近些年在19个城市群中保持第八位的状态。其余11个城市群，关中平原城市群、辽中南城市群、哈长城市群、北部湾城市群、黔中城市群、滇中城市群、晋中城市群、兰西城市群、呼包鄂榆城市群、天山北坡城市群、宁夏沿黄城市群在2019年的专利授权量分别排名第10~第19。

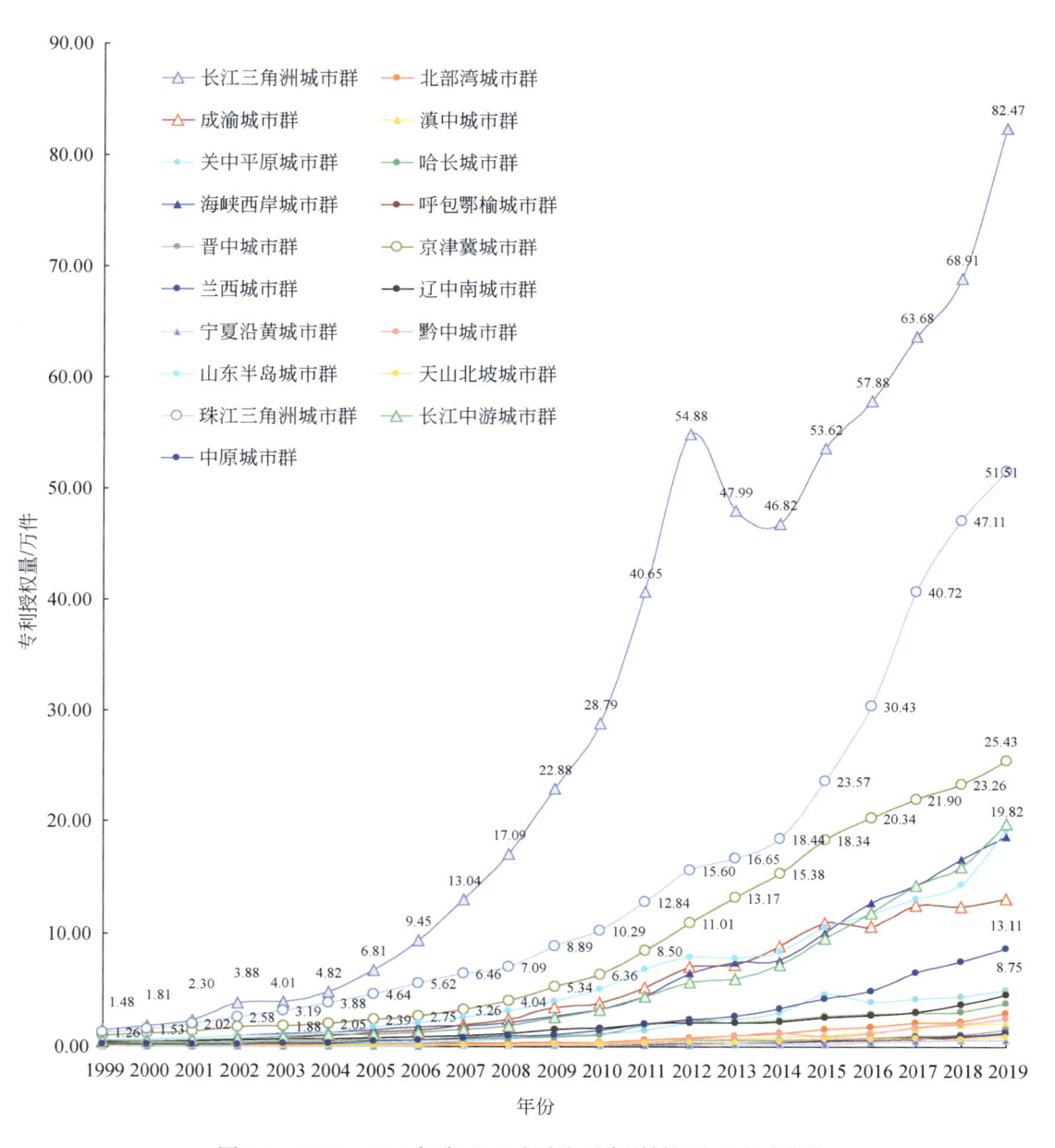

图 6.1　1999~2019 年我国 19 个城市群专利授权总量变动曲线

二、中国城市群创新韧性的分阶段演化特征

研究中分别使用城市群的创新韧性曲线图和箱线图展示韧性变化。其中曲线图中的同比增长率是指城市群专利授权总量和上一年同期相比较的增长率，增长率下降表明系统可能受到了冲击，而增长率上升或许是系统受到外部激励因素的影响。箱线图分别展示了城

市群韧性数值的分布情况，包括最大值、最小值、中位数及上下四分位数，有时还包含离群值。

（一）第Ⅰ阶段的城市群创新韧性

"十五"时期是21世纪的第一个五年，是我国科技事业继往开来、加速发展的五年。我国推行实施三大战略即人才战略、专利战略和技术标准战略，深化科技体制改革，稳步推进国家创新体系建设，积极应对我国加入世贸组织带来的机遇和挑战。总体而言，"十五"时期我国科技发展的环境和条件不断改善，全社会推动科技进步的格局基本形成。基于这一时期城市群专利授权量同比增长率的变化，认为城市群在2003年受到了外部冲击作用降到最低值，在2002年和2005年则受到了较为显著的外部激励作用，有了较大增幅（图6.2）。

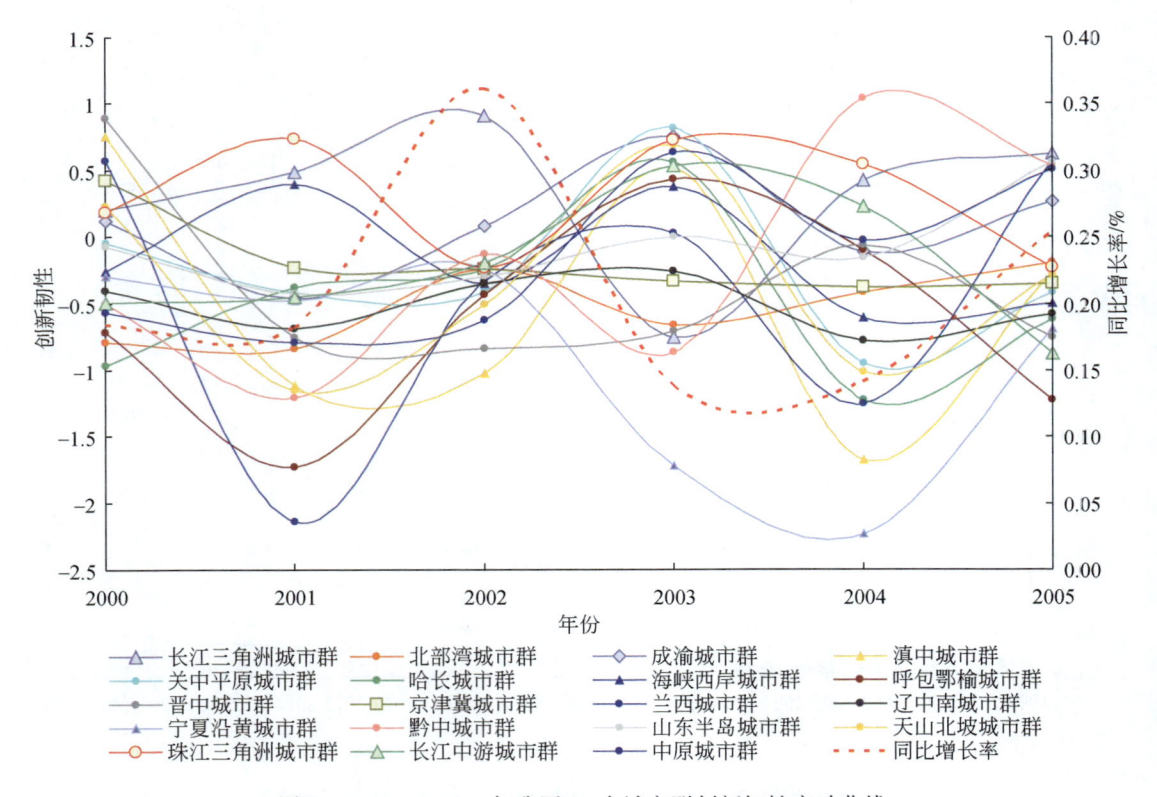

图6.2　2000~2005年我国19个城市群创新韧性变动曲线

从图6.2还可以看出，2000~2005年我国19个城市群创新韧性整体变动幅度介于-2.23~1.04，与2000~2019年这20年间我国19个城市群创新韧性整体变动幅度（-14.59~54.86）相比发现，第Ⅰ阶段城市群创新韧性的变动较为平稳。此外也可以看出，第Ⅰ阶段创新韧性大于0的城市群数量呈现出波动的变化趋势，其中，2003年（12个）创新韧性大于0的城市群数量最多，其次分别为2000年（8个）、2005年（6个）、

2004年（4个）、2001年（3个）、2002年（2个）。创新韧性大于0次数最多的城市群是长江三角洲城市群（5次）；其次是成渝城市群（4次）、珠江三角洲城市群（4次）、兰西城市群（3次）。

从图6.3可以看出，第Ⅰ阶段创新韧性离散程度位居前五名的城市群有兰西城市群（2.71）、滇中城市群（2.43）、黔中城市群（2.25）、呼包鄂榆城市群（2.15）、宁夏沿黄城市群（1.99），这些城市群的创新韧性分散，变动幅度大；创新韧性离散程度位居后五名的城市群有辽中南城市群（0.53）、北部湾城市群（0.62）、京津冀城市群（0.81）、珠江三角洲城市群（0.97）、山东半岛城市群（0.99），这些城市群的创新韧性集中，变动幅度小。此外还可以看出，第Ⅰ阶段创新韧性始终小于0的城市群有3个，分别为宁夏沿黄城市群、北部湾城市群、辽中南城市群；不存在创新韧性始终大于0的城市群。

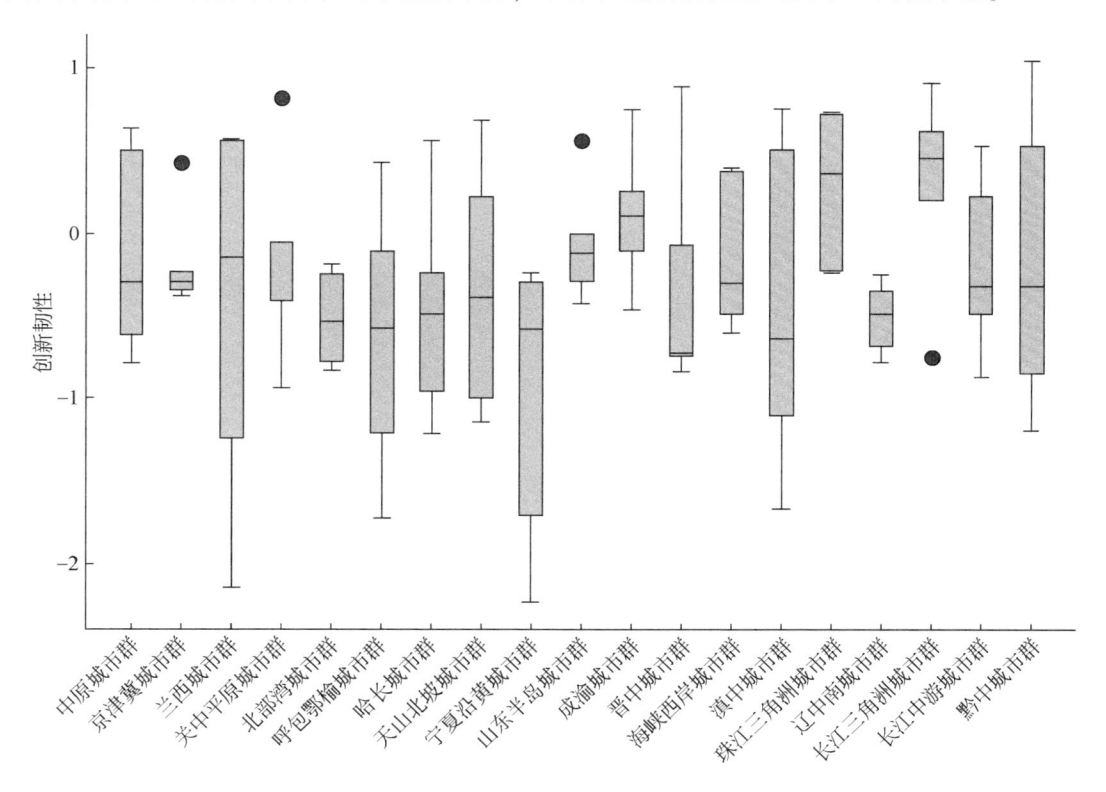

图6.3 2000~2005年我国19个城市群创新韧性箱线图

总体而言，在第Ⅰ阶段中长江三角洲城市群和珠江三角洲城市群的创新韧性好，因为长江三角洲城市群在第Ⅰ阶段创新韧性大于0的次数最多，珠江三角洲城市群次之，且珠江三角洲城市群离散程度位居19个城市群的末端（18名），变动幅度小；宁夏沿黄城市群、北部湾城市群和辽中南城市群创新韧性差，因为这三个城市群在第Ⅰ阶段创新韧性始终小于0。

（二）第Ⅱ阶段的城市群创新韧性

"十一五"是全面落实《国家中长期科学和技术发展规划纲要（2006—2020年）》的关键时期。这一时期我国科技工作将重点在"发挥科技支撑与引领作用"和"加强科技创新能力与制度建设"两个方面进行战略部署。尤其是党的十七大提出的知识产权战略使国家更加注重技术进步的作用，战略的导向功能促使我国专利申请量持续快速增长，也反映出国家的自主创新能力不断增强。总体而言，"十一五"是我国全面落实科学发展观，把增强自主创新能力作为国家战略的关键时期。基于这一时期城市群专利授权量同比增长率的变化，认为城市群在2009年受到了较为显著的外部激励作用有了较大增幅，在2010年则受到了外部冲击作用降到最低值（图6.4）。

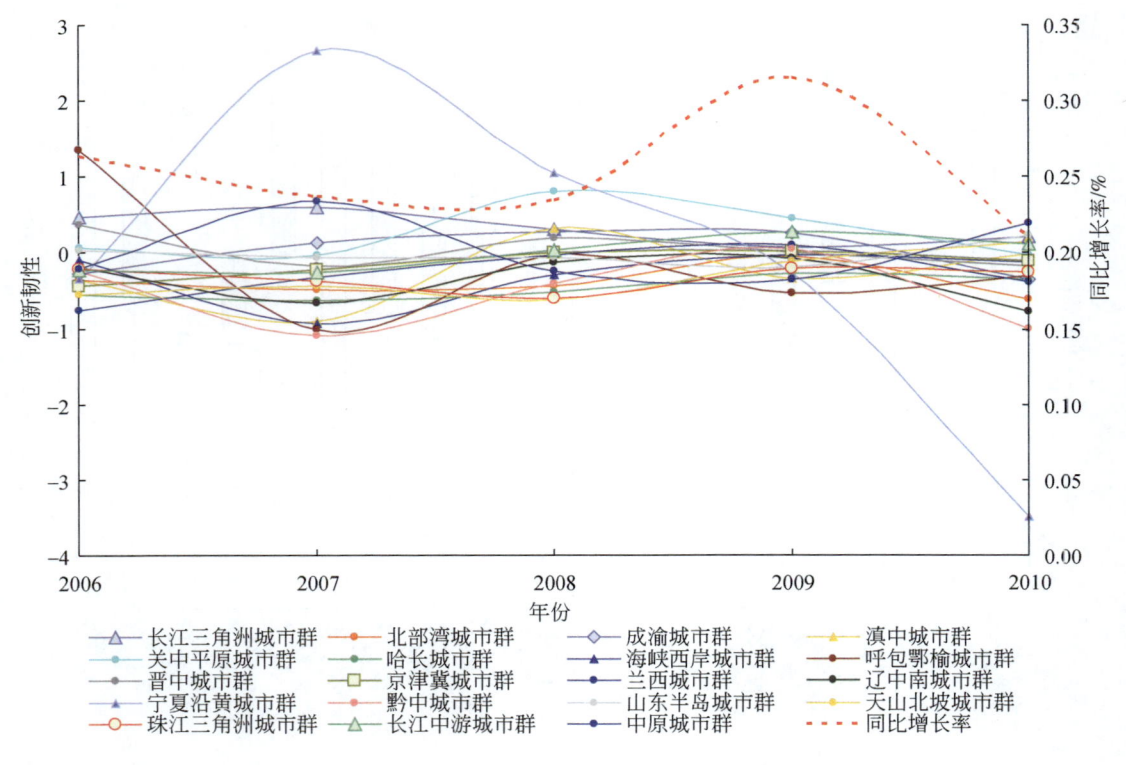

图6.4 2006～2010年我国19个城市群创新韧性变动曲线

从图6.4还可以看出，2006～2010年我国19个城市群创新韧性整体变动幅度介于-3.48～2.67，且极值情况都出现在宁夏沿黄城市群（2007年：2.67；2010年：-3.48）。与2000～2019年这20年间我国19个城市群创新韧性整体变动幅度（-14.59～54.86）相比发现，第Ⅱ阶段城市群创新韧性的变动相对平稳。此外也可以看出，第Ⅱ阶段创新韧性大于0的城市群数量呈现出波动的变化趋势，其中，2008年（8个）和2009年（8个）创新韧性大于0的城市群数量最多，其次分别为2006年（5个）、2010年（5个）、2007年（4个）。创新韧性大于0次数最多的城市群是长江三角洲城市群（5次）；其次是成渝城市群（3次）、关中平原城市群（3次）、晋中城市群（3次）、长江中游城市群（3次）。

从图6.5可以看出，第Ⅱ阶段创新韧性离散程度位居前五名的城市群有宁夏沿黄城市群（6.14）、呼包鄂榆城市群（2.37）、滇中城市群（1.24）、黔中城市群（1.15）、中原城市群（1.04），这些城市群的创新韧性分散，变动幅度大；创新韧性离散程度位居后五名的城市群有哈长城市群（0.35）、珠江三角洲城市群（0.39）、山东半岛城市群（0.42）、京津冀城市群（0.45）、长江中游城市群（0.53），这些城市群的创新韧性集中，变动幅度小。此外还可以看出，第Ⅱ阶段创新韧性始终小于0的城市群有5个，分别为北部湾城市群、哈长城市群、海峡西岸城市群、辽中南城市群、珠江三角洲城市群；创新韧性始终大于0的城市群只有长江三角洲城市群。

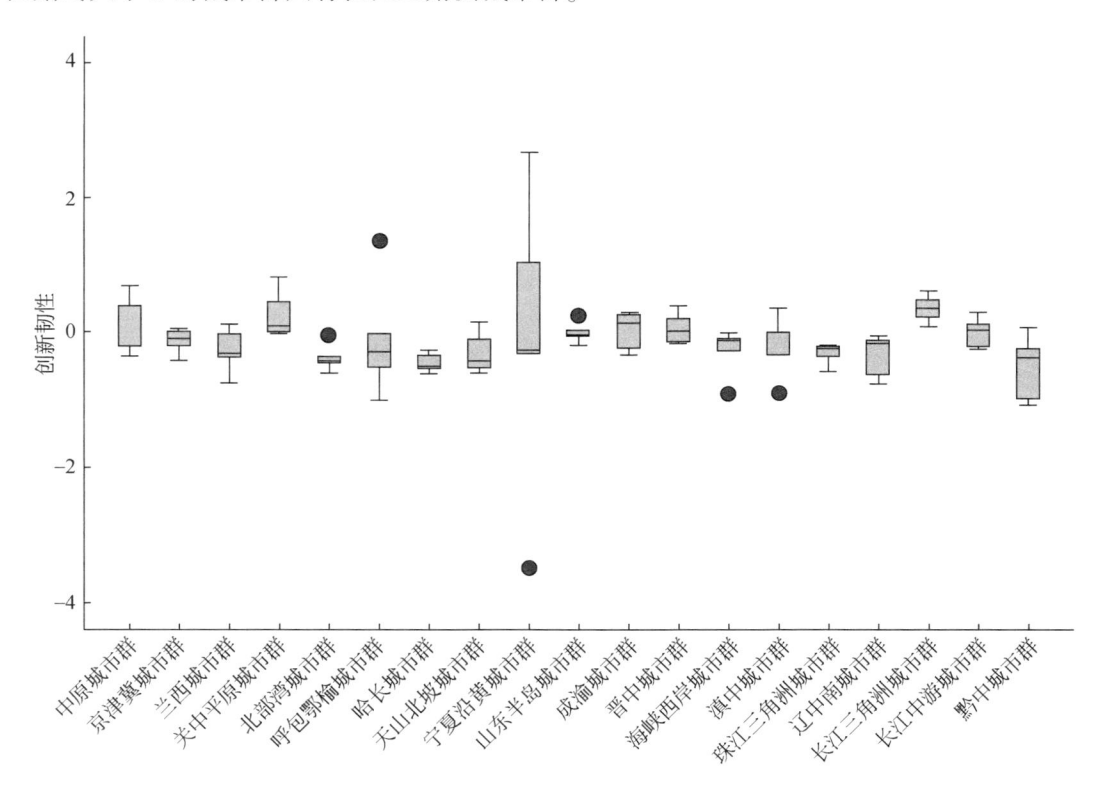

图6.5 2006~2010年我国19个城市群创新韧性箱线图

总体而言，在第Ⅱ阶段中长江三角洲城市群的创新韧性最好，因为长江三角洲城市群是唯一一个在第Ⅱ阶段创新韧性始终大于0的城市群；北部湾城市群、哈长城市群、海峡西岸城市群、辽中南城市群和珠江三角洲城市群这5个城市群的创新韧性差，因为这三个城市群在第Ⅱ阶段创新韧性始终小于0；宁夏沿黄城市群创新韧性变动幅度最大，创新韧性最不稳定，因为宁夏沿黄城市群创新韧性的离散程度最大，且在2007年和2008年连续两年达到了所有城市群创新韧性的峰值，但随后又连年大幅度下降，甚至在2010年达到所有城市群创新韧性的最低值。

(三) 第Ⅲ阶段的城市群创新韧性

"十二五"时期是我国在实现"两个一百年"奋斗目标历史进程中极为重要的五年。"十二五"以来，我国科技进步与创新事业加快发展，科技创新在党和国家全局中的地位日益重要。特别是党的十八大以来，以习近平同志为核心的党中央高度重视科技创新，实施创新驱动发展战略，大力推动以科技创新为核心的全面创新，国家科技进步和创新能力明显增强，整体水平加速从量的增长向质的提升阶段迈进。此外，2013年12月，《国家知识产权局关于进一步提升专利申请质量的若干意见》提出"量质并重、质量为先"的方针，其进一步强化了提升专利质量的政策导向，推动知识产权创造从规模优势向质量优势转变。基于这一时期城市群专利授权量同比增长率的变化，本研究认为城市群在2012～2013年连续受到了外部冲击作用，并在2013年降到了最低值，在2014～2015年则受到了较为显著的外部激励作用，有了较大增幅（图6.6）。

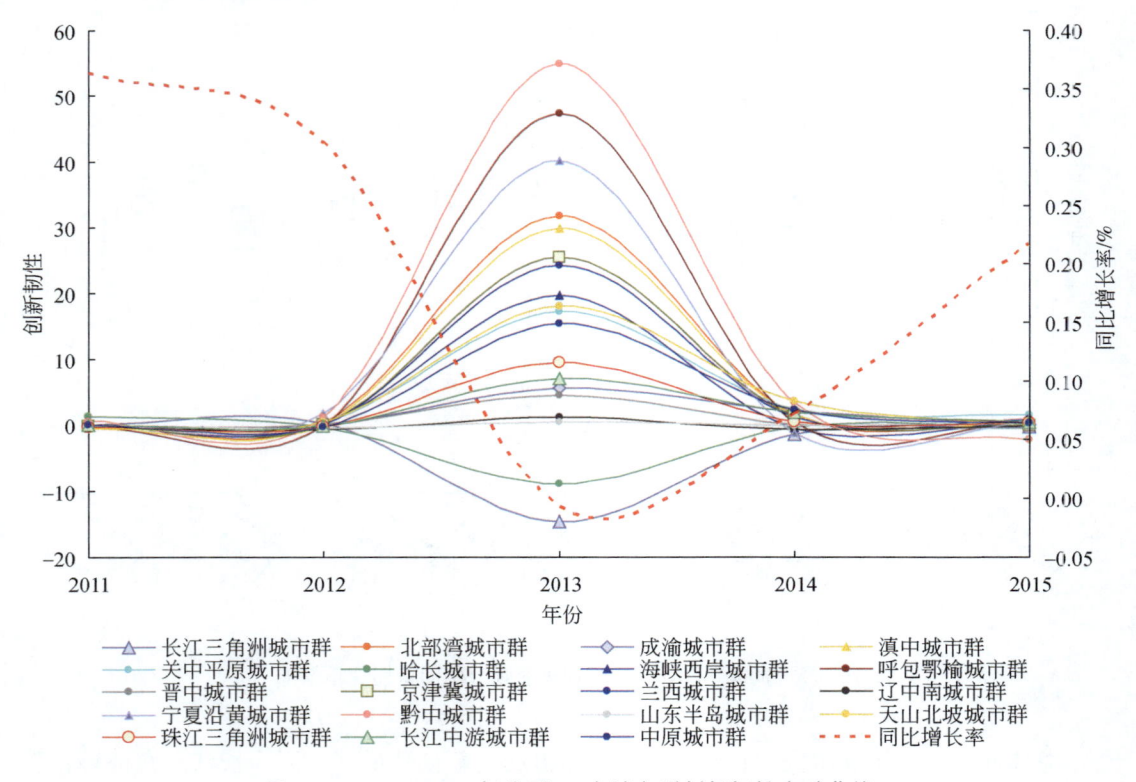

图6.6 2011～2015年我国19个城市群创新韧性变动曲线

从图6.6还可以看出，2011～2015年我国19个城市群创新韧性整体变动幅度介于-14.59～54.86，且极值集中在2013年，表明2013年我国城市群创新韧性出现离群值，第Ⅲ阶段城市群创新韧性的变动极其不平稳。此外也可以看出，第Ⅲ阶段创新韧性大于0的城市群数量呈现出波动的变化趋势，其中，2013年（17个）创新韧性大于0的城市群数量最多，其次分别为2015年（13个）、2014年（12个）、2012年（10个）、2011年

(7个)。创新韧性大于0次数最多的城市群是北部湾城市群（5次）；其次是成渝城市群（4次）、滇中城市群（4次）、关中平原城市群（4次）、海峡西岸城市群（4次）、黔中城市群（4次）、天山北坡城市群（4次）、长江中游城市群（4次）、中原城市群（4次）。

从图6.7可以看出，第Ⅲ阶段创新韧性离散程度位居前五名的城市群有黔中城市群（57.19）、呼包鄂榆城市群（47.47）、宁夏沿黄城市群（41.43）、北部湾城市群（31.69）、滇中城市群（30.21），这些城市群的创新韧性分散，变动幅度大；创新韧性离散程度位居后五名的城市群有山东半岛城市群（0.89）、辽中南城市群（1.84）、晋中城市群（5.04）、成渝城市群（5.57）、长江中游城市群（7.05），这些城市群的创新韧性集中，变动幅度小。此外还可以看出，第Ⅲ阶段创新韧性始终大于0的城市群只有北部湾城市群；不存在创新韧性始终小于0的城市群；哈长城市群（4次）和辽中南城市群（4次）创新韧性小于0的次数最多。

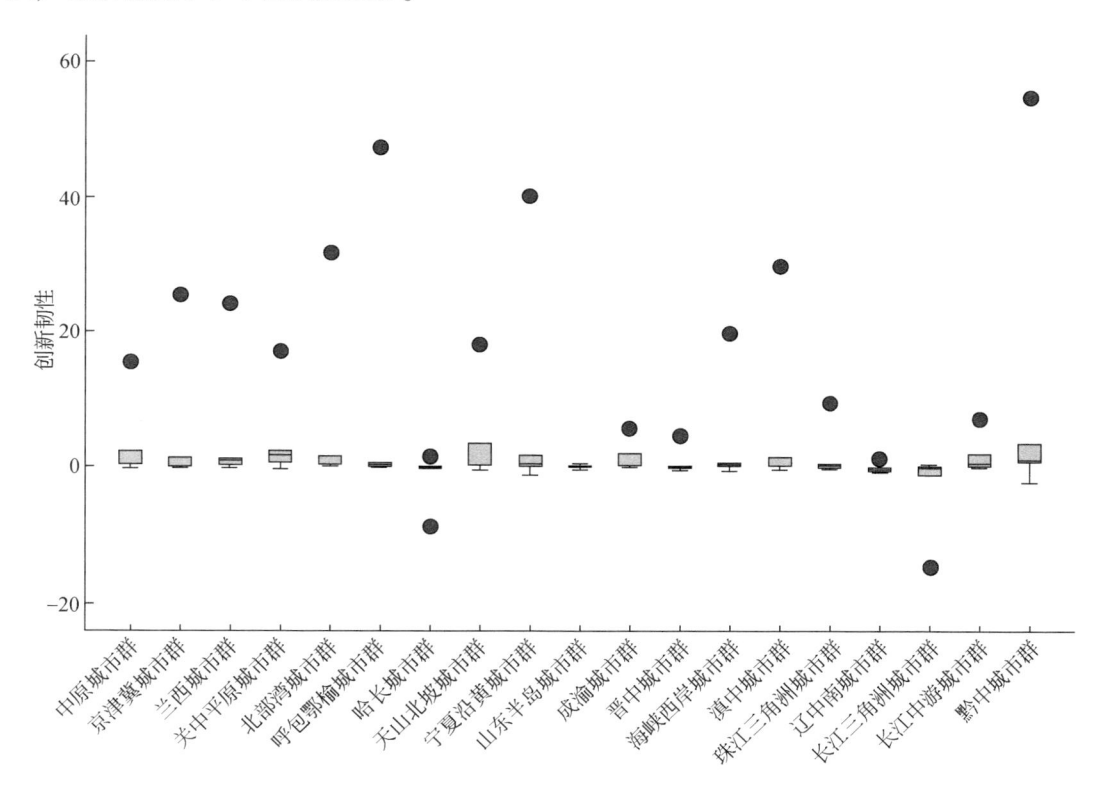

图6.7　2011～2015年我国19个城市群创新韧性箱线图

总体而言，在第Ⅲ阶段中北部湾城市群的创新韧性最好，因为北部湾城市群是唯一一个在第Ⅲ阶段创新韧性始终大于0的城市群；哈长城市群和辽中南城市群的创新韧性差，因为这两个城市群在第Ⅲ阶段创新韧性小于0的次数最多；2013年我国城市群创新韧性普遍存在离群值，黔中城市群创新韧性达到所有城市群的峰值，其次为呼包鄂榆城市群和宁夏沿黄城市群，这些城市群创新韧性的离散程度和变动幅度较大。

（四）第Ⅳ阶段的城市群创新韧性

"十三五"时期是全面建成小康社会和进入创新型国家行列的决胜阶段，是深入实施创新驱动发展战略、全面深化科技体制改革的关键时期。2016 年中共中央、国务院发布了《国家创新驱动发展战略纲要》，把科技创新摆在国家发展全局的核心位置，系统谋划创新发展新路径，以科技创新为引领开拓发展新境界。总体而言，"十三五"时期我国致力于加速迈进创新型国家行列，加快建设世界科技强国。基于这一时期城市群专利授权量同比增长率的变化，认为城市群在 2016 年和 2018 年受到了外部冲击作用，并在 2018 年降到最低值，在 2017 年和 2019 年则受到了不同程度的外部激励作用有了一定的增幅（图 6.8）。

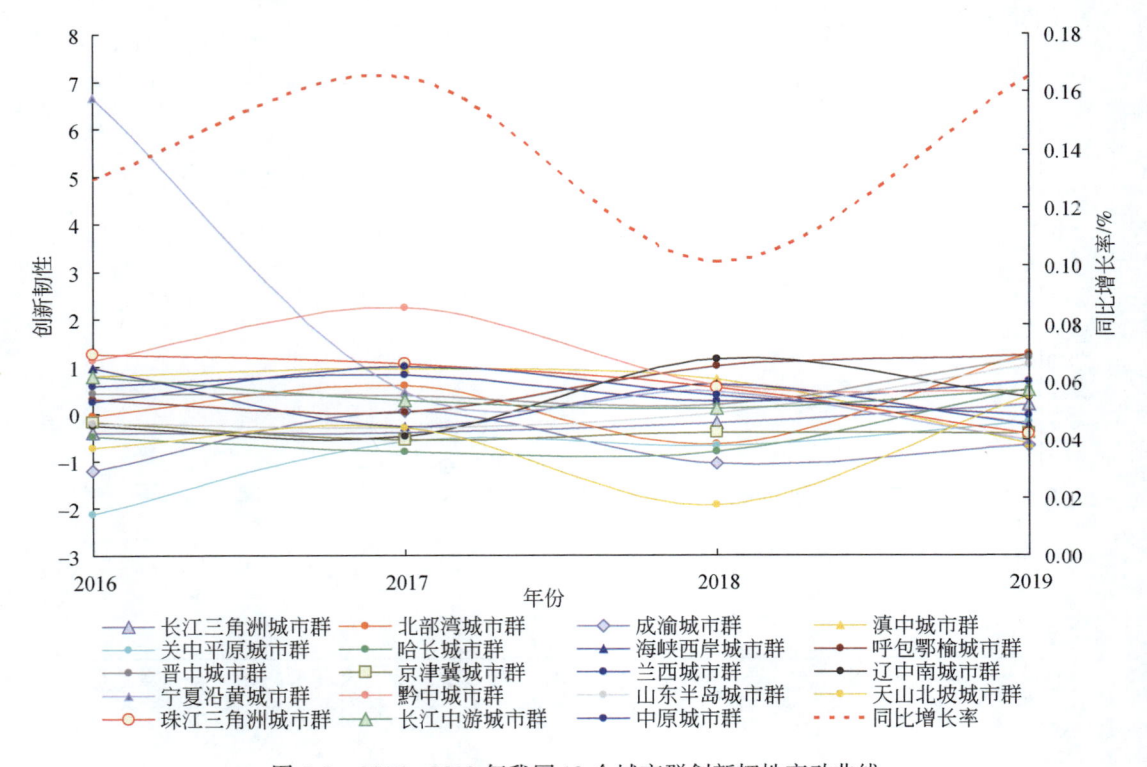

图 6.8　2016~2019 年我国 19 个城市群创新韧性变动曲线

从图 6.8 还可以看出，2016~2019 年我国 19 个城市群创新韧性整体变动幅度介于 -1.94~6.67，与 2000~2019 年这 20 年间我国 19 个城市群创新韧性整体变动幅度（-14.59~54.86）相比发现，表明第Ⅳ阶段城市群创新韧性的变动相对平稳。此外也可以看出，第Ⅳ阶段创新韧性大于 0 的城市群数量较稳定，分别为 2016 年（10 个）、2017 年（11 个）、2018 年（11 个）、2019 年（11 个）。创新韧性大于 0 次数最多的城市群是呼包鄂榆城市群（4 次）、晋中城市群（4 次）、兰西城市群（4 次）、黔中城市群（4 次）、长江中游城市群（4 次）；其次是滇中城市群（3 次）、宁夏沿黄城市群（3 次）、珠江三角洲城市群（3次）、中原城市群（3次）。

从图6.9可以看出，第Ⅳ阶段创新韧性离散程度位居前五名的城市群有宁夏沿黄城市群（7.24）、天山北坡城市群（2.30）、关中平原城市群（1.95）、北部湾城市群（1.89）、黔中城市群（1.79），这些城市群的创新韧性分散，变动幅度大；创新韧性离散程度位居后五名的城市群有京津冀城市群（0.37）、兰西城市群（0.56）、长江三角洲城市群（0.59）、长江中游城市群（0.68）、晋中城市群（0.97），这些城市群的创新韧性集中，变动幅度小。此外还可以看出，第Ⅳ阶段创新韧性始终小于0的城市群有京津冀城市群和关中平原城市群；创新韧性始终大于0的城市群有呼包鄂榆城市群、晋中城市群、兰西城市群、黔中城市群、长江中游城市群。

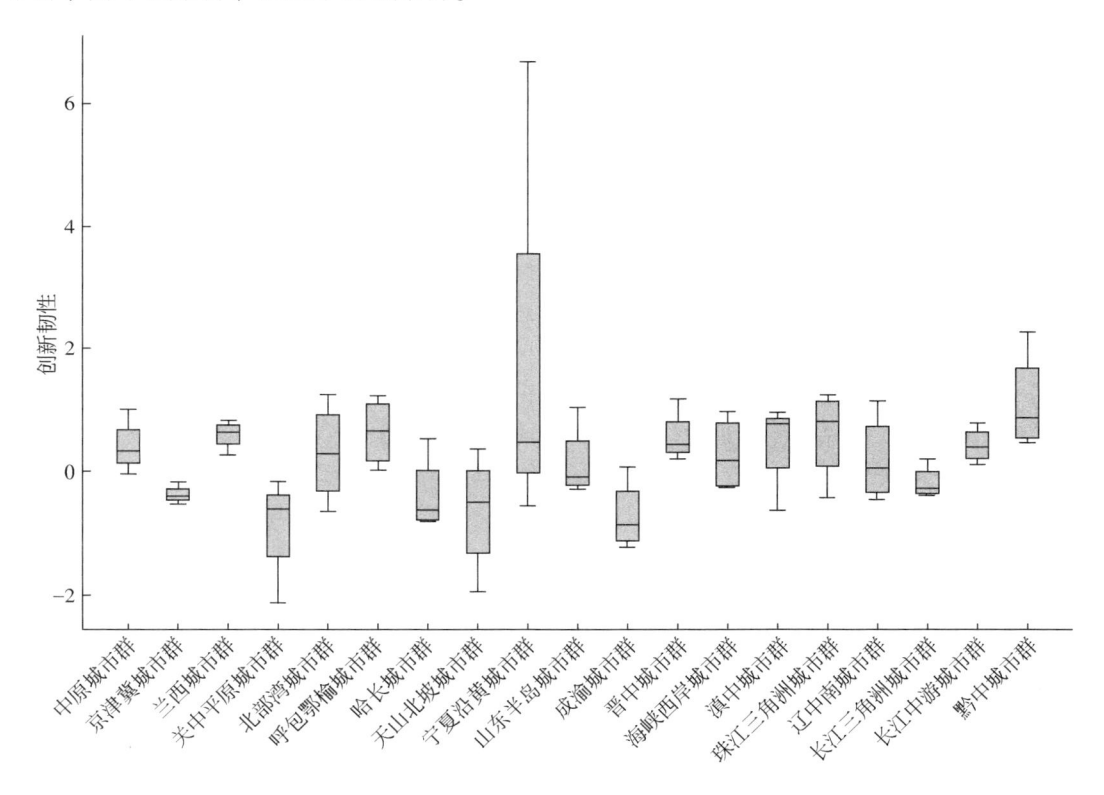

图6.9 2016~2019年我国19个城市群创新韧性箱线图

总体而言，在第Ⅳ阶段中呼包鄂榆城市群、晋中城市群、兰西城市群、黔中城市群、长江中游城市群这5个城市群的创新韧性好，因为这些城市群在第Ⅳ阶段创新韧性始终大于0；京津冀城市群和关中平原城市群的创新韧性差，因为这两个城市群在第Ⅳ阶段创新韧性始终小于0；宁夏沿黄城市群创新韧性变动幅度最大，创新韧性最不稳定，因为宁夏沿黄城市群创新韧性的离散程度最大，且在2016年达到了所有城市群创新韧性的峰值，并远远高于其他城市群的创新韧性，但随后又连年大幅度下降，并在2019年达到负值，处于所有城市群创新韧性排名的末端。

从上述四个阶段各城市群创新韧性的表现情况来看，长江三角洲城市群在第Ⅰ阶段和第Ⅱ阶段中始终保持最佳的创新韧性，在第Ⅲ阶段和第Ⅳ阶段的创新韧性优势则有所下降；北部湾城市群在第Ⅰ阶段和第Ⅱ阶段中的创新韧性都较差，但在第Ⅲ阶段创新韧性达到最佳，第Ⅳ阶段创新韧性表现一般；哈长城市群在第Ⅱ阶段和第Ⅲ阶段中的创新韧性都较差，在第Ⅰ阶段和第Ⅳ阶段中的创新韧性表现一般；辽中南城市群在第Ⅰ阶段、第Ⅱ阶段和第Ⅲ阶段中的创新韧性都较差，第Ⅳ阶段创新韧性表现一般；宁夏沿黄城市群在第Ⅰ阶段的创新韧性差，在第Ⅱ阶段、第Ⅲ阶段和第Ⅳ阶段中的创新韧性离散程度和变动幅度较大；珠江三角洲城市群在第Ⅰ阶段中的创新韧性好，第Ⅱ阶段创新韧性差，第Ⅲ阶段和第Ⅳ阶段创新韧性表现一般；海峡西岸城市群在第Ⅱ阶段中的城市群创新韧性差，在第Ⅰ阶段、第Ⅲ阶段和第Ⅳ阶段中的创新韧性一般；呼包鄂榆城市群、晋中城市群、兰西城市群、黔中城市群、长江中游城市群这5个城市群在第Ⅳ阶段中创新韧性好，在第Ⅰ阶段、第Ⅱ阶段和第Ⅲ阶段中的创新韧性一般；剩余其他城市群在这四个阶段中的创新韧性都表现为一般。

从这四个阶段各城市群创新韧性的离散程度来看，黔中城市群和宁夏沿黄城市群创新韧性的离散程度在这四个阶段中始终位居前五名；滇中城市群和呼包鄂榆城市群的创新韧性离散程度在第Ⅰ阶段、第Ⅱ阶段和第Ⅲ阶段中都位居前五名，第Ⅳ阶段创新韧性离散程度一般；北部湾城市群的创新韧性离散程度在第Ⅲ阶段和第Ⅳ阶段中都位居前五名，第Ⅰ阶段位居后五名，第Ⅱ阶段创新韧性离散程度一般；山东半岛城市群的创新韧性离散程度在第Ⅰ阶段、第Ⅱ阶段和第Ⅲ阶段中都位居后五名，第Ⅳ阶段创新韧性离散程度一般；长江中游城市群在第Ⅱ阶段、第Ⅲ阶段和第Ⅳ阶段都位居后五名，第Ⅰ阶段创新韧性离散程度一般；京津冀城市群、珠江三角洲城市群的创新韧性离散程度在第Ⅰ阶段和第Ⅱ阶段都位居后五名，第Ⅲ阶段和第Ⅳ阶段创新韧性离散程度一般；辽中南城市群的创新韧性离散程度在第Ⅰ阶段和第Ⅲ阶段都位居后五名，在第Ⅱ阶段和第Ⅳ阶段创新韧性离散程度一般；晋中城市群的创新韧性离散程度在第Ⅲ阶段和第Ⅳ阶段都位居后五名，第Ⅰ阶段和第Ⅱ阶段创新韧性离散程度一般；兰西城市群的创新韧性离散程度在第Ⅰ阶段位居前五名，在第Ⅳ阶段位居后五名，在第Ⅱ阶段和第Ⅲ阶段创新韧性离散程度一般；剩余其他城市群创新韧性的离散程度除了个别城市群出现一次位居前五名或后五名的情况外，创新韧性离散程度大多表现为一般。

三、五大国家级城市群创新韧性的演化特征

21世纪前20年，是我国科学技术发展的重要战略机遇期；党和政府重视和倡导自主创新，把提高自主创新能力摆在全部科技工作的突出位置，强调科技人才是提高自主创新能力的关键所在。基于这20年间城市群专利授权量同比增长率的变化，认为城市群在2013年（-31%）、2003年（-22%）、2010年（-10%）和2016年（-9%）受到了较大的外部冲击作用，并在2013年降到最低值；在2002年（18%）、2011年（15%）、2015年（14%）和2005年（11%）则受到了显著的外部激励作用有了一定的增幅（图6.10）。

从图6.10还可以看出，2000~2019年我国五大国家级城市群创新韧性整体变动幅度

第六章 | 中国城市群创新韧性测度与演化特征

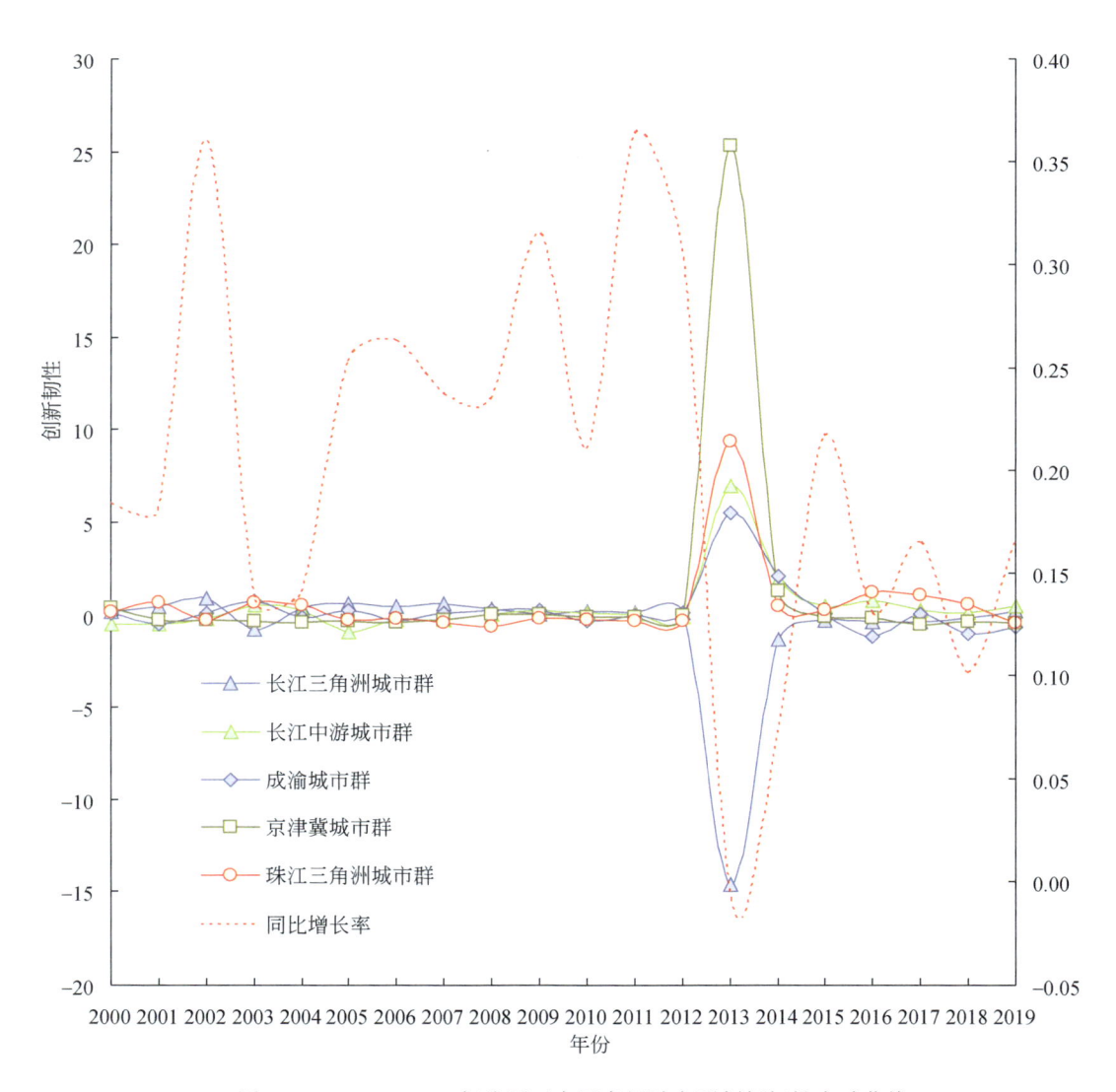

图 6.10 2000～2019 年我国五大国家级城市群创新韧性变动曲线

介于-14.59～25.36，且极值集中在 2013 年，表明 2013 年我国五大国家级城市群创新韧性出现离群值。除去 2013 年的离群值发现，我国五大国家级城市群创新韧性并未发生剧烈波动，整体变动较为稳定。其中，2000～2012 年长江三角洲城市群的创新韧性大多处于首位，2013 年之后长江三角洲城市群创新韧性发生骤降，珠江三角洲城市群和长江中游城市群的创新韧性排名则较为领先。此外也可以看出，2000～2019 年创新韧性大于 0 的国家级城市群数量呈现出波动的变化趋势，其中，2000 年（4 个）、2008 年（4 个）、2009 年（4 个）、2013 年（4 个）、2014 年（4 个）创新韧性大于 0 的国家级城市群数量最多，2003 年（3 个）、2004 年（3 个）、2015 年（3 个）、2017 年（3 个）创新韧性大于 0 的国家级城市群数量次之。创新韧性大于 0 次数最多的国家级城市群是长江三角洲城市群（13

次）和长江中游城市群（13 次）；其次是成渝城市群（12 次）、珠江三角洲城市群（10 次）、京津冀城市群（5 次）。

从图 6.11 可以看出，2000～2019 年创新韧性离散程度高的国家级城市群为京津冀城市群（25.89）和长江三角洲城市群（-15.50），这两个国家级城市群的创新韧性分散，变动幅度大；其次为珠江三角洲城市群（9.95）、长江中游城市群（7.84）、成渝城市群（6.72），这些国家级城市群的创新韧性相对集中，变动幅度较小。此外，2000～2019 年不存在创新韧性始终小于 0 或者始终大于 0 的国家级城市群。

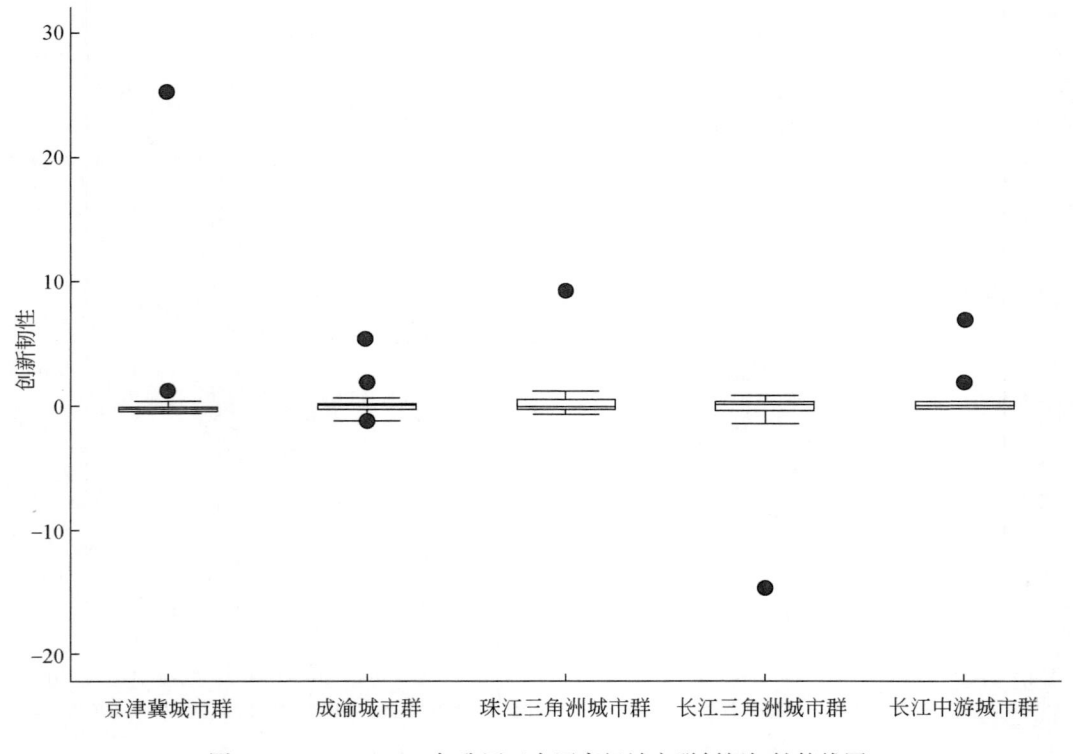

图 6.11　2000～2019 年我国五大国家级城市群创新韧性箱线图

总体而言，在 2000～2019 年我国五大国家级城市群的创新韧性表现中，京津冀城市群的创新韧性最差，因为京津冀城市群创新韧性大于 0 的次数最少，大多年份都处于负值的状态，而成渝城市群创新韧性始终保持中等水平；在 2000～2012 年我国五大国家级城市群的创新韧性表现中，长江三角洲城市群的创新韧性最好，因为长江三角洲城市群在 2000～2012 年创新韧性大多处于首位，且除 2003 年以外都大于 0；在 2013～2019 年我国五大国家级城市群的创新韧性表现中，珠江三角洲城市群和长江中游城市群的创新韧性较好，因为这两个城市群在 2013～2019 年创新韧性排名较为领先。

第三节　五大国家级城市群创新网络韧性演化特征

长江三角洲、京津冀、珠江三角洲、长江中游和成渝这五大国家级城市群创新网络发育相对较好，因此在对这五大国家级城市群相对韧性测度与演化特征的分析基础之上，进一步分析五大国家级城市群创新网络的韧性特征，以深入了解城市群创新韧性的内部表现。分别测算了城市群创新网络不同时段的层级性、匹配性、传输性和集聚性，结果表明其适应能力、更新能力、扩散能力和一体化程度总体上均有明显提升；五大城市群中长江三角洲和珠江三角洲城市群创新网络韧性表现较高，京津冀城市群增长明显，长江中游和成渝城市群传输效率和网络化水平有待提升。

一、创新网络韧性总体演化特征

从网络韧性的角度来看，城市群创新网络的层级性、匹配性、传输性和集聚性，可分别反映城市群创新网络韧性的适应能力、更新能力、扩散能力和一体化程度。图 6.12 展示了五大国家级城市群创新网络韧性四种能力的演化情况。从总体上来看，随时间演进，2000～2019 年五大国家级城市群创新网络韧性的总体上升趋势明显。当然，在总体上升趋势下，各城市群的表现不一。

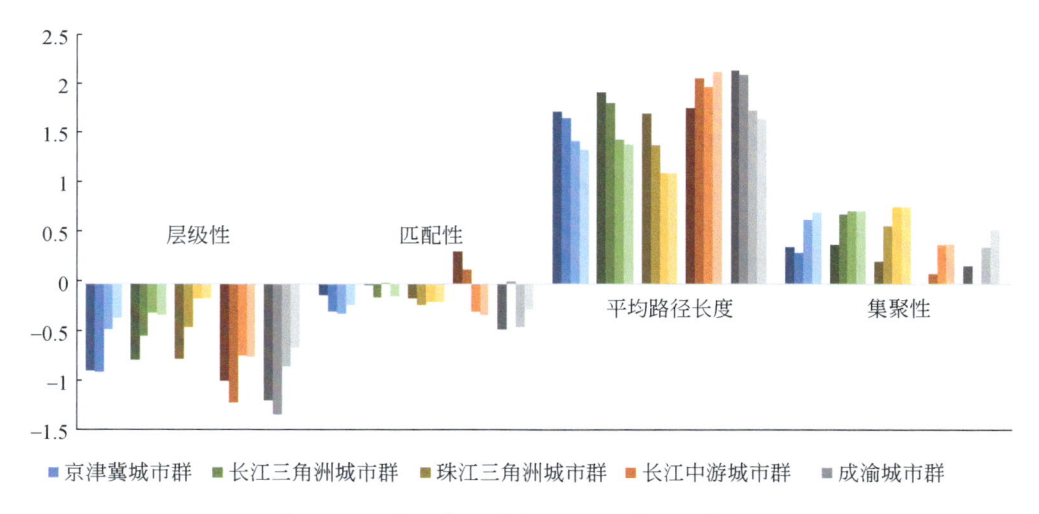

图 6.12　五大国家级城市群四阶段创新网络韧性

（一）层级性降低趋势明显，网络适应能力总体增强

五大城市群在 2000～2019 年间四个阶段的层级性系数绝对值均明显下降。具体来看，珠江三角洲城市群四个阶段的层级性系数绝对值持续下降；京津冀城市群、成渝城市群和长江中游城市群层级性系数绝对值第二阶段比第一阶段有略微增加，但后两个阶段大幅下

降；长江三角洲城市群层级性系数绝对值前三阶段大幅下降，第四阶段又有略微回升。从下降幅度来看，珠江三角洲城市群层级性系数绝对值下降幅度最大（0.6013），长江中游城市群层级性系数绝对值下降幅度最小（0.2492），成渝城市群（0.5353）、京津冀城市群（0.5292）、长江三角洲城市群（0.4474）下降幅度居中。层级性系数的下降并非意味着核心城市地位不再重要，而是城市间日益紧密的创新联系导致群内城市度值差距较以前有所缩小（侯兰功和孙继平，2022），使得网络具有均质化态势，扁平化发展。

（二）匹配性差异化发展，现阶段网络具有较好更新能力

从创新联系的相关性来看，京津冀城市群和珠江三角洲城市群始终呈异配联系，表明群内创新交互的城市间呈负相关关系，城市在创新过程中具有"优先链接"的特征（Barabasi et al.，2000），网络联系路径倾向于异质化和多元化，城市群创新的更新能力较强。长江三角洲城市群一、三阶段匹配性系数接近0，近似于随机网络，具有知识流重组和传播的强大潜力（Crespo et al.，2013）。长江中游城市群由同配联系逐渐演化为异配联系，表明前期群内联系路径单一，抱团发展现象严重，后期网络结构较为开放，韧性有所提升。成渝城市群在第二阶段表现出微弱的同配联系，同时第四阶段异配特征较第一、第三阶段明显下降，反映了群内同级别城市的合作创新有所增加。

（三）传输性在多数城市群有较大提升，网络扩散能力有所提高

2000~2019年，京津冀城市群、长江三角洲城市群、珠江三角洲城市群、成渝城市群创新网络的平均路径长度逐渐缩短，创新要素沿网络扩散的速度逐渐加快，知识流、技术流在城市间的传递均不超过两个节点。从传输性提升速率来看，珠江三角洲城市群提升最快，第四阶段相比第一阶段提升35.08%；长江三角洲城市群、成渝城市群和京津冀城市群排名第二、第三、第四，分别为27.46%、23.14%和21.96%，表明珠江三角洲城市群创新网络的扩散能力在五个城市群中增长最快。相比而言，长江中游城市群的平均路径长度不降反升，城市间创新互动与合作的传输效率不及其他四个城市群，知识流、技术流扩散的成本相对较高，网络相对封闭，城市间相对孤立。

（四）集聚性增长趋势明显，城市群创新的一体化程度加强

京津冀城市群、长江三角洲城市群、珠江三角洲城市群的聚类系数在第三阶段就达到较高水平，均大于0.6，网络的聚类效应明显，一体化程度较高；但同时应注意防范区域锁定效应和过度根植现象，以避免网络僵化。长江中游城市群、成渝城市群的集聚性也有较大提升，但相较于东部沿海的三大城市群存在一定差距，网络中还存在不少的孤立城市。

二、创新网络韧性分阶段特征

五大城市群在20年间的创新网络韧性有较大变化，为掌握五大城市群创新网络韧性的阶段特征和演化特征，将20年平均分成四个时间段，分别计算2000~2004年、2005~

2009年、2010~2014年、2015~2019年这四个时间段的创新网络韧性均值，结果发现，五大城市群创新网络韧性总体增长趋势明显，每个阶段城市群创新网络韧性的表现不同。

（一）第一阶段：网络韧性总体偏低

表6.2展示了2000~2004年五大国家级城市群创新网络韧性特征。从层级性来看，第一阶段五大城市群创新网络度分布系数绝对值较高（图6.13），具备能力较强的核心城市组团；其中，成渝城市群创新网络的层级特征最显著，网络异质性明显；珠江三角洲城市群的网络层级特征相比最低。从匹配性来看，京津冀、长江三角洲、珠江三角洲、成渝城市群度关联系数为负值（图6.14），网络呈异配联系；其中成渝城市群的异配特征更为明显，表明群内不同级别的城市创新合作较多，创新网络技术重组与知识溢出更为便利；而长江中游城市群呈显著的同配联系，反映了群内同级别的城市创新合作较多，创新联系路径相对固化和封闭。从传输性来看，第一阶段珠江三角洲城市群的平均路径长度最短、网络扩散能力最强；成渝城市群平均路径长度最长，数值大于2，表明创新流的传递在城市间中转大于两个节点，城市间互补和交流的传输效率低于其他四大城市群，创新要素扩散成本相对较高。从集聚性来看，五大城市群的平均聚类系数最高的是长江三角洲城市群，而长江中游城市群创新网络中孤立节点最多，网络的聚集效应不显著。

表6.2 2000~2004年五大国家级城市群创新网络韧性均值

城市群	层级性 度分布 a	匹配性 度关联 b	传输性 平均路径长度 l	集聚性 平均聚集系数 C
京津冀城市群	-0.8823	-0.112	1.73	0.3670
长江三角洲城市群	-0.7647	-0.01094	1.93	0.3790
珠江三角洲城市群	-0.7531	-0.146	1.71	0.2150
长江中游城市群	-0.9823	0.3136	1.77	0.0000
成渝城市群	-1.179	-0.4628	2.16	0.1690

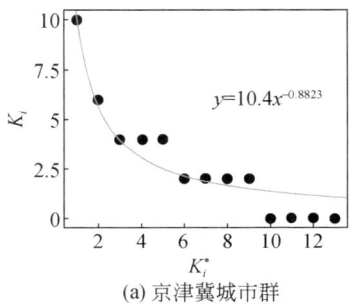

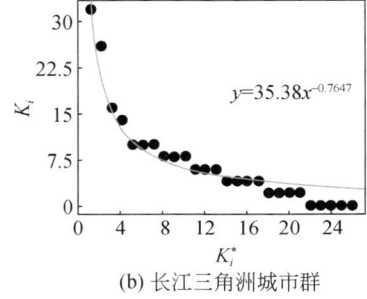

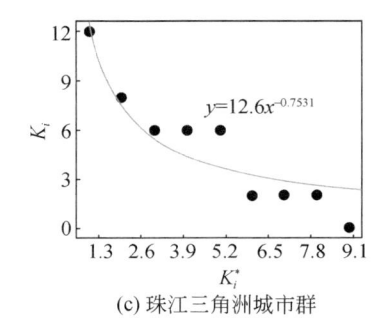

(a) 京津冀城市群: $y=10.4x^{-0.8823}$

(b) 长江三角洲城市群: $y=35.38x^{-0.7647}$

(c) 珠江三角洲城市群: $y=12.6x^{-0.7531}$

(d) 长江中游城市群　　(e) 成渝城市群

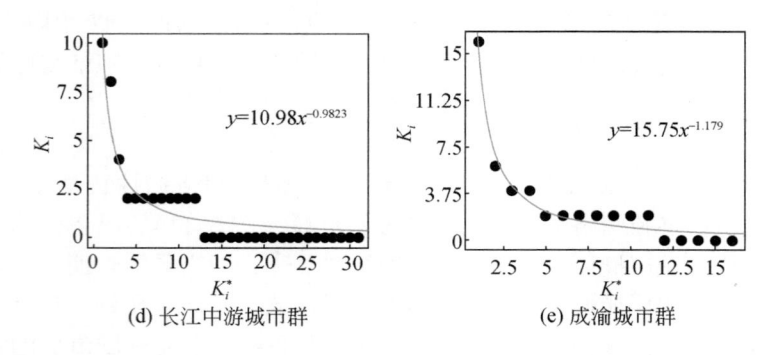

图 6.13　第一阶段（2000~2004 年）五大国家级城市群度分布拟合结果

(a) 京津冀城市群　　(b) 长江三角洲城市群　　(c) 珠江三角洲城市群

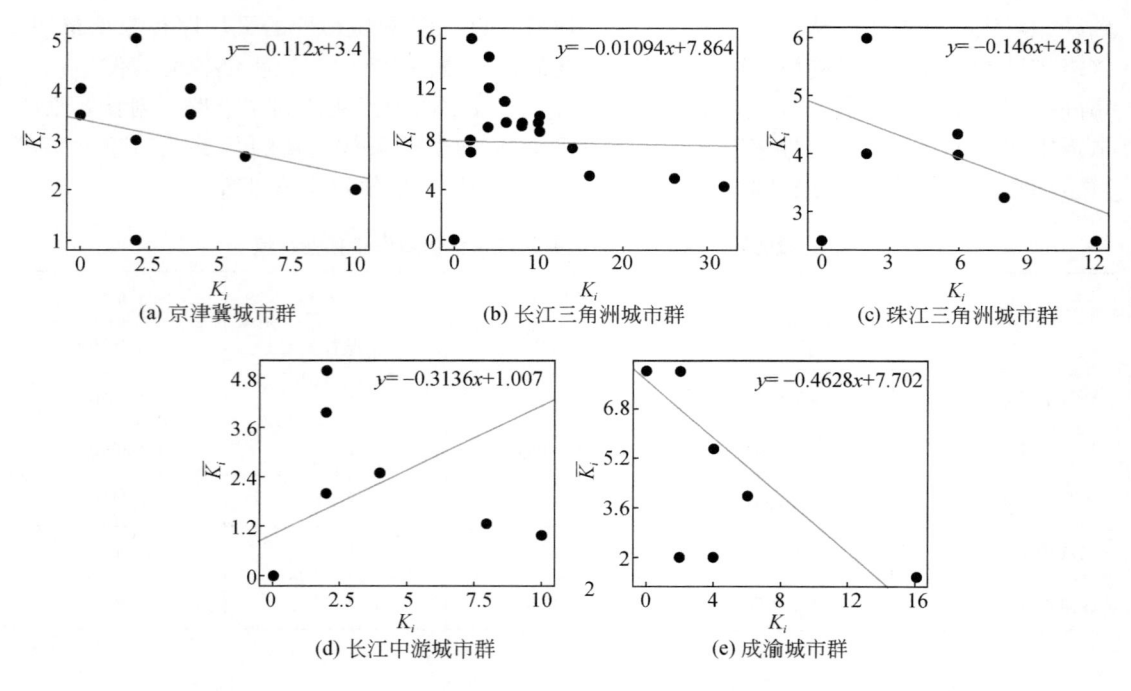

(d) 长江中游城市群　　(e) 成渝城市群

图 6.14　第一阶段（2000~2004 年）五大国家级城市群度关联拟合结果

（二）第二阶段：网络韧性差距拉大

表 6.3 展示了 2005~2009 年五大国家级城市群创新网络韧性特征。从层级性来看，京津冀城市群、长江中游城市群、成渝城市群层级性系数绝对值较上一阶段均有所提升（图 6.15），表明这三个城市群创新网络的异质性进一步拉大；长江三角洲、珠江三角洲城市群层级性系数绝对值有所下降，反映了城市间度值差距缩小，创新网络趋向扁平化。

表 6.3 2005~2009 年五大国家级城市群创新网络韧性均值

城市群	层级性 度分布 a	匹配性 度关联 b	传输性 平均路径长度 l	集聚性 平均聚集系数 C
京津冀城市群	-0.8884	-0.2758	1.67	0.3030
长江三角洲城市群	-0.5217	-0.1358	1.82	0.6950
珠江三角洲城市群	-0.4383	-0.2098	1.39	0.5750
长江中游城市群	-1.201	0.1361	2.08	0.0920
成渝城市群	-1.325	0.01989	2.11	0.0000

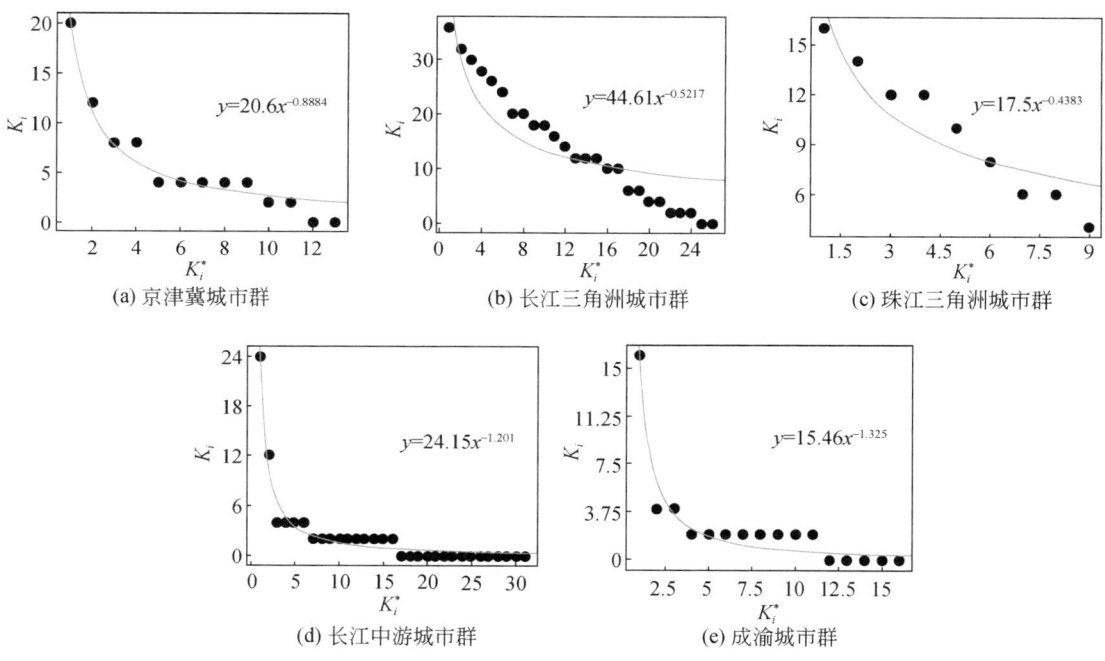

(a) 京津冀城市群　$y=20.6x^{-0.8884}$

(b) 长江三角洲城市群　$y=44.61x^{-0.5217}$

(c) 珠江三角洲城市群　$y=17.5x^{-0.4383}$

(d) 长江中游城市群　$y=24.15x^{-1.201}$

(e) 成渝城市群　$y=15.46x^{-1.325}$

图 6.15 第二阶段（2005~2009 年）五大国家级城市群度分布拟合结果

从匹配性来看，京津冀城市群、长江三角洲城市群、珠江三角洲城市群为异配联系（图 6.16），度关联系数分别为-0.2758、-0.1358、-0.2098，偏好依附关系使得创新要素在群内核心城市与非核心城市间流动，网络环境更加多元和开放；长江中游城市群、成渝城市群为同配联系，度关联系数分别为 0.1361、0.01989，同配联系使得网络创新联系路径相对固化和封闭，创新能力较低的城市间建立的关系更为薄弱。

从传输性来看，京津冀城市群、长江三角洲城市群、珠江三角洲城市群的平均路径长度小于 2，即创新要素在城市间流转不超过两个节点，危机发生时网络能较快适应和恢复；长江中游城市群、成渝城市群的平均路径长度大于 2，网络的传输效率和扩散作用较弱。其中，成渝城市群的平均路径长度最长（2.11），珠江三角洲城市群最短（1.39），相差 0.72，反映了不同城市群网络的传输效率存在很大差异。

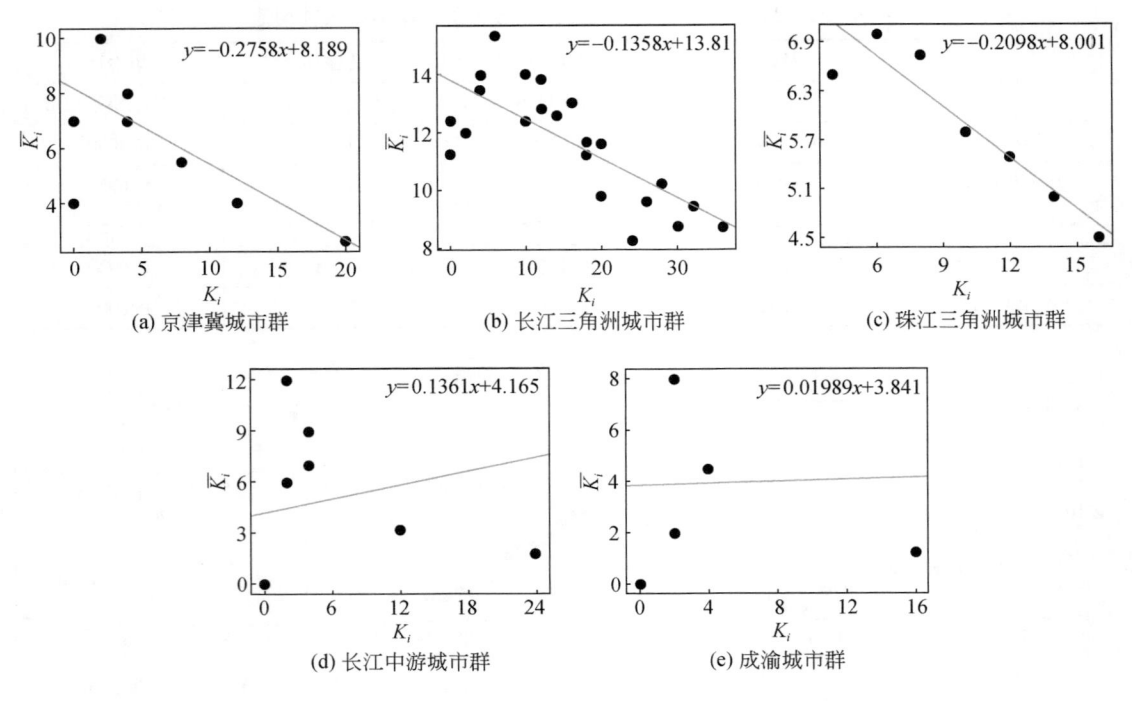

(a) 京津冀城市群　　$y=-0.2758x+8.189$

(b) 长江三角洲城市群　　$y=-0.1358x+13.81$

(c) 珠江三角洲城市群　　$y=-0.2098x+8.001$

(d) 长江中游城市群　　$y=0.1361x+4.165$

(e) 成渝城市群　　$y=0.01989x+3.841$

图 6.16　第二阶段（2005～2009 年）五大国家级城市群度关联拟合结果

从集聚性来看，京津冀城市群、长江三角洲城市群、珠江三角洲城市群集聚性凸显，长江三角洲城市群的集聚效应最为明显；长江中游、成渝城市群网络的平均聚类系数几乎为 0，孤立节点仍较多，网络集聚态势不显著。

（三）第三阶段：网络传输效率提升

表 6.4 展示了 2010～2014 年五大国家级城市群创新网络韧性特征。从层级性来看，五大城市群的度分布系数绝对值较上一阶段均有所下降，表明城市群的层级结构在弱化，创新网络趋于扁平化；相较于其他城市群，成渝城市群（-0.8402）和长江中游城市群（-0.7261）的层级特征处于较高水平（图 6.17）。

表 6.4　2010～2014 年五大国家级城市群创新网络韧性均值

城市群	层级性 度分布 a	匹配性 度关联 b	传输性 平均路径长度 l	集聚性 平均聚集系数 C
京津冀城市群	-0.4604	-0.3004	1.44	0.6370
长江三角洲城市群	-0.2942	0.007189	1.45	0.7260
珠江三角洲城市群	-0.1518	-0.1842	1.11	0.7760
长江中游城市群	-0.7261	-0.2854	1.99	0.3820
成渝城市群	-0.8402	-0.4308	1.75	0.3620

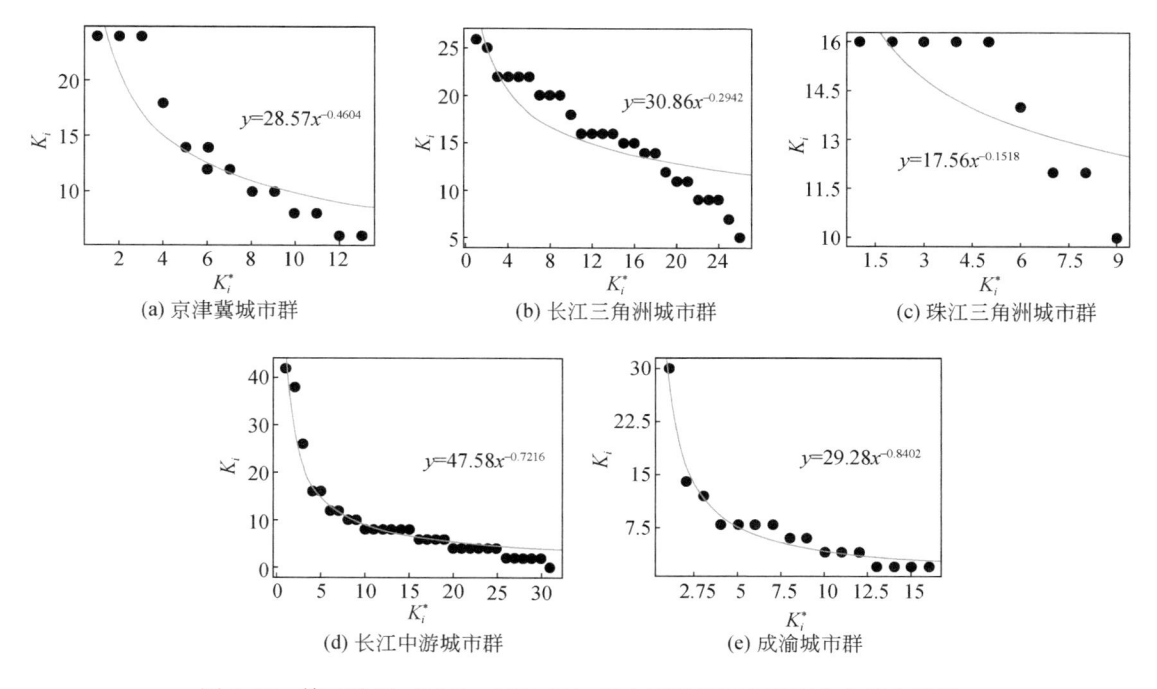

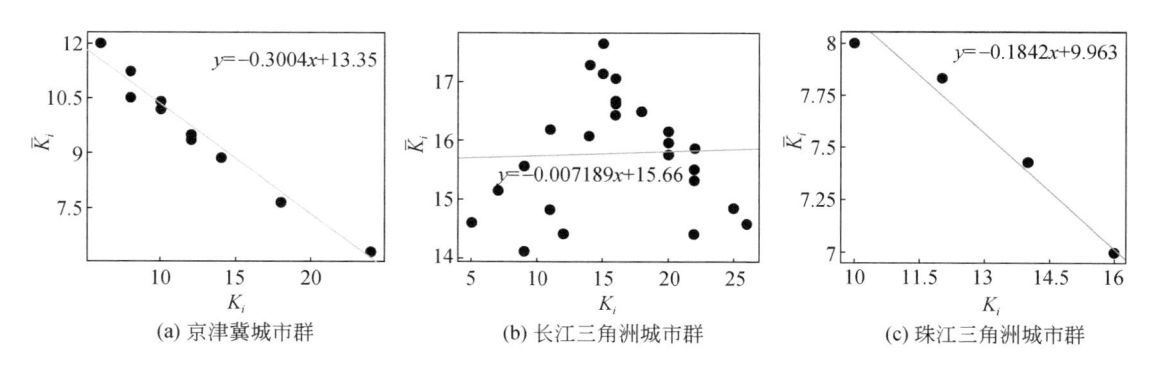

图 6.17　第三阶段（2010~2014 年）五大国家级城市群度分布拟合结果

从匹配性来看，长江三角洲城市群的度关联系数接近为 0（图 6.18），表明群内偏好依附并不显著；京津冀城市群（-0.3004）、珠江三角洲城市群（-0.1842）、长江中游城市群（-0.2854）、成渝城市群（-0.4308）均为异配联系，群内知识及核心技术更易重组和溢出。

从传输性来看，网络传输效率持续提升，珠江三角洲城市群的平均路径长度仅为 1.11，在五大城市群网络中路径最短，群内城市基本实现互联。从集聚性来看，网络集聚性不断增强，基本分为网络集聚性较高的东部沿海三大城市群（>0.6）与网络集聚性刚刚显现的长江中游城市群和成渝城市群（<0.4）。

(d) 长江中游城市群　　　　　(e) 成渝城市群

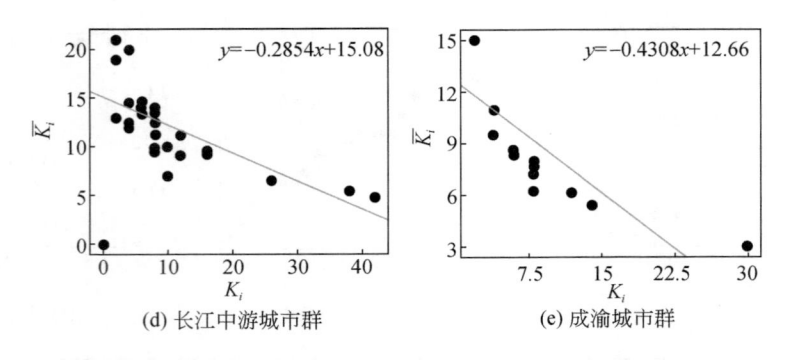

图 6.18　第三阶段（2010~2014 年）五大国家级城市群度关联拟合结果

（四）第四阶段：网络韧性总体抬升

表 6.5 展示了 2015~2019 年五大国家级城市群创新网络韧性特征。五大城市群网络层级性系数绝对值降至较低水平（图 6.19），表明网络中城市高度互联，扁平化特征愈加显著。城市间联系关系均为异配联系（图 6.20），表明城市之间能跨越行政壁垒、经济差异、文化认同等障碍进行技术交流与合作，创新一体化程度更深。长江中游城市群平均路径长度又回升至 2.15，表明长江中游城市群网络传输效率不稳定，韧性较低。

表 6.5　2015~2019 年五大国家级城市群创新网络韧性均值

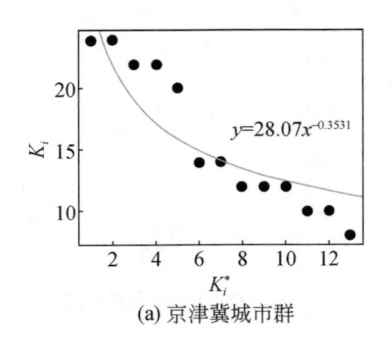

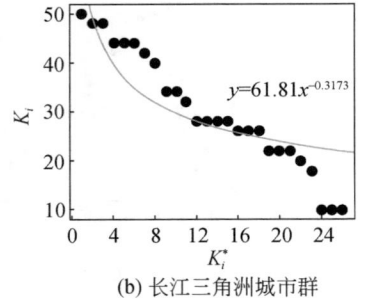

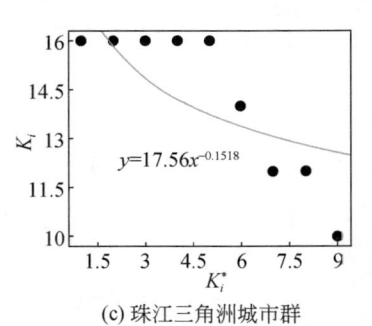

城市群	层级性 度分布 a	匹配性 度关联 b	传输性 平均路径长度 l	集聚性 平均聚集系数 C
京津冀城市群	−0.3531	−0.2138	1.35	0.7170
长江三角洲城市群	−0.3173	−0.1252	1.40	0.7260
珠江三角洲城市群	−0.1518	−0.1842	1.11	0.7760
长江中游城市群	−0.7331	−0.3145	2.15	0.3900
成渝城市群	−0.6437	−0.2593	1.66	0.5360

(a) 京津冀城市群　　　(b) 长江三角洲城市群　　　(c) 珠江三角洲城市群

(d) 长江中游城市群 (e) 成渝城市群

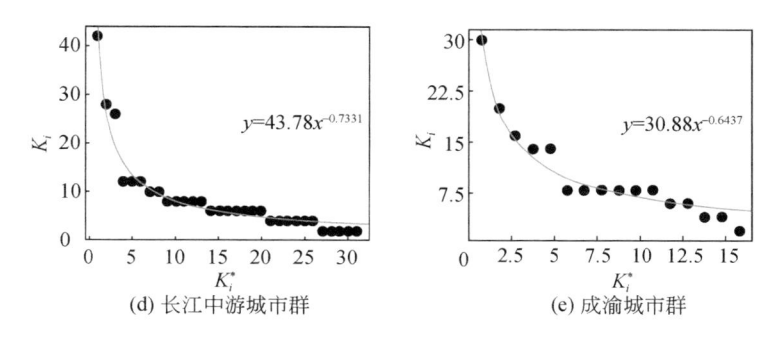

图 6.19　第四阶段（2015～2019 年）五大国家级城市群度分布拟合结果

(a) 京津冀城市群 (b) 长江三角洲城市群 (c) 珠江三角洲城市群

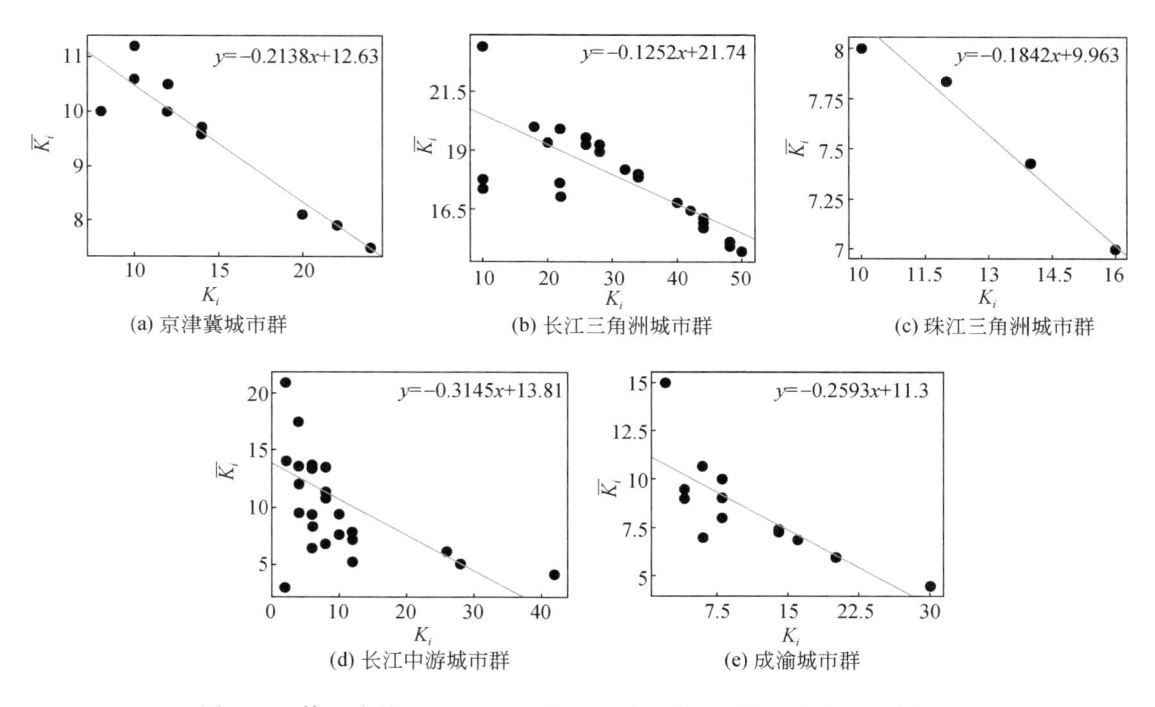

(d) 长江中游城市群 (e) 成渝城市群

图 6.20　第四阶段（2015～2019 年）五大国家级城市群度关联拟合结果

三、创新网络韧性的城市群特征

五个国家级城市群是创新网络韧性相对较好的城市群，但其发展过程存在较大差异。相比而言，长江三角洲城市群创新网络韧性总体较高，京津冀城市群发展态势较好，珠江三角洲城市群联动效率较高，长江中游城市群传输效率有待提升，成渝城市群的网络化水平有待加强。

（一）京津冀城市群呈现良性的韧性发展态势

从网络韧性的特征来看，京津冀城市群创新网络层级性稳步下降，网络趋于扁平化发展；网络保持了较为稳定的异配特征，创新联系路径趋向多元，网络结构更为开放；创新要素扩散效率稳步提升，创新一体化程度也逐渐加深。结合京津冀协同发展战略，京津冀城市群作为区域创新高地，内部协同不断深化，伴随非首都功能的疏解和河北雄安新区的建立，群内创新合作更加紧密，表现出一个良性的韧性发展态势。

（二）长江三角洲城市群早期网络化态势明显，整体网络韧性处于较高水平

长江三角洲城市群层级性系数始终处于较低水平，早期网络化态势明显；匹配性特征也并不显著，仅在第一、第二、第四阶段存在微弱的偏好依附，表现出随机网络的特征，也反映出网络的层级结构相当平坦，对于知识重组和扩散有相当大的潜力（Crespo et al., 2013）；网络集聚性在第二阶段实现较高增长，第三、第四阶段基本稳定，可见长江三角洲城市群早期创新一体化程度就达到较高水平，网络能够以较少的成本和较快的速度实现知识与技术的传播蔓延。结合长江经济带发展、长江三角洲一体化发展等战略，长江三角洲城市群作为开放程度最高、创新能力最强的区域之一，本身发育程度较高，群内城市间创新要素能在更大范围内畅通流动，整体网络韧性处于较高水平。

（三）珠江三角洲城市群创新联动效率最高，韧性水平突出

在五大国家级城市群中，珠江三角洲城市群网络层级性始终最低；异配特征也并不显著，存在微弱的偏好依附；网络传输效率提升最快，区域协同创新的步伐加快；聚集程度也始终处于较高水平。珠江三角洲城市群网络韧性演化过程表明群内九个城市的创新发展在政策、机遇、区位等因素的引导下实现了较快的提升和跨越，群内城市高度互联，韧性水平突出。

（四）长江中游城市群传输性下降，大大影响网络韧性水平

长江中游城市群层级性始终维持在较高水平，层级特征显著；匹配性由逐渐弱化的同配向逐渐加深的异配转化；网络传输效率不降反升；集聚性在提高，但集聚程度仅为东部沿海三大城市群第一阶段的集聚水平，创新一体化水平有待提升。长江中游城市群创新网络韧性总体上还是处于不成熟的阶段。

（五）成渝城市群韧性能力有所提升，但网络化程度还较弱

成渝城市群作为西部城市群的代表，网络层级性呈下降态势，但创新联系仍为垂直分布（侯兰功和孙继平，2022）；群内创新联系存在偏好依附；网络传输效率不断提升，集聚效应也不断提升。但整体网络化程度较弱，成渝城市群创新网络的韧性水平与京津冀、长江三角洲和珠江三角洲三大国家级城市群相比还有较大差距。

第四节　中国城市群创新韧性的提升路径

提升城市群创新韧性能力是城市群科技创新发展的重要任务，良好的创新韧性也是未来城市群应具有的重要特征。根据城市群创新韧性的概念梳理和测度结果，本研究认为良好的城市群创新结构、城市间协同创新水平、科技要素流通能力和创新一体化程度都是城市群创新韧性的重要影响因素，因此建议通过城市群创新体系建设、协同创新能力培育、对外科技创新合作和发挥个体优势等路径，增强城市群在科技创新方面抵御风险和适应风险的能力，提升城市群创新韧性水平。

一、通过城市群创新体系建设，增强风险抵御能力

城市群的创新能力深刻影响着城市群创新韧性。Cooke 和 Morgan（1998）等区域创新系统论者指出，本地创新资源越丰富，内部创新联系越紧密，区域创新系统就越健康，竞争力就越强。近年来，我国科技创新能力大幅提升，越来越多的领域已接近或达到世界先进水平。但同国际先进水平相比，当前我国科技创新的基础还比较薄弱，关键领域的核心技术受制于人，创新能力尤其是原创能力存在明显不足，从而对城市群创新韧性造成一定程度的影响。因此，为了提升我国城市群创新韧性，需要加强城市群自主创新建设，攻克"卡脖子"技术问题，推动城市群创新能力提升，以更好化解科技风险与冲突。从宏观上看，城市群创新韧性建设应进一步完善区域创新体系，包括以企业为主体的技术创新网络结构的优化、城市群知识流通机制的形成等，解决科技发展中存在的资源配置重复、科研力量分散、创新主体功能定位不清晰等突出问题，提高创新体系整体效能。从微观上看，创新主体间的合作是创新体系知识联结的管道，是创新体系良性运行的重要支撑。城市群创新能力的提升需要完善创新主体间的合作模式，推动创新主体多方合力，要充分重视企业这一科技创新主体，优化企业创新生态，建立产学研深度融合机制，缩短基础研究到产业应用的周期，提高科研成果的转化效率和质量；要加强高水平研究型大学建设，坚持企业出题人角色，推动产学研深入结合；应着力优化科研人才引进、成长和创新的环境，建立吸引并留住人才的长效机制；还要加强科技体制改革，营造良好的科技创新氛围，为科研人员创新释放活力，最大程度提升城市群科技创新竞争力。

二、通过城市群协同能力培育，提升风险适应能力

城市群内能否形成一个有效的应对冲击的创新韧性机制，有赖于群内城市间是否能克服行政壁垒、经济差异、文化认同等障碍，最大程度实现协同创新。加强城市群内部协同创新，既能高效融合各城市的比较优势、集聚创新要素和科技资源、优化城市群的空间结构、促进城市间更平衡更充分地发展，也是打造区域创新增长极、提升城市群全球竞争力的重要举措。城市群内各城市拥有不同的创新职能，通过群内城市间的创新协同，在各自发挥最大优势、激发创新活力的同时，能够打破生产要素与技术流动的壁垒（朱金鹤和孙

红雪，2020），且不易出现路径依赖、结构僵化等危机。以长江三角洲城市群为例，群内各省市通过区域协同实现了资源共享和互补，拓宽了资源配置空间，实现了资源自由流动，大大提升了内部协同创新能力（周衍安，2021）。其中，上海在知识获取、企业创新和创新环境方面具有突出优势；江苏有大量外资和合资企业，外商直接投资优势明显；浙江以民营经济为主导的"内源型"创新发展模式，具有市场机制灵活、企业家资源丰富、科技需求旺盛等显著特征。长江三角洲城市群"三省一市"通过创新能力上的优势互补实现了创新韧性的增强，这一协同创新模式非常值得其他城市群学习借鉴。从宏观上看，城市群应高度重视区域创新能力发展的空间邻近效应，有效引导高水平创新能力区域与低水平区域的科技合作与交流（杨明海等，2017），通过顶层设计，打破要素流动壁垒，借助技术市场、产业关联、人才资本外溢等渠道，构建区域间创新要素空间转移通道，充分发挥地理邻近与知识的空间溢出效应，促进城市群创新能力的协同发展。从中观上看，不同城市创新资源禀赋存在较大差异，各城市应积极打破行政管辖界限的思维约束，通过结对帮扶、技术援助等手段加强城市群内部的科技合作与交流，通过对外科技创新合作提升城市创新韧性水平。地区政府之间应建立常态化的合作和交流机制，破除地方利益藩篱，加强开展创新廊道建设等重大专题项目合作，推动创新协同发展，提升城市群的风险适应能力。

三、通过城市群间的科技合作，扩大创新扩散能力

随着国家间日益白热化的创新竞争，创新扩散受国家政府或国家边界的影响越来越大，探讨国家尺度的创新韧性问题也显得尤为重要。城市群作为创新资源和要素的集聚地，是国家创新发展的重要组成部分，不同城市群间城市的知识流动网络格局不仅影响着国家的创新能力，还深刻影响着国家的创新韧性（Clark et al.，2010）。同时为了避免路径锁定和依赖，也应增强城市群间的创新联系，来促进城市群的创新能力和韧性水平提升。在京津冀协同发展、长江三角洲区域一体化发展、粤港澳大湾区建设、黄河流域生态保护和高质量发展等国家战略的支撑下，城市群间应构建高效顺畅的创新协同发展与合作模式，构建国家尺度的城市群韧性发展的空间协同机制，促进国家创新韧性水平提升。首先应明确各城市群的角色及定位，提升各城市群创新发展的互补性与协调性。其次，建立城市群创新协调机制，从政策、资金、技术、教育等多个方面促进跨城市群多城市参与的创新合作，进一步优化创新环境，促进人才流动，实现创新能力提高的同时增强城市群间创新交互的效率。还应充分发挥市场对资源配置的决定性作用，促进创新资源流动与共享，通过知识溢出、技术扩散等途径，提高城市群之间创新资源的获取能力，驱动区域创新要素的整合，实现知识与科技共享的同时促进创新协同发展，增强城市群创新扩散能力。

四、通过城市群个体优势发挥，提升创新韧性能力

城市群创新韧性建设应因"群"制宜，基于城市群规模等级和创新发展水平实施有针对性的韧性优化策略（方创琳，2014）。在层级性较高的城市群创新网络中，核心城市地

位突出，网络具有一定的凝聚力和竞争力，此类城市群可充分发挥科技创新中心城市的辐射带动作用，通过创新溢出效应，打通创新链、产业链和价值链，以带动群内城市间创新交互与联动，促进城市群整体创新韧性能力提升。在层级性较低的城市群创新网络中，缺乏能力强劲的核心城市，对外界扰动不具备竞争力和抵抗力，此类城市群应统筹考虑区域内城市的层级关系，强化核心城市作为城市群创新要素集聚的增长极功能，提升区域影响力和竞争力（彭翀等，2018）。例如，巩灿娟等（2022）研究认为，长江三角洲城市群、京津冀城市群等国家级城市群应充分发挥核心城市的辐射带动作用，不断提升周边城市承接转移能力，增强城市群的创新韧性水平，以更好应对后疫情时代的不确定性和国际环境复杂多变所带来的系列风险。山东半岛城市群、辽中南城市群、中原城市群等城市群，在发挥核心城市辐射带动作用的同时，还应进一步提升核心城市的创新竞争力。呼包鄂榆城市群、晋中城市群、兰西城市群等城市群是中西部重点发展区域，但科技创新尚处培育阶段，这些城市群需要先培育创新增长极，通过增长极增强对城市群科技创新发展的支撑能力。

参 考 文 献

方创琳 . 2014. 中国城市群研究取得的重要进展与未来发展方向 . 地理学报，69（8）：1130-1144.

方叶林，苏雪晴，黄震方，等 . 2022. 中国东部沿海五大城市群旅游流网络的结构特征及其韧性评估——基于演化韧性的视角 . 经济地理，42（2）：203-211.

巩灿娟，张晓青，徐成龙 . 2022. 中国三大城市群经济韧性的时空演变及协同提升研究 . 软科学，36（5）：38-46.

侯兰功，孙继平 . 2022. 复杂网络视角下的成渝城市群网络结构韧性演变 . 世界地理研究，31（3）：561-571.

彭翀，林樱子，顾朝林 . 2018. 长江中游城市网络结构韧性评估及其优化策略 . 地理研究，37（6）：1193-1207.

杨明海，张红霞，孙亚男 . 2017. 七大城市群创新能力的区域差距及其分布动态演进 . 数量经济技术经济研究，34（3）：21-39.

周衍安 . 2021-11-04. 加快推动长江三角洲区域创新系统的协同 . 江苏经济报，B01.

周云龙 . 2013. 复杂网络平均路径长度的研究 . 合肥：合肥工业大学 .

朱金鹤，孙红雪 . 2020. 中国三大城市群城市韧性时空演进与影响因素研究 . 软科学，34（2）：72-79.

Amin A，Cohendet P. 2004. Architectures of Knowledge：Firms，Companies，Capabilities，and Communities. Oxford：Oxford University Press.

Barabasi A L，Albert R，Jeong H. 2000. Scale-free characteristics of random networks：the topology of the World-Wide Web. Physica A，281（1-4）：69-77.

Boschma R. 2005. Proximity and innovation：a critical assessment. Regional Studies，39：61-74.

Christopherson S，Michie J，Tyler P. 2010. Regional resilience：theoretical and empirical perspectives. Cambridge Journal of Regions Economy and Society，3（1）：3-10.

Clark J，Huang H I，Walsh J P. 2010. A typology of "innovation districts"：what it means for regional resilience. Cambridge Journal of Regions，Economy and Society，3（1）：121-137.

Cooke P，Morgan K. 1998. The Associational Economy：Firms，Regions，and Innovation. Oxford：Oxford University Press.

Crespo J, Suire R, Vicente J. 2013. Lock-in or lock-out? How structural properties of knowledge networks affect regional resilience. Journal of Economic Geography, 14 (1): 199-219.

Liu J G, Dietz T, Carpenter S R, et al. 2007. Complexity of coupled human and natural systems. Science, 317 (5844): 1513-1516.

Lv W D, Tian D, Wei Y, et al. 2018. Innovation resilience: a new approach for managing uncertainties concerned with sustainable innovation. Sustainability, 10 (10), 3641.

Marti J, Bolibar M, Lozares C. 2017. Network cohesion and social support. Social Networks, 48: 192-201.

Martin R, Gardiner B. 2019. The resilience of cities to economic shocks: a tale of four recessions (and the challenge of Brexit). Papers in Regional Science, 98 (4): 1801-1832.

Newman M E J. 2003. Mixing patterns in networks. Physical Review E, 67 (2): 026126.

Gilsing V, Nooteboom B. 2005. Density and strength of ties in innovation networks: an analysis of multimedia and biotechnology. European Management Review, 2 (3): 179-197.

Pike A, Dawley S, Tomaney J. 2010. Resilience, adaptation and adaptability. Cambridge Journal of Regions Economy and Society, 3 (1): 59-70.

Pinto H, Uyarra E, Bleda M, et al. 2018. Economic Crisis, Turbulence and the Resilince in Innovation: Insights from the Atlantic Martime Cluster. Cambridge: Springer.

Simmie J, Martin R. 2010. The economic resilience of regions: towards an evolutionary approach. Cambridge Journal of Regions Economy and Society, 3 (1): 27-43.

Simsek Z, Heavey C, Veiga J F, et al. 2009. A typology for aligning organizational ambidexterity's conceptualizations, antecedents, and outcomes. Journal of Management Studies, 46 (5): 864-894.

Suire R, Vicente J. 2014. Clusters for life or life cycles of clusters: in search of the critical factors of clusters resilience. Entrepreneurship & Regional Development, 26 (1-2): 142-164.

Ye S S, Qian Z. 2021. The economic network resilience of the Guanzhong Plain City Cluster, China: a network analysis from the evolutionary perspective. Growth and Change, 52 (4): 2391-2411.

第七章 中国城市群科技创新规划实践与路径探索

城市群科技创新规划是实现城市"群体"创新的重要保障，特别是对跨行政区的城市群而言尤为重要。目前，只有长江三角洲城市群编制了《长三角科技创新共同体建设发展规划》，其他城市群关于科技创新的规划内容多放在其城市群发展规划之中，甚至一些城市群的发展规划中也未过多涉及相关内容。然而，编制城市群科技创新规划非常重要，在过去的国家级城市群发展规划中极为重视科技创新的内容，在新启动的城市群发展规划中对科技创新均有更充分的考虑，未来随着城市群在国家创新格局中的地位日益提升，城市群科技创新规划会受到更多关注，也将有更多城市群考虑编制专项规划。基于此背景，本章展示了在科技创新规划领域走在前列的四个国家级城市群的科技创新规划实践案例，梳理了全国 19 个城市群在规划设置、机构布局、园区合作、风险投资、人才引进和成果转化六个方面的探索路径，并提出了编制城市群科技创新专项规划的框架思路和应考虑的问题。一方面希望为城市群编制科技创新规划提供参照；另一方面以此抛砖引玉，期望有更多更深入的研究，以便更好地服务于城市群科技创新规划和科技创新发展。

第一节 中国城市群科技创新规划的实践

几大国家级城市群已在科技创新规划上率先起步，指引城市群加快科技创新布局，推动城市群科技创新能力提升。选择粤港澳大湾区、长江三角洲城市群、京津冀城市群和成渝城市群为案例，梳理并分析四大国家级城市群在科技创新规划方面的重要进展，包括城市群在科技创新方面的定位与目标、组织机构设置、空间结构布局、产业创新方向、创新动力保障和存在问题等，以便为国内其他城市群开展科技创新规划提供参考借鉴。

一、粤港澳大湾区

（一）定位与目标

粤港澳大湾区旨在发展成为具有全球影响力的国际科技创新中心和创新发展示范区。第一，瞄准世界科技和产业发展前沿，加强创新平台建设，大力发展新技术、新产业和新模式，加快形成以创新为主要动力和支撑的经济体系；第二，扎实推进全面创新改革试验，充分发挥粤港澳科技研发与产业创新优势，破除影响创新要素自由流动的瓶颈和制约，进一步激发各类创新主体活力，建成全球科技创新高地和新兴产业重要策源地；第三，强化粤港澳联合科技创新，共同将广州南沙打造为华南科技创新成果转化高地，积极布局新一代信息技术、人工智能、生命健康、海洋科技、新材料等科技前沿领域，培育发展平台经济、共享经济、体验经济等新业态；第四，支持粤港澳三地按共建共享原则，在广州南沙规划建设粤港产业深度合作园，探索建设粤澳合作葡语国家产业园，合作推进园区规划、建设、开发等重大事宜；第五，在法律框架下，营造高标准的市场化、法治化、国际化营商环境，提供与港澳相衔接的公共服务和社会管理环境，为港澳产业转型升级、居民就业生活提供新空间。

同时，在新旧动能转换、经济结构性转变的新发展思路下，全球创新中心——"硅谷"的发展为粤港澳大湾区建设创新型经济提供了范本。因此，粤港澳大湾区将在科技创新建设领域对标硅谷，立足打造成为"下一个硅谷"（蔡松峰等，2019）。根据《粤港澳大湾区发展规划纲要》，到2035年，形成以创新为主要支撑的经济体系和发展模式，经济实力、科技实力大幅跃升，国际竞争力、影响力进一步增强。

（二）组织机构

粤港澳大湾区各地政府加快合作、共同健全科技创新协同发展机制，在推动规划实施或协同创新过程中设立各类组织机构，促进大湾区创新发展。

粤港澳大湾区国际科技创新中心建设领导小组。该领导小组积极领导发挥大湾区的区域发展核心引擎作用，牢牢把握横琴、前海两个合作区建设的重大机遇，突出重点、系统推进，高质量推动粤港澳大湾区建设取得更大成效。共建"广深港澳"科技创新走廊，聚焦人工智能、集成电路等领域，联合开展关键核心技术攻关，加强创新资源流动共享，积极推进粤港澳大湾区科技创新中心和广州实验室建设，携手打造大湾区高水平人才高地战略支点。

粤港澳大湾区科技协同创新联盟。该联盟由中国科协指导，广东省科学技术协会、广州市科学技术协会、深圳市科学技术协会携手香港京港学术交流中心、澳门科学技术协进会共同发起，是联合粤港澳大湾区"9+2"城市致力于推动大湾区科技协同创新的科技团体、高等院校、科研院所、企业以及有关人士自愿组成的公益性、非法人组织。协同创新联盟发挥科协系统的智力、组织和人才优势，为建设粤港澳大湾区国际科技创新中心贡献科协力量，旨在构建开放型区域科技协同创新共同体、着力提升粤港澳大湾区科技成果转化能力和助力加快建设粤港澳人才合作示范区（李钢，2022）。

粤港澳大湾区区块链联盟。该联盟由广州市区块链产业协会、香港区块链产业协会和澳门大学创新中心三方携手成立，其总部设在广州市黄埔区和广州开发区，香港、澳门分别设立联合总部。联盟的首批成员单位共54个，来自粤港澳三地，涵盖技术、基金、孵化、培训等众多区块链专业领域，包括阿里健康、航天云网、布比等企业（粤港澳大湾区城市群年鉴编纂委员会，2019）。

（三）空间结构

多年来，粤港澳大湾区的空间结构逐渐由广东省内的"一廊十核多节点"演化为覆盖广东、香港和澳门三地的"一廊四城多核心"。

在"一廊十核多节点"空间结构中，"一廊"即广深科技创新走廊，其依托广深高速、广深沿江高速、珠三环高速东段、穗莞深城际、佛莞城际等复合型交通通道,将广州、深圳、东莞三市串联成一条产业联动、空间联结、功能贯穿的创新经济带,并强化广州、深圳两个中心城市的创新引领作用,打造创新发展"双引擎"。具体来看,广州发挥高校、科研院所集聚的优势,建成具有国际影响力的国家创新中心城市和国际科技创新枢纽;深圳发挥高新技术企业集聚和市场化程度高的优势,加快建设国际科技与产业创新中心,打造具有全球竞争力的创新先行区;东莞发挥制造企业和工业园区集聚的优势,建成具有全球影响力的先进制造基地、国家级粤港澳台创新创业基地、华南科技成果转化中心(周元和陈川,2019)。"十核"即十大核心创新平台,具体包括广州大学城–国际创新城、广州琶洲互联网创新集聚区、广州中新知识城、广州科学城、东莞松山湖、东莞滨海湾新区、深圳空港新城、深圳高新区、深圳坂雪岗科技城、深圳国际生物谷;推动构建科技创新重要空间载体,打造全球顶尖科技产业创新平台,为珠三角国家自主创新示范区发展提供强大动力。"多节点"即具有一定创新基础、能发挥示范效应并推动区域发展的创新节点,具体包含广州市的国际生物岛园区、天河智慧城等13个节点,深圳市的前海深港现代服务业合作区、深圳湾超级总部基地等15个节点,以及东莞市的中子科学城、东莞水乡新城等9个节点,共计37个(根据《广深科技创新走廊规划》)。

2018年8月,粤港澳大湾区建设领导小组提出,在广深科技创新走廊的基础上,建设广深港澳科技创新走廊,将该走廊延伸至香港和澳门,推动打造"广深科技创新走廊+香港、澳门"为主轴的粤港澳大湾区创新带,形成"一廊四城多核心"空间结构(刘海蓉,2020)。"四城"中的广州为国际商贸中心和全球性物流枢纽中心,深圳拥有完备的科技创新全产业链条,而香港和澳门在世界一流大学、顶尖科研力量、金融物流及国际化等方面具有巨大优势;东莞、佛山等核心城市则拥有雄厚的制造业基础。粤港澳大湾区内各城市分工合理、功能互补,创新要素有序流动和科技创新产业联动趋势良好。

(四)产业创新

根据《粤港澳大湾区发展规划纲要》,粤港澳大湾区深化供给侧结构性改革,着力培育发展新产业、新业态、新模式,并加快产业链与创新链的深度融合。以科技创新为依托,推动传统产业改造升级,加快发展先进制造业与现代服务业,瞄准国际先进标准提高产业创新水平,促进产业优势互补、紧密协作、联动发展,培育若干世界级产业集群。

战略性新兴产业。粤港澳大湾区将依托香港、澳门、广州、深圳等中心城市的科研资源优势和高新技术产业基础培育壮大战略性新兴产业,推动新一代信息技术、生物技术、高端装备制造、新材料等发展壮大为新支柱产业,在新型显示、新一代通信技术、5G和移动互联网、蛋白类等生物医药、高端医学诊疗设备、基因检测、现代中药、智能机器人、3D打印、北斗卫星应用等重点领域培育一大批重大产业项目。围绕信息消费、新型健康技术、海洋工程装备、高技术服务业、高性能集成电路等重点领域及其关键环节,实施一批战略性新兴产业重大工程,并培育壮大新能源、节能环保、新能源汽车等产业,形成以节能环保技术研发和总部基地为核心的产业集聚带。发挥龙头企业带动作用,积极发展数字经济和共享经济,促进经济转型升级和社会发展。促进地区间动漫游戏、网络文化、数字文化装备、数字艺术展示等数字创意产业合作,推动数字创意在会展、电子商务、医疗卫生、教育服务、旅游休闲等领域应用。

制造业。粤港澳大湾区将推动制造业智能化发展，以机器人及其关键零部件、高速高精加工装备和智能成套装备为重点，大力发展智能制造装备和产品，培育一批具有系统集成能力、智能装备开发能力和关键部件研发生产能力的智能制造骨干企业。支持装备制造、汽车、石化、家用电器、电子信息等优势产业做强做精，推动制造业从加工生产环节向研发、设计、品牌、营销、再制造等环节延伸。加快制造业绿色改造升级，重点推进传统制造业绿色改造、开发绿色产品，打造绿色供应链。大力发展再制造产业。

海洋经济产业。粤港澳大湾区将坚持陆海统筹、科学开发，加强区域合作，拓展蓝色经济空间，共同建设现代海洋产业基地。强化海洋观测、监测、预报和防灾减灾能力，提升海洋资源开发利用水平。构建现代海洋产业体系，优化提升海洋渔业、海洋交通运输、海洋船舶等传统优势产业，培育壮大海洋生物医药、海洋工程装备制造、海水综合利用等新兴产业，集中集约发展临海石化、能源等产业，加快发展港口物流、滨海旅游、海洋信息服务等海洋服务业，加强海洋科技创新平台建设，促进海洋科技创新和成果高效转化。

（五）动力保障

1. 人才支撑保障

首先，推动教育合作发展。支持粤港澳高校合作办学，鼓励联合共建优势学科、实验室和研究中心。充分发挥粤港澳高校联盟作用，鼓励三地高校探索开展相互承认特定课程学分、实施更灵活的交换生安排、科研成果分享转化等方面的合作交流。支持大湾区建设国际教育示范区，引进世界知名大学和特色学院，推进世界一流大学和一流学科建设。推进粤港澳职业教育在招生就业、培养培训、师生交流、技能竞赛等方面的合作，创新内地与港澳合作办学方式，支持各类职业教育实训基地交流合作，共建一批特色职业教育园区。

其次，支持珠江三角洲九市借鉴港澳吸引国际高端人才的经验和做法，创造更具吸引力的人才引进环境，实行更积极、更开放、更有效的人才引进政策，加快建设粤港澳人才合作示范区。在技术移民等方面先行先试，开展外籍创新人才创办科技型企业享受国民待遇试点。建立紧缺人才清单制度，定期发布紧缺人才需求，拓宽国际人才招揽渠道。完善外籍高层次人才认定标准，畅通人才申请永久居留的市场化渠道，为外籍高层次人才在华工作、生活提供更多便利。完善国际化人才培养模式，加强人才国际交流合作，推进职业资格国际互认。完善人才激励机制，健全人才双向流动机制，为人才跨地区、跨行业、跨体制流动提供便利条件，充分激发人才活力（见《粤港澳大湾区发展规划纲要》）。

2. 资金支持保障

充分发挥香港、澳门、深圳、广州等中心城市的资本市场和金融服务功能，合作构建多元化、国际化、跨区域的科技创新投融资体系。大力拓展直接融资渠道，依托区域性股权交易市场，建设科技创新金融支持平台。支持香港私募基金参与大湾区创新型科技企业融资，允许符合条件的创新型科技企业进入香港上市集资平台，将香港发展成为大湾区高新技术产业融资中心（见《粤港澳大湾区发展规划纲要》）。

3. 平台建设保障

建立以企业为主体、市场为导向、产学研深度融合的技术创新体系，支持粤港澳企业、高校、科研院所共建高水平的协同创新平台，推动科技成果转化。实施粤港澳科技创新合作发展计划和粤港联合创新资助计划，支持设立粤港澳产学研创新联盟。大力发展广州新型研发机构、珠海（国家）高新技术产业开发区、佛山季华实验室等各类科技创新平台（粤港澳大湾区城市群年鉴编纂委员会，2019）。

4. 创新环境保障

进一步发挥内地与香港、澳门科技合作委员会的作用，推动香港、澳门融入国家创新体系。充分发挥粤港澳科技和产业优势，积极吸引和对接全球创新资源，建设开放互通、布局合理的区域创新体系。加快国家自主创新示范区与国家双创示范基地、众创空间建设，支持其与香港、澳门建立创新创业交流机制，共享创新创业资源，共同完善创新创业生态，为港澳青年创新创业提供更多机遇和更好的条件。向港澳有序开放国家在广东建设布局的重大科研基础设施和大型科研仪器，并支持粤港澳有关机构积极参与国家科技计划（专项、基金等），将粤港澳深化创新体制机制改革的相关举措纳入全面创新改革试验。

5. 科技服务保障

在珠江三角洲九市建设一批面向港澳的科技企业孵化器，为港澳高校、科研机构的先进技术成果转移转化提供便利条件。依托粤港、粤澳及泛珠江三角洲区域知识产权合作机制，全面加强粤港澳大湾区在知识产权保护、专业人才培养等领域的合作。强化知识产权行政执法和司法保护，更好发挥广州知识产权法院等机构作用，加强电子商务、进出口等重点领域和环节的知识产权执法。推进知识产权创造、运用、保护和贸易方面的国际合作，建立完善知识产权案件跨境协作机制（见《粤港澳大湾区发展规划纲要》）。

（六）存在问题

1. 科技创新与产业结合不够紧密

整体来看，虽然粤港澳大湾区拥有雄厚的制造业基础与引领产业升级的创新优势，但缺乏世界级的基础性与前沿性科研平台，且高端创新人才较少。香港具有 6 所全球百强大学，基础研究能力较强，但科技产业发展薄弱，缺乏全球性科技创新企业。澳门高校教育资源已达到国际水平，但产业创新整体不足。港澳两地与广东省的科技合作大多基于委托的方式，较少开展直接的多层面、多主体、多要素间协同创新，亟须通过一体化发展提升区域整体创新能力，激发区域发展新动能。

2. 创新人才跨境流动机制不畅

粤港澳三地尚未形成联合推进的"湾区人才计划"，面临创新型人才缺乏、专业化创新型人才供应不足等问题。人才跨境居住和工作存在体制机制障碍，人才科研资金跨境使用存在困难，科技创新人员出入境程序复杂，且人才住房、社会医疗保障及子女在内地就学等相关政策仍需进一步完善。

3. 区域协同创新创业软环境尚未完善

粤港澳三地的知识产权保护制度存在较大差异，缺乏有效衔接。针对专利、商标和版权,广东省三个部门分散管理,而港澳地区集中统一管理;针对专利权侵权行为,港澳地区仅有法院诉讼一种救济途径,海关负责对版权及商标侵权活动进行刑事调查及检控,而广东省实行知识产权行政和司法保护双轨制;针对科研经费,广东省尚未建立向港澳地区科研机构账户转账的财政科研经费正常跨境渠道,亟须建立有效整合香港高水平大学和科研资源共建国际科技创新中心的财政资助方式(张宗法和陈雪,2019)。

二、长江三角洲城市群

(一)定位与目标

在《长三角科技创新共同体建设发展规划》指导下,长江三角洲城市群将建成高质量发展先行区、原始创新动力源、融合创新示范区和开放创新引领区。在打造高质量发展先行区方面,将从国家的重大创新需要出发,推动科技、产业、金融等要素集聚和融合,着力打造经济社会发展的新空间和新方向,最终实现产业基础高级化和产业链现代化,在该区域形成强劲活跃的科技创新增长极。在建设原始创新动力源方面,将以国家实验室为引领,以重大科技基础设施集群为依托,围绕科技前沿技术和我国经济社会发展的重大需求展开,区域内各城市联合提升长江三角洲原始创新能力、协同攻克核心技术、共同推动长江三角洲城市群成为科技创新驱动高质量发展的强劲动力源。在打造融合创新示范区和开放创新引领区方面,作为我国经济社会发展的重要引擎与长江经济带乃至全国科技创新发展的示范区和引领区,长江三角洲城市群将大力推动区域科技创新政策有效衔接、科技创新资源高效共享、创新要素自由流动,从而使得各创新主体高效协同发展,在长江流域乃至全国形成可复制、可推广的经验。

同时,长江三角洲城市群科技创新发展将划分为两个阶段实施,以力求加快实现长江三角洲地区科技创新的协同发展。其中,第一阶段为2020~2025年,旨在将长江三角洲城市群建设成为现代化、国际化科技创新共同体。在该阶段,长江三角洲城市群科技创新规划、政策等协同发展机制初步确定,基本破除制约创新要素自由流动的行政壁垒。到2025年,长江三角洲城市群科技创新研发投入强度需超过3%,长江三角洲地区合作发表的国际科技论文篇数达到2.5万篇,万人有效发明专利达到35件,《专利合作条约》(PCT)专利申请量达到3万件,跨省域国内发明专利合作申请量达到3500件,跨省域专利转移数量超过1.5万件。第二阶段为2026~2035年,进一步将长江三角洲城市群全面建成全球领先的科技创新共同体。到2035年,长江三角洲城市群科技创新体系基本建成,在该区域将集聚大批世界一流高校、科研机构和创新企业,区域内各类创新要素高效便捷流通,科技资源实现高水平开放共享,经济与科技实力实现大幅提高,建设成为全球科技创新高地的引领者、国际创新网络的重要枢纽、世界科技强国和知识产权强国的战略支柱。

(二)组织机构

长江三角洲城市群各省市政府加快合作、共同健全科技创新协同发展机制,在推动规划实施或协同创新过程中设立各类组织机构，促进城市群科技创新协同发展。

推动长江三角洲一体化发展领导小组构建。该领导小组将协同各城市人民政府积极推动长江三角洲科技创新共同体建设，健全协同创新机制，培育壮大新动能，加快发展新经济，支撑引领经济转型升级，增强经济发展内生动力和活力（见《长江三角洲城市群发展规划》）。同时，将按照"建立1+N规划政策体系"组织编制的"科创产业协同发展"这一专项规划，研究出台创新、产业、人才、投资、金融等配套政策和综合改革措施，推动形成"1+N"的规划和政策体系。

科技资源开放共享服务机构联盟。该联盟旨在推动创新资源开放共享和高效配置，不断完善长江三角洲科技资源共享服务平台功能，健全财政奖补机制，推动重大科研基础设施、大型科研仪器、科技文献、科学数据、生物种质与实验材料等科技资源开放共享与合理流动（见《长三角科技创新共同体建设发展规划》）。

长江三角洲双创示范基地联盟。该联盟旨在推动区域一体化协同发展，大力加强跨区域"双创"合作，联合共建国家级科技成果孵化基地和双创示范基地。

此外，长江三角洲城市群为强化各类创新主体之间的协同和联动，建立了长江三角洲一流高校与科研机构智库联盟，逐步形成引领型智库网络。充分发挥长江三角洲高校协同创新联盟作用，整合高校优势科技资源，在重大基础研究和关键核心技术突破等方面形成联合攻关机制。

（三）空间结构

《长三角科技创新共同体建设发展规划》中明确提出要建设以上海为中心、宁杭合为支点、其他城市为节点的网络化创新体系，构建区域协同创新空间格局（滕堂伟和方文婷，2017）。其中，上海是长江三角洲科技创新共同体建设的中心城市，对长江三角洲科技创新共同体建设具有引领和辐射带动作用，要强化上海创新思想策源、知识创造、要素集散等功能，加快张江国家自主创新示范区建设，重点提升原始创新和技术服务能力；南京、杭州和合肥等省会城市和大城市作为长江三角洲科技创新共同体建设的支点城市，是长江三角洲科技创新共同体发展的动力，要深度挖掘苏浙皖创新资源，加快苏南国家自主创新示范区、杭州国家自主创新示范区、合芜蚌自主创新综合试验区建设，重点提升应用研究和科技成果转化能力；在构建网络化创新体系的基础上，增强南京、杭州、合肥等区域中心城市的创新能力，提升苏浙皖区域创新发展水平，与上海共同打造长江三角洲科创圈，构筑形成优势互补、协同联动的区域科技创新圈。

根据长江三角洲城市群十六市的综合发展定位、科技创新资源优势、产业集聚现状和功能区布局，以上海为核心，以杭州、苏州（和无锡）、南京、宁波为次级中心城市，通过发挥其创新辐射和扩散作用，形成具有不同梯度的"区域科技创新圈"（毕亮亮和施祖麟，2008）。

第一梯度的区域科技创新圈包括杭州、苏州（和无锡）、南京、宁波，该圈层科技创新实力与潜力仅次于上海，发挥着次级中心城市的作用，其科技能力的辐射能量超越了行政边界，对周边城市具有一定辐射作用。该类城市在对外开放、资金支持、技术支撑、人力资源以及区位条件等方面具有显著优势，应坚持高水平的技术引进和自主研发两手抓，加强不同领域、不同来源的技术学习和集成，并就制约长江三角洲区域经济发展的重大共性技术进行联合攻关，积极培育和提升突破型技术创新能力。

第二梯度的区域科技创新圈包括嘉兴、绍兴、台州和常州，该圈层的辐射能量弱于第一圈层，科技辐射能力基本限于行政边界内，对周边小城市（镇）也具有一定辐射作用；产业结构处于"二、三、一"阶段，工业发展迅速，以机械、电子方向为主。该类城市在未来发展中要充分利用第一梯度区域城市的产业转移和高新技术产业的扩散，提高其自身的自主创新能力。

第三梯度的区域科技创新圈包括舟山、镇江、泰州、扬州、湖州和南通，该圈层为接收辐射圈层，产业结构水平较低。该类城市应充分利用第一、第二圈层的知识和技术辐射，充分把握好城市产业转型和技术转移机会，发挥其在生产制造环节上的优势，促进圈层内产业结构升级优化。此外，不断提高自身基础设施建设，缩小与次级中心城市及核心城市间的发展差距。

此外，长江三角洲城市群在着力打造不同梯度"区域科技创新圈"的同时，也在加快构建长江三角洲G60科技走廊。2016年，G60上海松江科创走廊建设推进大会召开，G60科创走廊1.0版正式诞生，即"G60上海松江科创走廊"，涉及区域范围在松江辖区内，重点推动G60高速公路两侧"一廊九区"实现升级转换；2017年，松江、嘉兴、杭州正式签署《沪嘉杭G60科创走廊建设战略合作协议》，推动"G60上海松江科创走廊"升级为"沪嘉杭G60科创走廊"，正式开启G60科创走廊2.0时代；2019年，G60科创走廊纳入《长江三角洲区域一体化发展规划纲要》，上升为长江三角洲一体化发展国家战略的重要组成部分，并于同年正式升级成为G60科创走廊3.0版，共包含上海、嘉兴、杭州、金华、苏州、湖州、宣城、芜湖、合肥等9个城市，覆盖面积约7.62万km^2。

（四）产业创新

长江三角洲城市群在推动科技创新的过程中注重创新链与产业链的深度融合，依托技术创新强化主导产业链和培育新兴产业（见《长江三角洲城市群发展规划》）。

强化主导产业链关键领域创新，开展核心技术攻关（表7.1）。推动长江三角洲地区高校、科研机构、企业强强联合，以产业转型升级需求为导向，开展重大科技攻关。聚焦电子信息、装备制造、钢铁、石化、汽车、纺织服装等产业集群发展和产业链关键环节以及集成电路、新型显示、人工智能、先进材料、生物医药、高端装备、生物育种等重点领域创新，联合突破一批关键核心技术，形成一批关键标准，解决产业核心难题。改造提升传统产业，大力发展金融、商贸、物流、文化创意等现代服务业，加强科技创新、组织创新和商业模式创新，提升主导产业核心竞争力。

表7.1 长江三角洲城市群主导产业关键领域创新方向

主导产业类型	创新方向
电子信息	重点突破软件、集成电路等核心技术，提升核心器件自给率
装备制造	重点突破大型专业设备和加工设备关键技术，提高区域配套协作水平

续表

主导产业类型	创新方向
钢铁制造	重点提升全过程自集成、关键工艺装备自主化及主要工序的整体技术应用能力，提高精品钢材产品生产能力和比重，推进跨地区、跨行业兼并重组
石油化工	重点强化高端产品创新制造，发展精细化工品及有机化工新材料，推广先进适用清洁生产技术
汽车	重点提升发展内燃机技术，推进先进变速器产业化、关键零部件产业化，推广新能源汽车示范应用，促进新能源汽车技术赶超，降低制造成本
纺织服装	重点发展高端化、功能化、差别化纤维等高新技术产品，积极嫁接创意设计、电子商务和个性定制模式，推动时尚化、品牌化发展
现代金融	重点加快业态、产品和模式创新，积极拓展航运金融、消费金融、低碳金融、科技金融、融资租赁等领域，推动互联网金融等新业态发展
现代物流	重点加强物联网、大数据、云计算等信息技术应用和供应链管理创新，发展第三方物流、"无车（船）承运人"、共同配送等新型业态
商贸	重点推动商贸线上线下相结合，推动跨境电子商务等新型商贸业态和经营模式发展
文化创意	重点发展文化创意设计、数字内容和特色产业的文化创意服务，积极开发文化遗产保护技术和传承、体验、传播模式等，推进文化与网络、科技、金融等融合发展

资料来源：《长江三角洲城市群发展规划》。

依托优势创新链培育新兴产业。长江三角洲城市群将努力打造集成电路共性技术研发、工业控制系统安全、多中心协同的生物医学智能信息技术等公共平台。在智能计算、高端芯片、智能感知、脑机融合等新兴重点领域加快布局，筹建类脑智能、智能计算、数字孪生、全维可定义网络等重大基础平台。积极利用创新资源和创新成果培育发展新兴产业，加强个性服务、增值内容、解决方案等商业模式创新，积极稳妥发展互联网金融、跨境电子商务、供应链物流等新业态，推动创新优势加快转化为产业优势和竞争优势（表7.2）。

表7.2 长江三角洲城市群基于创新链的新兴产业发展方向

新兴产业类型	创新方向
新一代信息技术	发挥光电子器件、量子通信研发等创新优势，发展半导体、新型显示、光通信等新一代信息技术产业；依托语音合成与识别方面的创新优势，发展智能语音产业
生物产业	依托基因芯片、抗体药物、新型诊断、粒子治疗等生物技术优势和产业基础，以及蛋白质科学设施等科研条件，发展生物医药及医疗器械产业
高端装备制造	利用城轨牵引与辅助电源系统、超深水海洋钻探储油平台、机器人、高端数控机床等领先技术，发展高端装备制造业
新材料	发挥碳纤维、石墨烯、纳米材料等领域的技术优势，发展新材料产业
北斗产业	推动北斗系统在通信、消费电子等领域开展应用示范，打造北斗产业链
光伏产业	发挥多晶硅、硅片、电池等光伏产业基础优势，探索光伏产业应用新模式，做优做强光伏产业

资料来源：《长江三角洲城市群发展规划》。

（五）动力保障[①]

1. 人才支撑保障

为推动创新资源共享和高效配置，强化各省市人才支持政策的协调力度，建立一体化人才保障服务标准，实行人才评价标准互认制度，促进科技人才在各省市之间健康有序流动，加大引进具有世界水平的科学家、科技领军人才、工程师和高水平创新团队力度。探索构建创新型人才培养模式，积极培养高技能人才、职业经理人和中层管理人员。完善人才激励机制，健全科研人才双向流动机制，充分激发人才活力。

2. 资金支持保障

加大对区域科技创新共同体规划建设的支持力度，更好发挥财政资金示范引导作用，创新地方财政投入方式，加强对重大科技项目的联合资助，提升财政科技资金投入。鼓励社会资本投资知识产权运营领域，创新知识产权投融资产品，探索知识产权证券化，完善知识产权信用担保机制。探索建立区域创新收益共享机制，培养更具有国际竞争力的创业投资机构，从而吸引具有全球影响力的国际创投机构在长江三角洲城市群投资。充分利用国家科技成果转化引导基金，通过股权投入、风险补偿等形式，支持科技研发与成果转化。

3. 平台建设保障

加快共建共享创业创新平台。在统筹推进科技创新能力建设方面，共建一批长江三角洲高水平创新基地，加强国家实验室、国家重点实验室、国家技术创新中心等重大科技创新基地布局建设；共同打造重大科技基础设施集群，加快构建世界一流的重大科技基础设施集群和区域重大科技基础设施网络，推动重大科技基础设施升级和联合建设。在联合开展重大科技攻关方面，加强三省一市科技计划的协调联动，建立统一的科技计划管理信息平台；依托上海科技创新资源数据中心等机构，建设长江三角洲科技资源共享平台，完善利益分享机制，促进区域资源优势互补和高效利用。在科技成果转化方面，充分发挥市场和政府作用，构建开放、协同、高效的共性技术研发平台，打通原始创新向现实生产力转化通道，推动科技成果跨区域转化，建立健全成果转化项目资金共同投入、技术共同转化、利益共同分享机制；联合实施科技成果惠民工程，建立公共安全应急技术平台，加快共性适用技术的推广和应用聚焦公共安全、食品安全等社会发展领域，优化区域科研力量布局，完善民生领域科研体系。

4. 创新环境保障

推动营造开放融合的创新生态环境。完善高新技术企业跨区域认定制度，鼓励长江三角洲地区高新技术企业跨区域合作和有序流动。建立科技创新人员柔性流动制度，深化区域科技交流与创新。加强区域创新资源整合，集合优质资源与优势平台，加快形成科教资源共建共享的机制，推进人才联合培养和科技协同攻关。优化区域创新组织方式，设立长江三角洲城市群协同创新中心，深入实施知识产权战略行动计划，完善统一的知识产权价值评估机制，健全长江三角洲城市群知识产权审判体系。

[①] 本小节内容引自《长江三角洲城市群发展规划》。

5. 科技服务保障

联合提升创新创业服务支撑能力。推动高校、科研机构选派拥有科研成果、创新能力强的科研人员担任"科技专员",深入企业开展技术转移和科普服务。创新科技金融服务模式,探索建立长江三角洲跨省(市)联合授信机制,推动信贷资源流动,服务长江三角洲科技型中小企业创新发展;引导大型国有银行、股份制商业银行、保险公司以及地方金融机构等,开发优质科技金融产品,为长江三角洲创新型企业提供全生命周期科技金融服务。共建长江三角洲创业融资服务平台,使长江三角洲科技创新企业获得更多层次的融资服务。鼓励三省一市共同设立长江三角洲科技创新券,支持科技创新券通用通兑,实现企业异地购买科技服务。

(六)存在问题

1. 高水平协同创新能力有待提升

长江三角洲城市群高端科技创新资源分布不均,创新主体布局还需进一步优化。目前,长江三角洲城市群基本科学指标数据库(ESI)全球领先的前500位学术机构均为高等院校,上海所占比例较高;ESI高被引科学家数量,上海占比较高,城市群总计入选129人次,上海市入选人数最多,达到39人次;福布斯全球2000强上市公司数量中长江三角洲城市群有54家,上海表现突出,入选33家(刘军等,2022)。可见,长江三角洲城市群国际领先的科技创新要素较多集中在上海市,这给长江三角洲城市群开展更高水平科技创新协同发展增加了难度。

2. 创新要素流通环境仍需完善

长江三角洲城市群在科技创新的动力保障和创新要素整合方面仍存在部分问题(赵菁奇和孙靓,2022),主要体现在人才和资金两个创新要素上。人才方面,人才向上海集中就业的趋势增强,引发了部分城市人才缺失和人才户籍流动等问题。资金方面,作为融资主要渠道的银行在管理上为垂直体制,在横向合作上面临跨区域困难。尚未出台有效对策应对上述问题对城市群整体创新环境提升带来的不利影响。

3. 创新组织机构还要增强实效

当前,长江三角洲城市群科技创新发展在"推动长江三角洲一体化发展领导小组"的引导下展开,但该小组除负责科技创新发展外,还统领长江三角洲一体化协同发展的各个方面。科技资源开放共享服务机构联盟、长江三角洲双创示范基地联盟、长江三角洲高校协同创新联盟等组织机构尚处于规划建设阶段,并未正式成立与运营,其实际作用有待进一步证实。

三、京津冀城市群

(一)定位与目标

京津冀城市群旨在打造协同创新共同体、建设全国科技创新中心,以促进创新资源合理配置、开放共享、高效利用为主线,逐步打造成为全国创新驱动经济增长新引擎,引领我国参与新一轮世界科技革命和产业变革。其中，北京市将重点提升原始创新和技术服务能力，打造技术创新总部基地、科技成果交易核心区、全球高端创新中心及创新人才聚集中心；天津市将重点提高应用研究与工程化技术研发转化能力，打造产业创新中心、高水平现代化制造业研发转化基地和科技型中小企业创新创业示范区；河北省将重点强化科技创新成果应用和示范推广能力，建设科技成果孵化转化中心、重点产业技术研发基地、科技支撑产业结构调整和转型升级试验区。

《京津冀协同发展规划纲要》提出，到2017年京津冀科技创新中心地位进一步强化，区域协同创新能力和创新成果转化率明显提升；到2020年科技投入、研发支出占地区生产总值比重达3.5%，并形成分工明确、产业链与创新链高效连接的创新驱动共同体。

（二）组织机构

京津冀城市群各地政府加快合作、共同健全科技创新协同发展机制，在推动规划实施或协同创新过程中设立各类组织机构，促进城市群科技创新协同发展。

京津冀协同发展领导小组。该领导小组于2014年8月由国务院成立，在推动京津冀三地协同发展的基础上，大力推进协同创新共同体建设。第一，不断加快首都科技成果落地转化，以完善工作机制并设立专项资金为抓手，自2015年开始，5年内累计投入科技经费近1.6亿元，支持科技项目60项，带动社会匹配投入2亿元。第二，不断促进河北省主动融入协同发展大格局，以雄安新区集中承载地为核心，以北京大兴国际机场临空经济区、廊坊北三县与通州区协同发展示范区、京冀曹妃甸协同发展示范区等5个协同协作平台为重点，积极承接北京非首都功能疏解。第三，不断利用技术创新加快制造业转型步伐，将北京的全国科技创新中心、天津的全国先进制造研发基地和河北省的产业转型升级试验区的定位有机结合起来，坚持发展战略性新兴产业，与传统产业的改造升级并重，推动制造业向高质量转型。

京津冀协同创新发展联盟。该联盟于2018年由天津中关村科技园发起成立，主要由北京、天津、河北三地主导创新发展相关的企事业单位、社团组织、高等院校、科研院所组成。京津冀协同创新发展联盟自成立以来，充分发挥京津两地政策优势，积极举办产业对接活动，帮助企业发展，提供支撑配套服务，截至2021年6月，已有108家企业和单位成为联盟成员（丰家卫，2021）。

京津冀双创示范基地联盟。该联盟于2019年在北京市正式成立，北京市海淀区、清华大学、中国电信集团公司、中国航天科工集团、三一重工股份有限公司、天津经济技术开发区等34家来自京津冀和东北地区的国家级双创示范基地，通过构建协同创新机制、促进创新资源共享和落实创新协作举措，不断推动形成京津冀和东北地区协同发展的强大合力，更全面、更系统、更深入地做好双创示范基地建设工作。

（三）空间结构

首都师范大学吕拉昌教授及其团队研究表明，当前京津冀城市群以北京、天津为科技创新中心，在空间上形成了"双核+多节点"的科技创新网络格局（吕拉昌等，2019）。基于2000年、2005年、2010年和2015年4个时间截面的京津冀城市间企业创新合作授权专利数进行社会网络分析，发现近年来京津冀城市群创新联系进一步增强，空间上形成北京、天津、石家庄、唐山、保定、廊坊、秦皇岛、沧州、张家口为网络节点的创新网络；其中，北京为主要节点，天津、石家庄为次要节点，北京-天津创新联系最为紧密，北京-石家庄、北京-唐山、北京-秦皇岛、北京-保定、北京-张家口、北京-廊坊、天津-秦皇岛创新联系显著增强，形成以北京、天津为核心节点和以石家庄、秦皇岛等为次要节点的网络化空间格局。

同时，通过构建京津冀协同创新指数，测度发现2013～2018年京津冀三地合作专利数量和技术合作网络密度均显著提升，逐渐形成以北京为创新网络中心，天津、石家庄为创新网络次中心，廊坊、保定、沧州、唐山为网络三级枢纽，其他城市为网络节点的科技创新空间结构（席强敏等，2022）。未来，京津冀城市群将不断发挥北京建设国际科技创新中心的辐射带动作用、大力实施"一体两翼"带动发展战略，并加快津冀各地市创新型城市建设、紧密对接北京市外溢的核心创新产业与技术，推动打造全新的京津冀科技创新协同发展空间格局。

（四）产业创新

京津冀城市群在推动科技创新的过程中推进创新链产业链深度融合，一方面强化传统支柱型产业链关键领域创新、建立良好的技术研发转化机制，另一方面依托优势创新链培育战略性新兴产业（见《京津冀协同发展规划纲要》）。

传统产业。京津冀城市群着力建立良好的技术研发转化机制，储备重点行业节能减排新技术，促进技术领域创新为传统产业赋予新产能。针对钢铁行业节能减排技术难题，开展重要攻关，研发众多合作机制，如推动北京、天津地区节能环保优势企业与首钢、河北钢铁等钢铁集团以及冀东水泥、太行水泥、金隅集团等开展战略合作，在北京设立研发基地、在河北设立试验基地，进行技术研发合作；推动北京、天津节能环保优势企业与钢铁研究总院、中国建材研究院、北京科技大学等具有传统行业研究优势的研究机构和高校开展合作，对行业技术难点联合研发；立足城市群内部需求，组织实施一批重点行业节能环保科技项目，为京津冀环境治理提供科技支撑。

战略性新兴产业。京津冀协同发展以来，产业结构不断优化升级，国民经济不断迸发出新的生机，部分产业逐渐现代化、智慧化与高端化。例如，新一代信息技术产业迅速发展，在京津冀协同发展中发挥着越来越重要的作用，对区域经济和产业转型发展的支撑和带动作用显著增强。具体来看，近年来北京市众多领域的新兴产业呈现快速发展趋势，如新能源、节能环保、物联网及新材料等高附加值产业群已初具规模；天津市现代航运业、航天航空业、新能源产业居于全国前列，在战略性新兴产业领域已形成一定规模；河北省将电子信息、生物医药、新能源等产业作为其战略性新兴产业发展的重要方向。

(五) 动力保障①

1. 人才支撑保障

丰富和完善高科技人才制度体系，制定有关科技人才的战略规划，并陆续出台关于科技人才引进与培育的相关政策，以吸引与培养大批创新型科技人才。逐步推行京津冀地区互认的高层次人才户籍自由流动制度，畅通高层次人才落户北京的政策渠道。进一步简化工作程序、改进服务方式，充分保障各类用人单位对高级管理人才和高层次专业技术人才的引进落户需求，畅通农村实用人才、高技能人才引进渠道。探索党政机关和事业单位社会保障制度改革，逐步建立统一的社会保障体系，将海外高层次人才纳入社会保障体系，并适当延长高层次女性专业技术人才工作年限，给予其与现岗位同等水平的待遇。推动共享专家智库信息，筛选出京津冀协同创新领域表现突出的科技人才，定期开展京津冀人才（高研班、技术经理人、技术经纪人等）培训班。

2. 资金支持保障

提升资金吸引能力，为科技创新创造良好的资金支持。成立京津冀产业结构调整引导基金，通过发挥财政资金的杠杆放大效应，撬动数百亿元的社会资本，有效辐射带动整个京津冀城市群，在高新技术产业、高精尖仪器制造、"互联网+"、现代服务业等领域形成一批具有核心自主知识产权、创新创业示范效应明显的特色产业集群，推进供给侧结构性改革。充分发挥中国国际服务贸易交易会、中关村论坛、金融街论坛等重大经济贸易活动平台主场的优势，积极参与并利用好国家级重点经贸活动平台，创新招商引资，为北京市乃至京津冀地区创新产业建设提供良好的环境条件和资金支持。

3. 平台建设保障

以北京协同创新研究院为基础，组建京津冀国家技术创新中心，加快打造国家战略科技力量，推动重大基础研究成果产业化和原始创新发展。合作共建产业技术联盟、产业技术创新平台和公共服务平台，承接北京基础研究和原创成果在津冀地区应用转化。推动从北京中关村到天津滨海沿线各区形成布局合理、要素密集、环境卓越、活力强劲的科技创新发展带，加快科研院校和科技园区等重要节点的创新发展，建设京津协同创新中心，支持东丽、津南、北辰、静海等区打造京津微创新中心。建设国家技术转移雄安中心和大数据创新试验区，贯彻落实国家新一代人工智能发展规划。建设协同创新三类平台，包括创新资源平台、创新攻关平台和创新成果平台。

4. 创新环境保障

打造京津冀科技协同创新发展"软环境"，建立京津冀区域协同创新发展战略研究和基础研究长效合作机制，完善战略对话交流协同长效机制，搭建三地战略研究平台，互通战略研究成果和信息。推动中关村自主创新示范区政策在京津冀相关地区落地。完善自主创新示范区、自贸区、保税区等多区政策叠加对协同创新的激励方式，探索"负面清单""权力清单"等行政管理体制改革模式。

---

① 本小节内容引自《京津冀协同发展规划纲要》。

5. 科技服务保障

推动科技创新券互认互通，探索公共服务新模式，京津冀三地科技型中小企业和创新创业团队可凭借一张电子券，跨区域共享科技资源，以打破三地互认互通创新券的政策壁垒、促进产学研深度融合、为企业提供更多更优的创新选择及实惠。整合京津冀地区科技信息资源，建立工作信息沟通机制，跟踪发布科技合作动态、针对热点问题开展舆情分析，促进三地科技项目库、成果库、专家库、人才库等信息资源互动共享。进一步提高科研基础设施、科学仪器设备、科学数据平台、科技文献、知识产权和标准等各类科技资源的共享和服务能力。

（六）存在问题

近年来，京津冀城市群创新要素分布的空间非均质性和产业的结构性失衡强化了创新资源区际共享与创新主体协同的障碍，加上各地区政策缺乏有效衔接、市场一体化进程缓慢等原因，城市间尚未在创新分工及优势互补方面形成健康平衡的网络系统。人才协同、产业协同、空间协同等方面存在的相关问题强化了京津冀城市群科技创新发展的挑战与障碍（李梅等，2021）。

1. 人才协同问题

人才要素在京津冀三地间流动不平衡，特别是河北省人才流失极为严重。京津两地作为首都和直辖市在区域经济社会发展中占有首要地位，两地创新人才、创新技术和创新型产业发展突飞猛进，导致河北省与京津地区在人才结构、人才素质、科技优势、薪酬水平等人力资源基础要素配置上悬殊较大。河北省内的大量二线城市人才流动匮乏、科技支撑弱化，同时，以高端人才为代表的人力资源生产要素不断向报酬较高、平台高端的京津地区转移，虹吸作用早已超过辐射带动效应。

2. 产业协同问题

京津冀三地产业合作链条的创新效能发挥欠佳，表现为三次产业链横向协同能力较弱、纵向互动深度不够，技术进步与创新发展有限。目前，缺乏基于主导产业及其产业链的顶层设计且三地政府产业协作创新模式尚未形成，导致各城市产业定位表现出较为明显的趋同性，整个产业链缺乏活力和弹性。

3. 空间协同问题

在创新要素空间分布层级与行政区划层级耦合、碎片化的创新要素市场等多因素作用下，京津冀城市群创新要素流动、空间组合方式及其效率存在明显差异性，加之区域创新网络内创新主体间协同广度和深度不够，导致主体联结水平较低、内部聚合力不足等问题凸显。同时，主体间相互信任度、合作稳定性、外迁企业适应性等问题依然存在，影响了协同创新网络结构的紧密度。

四、成渝城市群

（一）定位与目标

成渝城市群旨在建设成为具有全国影响力的科技创新中心，紧抓新一轮科技革命机遇，发挥科教人才和特色产业优势，推动创新环境优化、加强创新开放合作、促进创新资源集成、激发各类创新主体活力，打造成为全国重要的科技创新和协同创新示范区。充分发挥重庆、成都国家创新型城市和绵阳国家科技城等创新资源优势，聚焦重点领域和关键技术，加快区域创新平台建设，推进全面创新改革试验，健全技术创新市场导向机制，激发企业、大学和科研机构创新活力，强化科研成果转化，推动军民融合发展，建设成为西部创新驱动先导区（见《成渝城市群发展规划》）。

到2025年，成渝地区双城经济圈区域协同创新体系将基本建成，研发投入强度达到2.5%，科技进步贡献率达到63%，科技创新中心核心功能基本形成，数字经济蓬勃发展，呈现世界级先进制造业集群雏形。到2035年，建成实力雄厚、特色鲜明的成渝地区双城经济圈，并基本建成具有全国影响力的科技创新中心，全面形成世界级先进制造业集群优势。

（二）组织机构

成渝城市群各地政府加快合作、共同健全科技创新协同发展机制，在推动规划实施或协同创新过程中设立各类组织机构，促进城市群创新发展。

成渝地区双城经济圈建设领导小组。该小组着力于加快区域协同创新体系建设、促进科技成果转化和产业化、合作共建西部科学城和加强"一带一路"科技创新合作交流。坚持统筹谋划，加强顶层设计，抓紧抓实科学城建设各项任务落地见效；加强规划衔接，注重科学城规划与双城经济圈建设规划纲要、"十四五"规划和新一轮城市规划等紧密衔接，促进"多规合一"，实现联动发展。健全推进机制，坚持统分结合，加强领导指导，及时协调解决科学城建设中的重大问题。

成渝地区双城经济圈高新区协同创新战略联盟。该联盟由重庆市科技局和四川省科技厅联合推动，两地的12家国家级高新区、26家省（市）级高新区共同发起，推动两地高新区在更大范围、更高层次上开展经济、科技合作，包括共同推进编制重大规划、建设重大科技创新平台、攻克关键核心技术、建设创新联盟、扩大科技创新开放合作、推进科技资源共建共享等（张亦筑，2021）。

（三）空间结构

成渝城市群推动构建"两极一廊多点"的科技创新空间格局。其中，以成都和重庆两大核心城市为载体，形成"两极"；以成都高新区为支撑的中国西部（成都）科学城、重庆高新区为核心的中国西部（重庆）科学城为载体，在成渝发展主轴、成德绵城市带和沿江城市带建设"工"字形走廊，建成"一廊"，即成渝科技创新走廊；串联成渝地区12家国家级高新区，承载创新成果转化、高新技术产业化功能，形成多个创新功能区和创新节点，实现"多点"开花。

同时，《成渝地区双城经济圈建设规划纲要》明确提出要以"一城多园"模式合作共建西部科学城，优化完善成渝城市群科技创新空间结构。"一城"即西部科学城，"多园"即两地的科学城等创新资源集聚载体。其中以成都、重庆、绵阳三市为核心，以西部（成都）科学城、西部（重庆）科学城、中国（绵阳）科技城为支撑，以域内高等院校、科研院所、国家重点实验室、国家工程技术研究中心等为节点，共同推进成渝综合性国家科学中心建设，构建成渝协同创新共同体。

（四）产业创新

成渝城市群具有良好的工业和科技基础，是全国重要的制造业基地，近年来不断吸收电子信息、计算机、材料、机械等领域的高新技术成果以大力发展先进制造业，促进传统制造业转型升级（见《成渝城市群发展规划》）。同时把握数字化、网络化与智能化融合发展契机，大力实施以大数据智能化为引领的创新驱动战略，陆续培育了互联网医疗、数字文创、航空航天等战略性新兴产业（魏颖等，2021）。

制造业。大力依托科技创新培育具有国际竞争力的先进制造业集群。以智能网联和新能源为主攻方向，共建高水平汽车产业研发生产制造基地。聚焦航空航天、轨道交通、能源装备、工业机器人、仪器仪表、数控机床、摩托车等领域，整合装备制造业优势资源，推进联合研发和配套协作，提高装备设计、制造和集成能力，共同建设具有世界影响力和体现国家水平的装备制造产业集群。

战略性新兴产业。依托重庆、成都的科研资源优势和高新技术产业基础，充分发挥两江新区、天府新区高端要素集聚平台作用，瞄准全球和国家科技创新趋势，联合打造一批创新型园区和战略性新兴产业基地，重点突破创新链的关键技术、产业链的关键环节，加快形成电子核心部件、新材料、物联网、机器人及智能装备、高端交通装备、新能源汽车及智能汽车、生物医药等战略性新兴产业集群。

现代服务业。重点推进现代物流、现代金融、商贸服务、高技术服务业和科技服务业发展，建设现代服务业基地。在高技术服务业和科技服务业方面，以成都、重庆高技术服务产业基地为中心，打造具备特色的高技术服务产业集群；积极发展科技服务业，推动科技成果转化，促进创新型产业发展。

（五）动力保障[①]

1. 人力支撑保障

大力吸引创新人才，积极实施人才政策，引进和培养高水平创新人才队伍，鼓励科技人才在区域内自主流动、择业创业。支持在人才评价、外籍人才引进等政策创新方面先行先试。鼓励成渝地区高等院校面向全球招生，引进优秀博士后和青年学者。支持引进国内外顶尖高校和科研机构在成渝地区合作建设研究院和研发中心，设立长期、灵活、有吸引力的科研岗位。

2. 资金支持保障

深入推进职务科技成果所有权或长期使用权改革试点，探索高校和科研院所职务科技成果国有资产管理新模式，深化政府部门和科研单位项目资金管理制度改革，允许科研资金跨省市使用，探索建立两省市改革举措和支持政策异地同享机制。综合运用财政、金融等政策手段激励企业加大研发投入力度，引导创业投资机构投资早中期、初创期科技型企

---

① 本小节内容引自《成渝城市群发展规划》。

业，依法运用技术、能耗、环保等方面的标准促进企业技术改造和新技术应用。

3. 平台建设保障

逐步推进在四川天府新区、重庆高新技术产业开发区集中布局建设若干重大科技基础设施和一批科教基础设施，引导地方、科研机构和企业建设系列交叉研究平台和科技创新基地，打造学科内涵关联、空间分布集聚的原始创新集群。发挥基础研究和原始创新的引领作用，吸引高水平大学、科研机构和创新型企业入驻，强化开放共享，促进科技成果转化，有效支撑成渝全域高水平创新活动。其中，在四川天府新区布局建设电磁驱动聚变大科学装置等重大科技基础设施以及国家川藏铁路技术创新中心、西南天然药物与临床转化综合研究平台、国家超算成都中心、先进微处理器技术国家工程实验室等高能级创新平台；在重庆加快建设超瞬态实验装置等重大科技基础设施以及分布式天体雷达、卫星互联网等国家重点实验室，引进国际国内高水平大学、科研机构和创新型企业，推动重大设施共建共管共用，建成全球创新网络的重要节点、国家创新体系的基础平台。

4. 创新环境保障

建立健全创新激励政策体系，加大对引进高水平研发机构和先进科技成果的支持力度。共建"一带一路"对外交往中心，支持建设"一带一路"科技创新合作区和国际技术转移中心，增进与"一带一路"沿线国家的创新合作，合力打造科技创新高地。高标准举办中国国际智能产业博览会、中国西部国际投资贸易洽谈会、中国西部国际博览会、中国（绵阳）科技城国际科技博览会等国际大型会展，为成渝地区建设具有全国影响力的科技创新中心营造良好的创新环境。

5. 科技服务保障

大力支持通过股权与债权相结合等方式，为企业创新活动提供融资服务，支持符合条件的创新型企业上市融资。成立青年筑梦双创品牌天府创业驿站推动成渝地区科技创新，提供"精准落地、行业把脉、管理咨询、品牌塑造、产业对接、融资对接"六大模块服务，为创业者提供从创业起步到创业加速的全生命周期赋能（曹澌源和李菲菲，2021）。完善成渝地区科技创新服务体系，加强科技创新券实施管理，促进科技服务业发展，加快培育科技型中小企业、国家高新技术企业、技术先进型服务企业，推动成渝科技创新事业的发展。

（六）存在问题

1. 高端科技创新要素相对缺乏

成渝城市群高端创新创业人才缺乏，R&D 人员全时当量偏低，科技领军人才较少。国家级高端创新平台相对不足，如"双一流"大学、国家重点实验室、国家工程技术研究中心等数量均少于东部沿海地区城市群。科技创新投入偏低，财政支持科技创新的力度有限。

2. 科技创新支撑产业发展能力不足

成渝城市群科技创新对产业发展的支撑不足，仍以传统汽车、电子信息、装备制造等为主导产业。云计算、大数据、人工智能、物联网等智能制造新兴业态、新兴模式发展迟缓，特色优势产业、新兴先导型服务业以跟随为主，缺乏高价值技术供给，产业发展低端化。技术含量高、知识密集型企业集群尚未形成。

3. 创新同质化竞争问题突出

成渝城市群存在重复建设、产业同构、同质化竞争等现象。以两地最具代表性的园区产业布局为例，重庆两江新区和成都天府新区的重点发展对象均为汽车、电子信息和新材料等产业。这些问题都需要发挥规划指引的作用加以引导解决。

第二节　中国城市群科技创新规划路径探索

虽然只有个别城市群制定了科技创新专项规划，但多数城市群在科技创新和高质量发展过程中，都在积极探索推进城市群创新能力的路径。本节梳理了全国 19 个城市群在规划设置、机构布局、园区合作、风险投资、人才引进和成果转化六个方面的探索措施，这些措施深刻影响着城市群过去或现在的科技创新进程，然而，目前无法判断相关路径措施的实际效果。通过对各类路径的梳理和比较，一方面为城市群开展科技创新提供参考，另一方面希望引起更深入的研究和讨论，以期寻找符合城市群科技创新的一般规律，以及真正适合各城市群个体特征的科技创新路径。

一、规划设置

在我国 19 个城市群中，已有 15 个城市群在其发展规划中设置了与科技创新相关的章节内容，分别包括《京津冀协同发展规划纲要》《长江三角洲城市群发展规划》《粤港澳大湾区发展规划纲要》《成渝城市群发展规划》《长江中游城市群发展规划》《哈长城市群发展规划》《辽中南城市群发展规划》《山东半岛城市群发展规划》《中原城市群发展规划》《北部湾城市群发展规划》《关中平原城市群发展规划》《呼包鄂榆城市群发展规划》《兰州—西宁城市群发展规划》《滇中城市群发展规划》《黔中城市群发展规划》。以下将分别从国家级城市群、区域性城市群和地区性城市群中选择相关的城市群案例，阐述其发展规划中关于科技创新的内容设置。

在国家级城市群发展规划中，以《粤港澳大湾区发展规划纲要》为例，其在"第四章建设国际科技创新中心"中主要从构建开放型区域协同创新共同体、打造高水平科技创新载体和平台、优化区域创新环境三大方面阐述了将大湾区建设成为国际创新中心的对策措施。具体来看，"构建开放型区域协同创新共同体"强调要加强大湾区科技创新合作、创新基础能力建设以及产学研深度融合；"打造高水平科技创新载体和平台"强调要加快推进大湾区重大科技基础设施、交叉研究平台和前沿学科建设；"优化区域创新环境"强调要深化区域创新体制机制改革、促进科技成果转化、强化知识产权保护和运用。

在区域性城市群发展规划中，以《哈长城市群发展规划》为例，其在"第四章创新发展提高质量效益"中主要从突出科技创新引领作用、营造"双创"良好环境、激发人才创新创业活力、深化体制机制改革四大方面阐述了在城市群内构建开放高效的创新资源共享网络，引领城市群创新发展的对策措施。具体来看，"突出科技创新引领作用"强调要壮大区域创新主体、促进创新成果转化以及推动创新载体建设；"营造'双创'良好环境"强调要构建"双创"平台、完善"双创"扶持政策以及健全"双创"服务体系;"激发人才创新创业活力"强调要优化创新创业人才培养与流动机制以及加强知识产权保护;"深化体制机制改革"则强调要深化行政管理体制改革、建立协作协同发展机制以及创新利益共享机制。

在地区性城市群发展规划中,以《滇中城市群发展规划》为例,其在"第四章构建现代产业体系"的"构建特色创新产业格局"中强调要创新产业发展思路、构建特色创新产业格局以及构建适度协同分工体系,从而推动创新链与产业链深入融合、引领城市群科技创新发展。

综合来看,大部分城市群的总体发展规划对其科技创新的发展方向及要求有着较为明确和系统的安排,特别是国家级城市群。然而,当前关于城市群尺度的科技创新专项规划较为缺失,仅长江三角洲城市群等个别综合竞争力较强的城市群出台有相关规划,如《长三角科技创新共同体建设发展规划》,其坚持战略协同的基本原则,提出要将长江三角洲城市群建成高质量发展先行区、原始创新动力源、融合创新示范区和开放创新引领区的科技创新总体定位。因此,未来各大城市群在完善其总体发展规划中关于科技创新领域内容部署的同时,还应建立健全城市群科技创新专项规划,充分发挥规划实施对城市群创新发展的引领带动作用。

二、机构布局

在科技创新组织机构方面,五大国家级城市群(京津冀城市群、长江三角洲城市群、粤港澳大湾区、成渝城市群和长江中游城市群)在其数量和类型上总体领先于其他城市群,较好发挥了对科技创新发展的指导与引领作用。表7.3列举了各城市群的部分科技创新组织机构。

表7.3 中国城市群科技创新组织机构情况

城市群名称	科技创新组织机构
京津冀城市群(BTH)	京津冀协同发展工作领导小组、京津冀协同创新发展联盟、京津冀农业科技创新联盟、京津冀科研院所联盟、京津冀双创示范基地联盟
长江三角洲城市群(YRD)	推动长三角一体化发展领导小组、长三角科技资源开放共享服务机构联盟、长三角双创示范基地联盟、长三角一流高校与科研机构的智库联盟
粤港澳大湾区(PRD)	粤港澳大湾区建设领导小组、粤港澳大湾区国际科技创新中心建设领导小组、粤港澳大湾区科技协同创新联盟、粤港澳大湾区区块链联盟
成渝城市群(CHC)	成渝地区双城经济圈建设领导小组、成渝地区双城经济圈高新区协同创新战略联盟、成渝地区双城经济圈高校联盟、西部双创示范基地联盟
长江中游城市群(MYR)	推进长江中游城市群建设工作领导小组、长江中游城市群科技服务联盟、长江中游城市群新型研发机构战略联盟、长江中游城市群农业科技创新战略联盟
哈长城市群(HAC)	哈长城市群建设领导小组(提案,尚未成立)
辽中南城市群(CSL)	辽宁省科技创新工作领导小组、辽宁省产业技术创新战略联盟
山东半岛城市群(SDP)	山东省城镇化工作领导小组、山东半岛科创联盟

续表

城市群名称	科技创新组织机构
中原城市群（CPL）	中原城市群建设工作领导小组、中原城市群高技术产业联盟
海峡西岸城市群（WTS）	海峡西岸城市群协调发展规划工作领导小组
北部湾城市群（GXB）	广西北部湾经济区规划建设管理办公室
天山北坡城市群（TSM）	暂无
关中平原城市群（GZP）	关中平原城市群发展规划领导小组、关中平原城市群区域合作办公室、陕西省创新驱动共同体联盟
呼包鄂榆城市群（HBY）	推动呼包鄂乌一体化发展领导小组
宁夏沿黄城市群（NYR）	宁夏沿黄城市带发展领导小组、宁夏回族自治区创新驱动发展领导小组
兰西城市群（LAX）	兰州—西宁城市群高质量发展协调推进领导小组、兰西城市群建设常设领导小组
晋中城市群（CSX）	山西中部城市群建设领导小组
滇中城市群（CYN）	滇中城市群发展领导小组、滇中城市群协调发展领导机构
黔中城市群（CGZ）	黔中城市群建设领导小组

具体来看，"城市群建设发展领导小组"在各城市群综合发展与竞争力提升方面具有统领地位，推动解决城市群建设过程中的政策实施、项目安排、产业发展、科技创新、平台建设等多方面重大问题。在19个城市群中，已有14个城市群设置了该类机构，哈长城市群、辽中南城市群、山东半岛城市群、北部湾城市群和天山北坡城市群尚未建立。

同时，各类"创新联盟"能有效组织城市群内企业、大学、科研机构等围绕科技创新问题，开展技术合作、建立技术平台、加快成果转化、联合培养人才，在战略层面实现有效结合与优势互补。"创新联盟"可分为科研院所联盟、高校联盟、产业技术创新联盟、双创示范基地联盟等多种类型。五大国家级城市群基本设立了各类创新联盟，进一步强化与优化了其科技创新发展的组织力量；而呼包鄂榆城市群、兰西城市群、晋中城市群等地区性城市群在创新联盟建设发展中较为滞后。此外，天山北坡城市群在发展领导小组与创新联盟方面均有缺失，未来应加强其科技创新组织机构的建设工作。

三、园区合作

在园区合作方面，随着19个城市群各类园区的建设发展以及不同空间尺度下创新要素的加快流动，跨区域科技合作机制不断深化，园区合作的广度与强度逐步提升。按照空间关系，园区合作可大致分为城市群间的园区合作、同一城市群内的园区合作、同一园区内的子园区合作等类型。表7.4列举了各城市群的代表园区及园区合作案例。

具体来看，城市群间的园区合作较为普遍，尤其在《国务院关于促进国家高新技术产业开发区高质量发展的若干意见》引导下，东部国家级高新区按照市场导向原则，不断加强与中西部国家级高新区的对口合作与交流，充分发挥合作双方优势以满足科技创新与产业发展需要。以长江三角洲城市群的上海张江国家自主创新示范区与兰西城市群的兰白国家自主创新示范区合作为例，两个园区密切联系、深入合作，近年来围绕新能源、生物医药、科技金融、大数据等领域共建"兰白·张江生物医药科技园"和白银银西生物医药产业园，全力促成两区与中科院上海药物研究所、上海中医药大学、上海长江三角洲科创企业服务中心等开展关联项目合作共建，形成"1+8"合作内容，聚力打造"张江·兰白·上中医药经典名方研究院""张江·兰白先进能源技术创新平台""张江·兰白科创企业服务中心"三大平台（李丹，2022）。

表7.4 中国城市群园区合作案例

城市群名称	城市群代表园区	园区合作案例
京津冀城市群（BTH）	中关村国家自主创新示范区、天津国家自主创新示范区、石家庄高新技术产业开发区、唐山高新技术产业开发区	中关村国家自主创新示范区是京津冀协同创新共同体的重要载体，既是我国设立的第一个高新技术产业开发区和国家自主创新示范区，也是我国创新战略实施的重要试验示范和北京建设国际科技创新中心的主要依托。目前包括东城园、西城园、朝阳园、海淀园、丰台园、石景山园、通州园、顺义园、大兴—亦庄园、昌平园、房山园、门头沟园、平谷园、怀柔园、密云园和延庆园共16个分园。为加速"一区十六园"之间的产业创新与协调，自创区领导小组会同部际协调小组共同成立"中关村科技创新和产业化促进中心"，亦称"中关村创新平台"；并紧贴京津冀地区一体化发展的时代背景和要求，不断延伸产业链和园区链，大力推进产业发展空间由传统市中心向周边新城转移，形成多个功能明确与特色凸显的发展组团
长江三角洲城市群（YRD）	上海张江国家自主创新示范区、苏南国家自主创新示范区、杭州国家自主创新示范区、合芜蚌国家自主创新示范区、宁波温州国家自主创新示范区	上海张江高新技术产业开发区与上海临港新片区共同努力，全力做强创新引擎，打造自主创新高地；具体包括强化科技创新策源功能，加强基础研究和应用基础研究，共同推动大科学设施建设，加速核心领域技术攻关；加强研发成果产业转化合作，推动张江、临港在研发和产业化等方面协同发展；推动产业链上下游协同，立足双方产业发展基础和特色，打造有国际竞争优势的创新型产业特色集群
粤港澳大湾区（PRD）	深圳国家自主创新示范区、珠江三角洲国家自主创新示范区、河套深港科技创新合作区、佛山高新技术产业开发区、珠海高新技术产业开发区	支持落马洲河套港深创新及科技园和毗邻的深方科创园区建设，共同打造科技创新合作区，建立有利于科技产业创新的国际化营商环境，实现创新要素便捷有效流动
成渝城市群（CHC）	成都国家自主创新示范区、重庆国家自主创新示范区、中国（绵阳）科技城、自贡高新技术产业开发区、内江经济技术开发区	中国（绵阳）科技城加强园区内部合作，形成"一核三区多园"空间发展格局，具体来看，"一核"即科技城集中发展区，重点是军民融合创新驱动核心示范区；"三区"即高新区、经开区、科创区；"多园"即绵阳工业园（金家林总部经济试验区）、游仙经开区、江油工业园、安县工业园、三台芦溪工业园、北川经开区等省级以上开发区
长江中游城市群（MYR）	武汉东湖国家自主创新示范区、长株潭国家自主创新示范区、鄱阳湖国家自主创新示范区、襄阳经济技术开发区、岳阳经济技术开发区	城市群内三大国家自主创新示范区共同申报国家重大科技专项，组织参与"揭榜挂帅"科技项目，开展"卡脖子"关键核心技术攻关；共同建设一批重大科技创新平台，推进重大科技基础设施、重点实验室等研发服务平台和大型科学仪器设备实现开放共享；共同建设长江中游城市群综合科技服务联盟，拓展科技成果转移转化和科技合作渠道

续表

城市群名称	城市群代表园区	园区合作案例
哈长城市群（HAC）	长春国家自主创新示范区、哈大齐国家自主创新示范区、吉林高新技术产业开发区、延吉高新技术产业开发区、大庆经济技术开发区	哈大齐国家自主创新示范区由哈尔滨高新区、大庆高新区和齐齐哈尔高新区3个国家级高新区共同组成，以提升区域整体竞争力为导向，立足哈大齐三地发展基础和特色优势，统筹产业创新资源布局，深化跨区域合作，充分发挥哈尔滨创新引领示范和辐射带动作用，打造以哈尔滨高新区为头雁引领，大庆高新区、齐齐哈尔高新区齐头并进的"雁阵"发展格局，形成各具特色、分工合理、优势互补、开放共享的协同创新一体化发展局面，为维护国家"五大安全"提供有力支撑
辽中南城市群（CSL）	沈大国家自主创新示范区、鞍山高新技术产业开发区、本溪高新技术产业开发区、盘锦辽滨沿海经济技术开发区	推进省级以上经济技术开发区等产业园区聚焦主题、创新发展，深化体制机制改革，提升产业集聚和发展水平，使其成为全省对外开放、产业转型的重要载体，同时主动对接长江经济带、长江三角洲区域一体化、粤港澳大湾区等国家战略，承接产业转移和创新要素辐射
山东半岛城市群（SDP）	山东半岛国家自主创新示范区、黄河三角洲农业高新技术产业示范区、威海火炬高技术产业开发区、青岛保税港区	青岛前湾保税港区已先后与新疆喀什特殊经济区、新疆霍尔果斯经济开发区兵团分区、广西钦州保税港区、海南洋浦保税港区、内蒙古满洲里综合保税区、陕西西安西咸新区、吉林长春兴隆综合保税区、湖北武汉东湖综合保税区、黑龙江齐齐哈尔综保区、山东济南综合保税区、山东临沂综保区等13个国家海关特殊监管区参与签署了《"'一带一路'自贸驿站"战略合作框架协议》，初步形成"'一带一路'自贸驿站"海港、陆港、枢（纽）港的三港联动合作机制
中原城市群（CPL）	郑洛新国家自主创新示范区、平顶山高新技术产业开发区、安阳高新技术产业开发区、开封经济技术开发区	平顶山高新区与嘉兴秀洲高新区签约成为全面战略友好伙伴园区，共同整合自力资源、分享政策信息；共同推动产业招商、互助产业发展；共同推进科技创新、提升科技能级；共同互派干部交流、加强人才培训
海峡西岸城市群（WTS）	福厦泉国家自主创新示范区、厦门火炬高技术产业开发区、莆田高新技术产业开发区、龙岩经济技术开发区	厦门软件园与成都西部智谷园区开展园区合作，推动双方建设与发展经验共享，提高园区运营管理服务水平；搭建良好平台，为双方园区企业异地发展带来众多机遇；同时以优惠条件为投资者提供高效优质服务，助力企业发展腾飞
北部湾城市群（GXB）	南宁高新技术产业园区、北海高新技术产业开发区、海口高新技术产业开发区、茂名高新技术产业开发区	以北海工业园、北海高新区、中马钦州产业园区、钦州高新区等为创新载体，推动北钦防地区电子信息产业集群发展。鼓励北钦防地区各类园区发挥各自优势，打造专业化协同创新平台，支持区内外高校、科研院所到北钦防设立科技企业孵化器或共同组建产业技术创新联盟
天山北坡城市群（TSM）	乌昌石国家自主创新示范区、新疆准东经济技术开发区、乌鲁木齐综合保税区	乌鲁木齐、昌吉、石河子高新技术产业开发区合力建设乌昌石国家自主创新示范区，广泛开展园区间合作。建立乌昌石三地统筹协同推进机制，形成自治区统筹、地州市建设、区域协同、兵地融合、部门协作的运作机制和工作规范，推动全区特色优势产业创新升级，培育创新产业集群，跨园区多行业联合的产业集群联盟
关中平原城市群（GZP）	西安国家自主创新示范区、宝鸡高新技术产业开发区、杨凌农业高新技术产业示范区、咸阳高新技术产业开发区	陕西和甘肃两省科技厅签署《陕西省科技厅甘肃省科技厅国家自主创新示范区创新驱动发展战略合作协议》，为西安和兰白国家自主创新示范区深化开放合作、实现互利共赢搭建常态化互动平台，推动二者深入开展全方位科技合作、实现区域协同创新发展

续表

城市群名称	城市群代表园区	园区合作案例
呼包鄂榆城市群（HBY）	呼和浩特经济技术开发区、内蒙古鄂尔多斯综合保税区、包头稀土高新技术产业开发区、榆林高新技术产业开发区	呼包鄂榆城市群内的各类产业园区紧密对接西安、上海、珠江三角洲等国家自主创新示范区和全面创新改革试验区的创新资源，合作共建知识产权服务平台和技术交易市场
宁夏沿黄城市群（NYR）	银川高新技术产业开发区、石嘴山高新技术产业开发区、银川经济技术开发区、石嘴山经济技术开发区	在宁夏沿黄科技创新试验区内打破行政区划界限，推动和支持七大园区建立"一区多园"或"一园多区"机制，跨区域建立"飞地式"分区，促进区域资源和市场整体，推动形成园区合作、联合攻关、产业对接、成果转化、资源共享、市场一体化的科技创新资源高效利用机制
兰西城市群（LAX）	兰白国家自主创新示范区、兰州经济技术开发区、西宁经济技术开发区、兰州新区综合保税区	在兰白国家自主创新示范区，推动"兰白两区"在项目实施、资源共享、人才交流等方面先行先试，大力推动生物医药、新能源和新一代信息技术等重点产业和优势产业项目发展，重点支持"兰白两区"企业与上海张江国家自主创新示范区等园区的各类创新主体开展科技合作，共建联合实验室等创新平台，加快生物医药、新材料、新能源、新一代信息技术等产业创新发展，促进科技成果转化
晋中城市群（CSX）	太原高新技术产业开发区、太原经济技术开发区、晋中经济技术开发区、太原武宿综合保税区	太原高新技术产业开发区、太原经济技术开发区、太原武宿综合保税区、晋中经济技术开发区等园区整合建设山西转型综改示范区，开展区域合作计划，重点打造先进制造、新能源、新材料、电子信息、健康医疗、文化创意六大专业化产业园区齐头并进、共同发展
滇中城市群（CYN）	昆明高新技术产业开发区、玉溪高新技术产业开发区、昆明经济技术开发区、曲靖经济技术开发区、红河综合保税区	昆明高新技术产业开发区与玉溪高新技术产业开发区达成合作共识，携手共同发展生物和通航产业，两大园区联手合作，对项目进行包装整合，带动全省产业的优化升级，推动国家级高新区发展的战略提升
黔中城市群（CGZ）	贵阳高新技术产业开发区、安顺高新技术产业开发区、遵义高新技术产业开发区、贵阳综合保税区、贵州遵义综合保税区	贵阳高新技术产业开发区、安顺高新技术产业开发区与遵义高新技术产业开发区在推动科技创新及成果转化、促进产业转移和承接、加强人才团队建设、加强对口帮扶合作等方面展开合作，共同促进区域间经济社会交流与合作，推动经济社会共同发展，携手打造贵州省区域合作典范，为推动贵遵安国家自主创新示范区申报建设打下坚实基础

  同一城市群的各类园区在地理邻近性等因素作用下，往往具有较多的合作交流机会。以长江中游城市群为例，湖北、湖南、江西三省共同推进东湖国家自主创新示范区、长株潭国家自主创新示范区和鄱阳湖国家自主创新示范区的合作对接，推动双创活动"共办"、双创载体"共建"、双创孵化"共推"，支持三省高校在对方建设大学科技园，建立三省大学科技园联盟，加强三省大学科技园互动交流；探索推进政府引导的科创基金在三省范围内互投，鼓励互投创投基金，共同举办三省创投峰会等活动（孟娇燕和郑旋，2022）。

  随着高新区不断演化为区域创新的重要节点和产业高端化发展的重要基地，高新区范围扩张成为必然的发展趋势，但由于连片扩容后高新区的管辖范围过大，越来越多的高新区选择成立多个专业园进行产业与科技的全新布局发展，即实行"一区多园"运营模式，并在该模式下展开各子园区合作。以中关村国家自主创新示范区为例，其是国家创新战略实施的重要试验示范区和北京建设国际科技创新中心的主要依托，经历了"一区三园""一区五园""一区十园""一区十六园"的格局演化过程，通过科技基础公共服务设施和高新技术促进政策的公用共享，促进各分园同类产业形成并延伸创新链，共同提升创新能力，在多领域开展园区合作，推动实现绿色生态园区建设、存量空间资源盘活改造、特色园区和创新社区建设、"高精尖"项目引进与落地等目标。

此外，国家自主创新示范区是经国务院批准，在推进自主创新和高技术产业方面先行先试、探索经验、作出示范的区域（辜胜阻和马军伟，2010），担负着集聚创新要素、促进高新技术产业发展、培育创新型企业、推动高新技术企业国际化的重要使命（周洪宇，2015），也能有效促进不同空间尺度下的园区间合作。2009年3月，我国成立了第一个国家自主创新示范区——中关村国家自主创新示范区，到目前为止，已有十三个城市群设立了共计23个国家自主创新示范区。其余六个城市群——北部湾、呼包鄂榆、宁夏沿黄、晋中、滇中和黔中，应加快推动国家自主创新示范区申报与建设工作，进一步实现更大范围的园区合作。

四、风险投资

为有效解决科技创新企业发展初期的各类投融资问题，作为"积极投资者"的风险投资能为被投企业提供扩充研发团队、共享行业资源等增值服务，规避创新不确定性高、信息不对称等问题，从而促进相关企业创新发展（陈思等，2017；丁健，2022）。为进一步鼓励国内外风险资本投资群内城市高新技术产业、助力科技创新发展，中国城市群逐步构建起完善的风险投资体系。表7.5列举了各城市群的部分风险投资情况。

表7.5 中国城市群科技创新风险投资情况

城市群名称	风险投资路径探索
京津冀城市群（BTH）	建立京津冀协同发展产业投资基金；发挥政府资金投入引导作用，组织一批产业基金、创业投资基金参与京津冀重点工程、项目；协调银行、信托、保险、基金等各类金融机构，探索以信贷、股权、投资等多种方式参与协同创新项目；设立京津冀创业风险投资基金
长江三角洲城市群（YRD）	研究设立长江三角洲城市群一体化发展投资基金；强化金融监管合作和风险联防联控，合力打击区域内非法集资，建立金融风险联合处置机制；建立长江三角洲区域创业投资协会联盟；设立新兴产业创业投资引导基金（江苏省苏州市）；设立海邦人才基金（浙江省杭州市和宁波市）
粤港澳大湾区（PRD）	做好防范化解重大风险工作，重点防控金融风险；合作构建多元化、国际化、跨区域的科技创新投融资体系；拓展直接融资渠道，依托区域性股权交易市场，建设科技创新金融支持平台
成渝城市群（CHC）	研究设立成渝城市群一体化发展基金；联合设立成渝城市群政府和社会资本合作（PPP）项目中心；设立成渝地区双城经济圈科技创投协同发展联盟
长江中游城市群（MYR）	鼓励设立长江中游城市群一体化发展基金；建立长江中游城市群产业投资基金、创业投资基金和股权投资基金，共建大型投融资平台；建立金融风险监测指标体系和金融安全立体防护网
哈长城市群（HAC）	发展创业风险投资基金，构建创新创业投融资体系；设立区域合作发展基金，推行PPP模式；鼓励各城市联合建立青年创业扶持基金

续表

城市群名称	风险投资路径探索
辽中南城市群（CSL）	设立辽中南城市群协调发展投资基金，鼓励社会资本参与基金设立和运营
山东半岛城市群（SDP）	设立有限合伙制基金开展创业投资；建立健全创业投资信用体系建设；建立引导基金容错机制；打造创投风投高质量发展示范区（山东省青岛市）
中原城市群（CPL）	鼓励设立中原城市群协同发展投资基金；强化金融监管合作和风险联防联控；设立创业投资基金和产业投资基金，培育天使投资人群体；建立适合科技企业融资需求特点的金融服务模式，科学设置知识产权质押融资流程，鼓励银行、保险机构开展科技贷款、科技保险等产品和服务模式创新；支持开展专利保险试点
海峡西岸城市群（WTS）	建立创业投资引导基金；深化金融改革与创新，完善创业风险投资机制
北部湾城市群（GXB）	研究建立北部湾城市群一体化发展基金；设立金融分支机构，强化金融监管合作，合力防范和打击非法集资犯罪，推进金融管理服务一体化
天山北坡城市群（TSM）	实施科技风险投资（创业投资）基金项目
关中平原城市群（GZP）	探索建立城市群一体化发展基金；设立创业投资引导资金，扶持创业投资企业和创业投资管理企业入驻发展；建立创业投资风险补偿机制（陕西省西安市）
呼包鄂榆城市群（HBY）	强化金融风险监测和金融安全防护，加大不良资产处置力度
宁夏沿黄城市群（NYR）	规范推广应用PPP等模式；通过信贷风险补偿资金推动商业银行成立科技分（支）行或事业部；建立早期创投风险补偿机制；扩大科技型中小企业风险贷款补偿"资金池"规模
兰西城市群（LAX）	组建科技产业发展投资基金、科技创新创业风险投资基金（甘肃省兰州市）
晋中城市群（CSX）	设立创业风险投资引导基金，改善创投环境
滇中城市群（CYN）	设立滇中城市群一体化发展基金；增强金融服务功能，完善金融风险防控体系；开展知识产权质押融资市场化风险补偿机制试点工作；加强政府和社会资本合作，设立滇中城市群PPP项目中心
黔中城市群（CGZ）	设立黔中城市群发展投资基金；发展创业投资、天使投资等风险投资

第一，较多城市群设立了区域一体化发展投资基金，如长江三角洲城市群一体化发展投资基金、辽中南城市群协调发展投资基金，从城市群层面为包含科技创新在内的区域综合发展提供强大资金支持以应对各类风险。第二，严格遵循"政府资金引导、社会资本为主"原则，各级人民政府在拓宽市场投融资渠道的同时，积极鼓励各类投资者参与风险投资事业发展，如成渝城市群、哈长城市群等大力推行PPP模式，并建立相关项目中心。第三，加快发展创业风险投资，设立各类投资基金并健全相应体制机制。创业风险投资是一种新的金融制度安排，有利于强化与优化创新项目度化、创新成果转化、市场开拓和企业管理，最终推动技术创新和产业变革（方嘉雯和刘海猛，2017）。第四，紧抓"金融风险"象鼻子，建立健全金融风险防控体系，为科技创新企业发展规避金融挑战。例如，长

江中游城市群建立金融安全立体防护网、中原城市群强化金融监管合作和风险联防联控。然而，与东部地区城市群相比，部分中西部地区城市群的风险投资措施尚未在区域层面得以普遍推行与应用，健全的体制机制、充足的投资基金等要素多集中在群内核心城市。

五、人才引进

作为专业化知识和技术的重要载体，人才在区域创新和综合发展过程中发挥着不可或缺的作用（Lucas，1988），人才资源的引进、开发与管理也是经济全球化和知识经济时代下各个国家和地区都极为重视的战略性工作。为此，各城市群在人才引进方面利用各自优势、采取有效措施，相关情况如表7.6所示。

表7.6 中国城市群人才引进情况

城市群名称	人才引进路径探索
京津冀城市群（BTH）	1) 丰富和完善高科技人才制度体系，制定科技人才战略规划，出台科技人才引进与培育的相关政策； 2) 推行京津冀地区互认的高层次人才户籍自由流动制度，畅通高层次人才落户北京的政策渠道； 3) 逐步建立统一的社会保障体系，将海外高层次人才纳入社会保障体系
长江三角洲城市群（YRD）	1) 营造有利于创新人才脱颖而出的环境，实施更加积极的人才政策、探索构建创新型人才培养模式、完善人才激励机制； 2) 建立海外高层次人才储备库和留学回国人员数据库，定期发布紧缺人才需求报告，拓宽国际人才招揽渠道； 3) 完善外籍人员就医和子女教育政策，塑造开放包容、多元融合的社会氛围
粤港澳大湾区（PRD）	1) 支持珠江三角洲九市借鉴港澳吸引国际高端人才的经验和做法，创造更具吸引力的引进人才环境，实行更积极、更开放、更有效的人才引进政策，加快建设粤港澳人才合作示范区； 2) 完善外籍高层次人才认定标准，畅通人才申请永久居留的市场化渠道，为外籍高层次人才在华工作、生活提供更多便利； 3) 探索采用法定机构或聘任制等形式，大力引进高层次、国际化人才参与大湾区的建设和管理
成渝城市群（CHC）	1) 加强城市群内人才制度衔接，健全人才柔性流动机制，联合共建人力资源开发基地； 2) 鼓励高等院校面向全球招生，引进优秀博士后和青年学者； 3) 支持引进国内外顶尖高校和科研机构在成渝地区合作建设研究院和研发中心，设立长期、灵活、有吸引力的科研岗位
长江中游城市群（MYR）	1) 鼓励有条件的企业通过股份制改造吸纳返乡人员参股等方式，引进各类高层次人才； 2) 整合城市群内公共就业和人才服务信息平台，建立一体化的人力资源市场； 3) 统一人才引进政策，发挥华侨华人创业发展洽谈会等平台作用，建立引进高端人才和行业领军人才的绿色通道
哈长城市群（HAC）	1) 重点培养一线创新人才、青年科技人才和科技领军人才，造就杰出科技创新创业团队； 2) 建立完善人才吸引制度，健全人才公共服务体系，引进高层次人才和急需紧缺人才，激发各类人才的创新活力和创业热情； 3) 建立以智力资本为重点的科技人员收入分配机制，实行以增加知识价值为导向的分配政策，提高科研人员成果转化收益分享比例，鼓励人才弘扬奉献精神

续表

城市群名称	人才引进路径探索
辽中南城市群（CSL）	1）提升创新平台建设、完善创新政策支持体系、激发人才创新创造活力； 2）实施重大人才工程，优化升级"兴辽英才计划"，实施"项目+团队"的"带土移植"工程，引进科技领军人才和高水平创新团队； 3）实施职业技能提升行动，加强高技能人才队伍建设，打造"辽宁工匠"品牌
山东半岛城市群（SDP）	1）突出"高精尖缺"导向，培育引进战略科学家、一流科技领军人才和创新团队、青年科技人才、卓越工程师； 2）实施灵活的顶尖人才"一事一议"引进办法，支持战略科技人才牵头组建工作室、实验室，发起实施大科学计划、大科学工程； 3）深化与中国科学院、中国工程院战略合作，集聚更多院士资源，服务半岛城市群高质量发展
中原城市群（CPL）	1）实施更加积极的创新人才激励和引进政策，开展国家级重点引智专项计划，引进一批国内外科技领军人才、高水平创新团队和优秀企业家； 2）加快推进郑州航空港引智试验区和郑州高新区国家级高层次人才创新创业基地、国家技术转移郑州中心人才培养基地建设，建立海外人才离岸创新创业基地； 3）建立健全科研人员双向流动机制，完善人才评价和激励机制，激发人才创新活力和创业热情
海峡西岸城市群（WTS）	1）鼓励、支持台商投资高新技术园区，吸引台湾科研机构和科研人员共同创建创新平台； 2）健全人才政策体系，形成广纳群贤、充满活力的吸引人才和使用人才的良好风尚； 3）以人才资源能力建设为核心，着力培育学术技术带头人、科技领军人才和一线创新人才，抓紧培养先进制造业和现代服务业所需的高技能应用型人才
北部湾城市群（GXB）	1）实施更加积极的人才政策，为各类人才提供更加便利的工作和生活条件； 2）大力引进国际化科技人才和高水平创新团队，吸引外籍人才和国内优秀人才到北部湾城市群创新创业； 3）完善人才激励机制，健全科研人才双向流动机制，充分激发人才活力
天山北坡城市群（TSM）	1）突出抓好干部人才援疆，健全完善援派干部人才管理制度机制，加强对援疆干部人才的关心关爱； 2）完善财政、金融、社会保障等激励政策，吸引各类人才返乡入乡创业； 3）支持高等院校与"一带一路"国家共建人才培养基地、人文交流基地，培养服务"一带一路"高层次复合人才
关中平原城市群（GZP）	1）优化和完善落户政策，加大高端人才引进落户力度； 2）探索构建人才共享机制，集聚优质人才资源，吸引壮大高水平创新团队； 3）搭建产学研合作平台，优化政策支持、社会保障与公共服务，营造有利于人才发展的社会环境
呼包鄂榆城市群（HBY）	1）完善人才评价激励机制和服务保障体系，优化各类人才的创新创业条件和生活环境； 2）加快培养各类高层次人才，重点引进和培养能源化工产业亟须的高等技术人才、高级管理人才和高级技术工人等； 3）搭建产学研用合作平台，开展多层次多渠道交流，吸引国内外知名专家学者、企业家和社会人士合作创新创业
宁夏沿黄城市群（NYR）	1）重点围绕自治区主导产业和特色优势产业发展需要，建立科技人才引入和流动机制； 2）完善创新型人才培养模式，支持高校与沿黄科技创新试验区企业建立研究生联合培养基地或协同创新中心； 3）采取"领军人才+团队+项目"的方式，构建柔性引才机制，促进云计算和军民人才互动共享

续表

城市群名称	人才引进路径探索
兰西城市群（LAX）	1）积极推进高等教育改革创新试点，推进一流大学和一流学科建设，培育并引进高素质人才； 2）实行柔性人才引培制度，健全住房、教育、医疗等服务保障机制，以优质创新创业环境吸引人才集聚； 3）创新人才交流合作机制，建立"人才飞地"，为城市群培养本土人才
晋中城市群（CSX）	1）实施人才政策互认互通，共同靶向引进高层次创新人才团队，建设创新人才集聚新高地； 2）坚持"一事一议""一人一策"，结合科研经历、专业方向精准适配项目、高校、企业，助力引进高端人才（山西智创谷）； 3）坚持既揽"将才"也纳"匠才"，整合现有"双创"基地和青创园区，打造高质量实习实训基地和毕业生就业创业基地，助力引进青创人才（山西智创谷）
滇中城市群（CYN）	1）加强滇中城市群内人才制度衔接，健全人才柔性流动机制，联合共建人力资源开发基地； 2）建设各类新型研发机构，以研发平台聚集人才团队； 3）设立"云南省滇中新区园区人才服务工作站"，建立"省、市、新区、园区的人才服务联盟"整体联动工作机制，形成人才服务新体系
黔中城市群（CGZ）	1）积极引进各类人才，健全人才柔性流动机制； 2）鼓励科技人员交流，注重专利代理人、技术经纪人等专业人才队伍建设； 3）实施引才、育才、用才、留才"四大工程"，深入推进产业重点人才和团队引进"123"计划

第一，发挥政策、制度、战略等宏观调控手段对人才引进的统筹与指导作用，如推行高层次人才户籍自由流动制度、健全人才柔性流动机制、建立科研人员双向流动机制等；例如，京津冀城市群不断丰富和完善高科技人才制度体系，制定科技人才战略规划，并出台了各类科技人才引进与培育政策。第二，优化人才发展的创新与社会环境以吸引人才并留住人才，如优化人才创新创业条件和生活环境、建立人才服务联盟、建设人才合作示范区等；例如，长江三角洲城市群加快完善外籍人员就医和子女教育等各类社会保障政策，塑造开放包容、多元融合的社会氛围。第三，树立人才引进与人才培养并重的理念，积极推动本土化人才开发培育，如打造城市群科技创新创业团队、建立各类人才培养培训基地、推进高等教育改革创新试点以培养高素质人才；例如，宁夏沿黄城市群完善创新型人才培养模式，支持高校与沿黄科技创新试验区企业建立研究生联合培养基地或协同创新中心。第四，以科研机构与高等院校为依托，共同推动人才引进，如支持高校与园区联合建立人才培养中心、鼓励高校面向全球招贤纳士等；例如，天山北坡城市群支持高等院校与"一带一路"国家共建人才培养基地、人文交流基地，培养服务"一带一路"高层次复合人才。

六、成果转化

为提高生产力水平、促进社会经济发展，需对科学研究与技术开发所产生的具有实用价值的科技成果进行一系列后续的试验、开发、应用与推广，推动形成新产业与新产品，即实行科技成果转化。为助力区域科技创新发展，各城市群从多层面探索成果转化的有效路径，相关情况如表7.7所示。

表 7.7 中国城市群科技创新成果转化情况

城市群名称	成果转化路径探索
京津冀城市群（BTH）	1）推进技术市场一体化建设，建立科技成果转化和交易信息服务平台； 2）定期召开京津冀技术成果转化对接推介会； 3）配合科技部发起设立"京津冀科技成果转化联合投资基金"，引导社会资本加大投入
长江三角洲城市群（YRD）	1）联合组建技术转移服务机构，加快推进国家技术转移东部中心建设，打通高校、科研机构和企业间科技成果转移转化通道，打造主要面向市场和应用的成果转化平台； 2）鼓励共建创新服务联盟，培育协同创新服务机构，强化成果转化的专业化服务； 3）充分利用国家科技成果转化引导基金，通过股权投入、风险补偿等形式，支持科技研发与成果转化
粤港澳大湾区（PRD）	1）支持粤港澳在成果转化等领域开展深度合作，共建国家级科技成果孵化基地和粤港澳青年创业就业基地等成果转化平台； 2）在珠江三角洲九市建设一批面向港澳的科技企业孵化器，为港澳高校、科研机构的先进技术成果转移转化提供便利条件； 3）支持珠江三角洲九市建设国家科技成果转移转化示范区
成渝城市群（CHC）	1）鼓励成渝科研院所、高等学校联合大型企业集团，共建科研成果研发和转化基地； 2）建设重庆国家科技成果转移转化示范区； 3）构筑成渝地区双城经济圈科技成果转移转化体系
长江中游城市群（MYR）	1）协同发展科技服务业，加大科技成果转化力度； 2）成立长江中游城市群科技成果转化促进联盟，并支持有条件地区创建国家科技成果转移转化示范区； 3）组织开展新型研发机构优势专业与地方重点产业对接会，推动科技成果落地转化
哈长城市群（HAC）	1）鼓励城市群建立技术创新联盟，引导和促进城市群创新要素集聚和整合，支持哈尔滨、长春建设科技创新转化基地； 2）鼓励企业与高校院所开展合作，推动科技成果率先在本地转化
辽中南城市群（CSL）	1）深入推进科技成果转化政策激励试点，完善职务科技成果激励政策和科研人员职务发明成果权益分享机制； 2）强化科技金融服务，充分发挥政府资金引导作用，撬动金融资本和民间投资向科技成果转化集聚
山东半岛城市群（SDP）	1）健全大型科研设备、检测检验、科技信息开放共享共用制度，高水平建设济青烟国家科技成果转移转化示范区； 2）加快推进技术转移平台建设，围绕产业技术需求开展技术转移和科技成果转化活动； 3）建立健全科技成果转移转化人才支撑体系，壮大面向基层的科技成果转化人才队伍
中原城市群（CPL）	1）深化科研院所分类改革，完善科技成果转化激励机制，形成一批具有鲜明特色的技术研究中心和示范基地； 2）发展以成果转化为代表的各类科技服务，推动共建一批创新服务联盟和协同创新服务机构，形成一批科技服务产业集群； 3）推进国家技术转移郑州中心和国家专利审查协作河南中心建设，选择有条件的高校、科研机构建设专业化的技术转移机构和职业化人才队伍，构建城市群技术转移网络，支持建设科技成果转移转化示范区

续表

城市群名称	成果转化路径探索
海峡西岸城市群（WTS）	1）打造技术成果转化优势平台； 2）落实高等院校和科研院所科技成果转化税收支持政策； 3）深化省级事业单位科技成果使用、处置和收益管理改革
北部湾城市群（GXB）	优化创新资源配置方式，联合建设关键技术创新平台，探索建立科技基础设施、大型科研仪器和专利信息共享机制，深化区域创新研发、集成应用、成果转化协作
天山北坡城市群（TSM）	1）完善科技创新和成果转化激励机制，推动科技成果转化； 2）在乌昌石国家自主创新示范区内打造科技成果转化示范区
关中平原城市群（GZP）	1）依托国家增材制造、分子医学转化、陶瓷基复合材料、超导材料等创新平台，加快高精尖科技、新技术成果就地转化； 2）打造咸阳秦创原科技成果转化先行区，重点发展电子信息、高端装备制造、食品医药等产业； 3）聚焦硬科技创新，校地共建推动成果就地转化（陕西省西安市）
呼包鄂榆城市群（HBY）	建立以企业为主体、市场为导向、产学研深度融合的技术创新体系，引导优势企业与高等院校、科研院所等共建产业技术创新战略联盟，重点在煤化工、新材料、新一代信息技术、高端装备制造等领域联合开展科技攻关和科技成果转化
宁夏沿黄城市群（NYR）	1）开展职务科技成果赋权改革试点，扩大高校院所成果转化自主权； 2）建立健全科技成果转化服务体系，建成线上线下融合的宁夏技术交易市场； 3）坚持汇聚国内外先进科技成果为我所用，引进和转化应用适用性好、创新性强、成熟度高、技术水平处于行业领先的重大科技成果
兰西城市群（LAX）	1）举行兰西城市群科技成果转移转化对接会，加快科技成果转化和产业化； 2）深化政产学研协同创新，强化产学研合作项目，提高科技成果转化率； 3）强化科技成果转化服务平台公益服务
晋中城市群（CSX）	1）深化校地合作，加快建设山西智创谷、构筑晋中城市群科技成果转化应用高地； 2）支持中北大学及重点军工企业共建军民融合科技园，推动太原优秀科技成果在忻州落地； 3）推动开展科技成果所有权和长期使用权改革试点，推进科技成果转化示范基地建设和示范企业认定工作
滇中城市群（CYN）	1）建立以科技成果转化和产业化为重点的紧密型产学研战略联盟，支持与其他区域合作共建研发机构，鼓励科院所、高等学校联合大型企业集团，共建科技成果转化基地； 2）搭建科技成果转移转化服务体系，建设技术市场； 3）建设在线科技成果转化平台，深化科技成果转化机制
黔中城市群（CGZ）	1）提高技术成果产业化转化率，完善成果转化的政策引导机制、投入机制和激励机制； 2）鼓励支持国家大型科研单位、重点高校在贵州设立科研机构和成果转化中心

第一，加快科技创新成果转化平台载体建设，如科技成果转移转化示范区、科研成果研发和转化基地、技术成果转化优势平台等；例如，成渝城市群大力打造重庆国家科技成果转移转化示范区，该示范区将按照"一核多园"空间格局建设，加快推动科技成果转化应用，打造成为科技成果转化体制机制改革"先行区"、科技成果转化服务体系"样板区"、科技成果区域协同转化"集聚区"和科技成果赋能产业高质量发展"引领区"（张亦筑，2022）。第二，健全科技创新成果转化服务体系，如发展科技服务业、设立成果转化服务机构等；例如，中原城市群发展以成果转化为代表的各类科技服务产业，推动共建

一批创新服务联盟和协同创新服务机构，形成科技服务产业集群。第三，强化科技创新成果转化的政策引导与保障，如推进科技成果转化政策激励试点、落实科技成果转化税收支持政策、开展职务科技成果赋权改革试点等；例如，黔中城市群不断完善成果转化的政策引导机制、投入机制和激励机制，提高科技成果转化效率。第四，优化科技创新成果转化的人才支撑与供给，如设立成果转化职业化人才队伍、强化科技成果转移转化人才服务；例如，山东半岛城市群深入开展科技特派员、企业院士行、科技活动周等品牌活动，动员科技人员及高层次专家深入企业、园区、农村等基层一线开展科技成果转移转化活动，打造面向基层的科技成果转化人才队伍。

第三节　城市群科技创新规划的框架思路

当前国家层面并未对城市群编制科技创新规划提出明确要求，因此尚未编制城市群科技创新专项规划的指南。2020年科技部为贯彻落实《长江三角洲区域一体化发展规划纲要》和《国家创新驱动发展战略纲要》，推动长江三角洲科技创新共同体建设，印发了《长三角科技创新共同体建设发展规划》；该规划的思想和内容设置可为城市群编制科技创新专项规划提供指引。本节在对已有城市群科技创新规划资料梳理的基础上，提出了编制城市群科技创新专项规划的框架性思路、规划内容安排设想，以及在规划编制中应该注意的问题，以供参考。

一、城市群科技创新专项规划的内容设置设想

按照一般专项规划的思路，结合科技创新的特征，城市群科技创新专项规划至少应包括基础条件、形势分析、总体思路、空间格局、重点领域、环境营造、行动方案、保障机制等方面的内容。每个城市群可根据国家要求和自身特征有所侧重，增设专门章节进行针对性安排。此处提出规划应包括八个部分，粗略展示如下，仅供参考。

（一）城市群科技创新发展的基础条件

该部分是城市群科技创新专项规划的基础，需要明确城市群的范围和行政区划关系，梳理城市群科技创新发展的历程，厘清城市群科技创新的要素资源，分析城市群科技创新在城市群高质量发展中的地位和作用，把握城市群科技创新所具有的优势，以及存在的关键问题（重点分析城市群在城市间协同科技创新过程中的问题）。

（二）城市群科技创新发展的形势分析

在科技创新方面，国内外形势存在很多不稳定性、不确定性因素，形势分析对城市群科技创新的规划安排非常重要。形势把握不准或偏差，将会导致不可挽回的重大损失。该部分主要是明确城市群科技创新发展的外部形势，应包括多个空间尺度的科技创新发展形势（全球科技创新形势、国家科技创新形势和区域科技创新形势）、重点领域的科技发展形势（围绕城市群的科技创新优势领域和计划培育的重点领域展开）以及相关形势给本城

市群科技创新带来的机遇与挑战。

（三）城市群科技创新发展的总体思路

该部分是城市群科技创新专项规划的"灵魂"，需要明确城市群科技创新的指导思想、基本原则、战略定位和发展目标。指导思想既要符合国家科技发展战略总部署，又要遵循科技创新发展的一般规律；基本原则要突出城市群科技创新协同、共建、共赢、共享的特征；战略定位可在全球分析和全国分析的基础上提出城市群科技创新未来方向；发展目标既要考虑国家创新驱动发展战略三步走目标，也要与城市群发展规划的时间安排相协调。

（四）城市群科技创新发展的空间格局

该部分是城市群科技创新规划的空间结构设计，旨在发挥科技创新的集聚扩散效应，形成有利于提升城市群整体科技创新效率的空间安排，包括整体空间结构、重点廊道打造、核心城市打造、重点科技园区的布局等内容。整体空间结构需要明确城市群科技创新未来的空间布局思路，如粤港澳大湾区科技创新的"一廊四城多核心"空间结构、成渝城市群科技创新的"两极一廊多点"空间结构；重点廊道需要明确城市群内部的高创新带状区域，如长江三角洲城市群的G60上海松江科创走廊和粤港澳大湾区的广深科技创新走廊；核心城市需要关注"轮轴"和"门户"两大功能，一方面需要指明核心城市对城市群、城市群所在区域的科技引领作用，另一方面需要涉及核心城市对外科技合作的功能。重点科技园区或科技城是城市群科技创新的重要平台，需要从城市群的角度进行统筹发展，以形成科技发展合力。

（五）城市群科技创新发展的重点领域

与空间格局安排不同，该部分涉及城市群科技创新的重要行业或领域，也同时需要与空间格局安排相呼应。重点领域的安排是在第一部分城市群科技创新所具有的优势分析基础上，结合国家创新战略需求提出的该城市群未来重点培育发展科技领域。这些重点领域的选择不应浮于表面，不能笼统发展新能源、新材料、节能环保和航空航天等行业大类，而需要对重点领域的产业链、创新链、价值链、企业链和服务链进行深入分析，提出该重点领域的发展和布局设想。相关重点领域是城市群参与外部竞争的主要依托，也是区域实现高质量发展的重要依托。

（六）城市群科技创新发展的环境营造

该部分体现了科技创新的特色，强调创新环境或创新氛围培育对城市群科技创新的重要性，包括硬环境和软环境两个方面。科技创新硬环境涵盖交通基础设施、信息基础设施和科技服务平台等；科技创新软环境涵盖政策环境、技术创新环境、金融环境、社会文化环境和人才环境等。科技创新硬环境建设可以与"新基建"即"新型基础设施建设"相配合，提升城市群科技创新的基础设施水平；科技创新软环境建设即培育良好的科技创新生态系统，推动政府、企业、市场、产业、金融、人才、制度和机制等创新要素紧密结合、良性互动、融合发展，形成更科学的人才培养理念、更开放的创新环境、更包容的创新文化。

（七）城市群科技创新发展的行动方案

该部分是对城市群科技创新规划的具体落实，包括重点科技项目和时间安排两个方面内容。重点科技项目是城市群科技创新空间布局、重点领域发展和环境营造的主要抓手，一般以政府推动为主、企业和社会参与为辅。需要列出影响城市群科技创新发展的重要项目清单，并说明项目的内容、投资主体、预算金额、执行时间等相关信息。时间安排是对规划目标的细化落实，应阐明每个时间节点的重要工作内容和具体安排。

（八）城市群科技创新发展的保障措施

作为城市群科技创新发展的最后一部分，主要阐明保障规划内容实施的具体措施，包括人才保障、资金保障、政策保障、体制保障等方面，需要根据城市群在科技创新发展中的实际问题提出解决问题的具体措施，对城市群而言应更加强调城市间协同创新的保障机制。人才保障方面可包括人才引进、人才培育等方面的政策机制，以及建立专家咨询机制等；资金保障可包括资金投入方式、使用方式等内容；政策保障可包括机构设置、管理方式等内容；体制保障可包括规划运行、跟踪评估等内容。

二、城市群科技创新专项规划应考虑的问题

2019 年出版的《城市群规划编制技术规程》提出城市群要明确中心城市在城市群科技创新体系中的引领和辐射作用，促进各城市和区域之间通过分工协作融入科技创新网络，要求规划编制中要探索城市群产学研协同创新模式，以打造具有地域特色的科技研发和成果转化创新链条（樊杰，2019）；该技术规程为城市群科技创新规划提出了具体要求。

作为规划体系中的一种独特类型规划，城市群科技创新规划还应考虑多个方面的问题。一是要紧扣国际科技创新发展形势和国家科技创新战略需求。解决这一问题需要加强研究，将科技创新发展的外部形势与城市群自身科技发展充分结合，进而提出符合城市群发展阶段的总体思路。二是要协调好与上位规划和同级别规划的关系。一方面要与上位规划的指导思想和发展方向相一致，通过科技创新方面的规划安排促进其他方面发展和建设规划的更好落实和实现；另一方面要与同级别规划做好衔接，如交通规划、产业规划、生态环境规划，考虑上述规划如何影响科技创新规划、科技创新规划如何促进相关规划。三是要突出城市群自身特征。每个城市群发展阶段不同、区位条件不同、资源基础不同、战略定位不同，科技创新规划需要充分把握城市群自身特征，最终使科技创新规划的实施内容成为城市群高质量发展的重要引擎。四是要注重城市间、创新主体间的协同创新。这是城市群科技创新规划同国家、区域和城市科技创新规划的重要区别，需要探索多城市行政区之间的有效科技协同创新机制，发挥"1+1>2"的城市"群体"科技创新效益。五是要处理好科技创新与生态保护和经济发展之间的关系。科技创新并非单纯的成果发明和竞争力提升，其本质应该是促进当地经济发展、增强发展活力、更好保护生态环境，因此要将这一思路贯穿在科技创新规划之中，让科技创新规划服务经济、服务社会，最终服务人民。

参 考 文 献

毕亮亮，施祖麟．2008．长三角城市科技创新能力评价及"区域科技创新圈"的构建——基于因子分析与聚类分析模型的初探．经济地理，28（6）：946-951，954．
蔡松锋，肖敬亮，文韵．2019．粤港澳大湾区发展现状与未来展望 创新是大湾区今后发展的主要驱动力．财经界，（16）：30-34．
曹溯源，李菲菲．2021-04-18．成渝科创合作再加码 天府创业驿站正式"开张"．成都日报，第3版．
陈思，何文龙，张然．2017．风险投资与企业创新：影响和潜在机制．管理世界，（1）：158-169．
丁健．2022．风险投资对中国科技创新企业创新发展的影响．社会科学战线，（2）：246-251．
樊杰．2019．城市群规划编制技术规程．北京：科学出版社．
方嘉雯，刘海猛．2017．京津冀城市群创业风险投资的时空分布特征及影响机制．地理科学进展，36（1）：68-77．
丰家卫．2021-06-13．京津冀协同创新发展联盟授牌．北京日报，第4版．
辜胜阻，马军伟．2010．推进国家自主创新示范区建设的政策安排．财政研究，（11）：2-6．
李丹．2022-03-08．甘肃兰白+上海张江：跨区域科技合作，打出创新"组合拳"．兰州日报，第1版．
李梅，孙艳艳，张红．2021．京津冀城市群协同创新网络体系构建的问题与对策研究．科技智囊，（10）：70-76．
刘冬梅，赵成伟．2021．成渝地区建设全国科创中心的路径选择．开放导报，3：72-79．
刘海蓉．2020．科技创新走廊：区域协同创新发展新范式．汉江师范学院学报，40（4）：56-63．
刘军，孙靓，吴秋媛，等．2022．国际指标展现长三角城市群科技创新分布．中国科技信息，（2）：115-116．
李钢．2022-06-17．粤港澳科创资源加快集聚．具有全球影响力的国际科技创新中心正加速建设．羊城晚报，第3版．
吕拉昌，孟国力，黄茹，等．2019．城市群创新网络的空间演化与组织——以京津冀城市群为例．地域研究与开发，38（1）：50-55．
滕堂伟，方文婷．2017．新长三角城市群创新空间格局演化与机理．经济地理，37（4）：66-75．
魏颖，张军，曹方，等．2021．成渝地区双城经济圈国家高新区高质量发展研究．科技管理研究，41（4）：75-82．
孟娇燕，郑旋．2022-05-21．长江中游三省协同发展今年推进73项重点工作．湖南日报，第1版．
席强敏，李国平，孙瑜康，等．2022．京津冀科技合作网络的演变特征及影响因素．地理学报，77（6）：1359-1373．
粤港澳大湾区城市群年鉴编纂委员会．2019．粤港澳大湾区城市群年鉴．北京：方志出版社．
张亦筑．2021-04-24．成渝地区双城经济圈高新区协同创新战略联盟成立．重庆日报，第2版．
张亦筑．2022-01-14．重庆获批建设国家科技成果转移转化示范区．重庆日报，第4版．
张宗法，陈雪．2019．粤港澳大湾区科技创新共同体建设思路与对策研究．科技管理研究，39（14）：81-85．
赵菁奇，孙靓．2022．建设长三角科技创新共同体亟待破解三个难题．科技中国，（2）：68-71．
周洪宇．2015．国家自主创新示范区创新能力比较研究——以北京中关村、武汉东湖、上海张江为例．科技进步与对策，32（22）：34-39．
周元，陈川．2019．广深科技创新走廊（东莞段）空间规划策略与实践．规划师，35（11）：80-83．
Lucas R. 1988. On the mechanics of economic development. Journal of Monetary Economics Economy, 22 (1): 3-42.

第八章　中国城市群科技创新的发展方向与未来展望

中国的城市群已经成为科技创新要素资源的集聚地和科技创新成果的产出地，是国家创新驱动发展战略的"推动者"和"践行者"；未来，中国的城市群将会主导国家科技创新的发展，在区域绿色发展、国家创新战略实施和建设世界科技强国中发挥更大作用。当前的城市群科技创新研究为国家创新发展提供了重要支撑，今后城市群的科技创新发展还需要加强对创新的空间格局规划、城市间协同创新、创新主体的链条化网络化、科技核心优势领域培育、科技创新中心打造、城市群内外创新合作联动、创新环境营造、参与全球科技创新问题和建立创新管理体制机制等一系列重要问题的研究，并结合实际，为新一轮城市群科技创新专项规划编制提供研究支撑，为今后城市群的全面创新发展奠定坚实的理论支撑。

第一节　中国城市群科技创新面临的机遇与挑战

当前国际国内形势复杂多变，给我国城市群的科技创新带来各种机遇和挑战。国家创新驱动发展战略的实施，特别是区域科技创新中心的布局设想，为城市群承担区域创新动力中心提供了千载难逢的机遇；全国所有城市群规划的实施以及新一轮规划的编制，为城市群内部科技协同创新奠定了坚实基础；信息化和智慧化推动了智慧型城市群建设，将会给城市群创新发展"插上翅膀"，让城市群科技创新实现质的飞跃；在创新要素加速流动的背景下，国际国内科技竞争加剧既给某些城市群带来机遇，也给一些城市群带来挑战。如何把握好机遇，迎接好挑战，是城市群未来科技创新应首先考虑的问题。

一、国家和区域创新发展战略的加快推进

国家对科技创新发展愈加重视。中华人民共和国成立以来，我国科技创新战略思路大致经历了1949~1977年的以国防科技为主的创新战略阶段，1978~1994年面向经济建设的科技追赶战略阶段，1995~2005年的科教兴国战略阶段，2006~2020年建设创新型国家战略阶段（徐炜等，2020），2021年之后进入国内区域创新与国际科技合作的科技创新双循环战略阶段。其中，2006年，全国科技大会提出自主创新、建设创新型国家战略，颁布了《国家中长期科学和技术发展规划纲要（2006—2020）》，是国家层面提出创新发展战略的重要标志。而党的十八大提出实施创新驱动发展战略，并在2016年印发了《国家创新驱动发展战略纲要》，这是中央在新发展阶段确立的立足全局、面向全球、聚焦关键、带动整体的国家重大发展战略，加快了国家创新发展战略的推动实施。我国创新驱动发展

战略提出了"三步走"战略目标：第一步，到 2020 年进入创新型国家行列；第二步，到 2030 年跻身创新型国家前列；第三步，到 2050 年建成世界科技创新强国。当前，我们国家已经走完了第一步，迈入了跻身创新型国家前列和建设世界科技强国的新时期。2021 年是国家创新驱动发展战略进入第二阶段的起始年，党中央和政府发布的文件中多次提到"要支持有条件的地方建设区域科技创新中心"，使之成为世界科学前沿领域和新兴产业技术创新、全球科技创新要素的汇聚地。可见国家把布局和建设区域科技创新中心作为创新驱动发展战略第二步的重要举措，在未来一段时间内将会大力推动（马海涛和陶晓丽，2022）。区域科技创新中心将与国际科技创新中心相互联动，构成我国科技创新方面的"双循环新格局"。我国的 19 个城市群是国家区域发展的增长极核和动力中心，也承担着区域科技创新的责任，因此，国家提出的区域科技创新战略举措对城市群创新而言是一个重大机遇。城市群可借助区域科技创新中心建设中的配套政策，以及科技创新中心的引力带动，加快整合创新要素资源，激发区域创新活力，推动城市群在新的历史阶段承担起区域创新"孵化器"和"加速器"的功能，推动区域走向高质量发展。

二、城市群规划方案的有序实施

进入 21 世纪以来，我国城市群进入了快速发展阶段，国家和地方政府都大力推动城市群规划和建设。2006 年起我国就开始将城市群作为国家新型城镇化的空间主体；2010 年 12 月印发的《国家主体功能区规划》将城市群作为重点开发区和优化开发区；2013 年 12 月召开的首次中央城镇化工作会议和 2014 年 3 月中共中央发布的《国家新型城镇化规划（2014—2020 年）》将城市群作为推进国家新型城镇化的空间主体，提出以城市群为主导，构建大中小城市与小城镇协调发展的城镇化新格局（方创琳，2020）；2016 年 3 月发布的《中华人民共和国国民经济和社会发展第十三个五年规划纲要》也提出要加快城市群发展，优化提升东部地区城市群；2018 年 11 月 28 日发布的《中共中央 国务院关于建立更加有效的区域协调发展新机制的意见》中提出要建立以中心城市引领城市群发展、城市群带动区域发展新模式，推动区域板块之间融合互动发展；2021 年 3 月 13 日发布的《中华人民共和国国民经济和社会发展第十四个五年规划和 2035 年远景目标纲要》中提出以城市群、都市圈为依托促进大中小城市和小城镇协调联动、特色化发展，并进一步提出以促进城市群发展为抓手，全面形成"两横三纵"城镇化战略格局。我国 19 个城市群的规划均已编制并实施，现又将进入新一轮规划编制过程中。在上一轮城市群的规划中，多偏重基础设施的共建共享和产业生态建设；而新一轮规划编制中许多城市群开始重视协同创新的内容。例如，《长江中游城市群发展"十四五"实施方案》提出要解决"关键技术攻关和创新成果转化能力不强，具备核心竞争力的产业偏少"的问题（李秀中，2022）；《山东半岛城市群发展规划（2021—2035 年）》专门安排篇章规划创新发展，努力统筹推动各领域全方位创新。原有规划的实施推动了城市群城市间联通基础设施、产业布局和生态环境建设等多方面发展，新一轮规划对协同创新的重视将会有力促进城市群创新能力的提升。

三、智慧型城市群加速成形

随着信息技术和智能技术的发展和普及，其应用领域不断拓展，应用空间不断扩大，从单位向社区、从小镇到城区、从城市到城市群，发展智慧城市群的呼声越来越高。目前我国有超过 500 个城市进行智慧城市试点，计划投资超万亿元；建设智慧城市不能单打独斗，需要以更大的格局开展智慧城市群的统筹规划和协同布局（胡学慧，2017）。智慧城市群是通过区域智慧交通、智慧产业、智慧生态、智慧物流、智慧政务等加快人流、物流、信息流、资金流等要素流在城市群内部的智慧流动，对外增强全球资源调配能力，对内加强区域要素的整合调动能力，并发挥资源内外联通和联动的枢纽功能。建设智慧型城市群已经成为我国加强城市群内部各城市的经济联系、产业分工、要素流动、资源互补、信息共享的重要途径（陈博，2014），也是解决人口和生产要素不断向城市群集中所带来复杂管治问题的重要依托（方创琳等，2021），还是推动区域走资源高效利用发展模式的重要途径（甄峰等，2021）。当前中央政府和一些发展基础较好的城市群也提出了建设智慧城市群的方案和设想，如 2016 年发布的《"十三五"国家信息化规划》指出，支持特大型城市对标国际先进水平，打造世界级智慧城市群；广东省政府出台的《推进珠江三角洲地区智慧城市群建设和信息化一体化行动计划（2014—2020 年）》就提出了打造智慧城市群的宏大构想。智慧型城市群通过地理空间、物联网、云计算、大数据等新一代信息技术实现区域经济社会各领域智慧应用的协同与对接，为城市群科技创新提供了更好的基础条件，有利于知识传播和创新活动。

四、国内区域间创新资源的竞争

国家创新资源不断累积的同时其流动性也在加强，在看到创新资源集聚和累积对流入地积极一面的同时，也要看对创新资源流出对当地发展的消极作用和压力。在国家创新战略的引领下，也迫于外部创新竞争压力，近年来许多地方政府纷纷制定相应发展规划，重点提出将区域科技中心、创新城市等作为发展目标，以此来缓解区域竞争中的焦虑。在很大程度上，可以说新一轮的区域竞争、城市竞争越来越多体现在高科技产业的竞争。无论是一线城市，还是新一线城市和二线城市，都把科技创新作为高质量发展和弯道超车的最佳选择；因此在科技创新及产业落地发展的过程中，各地政府争抢科技资源、创新产业与高素质人口的现象越演越烈（张寒，2020）。譬如全国的人才争夺战越发激烈（马海涛和张芳芳，2019），各地为了吸引人才，纷纷提出各种措施来增强对高层次人才的吸引力（张芳芳，2022）。垄断和竞价式的竞争模式使得人才流动出现了区域分配不均衡现象，不同地区之间的恶性竞争也加剧了人才的非理性流动（黄海刚等，2018）。创新资源的竞争，对获得创新资源的城市群来说是一个良好机遇，对失去创新资源的城市群来说是一个极大挑战；东西部城市群都应适应形势，坦然面对创新资源流动所带来的机遇与挑战，选择适合城市群发展的方式集聚所需创新要素，探索合理的合作模式加强同外部创新主体的协同创新。

五、国际科技创新的激烈竞争

2020年全球虽然遭遇前所未有的疫情,但新科技革命和产业变革仍在深入发展,各主要大国发力向科技前沿冲刺,力争在本轮科技竞争中占据主动。美国政府发布《关键和新兴技术国家战略》,加强在生物科技、人工智能、能源、量子信息科学、通信和网络技术、半导体、军事和空间技术等领域的竞争优势;日本将5G网络视为经济增长支柱之一,为构建5G和后5G技术投入了数亿美元;英国发布《2020年科技战略》,强化对未来技术前景的理解,为下一代军事能力奠定基础;德国计划到2025年把对人工智能的投资从30亿欧元增加到50亿欧元,使德国成为欧洲未来人工智能技术的主要驱动者;欧盟发布《人工智能白皮书》,旨在促进欧洲在人工智能领域的创新发展;韩国发布人工智能新政,计划投资76万亿韩元,促进跨行业使用5G网络和人工智能技术;同期,欧盟各国、俄罗斯等国也有战略措施出台(张力,2021)。世界各国在制定国家科技发展战略的同时,个别国家也在推动国际科技的争端和竞争。例如,2021年6月9日,美国参议院表决通过《2021年美国创新与竞争法案》,该法案要求美国在技术、科学和研究等领域投资约2500亿美元,以对抗其所谓的中国"科技威胁"[①],强调通过经济、科技等各种手段同中国开展竞争,释放出美国计划通过全政府手段推动科技创新和技术保护的强烈信号(蔡杨,2021)。国际科技竞争对当前我国科技创新发展和创新战略的实施带来极大挑战,国家在吸纳国际人才和国际科技资源方面碰到前所未有的阻力,这对我国城市群特别是内部地区的城市群来说更是"雪上加霜"。我国内部后发型城市群将面临更多挑战,需要国家在制定区域创新战略时加以重视,并给予有效支持。

第二节 中国城市群科技创新应持续关注的九大问题

中国城市群是国家未来参与全球科技创新的重要平台和力量,虽然得到广泛关注,但相关研究还远不能满足19个城市群科技创新发展的现实需要,还需要加强研究。这些问题涉及城市群科技创新的空间格局问题、城市间协同创新问题、创新主体的链条化网络化问题、核心优势领域培育问题、科技创新中心或核心打造问题、群内外创新合作联动问题、创新环境营造问题、参与全球科技创新问题和建立创新管理体制机制问题等,这些问题的解决需要加强研究、加强调研,需要将国际经典理论与中国城市群实际充分结合,需要在既有研究基础上持续不断的关注和研究,才能推动城市群真正成为国家创新驱动发展战略的重要支撑,以及国家建成世界科技强国的重要力量。

---

① United States Innovation and Competition Act of 2021. https://www.congress.gov/bill/117th-congress/senate-bill/1260/text.

一、空间格局：什么样的格局更有利于城市群创新？

科技创新的空间布局与结构设计是城市群科技创新规划的一个重要内容，在当前的城市群科技创新规划中有不同的安排。例如，粤港澳大湾区城市群提出构建"一廊四城多核心"科技创新空间格局，重点打造广深港澳科技创新走廊；长江三角洲城市群建设以上海为中心、宁杭合为支点、其他城市为节点的网络化创新体系，形成具有不同梯度的"区域科技创新圈"，重点打造G60科创走廊；京津冀城市群构建"三城两翼一区"协同创新模式，打造区域性科创走廊和"京津雄"创新金三角；成渝城市群构建"两极一廊多点"的科技创新空间格局，重点发展成渝科技创新走廊。但是，什么样的空间格局更有利于促进城市群整体创新能力？当前并没有更深入的研究。我们尝试探讨了城市群技术知识的多中心性及其对创新产出的影响，其中对形态多中心性的研究就涉及空间结构的问题。研究发现形态多中心性与创新产出之间呈现倒U形关系，即绝对的单核结构和绝对的均质结构都不利于创新能力的提升，而且发现形态多中心性为0.438时创新产出水平最高（马海涛等，2023）。当然，这里的0.438是运用城市群过去数据计算得出，并不一定说城市群应该向这个形态发展最好，但研究至少表明城市群的创新空间格局存在最优方案，这个方案既不是单核的，也不是均质的，至于什么样的方案最好值得进一步研究。可以肯定的是，通过发展多核心、培育创新走廊是城市群走向更高创新阶段、实现更高创新水平的必由之路。至于什么时间培育多核心和创新走廊合适，也需要开展研究。

二、城市协同：如何推动群内城市间的协同创新？

城市群创新相比区域创新的最大不同在于强调群内城市间的协同创新。如何推动群内城市间的科技创新分工与合作？如何实现高效的协同创新？是城市群创新研究的核心问题。对城市群技术功能多中心性的研究发现城市间的技术合作越紧密、覆盖城市越广，越有利于创新，因此城市间协同创新是城市群创新的必由之路（马海涛等，2023；Ma and Xu，2022a）。然而，当前对这一问题的科学研究远大于对现实问题的考虑（马海涛，2012）。例如，运用合作论文（Ma et al.，2014；Ma et al.，2018）、合作专利（Ma et al.，2015）、专利转移、人才流动（马海涛，2017；Ma et al.，2018）和创新大企业（黄晓东等，2021）等数据开展的城市（群）创新网络研究，基本上都是将城市作为研究对象（马海涛，2016，2020），探讨城市间科学或技术的关系网络及特征（Ma and Xu，2022b），而且将城市属性和城市间关系属性纳入影响城市间科技创新关系的影响因素。研究结果基本上都会发现城市的创新资金投入、人才投入、创新环境、城市地位（在城市群内部的地位）和创新政策（城市等级）等都不同程度地影响城市间的科技关系建立，城市间的地理邻近、制度邻近、认知邻近、社会邻近和文化邻近都会直接或间接地对城市间科技合作产生作用，只是在各研究中，不同的区域、不同的时间、不同的流会有不同的表现。我们对粤港澳大湾区城市群城市间的技术转移网络开展的研究发现，地理邻近本身对城市间技术转移的影响并不显著，但地理邻近与制度邻近、认知邻近和社会邻近的交互都对城市间技术转移产生显著影响，地理邻近与其他形式的邻近对技术转移的影响存在替代或互补的关系（Ma et al., 2021）。地理邻近的作用不可忽视（Ma et al., 2014），特别是对城市群而言，其整体创新能力的提升，必须处理好邻近城市间的多种关系（马海涛等，2012）。然而，当前的研究多是从学术层面，围绕特定问题，选择特定指标开展的；未来还需要在现有研究基础上，面向现实问题开展综合性的城市科技合作研究，以更好地推动群内城市间的协同创新。

三、主体协作：怎样促进群内创新主体的链条化和网络化？

城市群创新特别强调城市的作用，但城市群创新的主体还是科研机构和创新企业，当然为科研机构和创新企业提供服务的科技中介，以及为科技创新提供平台和政策的政府机构，都是城市群创新过程中的重要行动者。如何实现城市群内部各类创新主体和行动者联动起来，形成紧密的创新链以及创新网络，是城市群创新必须要面对和努力解决的重要问题。实际上这里的链条化和网络化有不同的含义。依据"创新过程链"的概念（马海涛等，2012），链条化是将创新过程的创意、要素整合和实验环节，小试、中试和商品化环节，产业化和社会化环节，实现在城市群内部的有效衔接和价值指数级放大。当然，创新过程链往往发生在更大空间尺度，城市群内部能够培育什么样的创新全过程链需要视情况而定，但实现群内创新主体的链条化必然会降低空间距离成本并提高创新效率。网络化并非链条化的多重叠加，还有更丰富的内涵，是依据知识流动会带来知识量净增长的特性（马海涛等，2009），实现更多创新主体和行动者之间的（并非仅是创新过程链条上的主体和行动者）联系与合作，推动城市群内部知识量的指数级增加和创新氛围的持续改善。在链条化和网络化过程中，创新企业和科研机构是绝对主体，但科技中介和政府机构的作用也极为重要（马海涛和方创琳，2011），需要积极发挥它们"催化剂"和"润滑剂"的作用。演化经济地理学使用选择、遗传、变异、路径依赖与路径创新等核心概念解释网络空间结构的保持与变化，为城市群创新网络的构建与发展提供了很好的理论指导（马海涛和刘志高，2012），但如何在城市群尺度理解和推动科技创新网络的建构还需要持续探讨（马海涛等，2018）。

四、区域特色：如何培育城市群科技创新的优势领域？

国家推动建设的19个城市群，除了发挥对区域增长的推动作用外，还需要具有更强的对外竞争能力，而培育城市群的科技创新优势领域是增强城市群科技竞争力的重要途径。每个城市群具有不同的区位条件、处于不同的发展阶段、拥有不同的基础条件、面对不同的发展环境、存在不同的发展诉求，如何选择优势科技领域需要深入研究。这些科技领域，首先应该是对解决区域共性问题（包括支柱和主导产业发展中的问题、区域性自然生态问题、区域性建设和社会发展问题等）有极大帮助的；其次再根据基础条件和发展阶段确定优先培育的科技领域；最后要发挥多种创新主体和行动者的作用，聚力培育既定优势领域，使之成为驱动区域高质量发展的核心动力和参与外部竞争的"王牌"。在前期对城市创新水平或能力的评价中，通过城市在分指标评价中的排名可以初步判断城市的优势领域，或者是产业创新，或者是科技创新，或者是环境创新，或者是体制创新（方创琳等，2014）；第三章也尝试对城市群的创新能力进行了评价，也将城市间的创新联系纳入评价指标；但是当前的评价还是对创新结果的评价，是偏向宏观的评价，还需要在城市群和城市创新能力评价基础上开展中观或微观的评价，以便能够更准确地找到城市群科技创新的优势领域。

五、核心打造：如何建设强有力的区域科技创新中心？

　　城市群创新研究一方面重视城市群内部创新主体间的紧密联系和"孵化器"功能，另一方面又强调核心城市在更大尺度上"轮轴"和"枢纽/门户"功能。城市群内部城市间的紧密联系加快了创新要素的流动，而门户城市的对外知识联系既给城市群带来新异知识，又为城市群技术扩散和输出提供通道，对城市群科技创新发挥着至关重要的作用（Li and Phelps，2017，2018）。"门户"城市充当了类似"知识守门员"的角色，该类型的城市往往是城市群与外部维持密切联结的桥梁，在自身知识生产和吸收外部知识的作用下形成强大的知识库，并通过密集的本地网络向其他城市不断地进行知识溢出和扩散，从而实现本地和跨界创新网络的桥接，对于避免区域锁定风险、促进外部知识扩散具有重要意义（Morrison et al.，2013）。因此，如何打造城市群的核心城市，使其既能成为内部城市的创新"枢纽"，又能成为对外创新合作的"门户"，对城市群创新来说非常重要。国家在创新驱动战略的第二阶段初始之年提出的布局和建设区域科技创新中心的重要举措，对城市群打造核心创新城市而言是一个重要机遇。一方面，城市群具有区域科技创新中心建设的基本条件和必要保障；另一方面，区域科技创新中心通过集聚整合创新资源，又有助于推动城市群构建具有核心竞争力的区域创新体系，提升城市群综合实力。因此，建议依托城市群来布局和建设区域科技创新中心。建议城市群核心创新城市建设与国家布局的区域科技创新中心建设相呼应，依托城市群既有核心城市或在科技创新方面具有明显优势的城市建设区域科技创新中心，通过区域科技创新中心的建设培育城市群的科技创新核心城市，进而推动城市群发展对区域高质量发展的创新驱动作用。这样安排既符合加快建设区域科技创新中心的要求，可以充分利用既有资源和条件；又符合城市群培育具有创新驱动功能核心城市的需要，加快提升城市群的创新水平。

六、内外联通：如何推动群内外的科技创新合作交流？

　　关系经济地理学者提出的"本地蜂鸣-全球管道"模型（Bathelt et al.，2004），虽然是基于较小尺度创新集群的研究，但在现代快速交通基础设施与信息联通技术的情境下，也可扩展应用于城市群的创新合作交流。针对城市群构建的"本地蜂鸣-全球管道"模型可着重阐释城市群内部及其在更高空间尺度上的对外创新联系。对于单个城市群而言，过度依赖"本地蜂鸣"容易使地区陷入技术封锁的风险中；"全球管道"则可为城市群提供更多接触新知识、新技术的机会。相比于系统内部，不同系统之间的知识结构存在较大差异,外部知识源往往能为本地创新提供新鲜的活力(Bathelt,2007;Morrison et al.,2013)。城市群的创新发展既需要系统内部高强度的"本地蜂鸣"声,更离不开对外联系"管道"的通畅,强调地方和全球不同空间尺度创新知识的互动(Buger et al.,2011)。如何构建城市群创新内外联通的"全球管道",推动群内外的科技创新合作交流,关系到城市群的持续创新活力,需要给予重视。当然,城市群科技发展水平不同,建立内外联系通道的目的和方式也有所不同。对高创新能力的城市群而言,是开展与群外城市科技分工合作的需要;对低创新能力的城市群而言,是借助外部科技资源和平台解决城市群自身高质量发展问题的需要。至于采用什么样的联通方式或模式,也需要今后加强研究。基于对群外功能多中心性(对外合作的分散程度)的研究结果表明,群内城市对外合作越是集中在单个城市越不利于创新产出,较多城市参与对外合作会提升创新产出水平(马海涛等,2022);因此,不仅要发挥核心城市的对外联系功能,还应全面鼓励非核心城市在某些特色领域的对外科技合作。

七、创新环境:怎样营造适合城市群创新的氛围和环境?

创新环境或氛围的一个经典的人文经济地理学话题,诸如非贸易相互依赖、关系资产、制度厚度、创新氛围、区域创新系统、学习型区域、创意场和学习场等一系列概念应用于解释区域技术学习和知识创新的机制中(Miao et al.,2007)。城市群也是上述区域中的一种类型,相关理论适用于城市群创新环境的营造;但城市群有自身的特征,在不同发展阶段有不同表现,还需要针对城市群开展创新环境的相关研究,以支撑未来城市群科技创新专项规划的编制与实施。目前对创新环境的研究非常丰富,内容涵盖科技活动以及科技产业化保障设施配套、人力资源环境优化、城市政府部门间的协调、法制健全的市场体系、多元发展和宽容失败的创新文化氛围、高度活跃的投融资体系等,城市群创新环境的营造也应从这些方面着手,特别是从城市关系的角度深入探讨。

八、国际竞争:如何在全球科技竞争中占据"一席之地"?

全球化时代的地球越来越"平滑",流动空间的尺度不断扩大而且影响越来越深刻,特别是对科技创新而言,从科技成果出现到全球应用的时间越来越短,对全球的影响越来越大。城市群的科技创新更难以脱离全球科技竞争而"独善其身",或者嵌入全球创新网络,争取在创新网络中占据核心位置,或者参与其中成为网络中的重要一员;完全脱离全球科技创新的城市群是没有出路的。因此,城市群科技创新必须要从全球创新的视野考虑自身的创新能力建设和创新发展路径,需要在全球创新网络中找到自身的位置,并朝着更高水平和地位不断努力,争取在某些领域或某些环节成为全球科技创新的制高点,成为全球科技创新不可或缺的一个城市区域。全球科技创新中心或全球创新型城市具有一些共同的特征,如具有较强的综合经济实力和较大人口规模、具有便利快速的对外交通联系、拥有较强对外经济联系和广泛的全球市场、集聚一大批多样化高层次创新人才、吸引大量具有高研发能力的组织机构入驻、具有发达的科技中介机构和科技服务能力、建成国际著名的创新平台和空间载体、具有开放性和包容性的创新文化氛围（马海涛等，2013），但实现路径却有多种，如工业创新驱动模式、服务创新驱动模式、科技创新驱动模式、市场创新驱动模式、政府创新驱动模式、文化创新驱动模式、合力创新驱动模式等不同模式（马海涛，2013）。我国现有的19个城市群，目前参与全球创新的形式、在全球创新网络中的作用和地位各不相同，并不能采用相同的方式参与全球科技竞争；对于中西部创新能力相对不高的城市群而言，通过与国际科技创新能力强的国内城市（群）或国际科技创新中心建立科技合作，在提升科技创新能力的过程中不断提升创新能力和在全球创新网络中的地位，或许是一种可选方案，这也符合国家提出的国内国际双循环战略要求。

九、体制机制：如何建立城市群创新的管理体制和运行机制？

社会主义市场经济体制下的城市群创新发展，管理体制和运行机制的研究和确立极为重要和急迫。著名专家吴敬琏先生在论述中国高新技术产业发展时有一个重要论断："制度重于技术"，指出"一个国家、一个地区高新技术产业发展得快慢，不是决定于政府给了多少钱，调了多少人，研制出多少技术，而是决定于是否有一套有利于创新活动开展和人的潜能充分发挥的制度安排、社会环境和文化氛围"。可见政府与制度对我国的科技创新尤为重要。在创新型国家建设和强化国家战略科技力量的过程中，政府的科技治理责任经历了不断地重新划分和调整。党的十九届四中全会指出，在推进国家治理体系与治理能力现代化的新时期，要完善科技创新体制机制，"构建社会主义市场经济条件下关键核心技术攻关新型举国体制"。尽管党和国家高度重视并大力推动国家创新体系的建设，但国家创新体系整体效能还不够强，其中一个重要原因在于政府在创新战略实施中的职责和定位没有细化，中央和地方政府在科技创新各项事务中的关系并不十分明确。明晰中央和地方政府在创新战略实施中的职责和分工，设计高效的、激励创新的组织、机制、制度和措施，建立符合科技创新规律的府际关系，对国家创新体系完善和科技强国建设都极为重要。而城市群又是一个由多城市构成的城市区域，如何建立适应或促进这样一个区域科技创新的体制机制，更是一个复杂问题。当前城市群科技创新的管理机构主要有两种形式：一种是自上而下建立的领导小组，另一种是自下而上建立的战略联盟。领导小组的工作宽泛又缺乏组织机构保障，战略联盟多松散、组织缺乏力度。建议尽快建立面向城市群科技创新的专职机构，并形成由政府、企业、学者、协会、有识之士等多主体共同推动的运行机制，以保障城市群科技创新能真正发挥合力，推动城市群科技创新走向高质量、高水平，真正成为国家参与全球科技创新竞争的重要平台和力量。

第三节 展望中国城市群科技创新的未来

城市群是经济联系紧密、空间组织紧凑，并最终实现同城化和高度一体化的城市集合体（方创琳，2011）；它能使资源在更大范围内实现优化配置，能让不同城市承担不同的功能，使城市群能够获得比单个城市更大的分工收益和规模效益（倪鹏飞，2008）；它的发展深刻影响着国家的国际竞争力，影响国家城市化发展的水平和质量，对区域经济持续稳定发展具有重大意义，也是城市在流动空间背景下得以互助协同发展的平台。未来，我国的城市群应该成为城市群起群飞的"助推器"、区域绿色发展的"引领者"、国家创新战略的"动力核"、全球科技竞争的"主战场"。当然实现这些目标，还需不懈努力。

一、城市群起群飞的"助推器"

中国城市群是国家新型城镇化的主体区和国家经济发展的战略核心区。全国19个城市群在2019年占全国29.12%的面积，集聚了全国75.2%的总人口和72%的城镇人口，创造了全国80.1%的经济总量和91.2%的财政收入，集中了全国91.2%的外资（方创琳，2020）。2021年7月26日第23届中国科协年会区域协调发展论坛暨第二届中国城市群发展论坛将主题定为"科技创新驱动世界级城市群发展与中国城市群高质量崛起"，会议的一个重要观点是"中国城市群高质量发展必须依靠科技创新驱动"（方创琳等，2021）。与会专家香港大学叶嘉安院士认为，随着人口和生产要素向超级特大城市群进一步集中，超级特大城市群上中下游产业链集群化、服务业供应链系统化的趋势将日益明显；而超级特大城市群管治的目标应是智慧化，实现由智慧城市扩展到区域的智慧电网、智慧防洪、智慧水和环境管理、智慧管治等智慧区域的应用，以解决城市群的交通、环境、污水、垃圾废物，以及供水供电等多方面的问题。北京大学李国平教授以京津冀城市群为例，指出京津冀协同发展的根本推动力在于创新驱动，要优化京津冀区域科技协同创新的格局，加大科技创新的投入，推动京津冀产业和创新链的深度结合，推动科技协同开发成为区域创新发展的新模式。华东师范大学曾刚教授以长江三角洲城市群为例，提出借助数字工程新基建，以交互式的、多节点的方式建立以城市体系为基础的长江三角洲一体化创新，推动跨界创新共同体建设，这对长江三角洲高质量发展至关重要。可见，城市群的高质量发展（也就是群起群飞）必须要依靠科技创新的力量，当然首先要依靠城市群自身的科技创新能力，其次要借助群外的科技创新力量，但外部科技创新最终还是要依靠城市群自身对外部科技成果的吸收、转化和应用能力。

二、区域绿色发展的"引领者"

绿色发展是21世纪人类发展的共同追求，也是新时代我国发展坚持的重要理念之一。国家对区域绿色发展非常重视，2019年2月中共中央、国务院印发的《粤港澳大湾区发展规划纲要》中强调"加强粤港澳生态环境保护合作，共同改善生态环境系统"；2021年1月推进长江三角洲一体化发展领导小组办公室印发了《长江三角洲区域生态环境共同保护规划》；2021年10月中共中央、国务院印发发布了《黄河流域生态保护和高质量发展规划纲要》；更多区域的绿色发展规划正在制定中。创新与绿色之间存在本质的关联。一方面，绿色发展必须依托科技创新成果把生产、生活过程中产生的废弃物及对环境造成的影响降到最低，形成人与自然和谐发展的局面；另一方面，创新发展必须适应绿色发展要求，防范科技创新成果可能带来的负效应及其对环境造成的破坏（张定鑫，2019）。创新与绿色应该相互促进，共同应对各种不可持续问题，推动区域和全球走向高质量发展。相关研究认为，科技创新一体化水平高的城市群表现出较强的正向空间溢出效应，如长江三角洲城市群的技术创新合作水平整体较高，其城市的技术创新合作很大程度上促进了周边城市的绿色发展，进而带动区域整体的绿色发展；但长江中游和成渝城市群的大多数城市尚未实现对周边城市绿色发展的带动作用，特别是上游的成渝城市群有待提升（马海涛和王柯文，2022）。科技创新水平较高的城市群，可通过先进的技术提高资源能源利用效率，促进循环利用与污染控制，从而实现生产过程节能减排（Zhao et al., 2013）；同时，城市群技术创新能引领传统产业朝着智慧化、绿色化方向转型（Zhu et al., 2022），也为战略性新兴产业的发展提供先决条件，推动形成可持续发展的生态化生产模式（Hall and Helmers, 2013; Miao et al., 2018）。因此，具有高科技创新水平的城市群，能够推动并引领区域的绿色发展。

三、国家创新战略的"动力核"

党的十八大提出实施创新驱动发展战略，强调科技创新是提高社会生产力和综合国力的战略支撑，必须摆在国家发展全局的核心位置；这是中央在新的发展阶段确立的立足全局、面向全球、聚焦关键、带动整体的国家重大发展战略。同时，城市群是国家推进新型城镇化的空间主体，在全国生产力布局中逐渐发挥战略支撑和增长极的作用，也被称为国家城市群战略。城市群作为"创新的孵化器"，是创新资源要素的主要集聚地和协同创新的主要承载体。我国最具创新能力的城市基本上都分布在国家重点支持发展的各个城市群范围内。因此，国家创新驱动发展战略与城市群战略需要实现战略耦合，发挥城市群的科技创新功能，以城市群为主体推动国家创新发展战略实施。当前，全国的19个城市群中，较多城市群的科技创新水平还不够高，主要依靠东部沿海地区的城市群和国家级五大城市群支撑国家科技创新发展。目前，国家创新战略的"三步走"目标已经实现了"第一步"，正在迈开"第二步"；"十四五"阶段开启了城市群规划修编的序幕，并将科技创新作为新的城市群规划的重要内容。未来，中国的19个城市群都将成为区域甚至全球的科技创新高地，将会成为我国迈向世界科技强国的核心动力。

四、全球科技竞争的"主战场"

近年来，全球主要经济体加快科技发展战略部署，全球科技竞争愈演愈烈。从世界范围来看，经济发达的城市群已经成为全球科技创新中心，主导着全球科技创新的方向。例如，据清华大学产业发展与环境治理研究中心发布的国际科技创新中心指数2011显示，综合排名前十的城市（都市圈）依次为：旧金山-圣何塞、纽约、伦敦、北京、波士顿、东京、粤港澳大湾区、巴黎、西雅图-塔科马-贝尔维尤、巴尔的摩-华盛顿。这些城市（都市圈）基本上都是国际著名城市群的重要城市，或者就是一个城市群，像粤港澳大湾区、旧金山-圣何塞、西雅图-塔科马-贝尔维尤、巴尔的摩-华盛顿都是以城市群的形式出现。粤港澳大湾区整合了深圳、香港和广州等11个城市，使得其创新能力在全球排名高达第7位。我国的城市群作为国家参与全球竞争与国际分工的全新地域单元，正在肩负着世界经济重心转移和"一带一路"建设主阵地的重大历史使命，已经成为全球经济重心转移承载的重要担当（方创琳等，2021），也会成为全球科技竞争的"主战场"。

参 考 文 献

蔡杨. 2021. 美国创新与竞争法案对我国有何影响. 网络传播，（6）：72-73.

陈博. 2014. 我国智慧城市群的系统框架、建设战略与路径研究. 管理现代化，34（4）：29-31.

方创琳. 2011. 中国城市群形成发育的新格局及新趋向. 地理科学，31（9）：1025-1034.

方创琳. 2020. 中国城市群地图集. 北京：科学出版社.

方创琳，马海涛，王振波，等. 2014. 中国创新型城市建设的综合评估与空间格局分异. 地理学报，69（4）：459-473.

方创琳，张国友，薛德升. 2021. 中国城市群高质量发展与科技协同创新共同体建设. 地理学报，76（12）：2898-2908.

胡学慧. 2017. "十三五"中国打造世界级智慧城市群. https：//www.zhihuichengshi.cn/XinWenZiXun/31918.html（2017-03-21）[2022-06-10].

黄海刚，曲越，白华. 2018. 中国高端人才的地理流动、空间布局与组织集聚. 科学学研究，36（12）：2191-2204.

黄晓东，马海涛，苗长虹. 2021. 基于创新企业的中国城市网络联系特征. 地理学报，76（4）：835-852.

李秀中. 2022. 新一轮城市群规划启动！省际协调难如何突破？https：//www.yicai.com/news/101363575.html（2022-03-29）[2022-06-10].

马海涛. 2012. 西方经济地理学关系范式与演化范式比较研究. 地理科学进展，31（4）：412-418.

马海涛. 2013. 全球创新型城市建设的模式提炼. 科学，4：44-47.

马海涛. 2016. 基于知识流动的中国城市网络研究进展与展望. 经济地理，36（11）：199-206.

马海涛. 2017. 基于人才流动的城市网络关系构建. 地理研究，36（1）：161-170.

马海涛. 2020. 知识流动空间的城市关系建构与创新网络模拟. 地理学报，75（4）：708-721.

马海涛，方创琳. 2011. 基于企业微观视角的城市区域生产网络空间组织研究——以粤东城镇群服装生产为例. 地理科学，31（10）：1172-1180.

马海涛，方创琳，王少剑. 2013. 全球创新型城市的基本特征及其对中国的启示. 城市规划学刊，1：69-77.

马海涛，方创琳，吴康. 2012. 链接与动力：核心节点助推国家创新网络演进. 中国软科学，（2）：88-95.

马海涛，黄晓东，李迎成. 2018. 粤港澳大湾区城市群知识多中心的演化过程与机理. 地理学报，73（12）：2297-2394.

马海涛，刘志高. 2012. 地方生产网络空间结构演化过程与机制研究——以潮汕纺织服装行业为例. 地理科学，32（3）：308-313.

马海涛，苗长虹，高军波. 2009. 行动者网络理论视角下的产业集群学习网络构建. 经济地理，29（8）：1327-1331.

马海涛，王柯文. 2022. 城市技术创新与合作对绿色发展的影响研究——以长江经济带三大城市群为例. 地理研究，41（12）：3287-3304.

马海涛，陶晓丽. 2023. 区域科技创新中心内涵解读与功能研究. 发展研究，78（2）：273-292.

马海涛，徐楦钫，江凯乐. 2023. 中国城市群技术知识多中心性演化特征及创新效应. 地理学报，

78（2）：273-292.

马海涛，张芳芳. 2019. 人才跨国流动的动力与影响研究评述. 经济地理，39（2）：40-47.

马海涛，周春山，刘逸. 2012. 地理、网络与信任：金融危机背景下的生产网络演化. 地理研究，31（6）：1055-1065.

倪鹏飞. 2008. 中国城市竞争力报告 No.6 城市：群起群飞襄中华. 北京：社会科学文献出版社.

吴敬琏. 2002. 发展中国高新技术产业制度重于技术. 中国发展出版社.

徐炜，杨忠泰，王宁宁. 2020. 中国科技创新的发展脉络与战略进路——基于国家创新体系理论的视角. 中国高校科技，（9）：8-12.

张定鑫. 2019-12-12. 深刻认识绿色发展在新发展理念中的重要地位. 光明日报，6 版.

张芳芳. 2022. 中国高层次人才区域流动网络结构及演化机制. 北京：中国科学院大学.

张寒. 2020. "科技创新焦虑"下的区域竞争：不同城市的差距正在拉大？. https://article.abuquant.com/news/i-caijing/328328.html（2020-11-08）[2022-06-10].

张力. 2021. 大国科技竞争持续深化. http://www.banyuetan.org/gj.（2021-01-13）[2022-06-10].

甄峰，徐京天，席广亮. 2021. 近十年来国内外城市地理研究进展与展望. 经济地理，41（10）：87-95.

Bathelt H. 2007. Buzz-and-Pipeline dynamics: towards a knowledge-based multiplier model of clusters. Geography Compass, 1（6）：1282-1298.

Bathelt H, Malmberg A, Maskell P. 2004. Clusters and knowledge: local buzz, global pipelines and the process of knowledge creation. Progress in Human Geography, 28（1）：31-56.

Burger M J, De G B, van der Laan L, et al. 2011. Heterogeneous development of metropolitan spatial structure: evidence from commuting patterns in English and Welsh city-regions. Cities, 28（2）：160-170.

Hall B H, Helmers C. 2013. Innovation and diffusion of clean/green technology: can patent commons help? Journal of Environmental Economics and Management, 66（1）：33-51.

Li Y, Phelps N A. 2017. Knowledge polycentricity and the evolving Yangtze River Delta megalopolis. Regional Studies, 51（7）：1035-1047.

Li Y, Phelps N A. 2018. Megalopolis unbound: Knowledge collaboration and functional polycentricity within and beyond the Yangtze River Delta Region in China, 2014. Urban Studies, 55（2）：443-460.

Ma H T, Xu X F. 2022a. The knowledge polycentricity of China's urban agglomerations. Journal of Urban Planning and Development, 148（2）：04022014.

Ma H T, Xu X F. 2022b. The evolving structure and proximity of the intercity innovation networks in the Guangdong-Hong Kong-Macau Greater Bay Area: comparison between scientific and technology knowledge. International Journal of Urban Sciences, 26（6）：1-24.

Ma H T, Fang C L, Pang B, et al. 2014. The effect of geographical proximity on scientific cooperation among Chinese cities from 1990 to 2010. Plos One, 9（11）：e111705.

Ma H T, Fang C L, Lin S N, et al. 2018. Hierarchy, clusters, and spatial differences in Chinese inter-city networks constructed by scientific collaborators. Journal of Geographical Sciences, 28（12）：1793-1809.

Ma H T, Fang C L, Pang B, et al. 2015. The structure of the Chinese City Network As driven by technological knowledge flows. Chinese Geographical Science, 25（4）：498-510.

Ma H T, Li Y C, Huang X D. 2021. Proximity and the evolving knowledge polycentricity of megalopolitan science: Evidence from China's Guangdong-Hong Kong-Macao Greater Bay Area, 1990—2016. Urban Studies, 58（12）：2405-2423.

Ma H T, Zhang F F, Liu Y. 2018. Transnational elites enhance the connectivity of Chinese cities in the world city network. Environment and Planning A: Economy and Space, 50（4）：749-751.

Miao C H, Wei Y H D, Ma H T. 2007. Technological learning and innovation in China in the context of globalization. Eurasian Geography And Economics, 48 (6): 713-732.

Miao C L, Fang D B, Sun L Y, et al. 2018. Driving effect of technology innovation on energy utilization efficiency in strategic emerging industries. Journal of Cleaner Production, 170: 1177-1184.

Morrison A, Rabellotti R, Zirulia L. 2013. When do global pipelines enhance the diffusion of knowledge in clusters. Economic Geography, 89 (1): 77-96.

Zhao Z, Zhang S, Hubbard B, et al. 2013. The emergence of the solar photo voltaic power industry in China. Renewable & Sustainable Energy Review, 21: 229-236.

Zhu Y, Zhou X, Li J, et al. 2022. Technological innovation, fiscal decentralization, green development efficiency: based on spatial effect and moderating effect. Sustainability, 14 (7): 4316.